150 FARBENFROHE STRICKMOTIVE

WEITERE MODERNE IDEEN ZUM MEHRFARBIGSTRICKEN

ANDREA RANGEL

stv

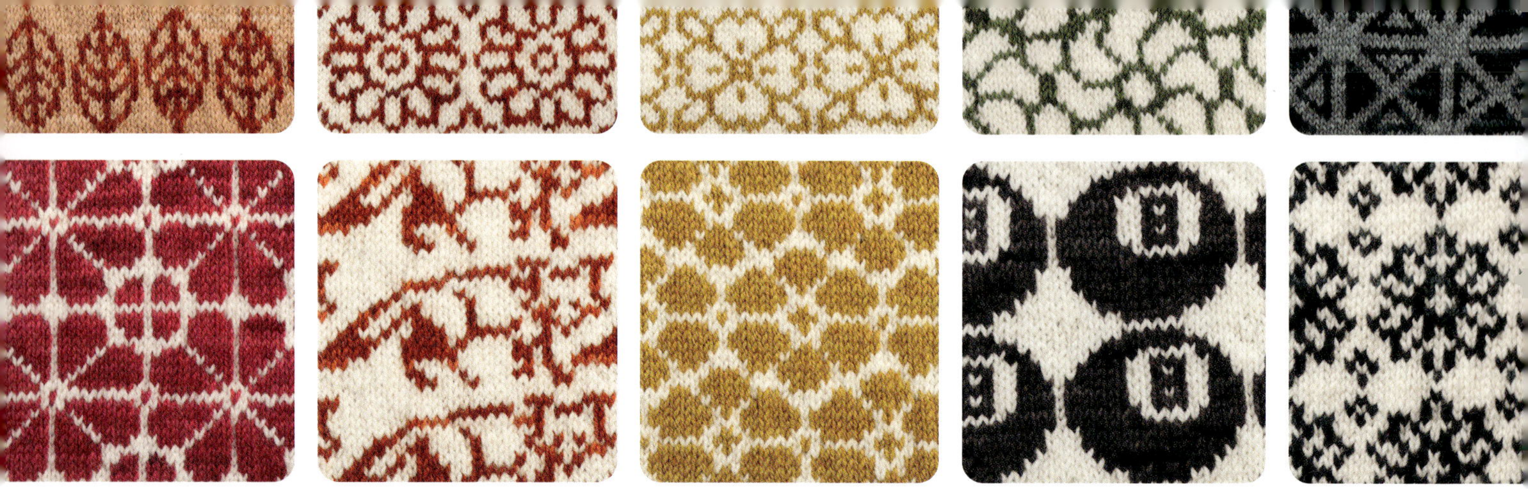

Umschlaggestaltung & Satz: Werbeagentur Rypka GmbH, A-8143 Dobl-Zwaring, www.rypka.at

Titelbild: Walter Colley
Bildnachweis: Walter Colley
Diagramme: Sean Rangel

Titel der englischen Originalausgabe: Andrea Rangel: Knitovation Stitch Dictionary. 150+ Modern Colorwork Knitting Motifs.

Aus dem Englischen ins Deutsche übertragen von Dr. Claudia Tancsits.

Bibliographische Information der Deutschen Nationalbibliothek
Die Deutsche Nationalbibliothek verzeichnet diese Publikation in der Deutschen Nationalbibliographie; detaillierte bibliographische Daten sind im Internet über http://dnb.d-nb.de abrufbar.

Hinweis:
Dieses Buch wurde auf chlorfrei gebleichtem Papier gedruckt. Die zum Schutz vor Verschmutzung verwendete Einschweißfolie ist aus Polyethylen chlor- und schwefelfrei hergestellt. Diese umweltfreundliche Folie verhält sich grundwasserneutral, ist voll recyclingfähig und verbrennt in Müllverbrennungsanlagen völlig ungiftig.

Auf Wunsch senden wir Ihnen gerne kostenlos unser Verlagsverzeichnis zu:
Leopold Stocker Verlag GmbH
Hofgasse 5 / Postfach 438
A-8011 Graz
Tel.: +43 (0)316/82 16 36
Fax: +43 (0)316/83 56 12
E-Mail: stocker-verlag@stocker-verlag.com
www.stocker-verlag.com

ISBN 978-3-7020-2108-5

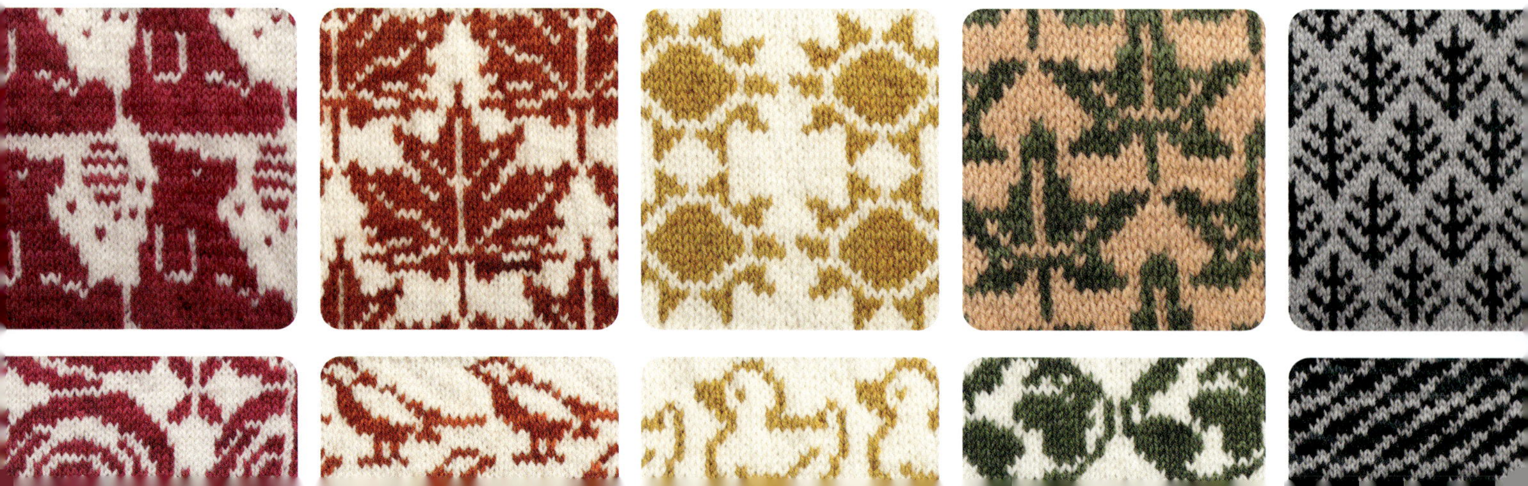

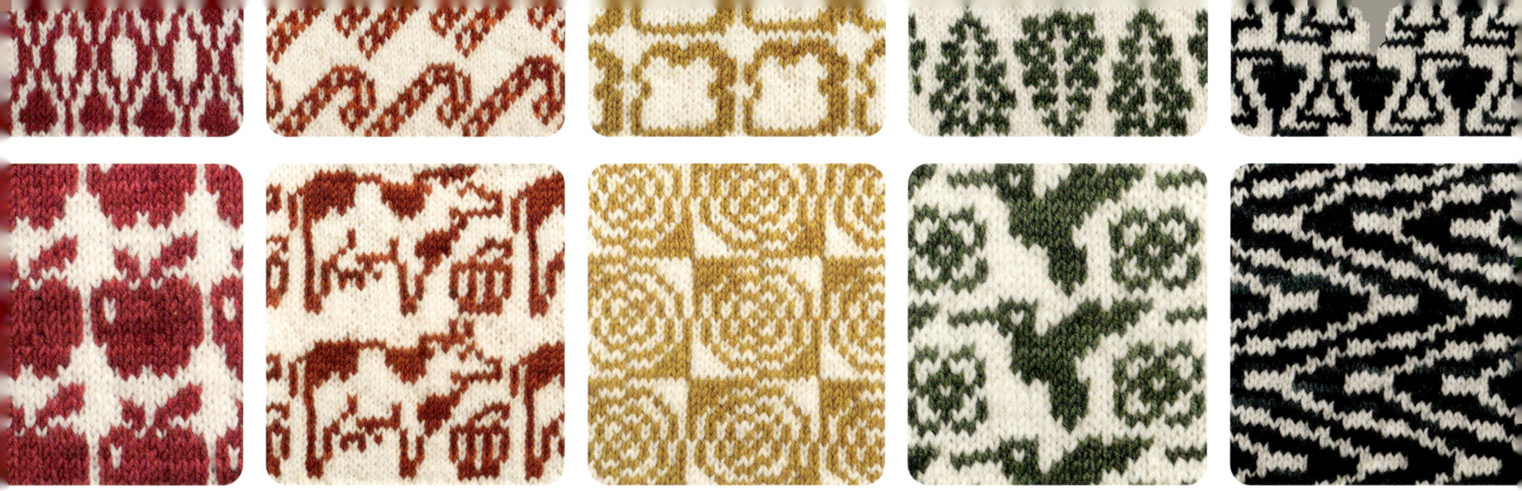

ANDREA RANGEL

150 FARBENFROHE STRICKMOTIVE

WEITERE MODERNE IDEEN ZUM MEHRFARBIGSTRICKEN

Leopold Stocker Verlag
Graz – Stuttgart

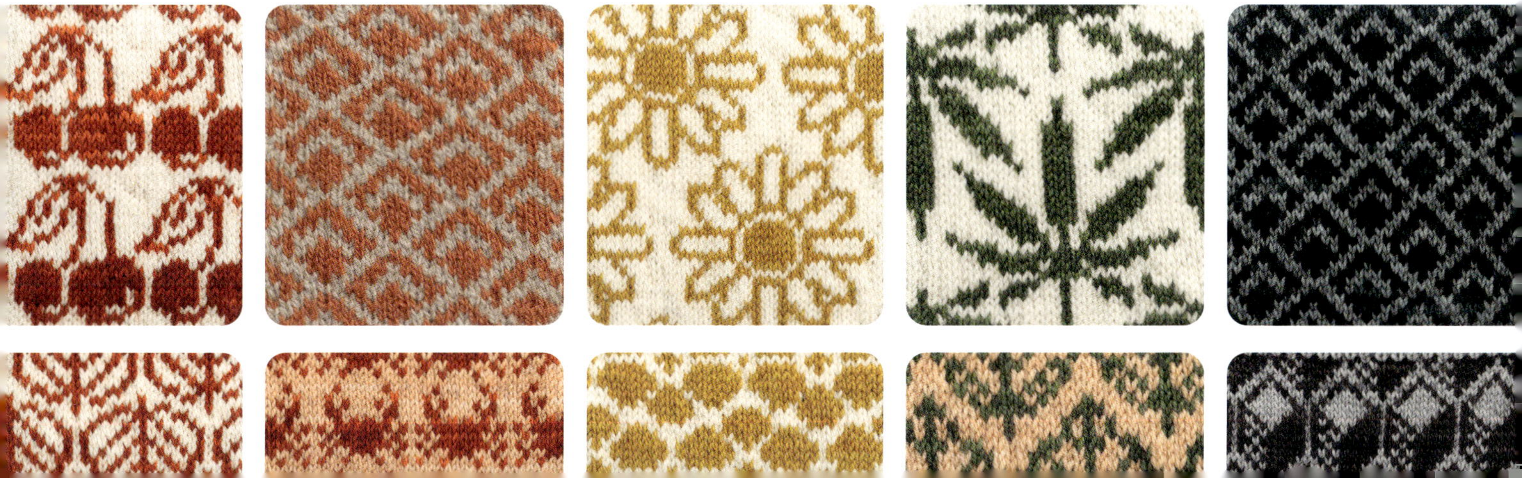

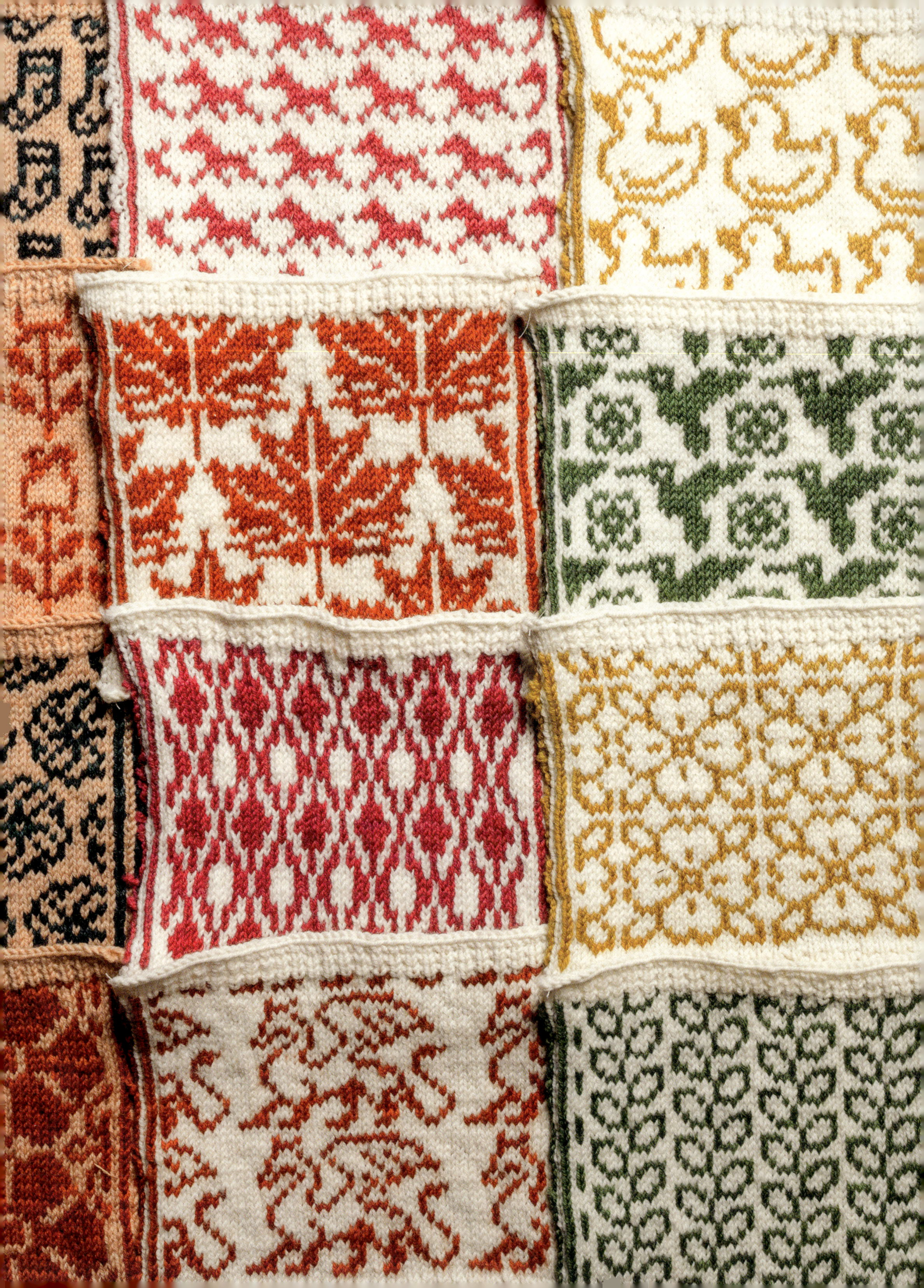

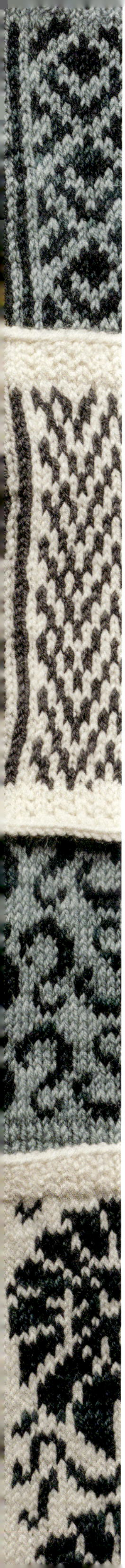

Inhaltsverzeichnis

EINLEITUNG

MEIN ERSTES STRICKPROJEKT

Die erste Strickarbeit, die ich je fertiggebracht habe, war ein unförmiger, etwa 30 cm breiter Streifen aus dunkelviolettem Mohairgarn. Die Arbeit hatte mehrere Fehler, die Einsteigern bekannt vorkommen werden: Löcher überall, wellige Kanten und eine Menge unmotivierte Zunahmen und Abnahmen.

Damals war ich stolz auf mein Erstlingswerk und war entschlossen, es auch einer praktischen Verwendung zuzuführen. Ich schnitt aus einem Stück khakigrüner Leinwand ein Rechteck zu, spannte meine Strickerei bündig darüber und nähte die Seitenkanten sehr ungleichmäßig von Hand zusammen, sodass eine Botentasche entstand. Ich brachte sogar noch einen leinenen Schultergurt an, der mit einer ebenso fragwürdigen streifenförmigen Strickerei überzogen war, sodass das flauschige Mohair auf meiner Schulter auflag. Und in dieser Tasche trug ich meine Collegebücher. Es ist ein Wunder, dass die Nähte unter dem Gewicht der dicken Wälzer über englische Literatur und Astronomie doch recht lange gehalten haben!

Dieses Projekt war alles andere als gelungen und die Tasche existiert schon lange nicht mehr. Aber ich hatte das Garn von meiner Tante bekommen, die eine geschickte Strickerin war und ihr Arbeitsmaterial immer wieder großzügig verschenkte, und ich habe es in lieber Erinnerung behalten. Ich habe das schräge Ding vor über 20 Jahren fabriziert. Jetzt bin ich schon seit mehr als zehn Jahren in Vollzeit als Strickmuster-Designerin tätig. Meine Fertigkeit im Stricken hat sich wesentlich verbessert. Und was vielleicht noch wichtiger ist: Ich erinnere mich immer noch, wie der Funke der Kreativität übergesprungen ist, als ich damals das flauschige violette Garn sah. Dass dieser Funke auf Sie überspringt – das hoffe ich mit den Motiven und Entwürfen in diesem Buch zu erreichen.

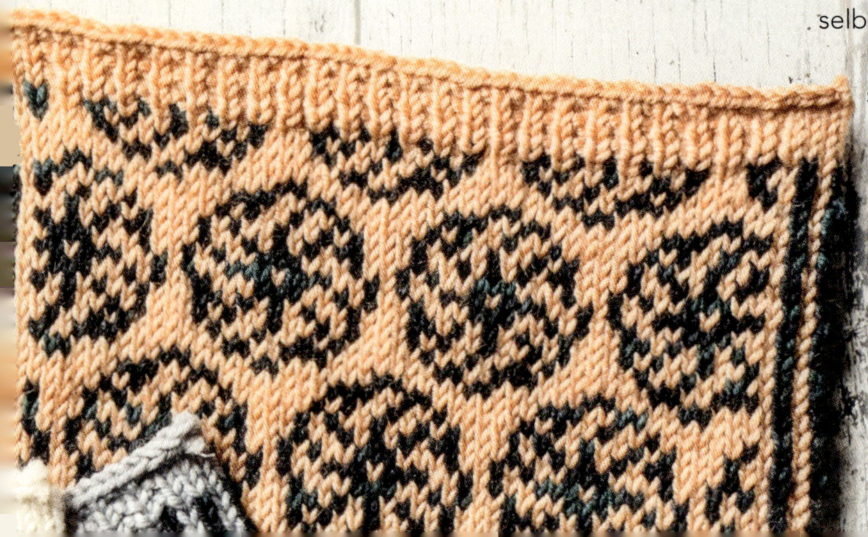

VON DEN *„200 BUNTEN STRICKMOTIVEN"* ZU *„150 FARBENFROHEN STRICKMOTIVEN"*

Vielleicht sind Sie auf dieses Buch aufmerksam geworden, weil Sie mein letztes Buch, „200 bunte Strickmotive", schon kennen. Beide Bücher gehören zusammen und ich glaube, wenn die „200 bunten Strickmotive" Ihnen gut gefallen haben, wird es Ihnen mit diesem Buch genauso gehen. Ich habe das neue Buch jedoch so konzipiert, dass es durchaus für sich allein stehen kann. Es enthält 150 neue Motive, ein Kapitel über die Garnwahl und drei Original-Projekte, die Ihnen die Entstehung eines solchen Entwurfs vor Augen führen und Anregungen liefern sollen, wie Sie die Motive nach Wunsch in andere Projekte integrieren können.

Ebenso wie die „200 bunten Strickmotive" wurden auch die Motive in diesem Buch von meinem Mann Sean entworfen. Sean ist ein Künstler mit kreativem Verstand; ohne seine partnerschaftliche Unterstützung wäre das Buch nicht entstanden. Die Arbeit daran hat uns großen Spaß gemacht und ich wünsche Ihnen, dass Sie dieselbe kindische Freude empfinden wie wir, wenn Sie Ihre Kreativität ausleben und Ihre eigenen Ideen umsetzen.

Dieses Buch ist für Strickerinnen und Stricker gedacht, die ein bisschen über den Tellerrand schauen wollen, die auf der Suche nach Ideen mit Pfiff sind und es gar nicht erwarten können, die Maschen für ein neues Projekt anzuschlagen. Das Buch soll Ihre Strickideen mit Buntheit und Experimentierfreude bereichern – ganz egal, was Sie gerne stricken.

Mein Vorschlag: Blättern Sie nach Lust und Laune und markieren Sie die Motive, die Ihnen ins Auge springen, mit Haftnotizen. Fragen Sie Ihre Familienmitglieder, die selbst nicht stricken, welche Motive ihnen gefallen. Ich habe dieses Buch nach meinem Bauchgefühl so zusammengestellt, dass es Interesse weckt und Spaß macht – und immer wieder Überraschungen bereithält! Wenn Sie nach dem perfekten Blumenmotiv suchen, stoßen Sie vielleicht stattdessen auf ein besonders apartes geometrisches Muster … oder Sie kommen auf eine ganz andere Idee!

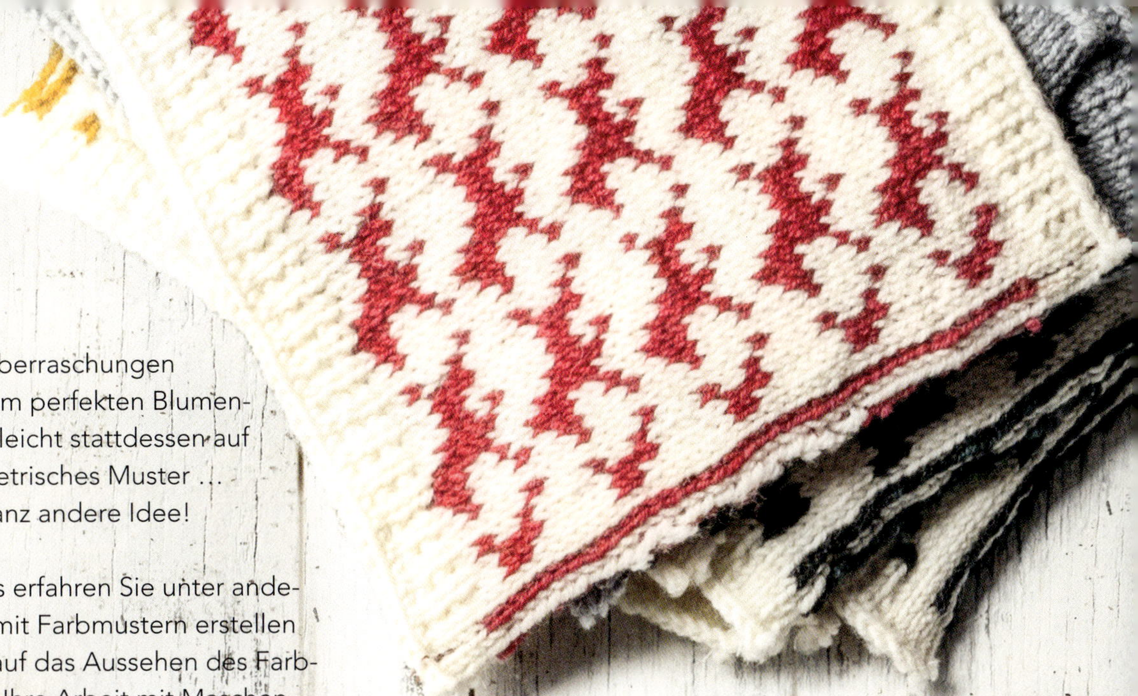

In weiteren Teilen des Buches erfahren Sie unter anderem, wie man einen Entwurf mit Farbmustern erstellen kann, wie sich die Garnwahl auf das Aussehen des Farbmusters auswirkt und wie Sie Ihre Arbeit mit Maschenstich verzieren können.

Es gibt viele, viele Stricktechniken, eine schier unendliche Auswahl an Garnen und eine Unmenge von schönen und lustigen Werkstücken, die man stricken kann. Lassen Sie sich von Ihrem kreativen Gespür leiten und geben Sie nicht auf, auch wenn die ersten Versuche nicht ganz so gelingen, wie Sie es sich vorgestellt hatten. Sie werden diese faszinierende Handarbeitstechnik immer besser kennenlernen und zu Ihrer persönlichen Ausdrucksform finden. Jedes Experiment ist eine Station auf diesem Weg.

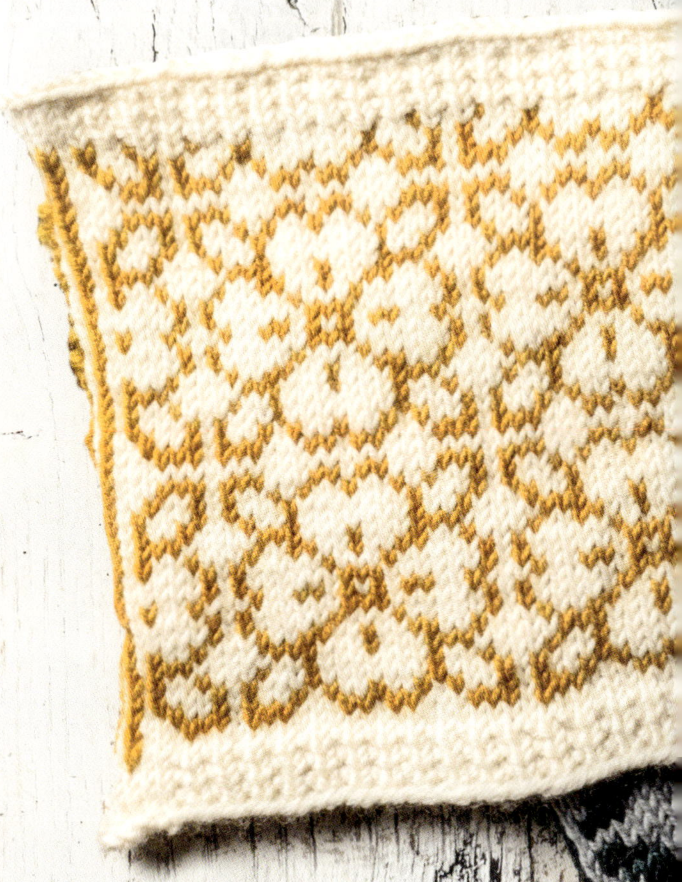

WIE SIE DIESES BUCH VERWENDEN KÖNNEN

Die einzelnen Motive sind als Anregung für Ihre Kreativität gedacht. Ich hoffe, dass Sie sie in Ihren eigenen Entwürfen oder in eigenen, neuen Strickmustern verwenden werden! Betrachten Sie dieses Buch – wie jedes Musterlexikon – als Teil Ihrer Strickausrüstung. Sie können die Motive verwenden, ohne meinen Namen oder den Buchtitel zu erwähnen. Ich freue mich jedoch immer über Feedback, wenn jemand ein Motiv schön und anregend gefunden hat. Schreiben Sie mir auf Instagram (@AndreaRangelKnits) oder schicken Sie mir ein E-Mail (Andrea@AndreaRangel.com) mit Fotos von Ihren Kreationen.

Ich wünsche mir, dass dieses Buch eine Plattform der Zusammenarbeit mit jeder Strickerin und jedem Stricker wird, die/der darin blättert. Ein Hoch auf alle, die stricken und ihre Kreativität unter Beweis stellen!

Andrea Rangel

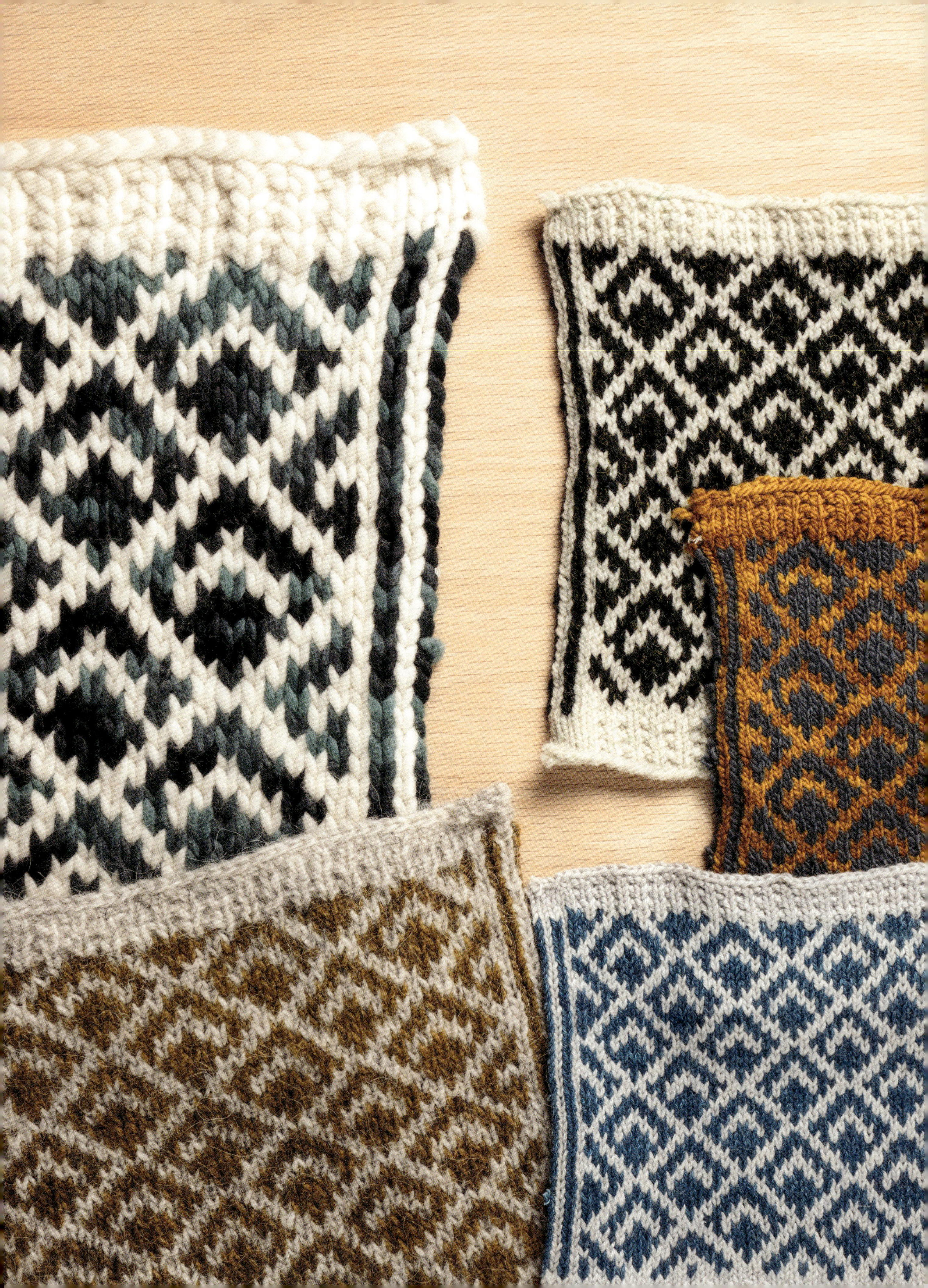

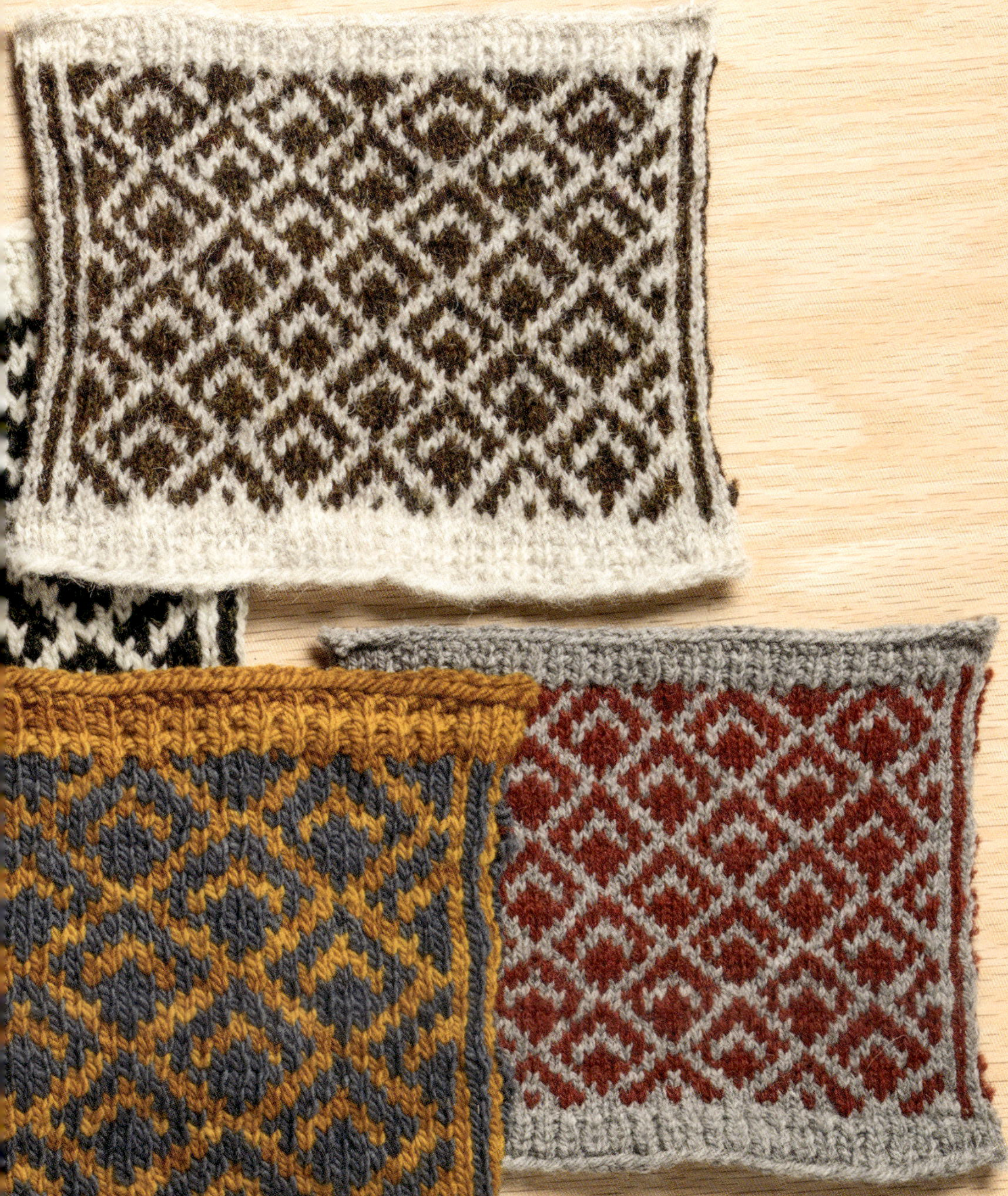
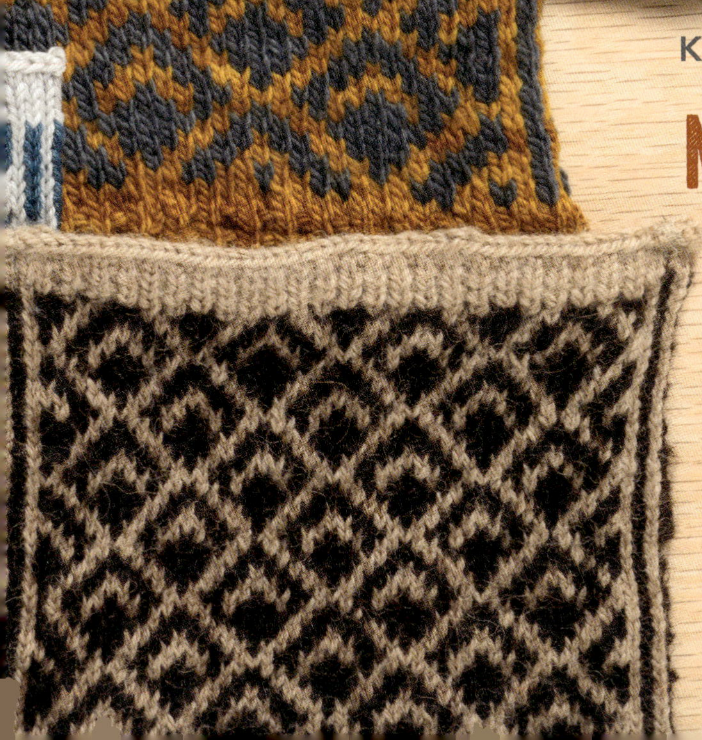

KAPITEL 1

Mehrfarbig stricken

Beim Farbstricken mit mehreren Fäden genügt es nicht, die richtigen Farben zu wählen. Das Garn muss aus den richtigen Fasern bestehen, auch das Garngewicht und der Garnaufbau wirken sich auf das fertige Projekt aus. Darum geht es in diesem Kapitel.

GARN ZUM FARBSTRICKEN AUSWÄHLEN

Bunte Strickarbeiten mit mehreren Fäden können Sie mit jedem Garn stricken. Die Eigenschaften des Garns, das Sie wählen, wirken sich jedoch entscheidend darauf aus, wie die fertige Strickarbeit aussieht, wie sie sich anfühlt und wie sie sich „verhält". Jedes Garn hat verschiedene Eigenheiten, die es einzigartig machen. Dazu gehören die Faserzusammensetzung, die verwendete Spinntechnik und die Anzahl der Einzelfäden bei mehrfädigen Garnen. Es spielt auch eine Rolle, wie fest diese Einzelfäden verzwirnt sind und wie dick jeder Faden ist. Zwischen diesen Eigenschaften gibt es Wechselwirkungen und so finden wir bei den verschiedenen Garnen Unterschiede in der Weichheit, Elastizität und Struktur.

Um einen Eindruck von der Unterschiedlichkeit der Garne zu geben, enthält dieses Kapitel eine „Garn-Galerie". Alle Fotos zeigen dasselbe Motiv, das jedes Mal mit einem anderen Garn gestrickt wurde. Die Garn-Galerie ist keineswegs als vollständige Liste von geeigneten Garnen gedacht. Sie soll Ihnen nur vor Augen führen, wie stark es von der Wahl des Garns abhängt, ob das fertige Stück Ihrer Vorstellung entspricht.

Zum besseren Verständnis der Abbildungen in der Garn-Galerie möchte ich auf einige wichtige Eigenschaften von Garnen genauer eingehen. Auf die folgenden wesentlichen Details kommt es an, wenn Sie eine Strickarbeit mit Farbmustern planen und das richtige Garn für Ihr Projekt auswählen.

FASERZUSAMMENSETZUNG

Bei der Auswahl des Garns sollten Sie als Allererstes bedenken, aus welcher Faser es besteht. Für Farbmuster mit mehreren Fäden ist Wolle immer meine erste Wahl – wobei ich andere Möglichkeiten nicht ausschließe. Wolle ist elastisch – die Fasern lassen sich leicht dehnen und nehmen dann wieder ihre ursprüngliche Form an. Dadurch fällt es Ihnen leichter, eine gleichmäßige Fadenspannung aufrechtzuerhalten; Sie erhalten eine glatte Oberfläche und eine gleichmäßige Strickarbeit. Farbmuster mit mehreren Fäden werden oft für Mützen, Socken und andere Kleidungsstücke eingesetzt, bei denen es sich positiv auswirkt, dass Wolle dehnbar ist und für eine gute Passform sorgt, ohne sich auszuleiern und ihre Form zu verlieren.

Manche Wollgarne sind schmeichelweich und können direkt am Körper getragen werden, andere sind rau und kratzen; dazwischen sind alle Abstufungen möglich. Ein Pullover soll einerseits angenehm zu tragen sein. Andererseits wählt man für Farbmuster meist ein „griffiges" Garn, weil die Fasern dann besser aneinander haften. Wenn Sie Einsteiger oder Einsteigerin sind und Schwierigkeiten haben, eine gleichmäßige Fadenspannung aufrechtzuerhalten, werden Sie mit Wolle den besten Erfolg haben. Und mit einer griffigen Wolle werden die Maschen am ehesten die Form und Größe behalten, die sie gleich nach dem Abstricken hatten.

Unelastische Fasern, wie Seide oder Baumwolle, fallen sehr schön, machen aber leichter Probleme bei der Fadenspannung. Da sie nicht nur weniger elastisch, sondern auch rutschiger sind als Wolle, reagieren sie stärker, wenn daran gezupft und gezogen wird. Dadurch können Maschen verzerrt werden oder lockerer, aber auch fester ausfallen als die benachbarten Maschen, sodass die Strickarbeit ungleichmäßig wirkt.

„Griffige" Fasern haben einen weiteren Vorteil: Wenn Ihnen eine Masche herunterfällt, ist das meist kein Grund zur Panik – die Masche bleibt, wo sie ist, und „wartet" geduldig darauf, dass Sie das Malheur entdecken und reparieren. Wenn Ihnen hingegen bei einem komplizierten Spitzenmuster aus glänzendem Seidengarn dasselbe passiert, läuft die Masche im Nu auf und davon, bevor Sie merken, was los ist. Diese Eigenschaften des Garns wirken sich stark auf die Ebenmäßigkeit der Maschen und der gesamten Strickarbeit aus.

TIPP: Oberflächenstruktur

Fein genopptes oder flauschiges Garn sorgt für einen harmonisch-weichen Gesamteindruck. Wenn die einzelnen Maschen optisch hervortreten und sich klar voneinander abheben sollen, wählen Sie lieber ein glattes Garn.

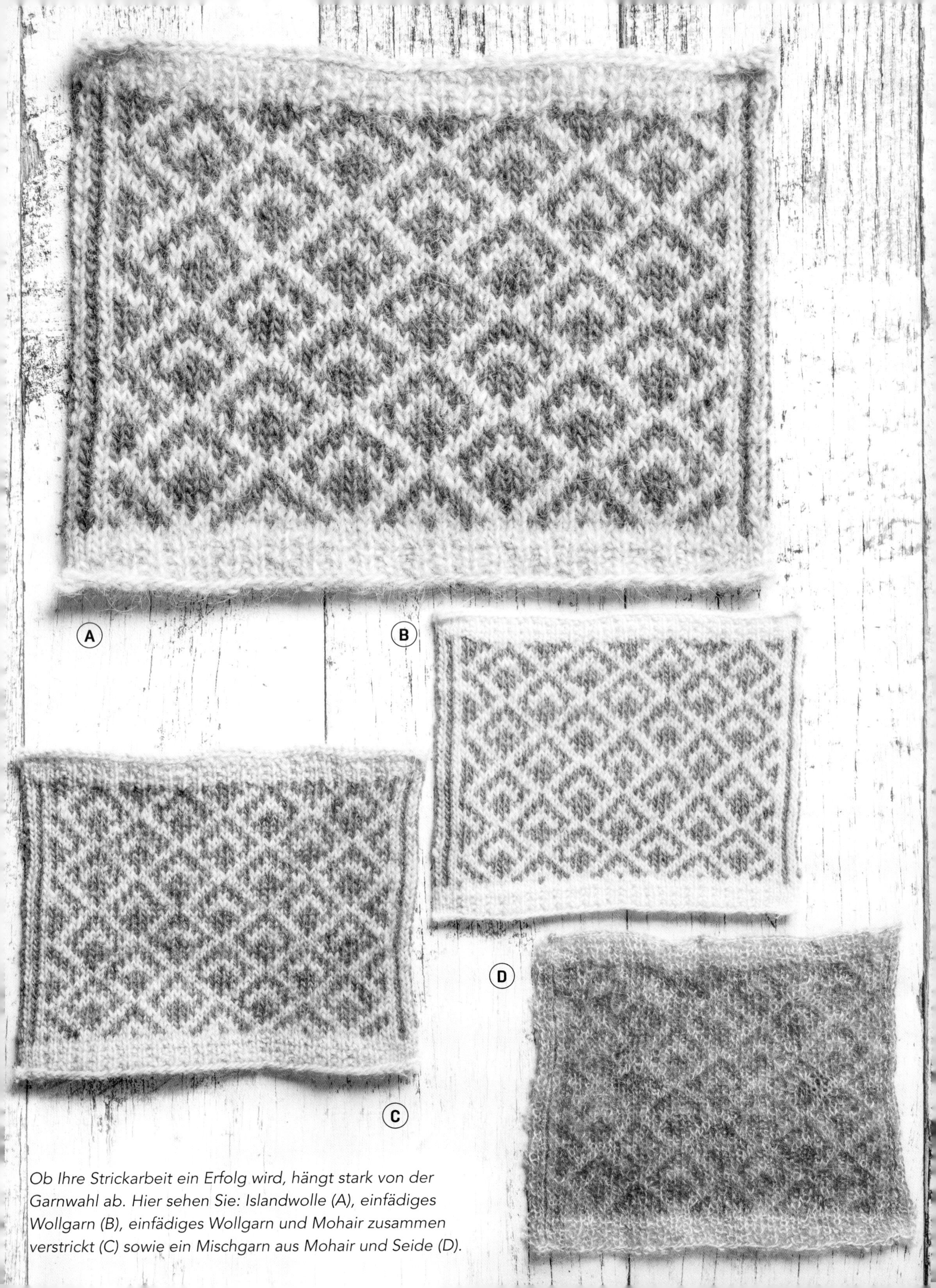

Ob Ihre Strickarbeit ein Erfolg wird, hängt stark von der Garnwahl ab. Hier sehen Sie: Islandwolle (A), einfädiges Wollgarn (B), einfädiges Wollgarn und Mohair zusammen verstrickt (C) sowie ein Mischgarn aus Mohair und Seide (D).

FASERVORBEREITUNG

Auch wenn man alle anderen Fasern außer Acht lässt und sich nur mit Wolle beschäftigt, kann man enorme Unterschiede feststellen. Die Art, wie die Wollfasern auf das Verspinnen vorbereitet werden, hat starke Auswirkungen auf das fertige Garn. Die wichtigste Unterscheidung ist die zwischen dem Kammgarn- und dem Streichgarn-Spinnverfahren.

Kammgarn

Zur Vorbereitung der Fasern auf die Kammgarnverspinnung werden sie sorgfältig gekämmt, sodass alle in dieselbe Richtung verlaufen. Ganz kurze und besonders lange Fasern werden entfernt, sodass die verbleibenden Fasern in etwa gleich lang sind.

Um sich das bildlich vor Augen zu führen, stellen Sie sich vor, dass Sie eine Handvoll Spaghetti in den Kochtopf befördern. So wie die Spaghetti in Ihrer Hand sind auch die Einzelfasern beim Kammgarn gleich lang und liegen dicht aneinander. Wenn die derart vorbereiteten Fasern versponnen werden, entsteht ein starker, dichter, glatter Garnfaden, auch wenn die Einzelfasern ursprünglich eher grob waren.

Streichgarn

Zur Vorbereitung auf die Streichgarnverspinnung werden die Fasern nicht gekämmt, sondern kardiert. Lange, mittlere und kurze Fasern werden vermischt und bilden eine flaumige, luftige Masse.

Wenn Sie sich auch diesen Vorgang bildlich vorstellen wollen, denken Sie an Zuckerwatte. Wenn kardierte Fasern versponnen werden, entsteht ein ungleichmäßigeres Garn mit Lufteinschlüssen. Die Oberfläche eines Streichgarnfadens hat mehr Unebenheiten und mehr Struktur als ein Kammgarnfaden. Ein Stoff aus Streichgarn ist besonders leicht und zugleich wärmend.

Den Unterschied erkennen

Viele Garne fallen nicht in diese beiden gegensätzlichen Kategorien, sondern sind irgendwo dazwischen angesiedelt. Trotzdem ist es von Nutzen, diese beiden Kategorien zu kennen. Bei den meisten Garnen ist die Art der Verspinnung nicht auf der Banderole vermerkt. Wenn Sie sich nicht sicher sind, können Sie einen simplen Test machen: Versuchen Sie, den Faden mit der Hand abzureißen. Wenn er sich leicht abreißen lässt, handelt es sich wahrscheinlich um Streichgarn. Wenn der Faden schmerzhaft in Ihren Finger schneidet und sich nicht und nicht abreißen lässt, dürfte es sich um Kammgarn handeln.
Ganz allgemein kann man sagen, dass es sich bei Sockengarnen meist um Kammgarn und bei flauschigem Garn vom Typ Shetlandgarn meist um Streichgarn handelt.

ELASTIZITÄT UND FADENZAHL

Eine weitere Eigenschaft von Garnen, die sich darauf auswirkt, wie gut sich die Maschen voneinander abheben und ob sie an ihrem Platz bleiben, ohne sich zu verschieben, ist ihre Elastizität – also wie stark das Garn sich dehnen lässt und ob es sich danach wieder auf seine ursprüngliche Länge zusammenzieht.

Sowohl die Faserzusammensetzung als auch die Art der Verspinnung wirkt sich auf die Elastizität des Garns aus. Wie schon gesagt, ist Wolle elastischer als Seide, Leinen, Baumwolle oder Alpaka. Innerhalb der Kategorie „Wolle" sind beispielsweise Cormo und Bluefaced Leicester (BFL) elastischer als Merino.

Das Garn wird elastischer, wenn es stärker verzwirnt wird. Die stärkere Verzwirnung wirkt wie eine Sprungfeder. Das Verzwirnen mehrerer Einzelfäden erhöht ebenfalls die Elastizität des mehrfädigen Garns. Garn aus glatten, unelastischen Fasern, wie Baumwolle, Seide und Alpaka, wird ein bisschen elastischer, wenn es mehrfädig verzwirnt wird. Trotzdem können pflanzliche Fasern sowie Seide und Alpaka bei Farbmustern Probleme machen. Auch nach dem Spannen der fertigen Arbeit können sich die Maschen verschieben; die Arbeit wirkt dann ein bisschen schludriger als eine Strickarbeit aus Wolle.

GARNGEWICHT UND FASERGEWICHT

Das Garngewicht hängt davon ab, wie dick das Garn ist. Nach dem Gewicht des Garnstrangs in Gramm kann man das Fasergewicht bestimmen.

Garngewicht

Wichtig: Bedenken Sie, wie dick die fertige Arbeit sein wird und ob sich eine Strickerei in dieser Stärke für Ihr Projekt eignet. Zum Beispiel ist es gewiss originell, ein Super-Bulky-Garn für ein Farbmuster zu verwenden, aber das fertige Stück wird mehr als 1 cm dick sein und daher nur begrenzte Einsatzmöglichkeiten haben.

TIPP: Garngewichte von dünn bis dick

In der Reihenfolge vom dünnsten bis zum dicksten Garn heißen die Garnstärken: Lace, Fingering, Sport, DK, Light Worsted/Heavy DK, Worsted, Heavy Worsted, Aran, Bulky, Super Bulky.

Fasergewicht

Auch das Gewicht, das ein fertiger Pullover auf die Waage bringt, spielt eine Rolle. Ein zur Gänze aus Baumwoll-Worsted-Garn gearbeiteter Pullover mit Farbmuster ist schwerer als ein Wollpullover aus Worsted-Garn. Sein Gewicht zieht ihn nach unten, wenn er getragen wird. Weil Baumwolle kaum elastisch ist, fehlt die Sprungkraft, durch die er sich auf die ursprüngliche Länge zusammenziehen könnte. Höchstwahrscheinlich wird der Pullover viel länger und enger als geplant ausfallen.

FAZIT

Kammgarn sorgt dafür, dass sich die Maschen in der fertigen Arbeit klar voneinander abheben. Wenn es Ihnen wichtig ist, dass das Farbmuster optisch hervortritt, so ist ein mehrfädiges Garn, das zugleich elastisch und glatt ist, eine gute Wahl.

Neighborhood Fiber Co. Organic Studio Sock ist ein Garn, das ich aus diesem Grund besonders liebe. Ich habe es im gesamten Kapitel „Motive" (S. 26) verwendet. Die Merinowolle ist glatt und sehr weich, das Garn ist vielfädig und fest verzwirnt und daher strapazierfähig und elastisch – was bei einem Sockengarn auch notwendig ist – und die Maschen sind besser erkennbar als bei einem lockerer gesponnenen oder aus weniger Einzelfäden bestehenden Garn.

Welches Garn Sie auch wählen, Ihre Strickerfahrung kann sich bei Farbmustern mit mehreren Fäden stark auf die Fadenspannung auswirken. Wenn Sie das Stricken mit zwei Fäden noch nicht gewohnt sind, machen Sie sich keine Vorwürfe, wenn die Arbeit nicht so perfekt ist, wie Sie es sich wünschen würden. Tipps zum mehrfarbigen Stricken finden Sie auf S. 24.

RUNDSTRICKEN UND STEEKS

Farbmuster stricke ich lieber in Runden als in Reihen, weil beim Rundstricken die rechte Seite immer zu mir schaut. Daher kann ich dem Muster leichter folgen, ich sehe, was ich bisher gemacht habe und was als Nächstes kommt. Außerdem finde ich es ziemlich umständlich, in Farbmustern linke Maschen zu stricken.

Viele Strickerinnen und Stricker wollen ebenfalls die rechte Seite immer vor Augen haben und beim Stricken mit mehreren Fäden linke Maschen vermeiden, aber trotzdem Armlöcher und einen Halsausschnitt anbringen und die offene Vorderseite einer Jacke arbeiten können. Daher stricken sie das ganze Projekt in Runden und schneiden es dann auf. Diese etwas gewöhnungsbedürftige Technik nennt man Steeken.

Dort, wo später geschnitten wird, fügt man zusätzliche Maschen ein, um eine kleine „Pufferzone" zu schaffen. Diese Pufferzone aus zusätzlichen Maschen wird als Steek bezeichnet. Der Steek wird vor dem Schneiden meist verstärkt, entweder durch Nadelfilzen, durch Häkeln oder durch Nähen mit der Nähmaschine.

Wenn Sie steeken wollen, wird die Garnwahl schwieriger. Bei rutschigen Garnen, wie Seide oder Garnen aus Pflanzenfasern, müssen Sie die Steeks noch mehr verstärken oder das Steeken überhaupt vermeiden. Bei griffiger Wolle, wie z. B. Shetlandwolle, kann gesteekt werden, ohne dass man befürchten muss, dass sich die Arbeit auftrennt, wenn der Steek verstärkt und geschnitten wird.

GARN-GALERIE

Die Musterflecken in diesem Abschnitt sind in verschiedenen Garnen gearbeitet, die aus heute leicht erhältlichen Fasern und Fasermischungen bestehen. Zu jedem Foto gibt es eine kurze Information über das Garn. Ich sage auch jeweils dazu, für welche Projekte mit Farbmustern ich es verwenden (oder nicht verwenden) würde. Ich komme auch darauf zu sprechen, wie die Farbe den optischen Eindruck von Farbmustern beeinflussen kann. *Anmerkung: Wenn nicht anders angegeben, sind alle Garne Kammgarne.*

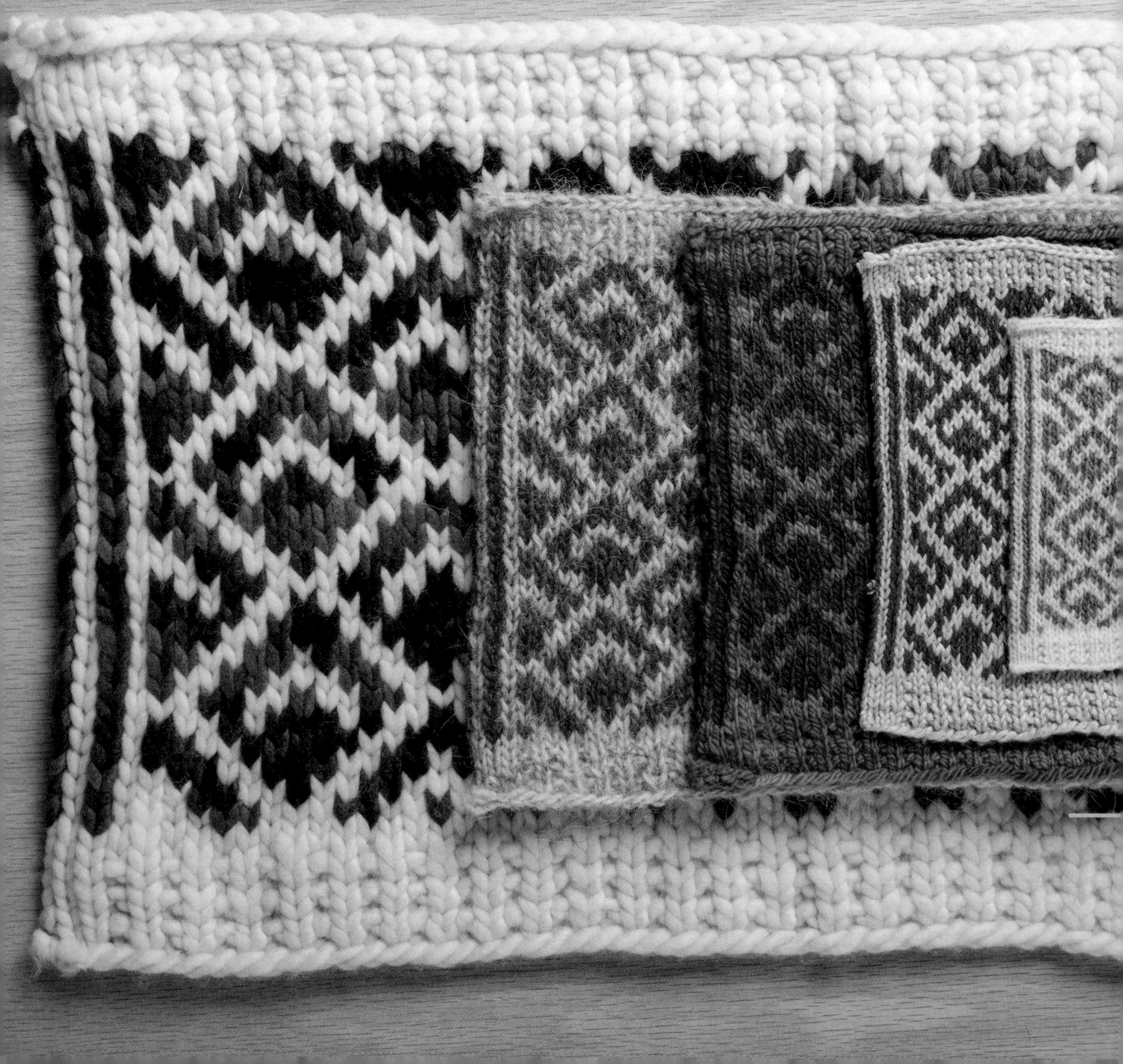

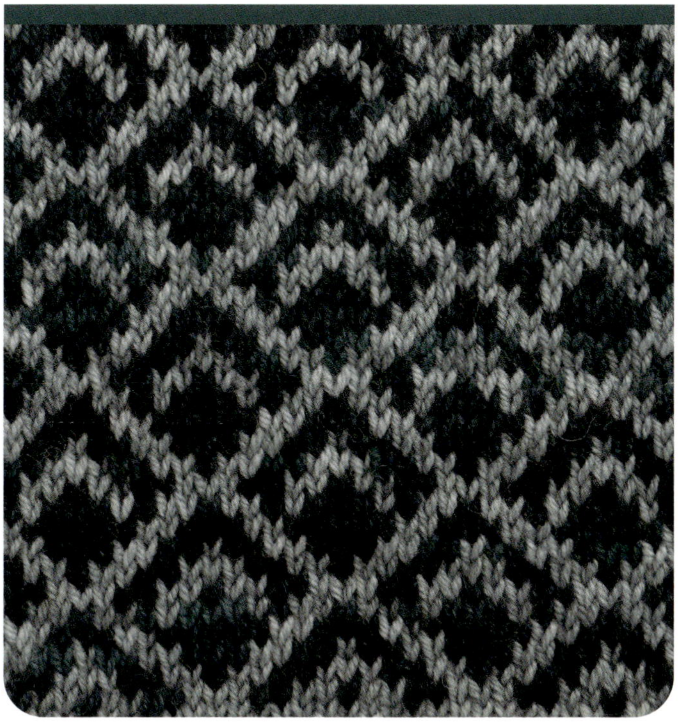

Merinowolle

Neighborhood Fiber Co. Organic Studio Sock
Faser: *100 % Superwash-Merinowolle*
Gewicht: *Fingering*

Mit diesem Garn habe ich die Musterflecken mit den einzelnen Motiven in diesem Buch gestrickt, also können Sie sich vorstellen, dass ich es ganz besonders liebe – aus vielen Gründen. Es ist fest verzwirnt und besteht aus vier Fäden, die ihrerseits zweifädig sind. Das Ergebnis: ein wirklich ausgewogenes, wunderbar elastisches Garn. Durch seinen Aufbau ist es auch haltbar, und da es aus Merinowolle besteht, ist es superweich und Sie können alles damit stricken. Der Hersteller Neighborhood Fiber Co. verwendet ein umweltfreundliches Verfahren für die Superwash-Behandlung seiner organischen Merinowolle. Die Vielfalt der angebotenen Farbtöne ist unglaublich. Das Garn ist von GOTS (Global Organic Textile Standard) als 100-prozentig organisch zertifiziert.

Auf den Fotos in der Garn-Galerie erhält man den Eindruck, dass die abgebildeten Motive alle gleich groß sind. In Wirklichkeit ist das nicht der Fall. Wie Sie hier sehen können, ist die Maschenprobe ganz verschieden.

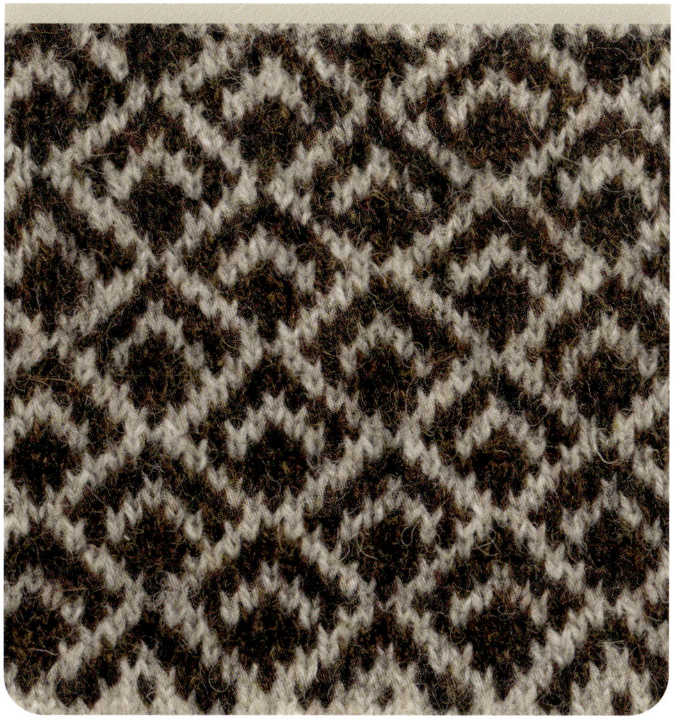

Shetlandwolle (Streichgarn)

Jamieson's Shetland Spindrift
Faser: *100 % Shetlandwolle*
Gewicht: *Fingering*

Mit „Shetland" ist eine Schafrasse gemeint, die von den Shetlandinseln stammt, einer Inselgruppe im nördlichsten Teil des Vereinigten Königreichs. Dieses 2-fädige Streichgarn hat eine griffige Textur und ist sehr leicht. Es ist ein perfektes Garn für Farbmuster und wird beim traditionellen Shetland- und Fair-Isle-Stricken verwendet. Es eignet sich ausgezeichnet für Strickerinnen und Stricker, die das Stricken mit Farbmustern erst kennenlernen. Es ist nicht besonders weich, aber für winddichte Jacken und Mützen ist es genau das Richtige. Shetlandwolle wirkt „urig". Ein Vorteil, der für dieses und auch für die meisten anderen Shetland-Garne gilt: Sie werden oft in kleinen, nicht allzu teuren Strängen verkauft, sodass Sie sich eine ganze Menge Farben für Ihr Projekt aussuchen können. Traditionelle Shetland-Strickwaren haben oft kleine Farbmuster, viele Farben in einer Strickarbeit sind ein weiteres Merkmal. Da es sich um ein Streichgarn handelt, eignet es sich nicht besonders gut für Kleidungsstücke, die stark beansprucht werden, zum Beispiel für Socken.

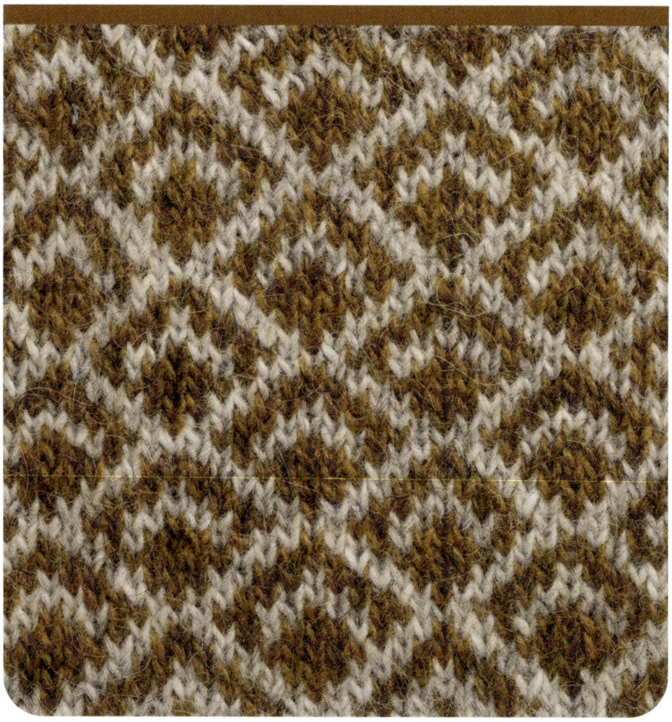

Islandwolle

Ístex Léttlopi
Faser: *100 % Islandwolle*
Gewicht: *Heavy Worsted*

Die Islandschafe sind eine alte Nutztierrasse. Ihre Wolle ist an die klimatischen Bedingungen ihrer Heimat Island perfekt angepasst. Léttlopi-Garn ist haltbar, leicht und besonders wärmend. Die beiden leicht gesponnenen Fäden sind lose verzwirnt und machen die Strickarbeit luftig, Flauschhaare sitzen auf der Oberfläche des Gestricks und geben ihm eine etwas weichere Optik; die einzelnen Maschen heben sich nicht so stark ab wie bei anderen Garnen. Es kann mit einer lockeren Maschenprobe verstrickt werden; die Maschen schmiegen sich buchstäblich ineinander. Ob man ein Kleidungsstück als weich empfindet, ist individuell verschieden; ich persönlich trage Islandwolle nicht direkt auf der Haut (z. B. am Hals), weil ich sie dafür zu kratzig finde. Zum Stricken für Einsteiger ist die griffige Islandwolle hervorragend geeignet; auch wenn man schnell einen Pullover oder eine Mütze stricken will, ist sie genau das Richtige!

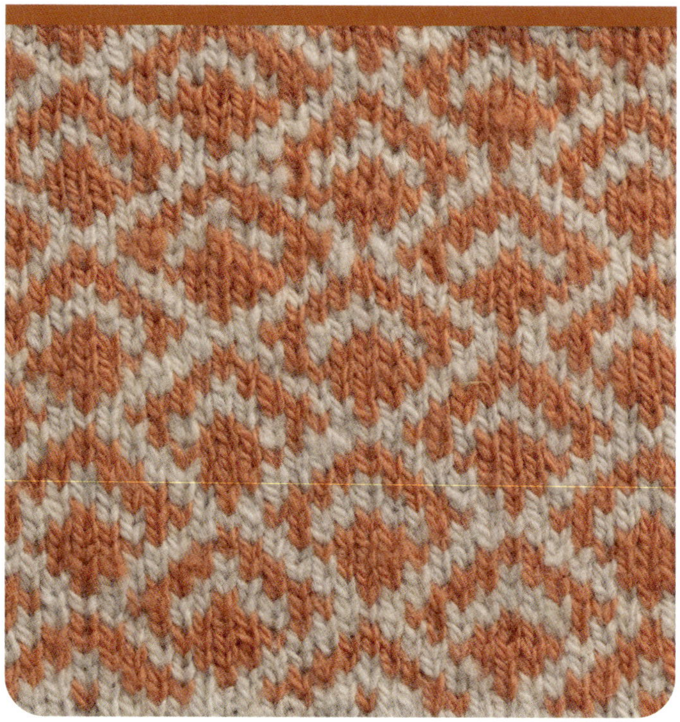

Rambouillet-Wolle

Ritual Dyes Maven
Faser: *100 % Rambouillet-Wolle*
Gewicht: *Fingering*

Dieses Garn hat viel Struktur. Rambouillet-Wolle ist etwas weniger weich, aber elastischer als Merinowolle. Die Maschen der fertigen Arbeit heben sich nicht stark voneinander ab; die Oberfläche lässt einen fast an einen antiken Gobelin denken. Rambouillet-Wolle ist weich und elastisch, wenn man sie zusammendrückt. Wenn Ihnen ein zarter, naturnaher Look gefällt, sind Sie mit dieser Wolle gut bedient.

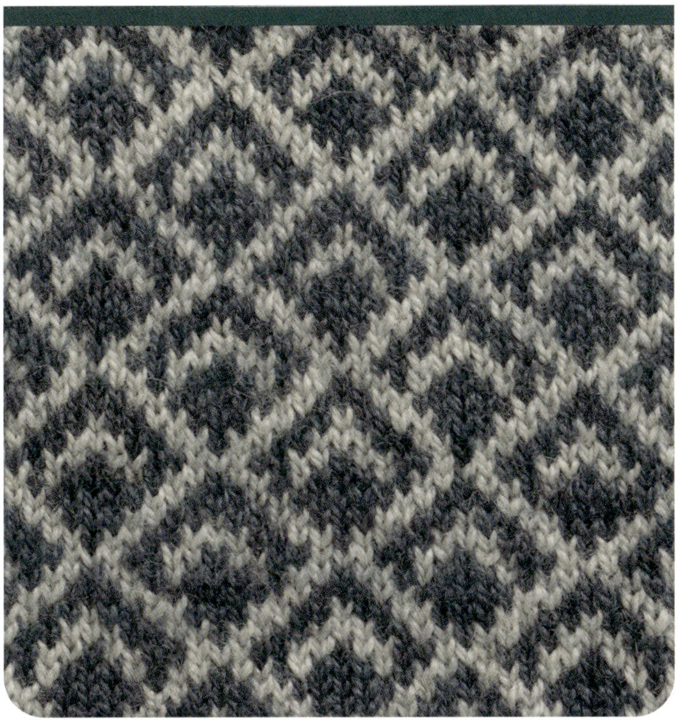

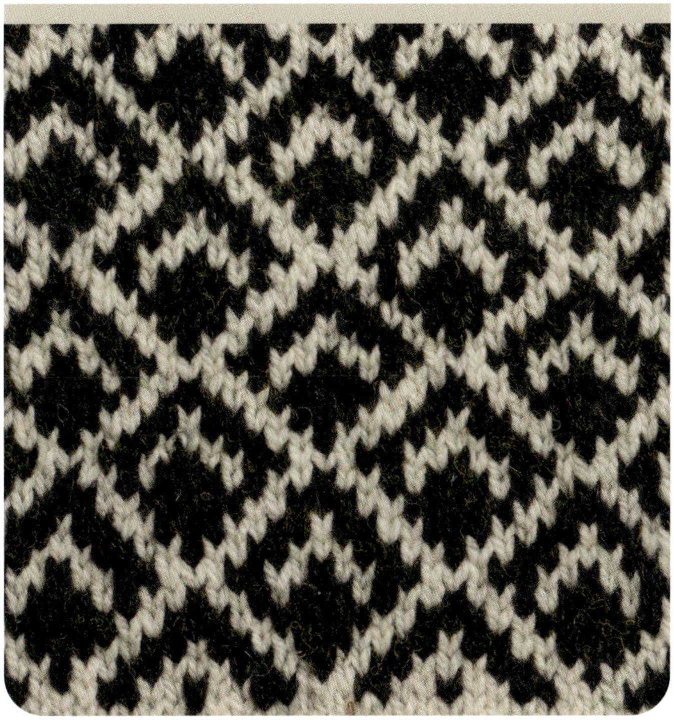

Bluefaced Leicester-Wolle

Emily C Gillies BFL Fingering
Faser: *100 % BFL-Wolle*
Gewicht: *Fingering*

Bluefaced Leicester (BFL) ist eine weiche Wolle mit langen, glänzenden Fasern, die ihr einen sanften Schimmer verleihen. Sie ist eher griffig und elastisch. Für alle, die das Farbstricken erst erlernen wollen, ist sie daher ideal geeignet. Wer sich in das Thema „Schafrassen und ihre Wolle" eingenerdet hat, kommt an Bluefaced Leicester nicht vorbei. Mit BFL gerät die Oberfläche der Strickarbeit nicht ganz so glatt wie bei Sockenwolle und nicht ganz so rustikal-urtümlich wie bei Shetlandgarn. Dieses strukturierte zweifädige BFL-Garn ist nicht besonders fest verzwirnt. Dank der kräftigen Fasern ist es jedoch recht gut haltbar.

Cormo-Wolle (Streichgarn)

Harrisville Designs Daylights and Nightshades
Fasern: *80 % Cormo-Wolle, 20 % andere Wolle*
Gewicht: *DK*

Cormo ist eine meiner Lieblingswollsorten. Sie ist unglaublich weich und elastisch. Durch die Streichgarnverspinnung zu einem 3-fädigen Garn wird sie superleicht und luftig und erhält eine wunderbar trockene, griffige Oberfläche. Für Farbmuster ist sie ideal. Cormo eignet sich für jedes Kleidungsstück oder Accessoire – mit Ausnahme von Socken. Streichgarne haben nicht die Haltbarkeit und Strapazierfähigkeit, die bei Socken einfach notwendig ist.

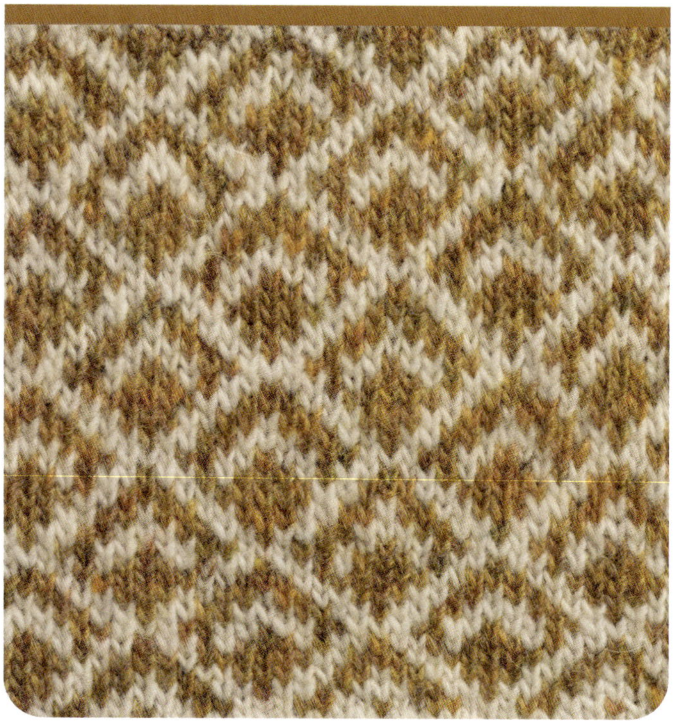

Singles aus Wolle

Julie Asselin Nurtured Fine
Faser: *100 % Wolle (Rambouillet, Targhee und Merino)*
Weight: *Lace*

„Singles" nennt man ein einfädiges Garn, das zur Verstärkung verzwirnt wurde. Dieses griffige Garn hat eine genoppte Struktur. Im vorherrschenden Gelb tauchen andersfarbige Sprenkel auf, sodass der Gesamteindruck an Tweed erinnert. Die Maschen sind klar abgegrenzt, aber die Oberfläche der Strickarbeit ist trotzdem weich, wie bei Singles üblich. Das Garn ist nicht superglatt, die Maschen haften gut aneinander. Sie heben sich wesentlich stärker voneinander ab als in der Kombination mit Mohair und Seide (S. 21), aber es entsteht doch eine weiche Optik, die für Singles typisch ist.

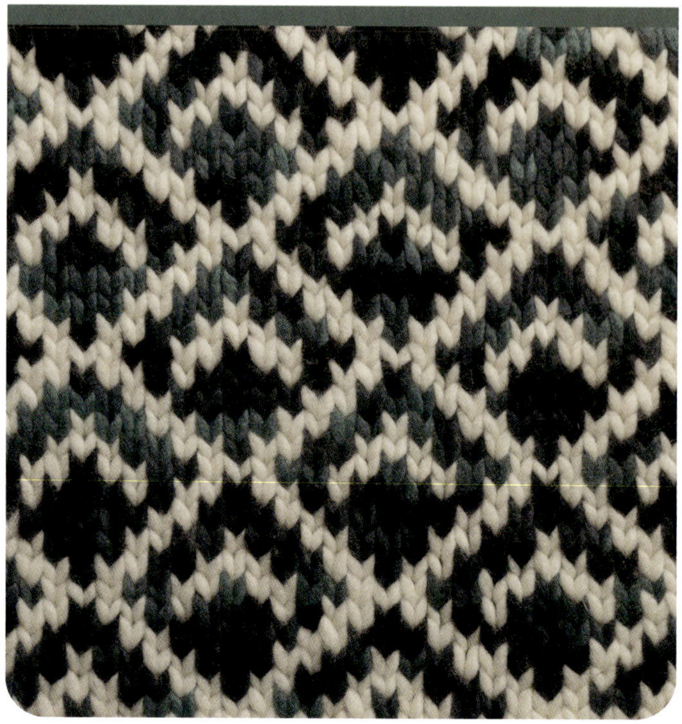

Singles aus Super-Bulky-Wolle

Neighborhood Fiber Co. Rustic Bulky
Faser: *100 % Merinowolle*
Weight: *Super Bulky*

Ich musste unbedingt ein Super-Bulky-Garn in diese Sammlung aufnehmen, um Ihnen zu zeigen, was für ein prächtiges Bild die riesigen Maschen abgeben können! Aber bedenken Sie bitte: Die Strickerei ist sehr dick und für viele Zwecke einfach nicht geeignet. Außer für eine Mütze würde ich das Garn noch für Hausschuhe empfehlen. Das ist meine Meinung – Sie sehen es vielleicht anders! Wenn Sie finden, dass dieses Material genau das Richtige für einen warmen Winterpullover ist, dann ziehen Sie Ihr Projekt durch!

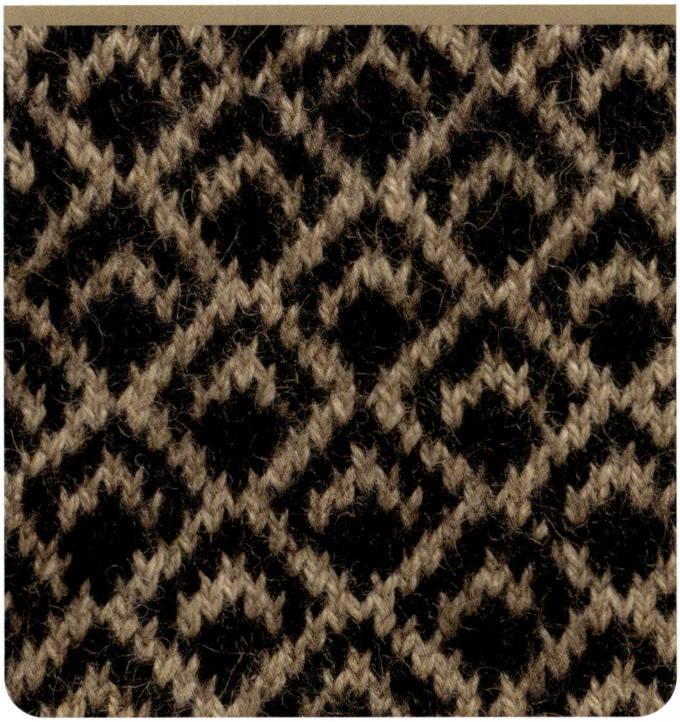

Alpaka

GN'R Alpaca Farm 100 % Alpaca
Faser: *100 % Alpaka*
Gewicht: *DK*

Alpaka wird sowohl für Farbmuster als auch für warme Kleidung oft verwendet. Aufgrund einiger ganz besonderer Eigenschaften ist diese Faser einzigartig. Sie kann unterschiedlich weich sein. GN'R ist weich, die Flauschhaare auf der Oberfläche der Arbeit umgeben sie mit einer schimmernden Wolke. Die Strickerei glänzt und fällt wunderschön. Allerdings ist die Faser nicht elastisch; sie ist auch dichter und schwerer als Wolle. Beim Tragen wird das Kleidungsstück mit der Zeit nach unten hin länger. Um dieser Tendenz nach Möglichkeit entgegenzuwirken, schlage ich vor, mit einer festen Maschenprobe zu stricken und Alpaka nur für Accessoires zu verwenden. Wenn Sie doch einen Pullover in Erwachsenengröße stricken, wären Verstärkungen, z. B. Nähte an den Körperseiten, an den Schultern und an den Armlöchern, zu empfehlen.

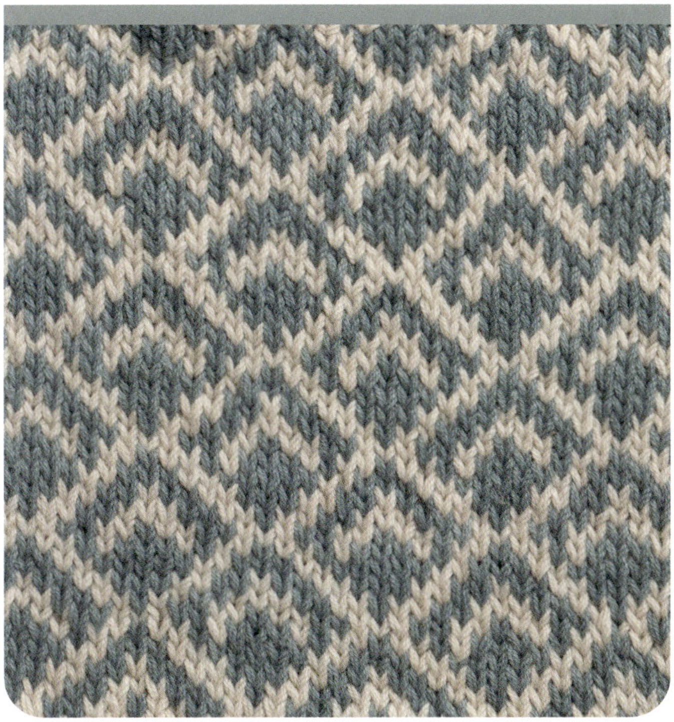

Baumwolle-Nylon-Mischgarn

Trailhead Yarns Appalachian Trail
Fasern: *65 % Baumwolle, 35 % Nylon*
Gewicht: *Fingering*

Ein knackiges Sommergarn, mit dem sich recht schöne, gleichmäßige Maschen stricken lassen. Der Nylonanteil sorgt für Elastizität und reduziert das Gewicht – so ist das Garn für Farbmuster eher besser geeignet als ein Garn aus 100 % Baumwolle. Manche finden, dass das Stricken mit Baumwolle und anderen Pflanzenfasern die Hände anstrengt, weil diese Garne kaum dehnbar sind. Auch hier hilft der Nylonanteil, außerdem macht er das Garn sehr gut haltbar. Viele Sockengarne bestehen aus diesem Grund zum Teil aus Nylon.

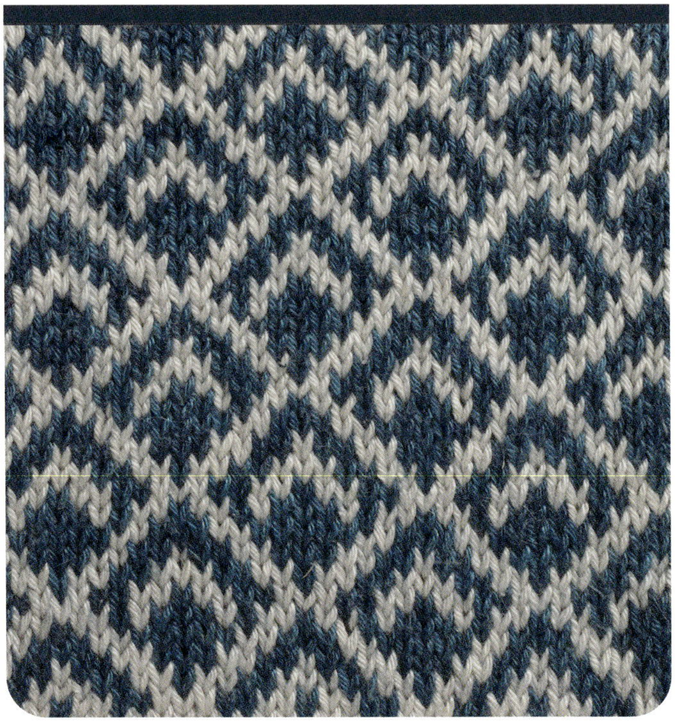

Seide-Leinen-Mischgarn

SweetGeorgia Yarns Flaxen Silk DK
***Fasern:** 65 % Seide, 35 % Leinen*
***Gewicht:** DK*

Ich muss zugeben: Dieses Garn hat mich positiv überrascht. Da sowohl Seide als auch Leinen nicht elastisch sind und Seide noch dazu sehr glatt ist, erwartete ich beim Ausprobieren, dass die Maschen schludrig ausfallen würden. Tatsächlich sieht die fertige Arbeit aber wunderbar knackig aus und hat einen ganz zarten Schimmer. Trotzdem würde ich zögern, ein Kleidungsstück in Erwachsenengröße daraus zu stricken, weil ich befürchte, dass es beim Tragen die Form verlieren und ausgeleiert aussehen könnte. Ich meine aber, dass das Garn genau das Richtige für einen schwungvollen Schal oder eine Kapuze wäre, auch für Accessoires, die sich für milderes Wetter eignen. Es ist bekannt, dass Leinen besonders haltbar ist und mit der Zeit weicher wird.

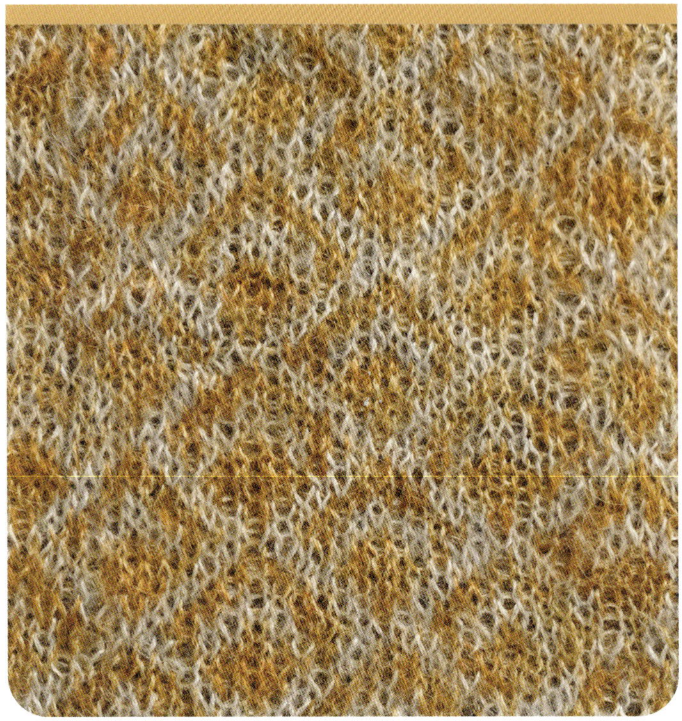

Mohair-Seide-Mischgarn

Julie Asselin Anatolia
***Fasern:** 60 % Kid Mohair, 40 % Seide*
***Gewicht:** Lace*

Lace-Garn aus Mohair und Seide ist ein ziemlich gängiges Garn, das von vielen Firmen hergestellt wird – es ist nämlich ganz fantastisch. Diese Fasern werden gemeinsam versponnen, weil ihre Eigenschaften einander wunderbar ergänzen. Eine Strickarbeit aus gebürstetem Mohair wirkt manchmal, als wäre sie mit einem flauschigen Schein umgeben. Seide ist ein starkes Material, in ihrem Glanz kann man sich beinahe spiegeln. Die Seide sorgt für fließenden Schwung und bändigt das flauschige Mohair mit einer Portion Eleganz. Mischgarne aus Mohair und Seide fühlen sich zart und schmeichelweich an.

Eine Arbeit, bei der nur Mohair-Seide-Mischgarn verwendet wird, ist hauchdünn und beinahe durchscheinend; die Farben gehen schön ineinander über – eine solche Strickerei ist für mich etwas ganz Besonderes.

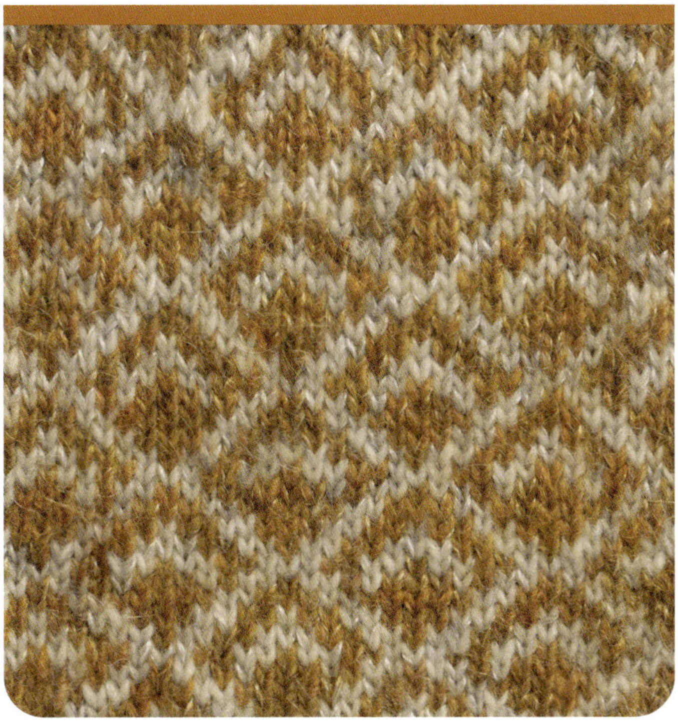

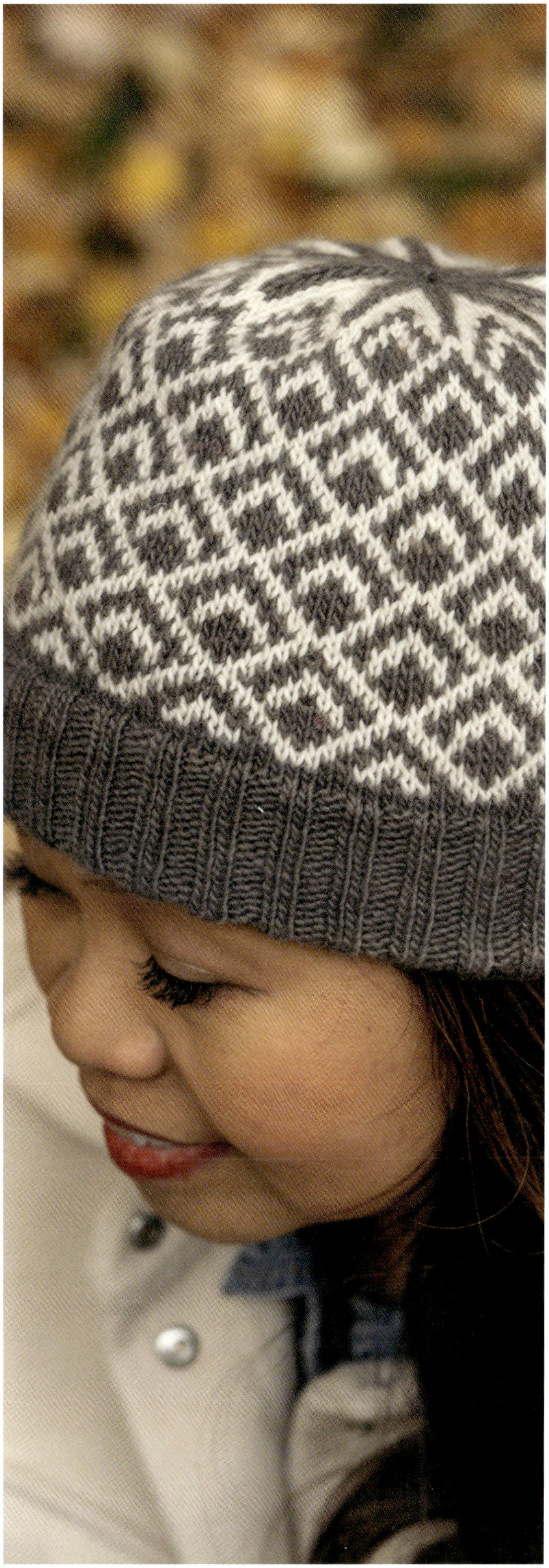

Mohair-Seide-Mischgarn, zusammen mit Singles aus Wolle verstrickt

Julie Asselin Anatolia und Nurtured Fine

Viele haben eine Schwäche für Mohair-Seiden-Mischgarne mit ihrem seidigen Glanz und ihrer charakteristischen Flauschwolke, möchten aber, dass sich die fertige Arbeit mehr wie eine „gewöhnliche" Strickerei anfühlt. Die Lösung besteht darin, das Mohair-Seiden-Garn zusammen mit einem Fingering-Wollgarn zu verstricken. Die Wolle verleiht der Arbeit Elastizität und Körper. Die Strickerei ist immer noch luftig, flauschig und glänzend, sie ist aber weniger durchscheinend und die Farben treten klarer hervor. Sie ist viel schwerer und fällt schöner als das luftige Gestrick, das nur aus Mohair und Seide besteht. Die Kombination ist praktischer als das Mohair-Seide-Mischgarn, hat aber mehr Chic als das Wollgarn alleine.

Noch eine Bemerkung zu Mohair: Dieses Material wärmt mehr als Wolle. Ein Kleidungsstück aus Mohair, Seide und Wolle ist also besonders mollig warm.

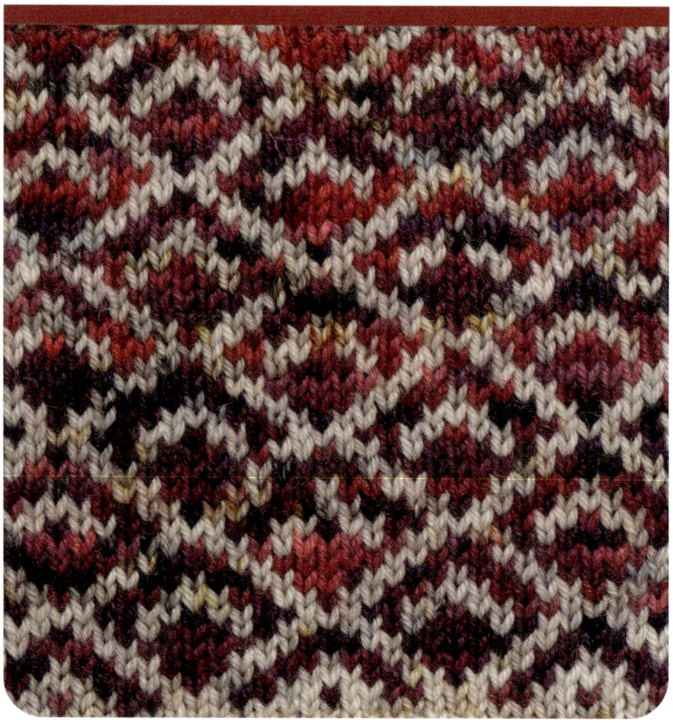

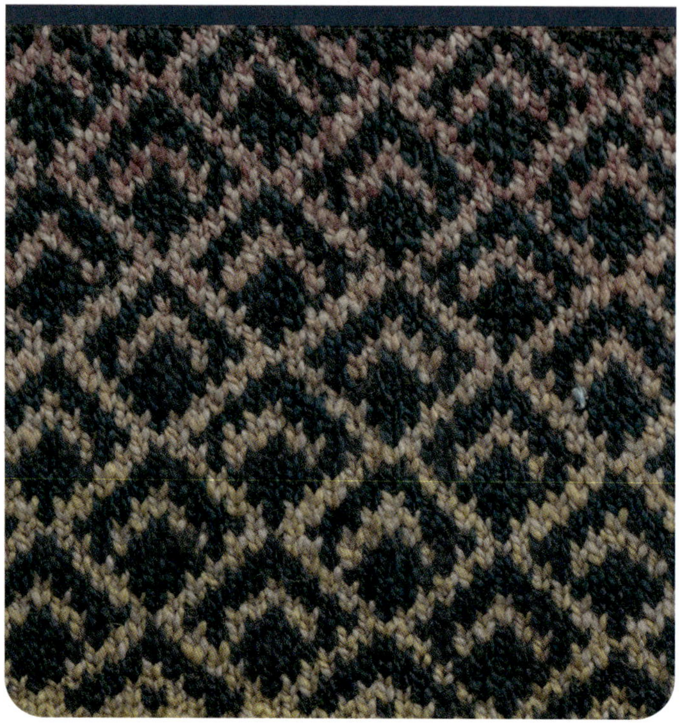

Farbvarianten: „Semi-Solid“ und gesprenkelt

Neighborhood Fiber Co. Studio Sock; Sew Happy Jane Happy Fingering
Fasern: *Studio Sock: 100 % Superwash-Merinowolle; Sew Happy Jane: 75 % Merinowolle, 25 % Nylon*
Gewicht: *Fingering*

Farbmuster mit Sockengarn zu stricken, macht Spaß – wegen der satten Farben und dem glatten Garn, mit dem man deutlich abgegrenzte Maschen stricken kann. Wenn „semi-solid"-Garne, gesprenkelte oder ombrierte Garne ins Spiel kommen, erhält das Ganze eine künstlerische Note. Die Farbe der Sprenkel in dem hellgrauen Garn ist teilweise ähnlich wie das Dunkelviolett des zweiten Garns; dadurch verschwimmt das Muster an manchen Stellen. Mir gefallen die dunkelgelben Sprenkel besonders gut, die die violette Farbe schön zur Geltung bringen. Wenn Sie mehrfarbige Garne miteinander kombinieren, ist es wohl am besten, wenn die beiden Garne sich stark unterscheiden, wenn zum Beispiel eines ganz hell und eines sehr dunkel ist. Bei gesprenkeltem Garn gibt es natürlich Einsprengsel wie die dunklen Tupfen in meinem hellgrauen Garn. Aber wenn dieser Effekt erwünscht ist und Ihnen gefällt, dann folgen Sie Ihrem Farbgefühl.

Ombriertes Garn mit großem Rapport, kombiniert mit einfarbigem Garn

Spincycle Yarns Dyed in the Wool; Nocturne
Fasern: *Dyed in the Wool: 100 % amerikanische Superwash-Wolle; Nocturne: 100 % Merinowolle*
Gewicht: *Sport*

Diese ombrierten Garne sind eine Augenweide – jeder Strang ist einzigartig und die Farben sind faszinierend! Ich habe eine eher helle Farbe gewählt, bei der immer wieder kleine, etwas dunklere Bereiche auftauchen; das zweite Garn ist zur Gänze dunkel, sodass sich ein deutlicher Kontrast ergibt. Es ist schön, beim Stricken zuzuschauen, wie die Farben sich zu verändern und miteinander zu verschmelzen scheinen. Dieses Garn ist wirklich besonders extravagant, aber vielleicht passt ein solches ombriertes Garn mit großem Rapport genau zu dem kreativen Look, den Sie erzielen wollen. Wenn Sie Garne mit hellen und dunklen Bereichen wählen, wird das Muster ein bisschen verschwommen ausfallen. Das Ergebnis kann aber trotzdem sehr schön sein. Ich habe die hier abgebildete Kombination für die Nautilus-Armstulpen im Kapitel „Projekte" (S. 120) gewählt.

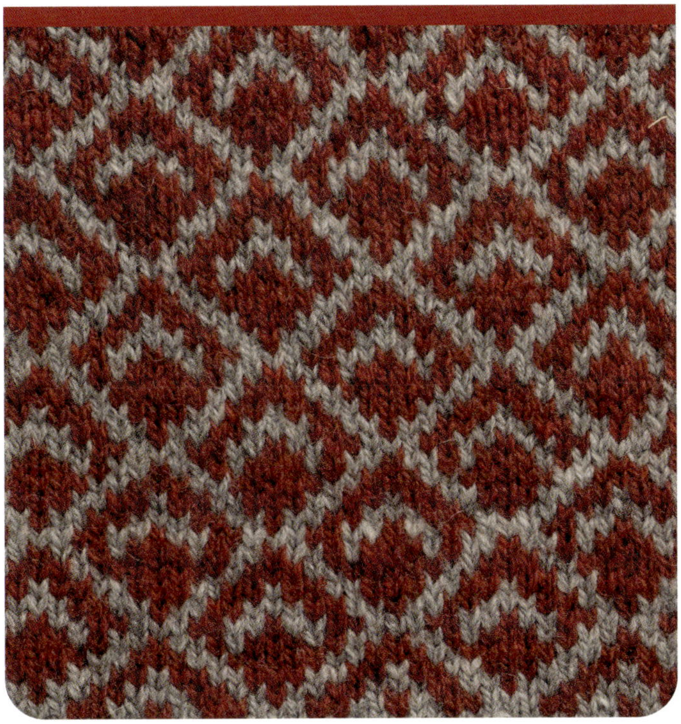

Meliertes Garn

Hudson + West Co. Weld
Fasern: *70 % Merinowolle, 30 % Corriedale-Wolle*
Gewicht: *Fingering*

Dieses Garn ist weich und zugleich griffig. Die melierten Farben haben Tiefe und Charakter. Es handelt sich hier um ein so genanntes Halbstreichgarn: Es ist glatt genug, dass sich die Maschen bei Farbmustern schön abheben, aber nicht so rutschig, dass es schwer ist, eine gleichmäßige Fadenspannung aufrechtzuerhalten.

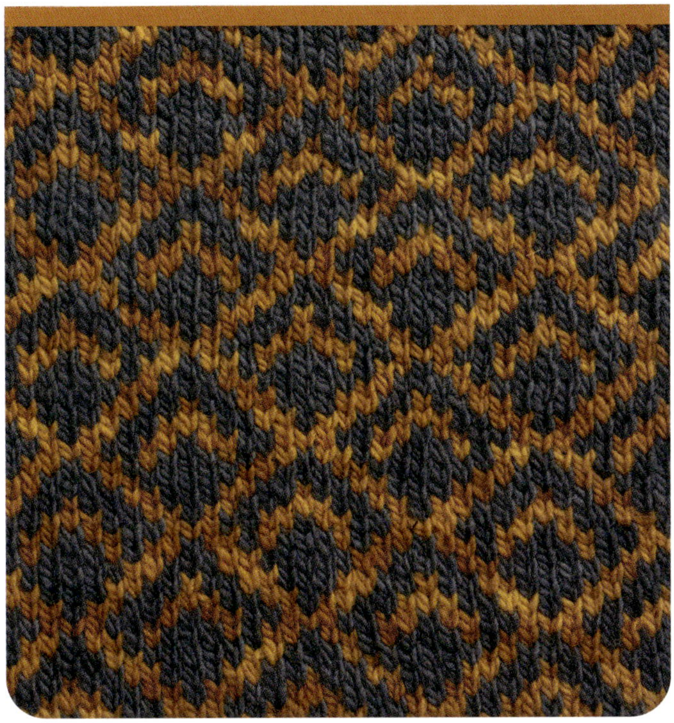

Ton in Ton

The Farmer's Daughter Pishkun
Fasern: *100 % Rambouillet-Wolle aus Montana und Wyoming*
Gewicht: *Heavy DK/Light Worsted*

Rambouillet-Wolle ist nicht ganz so weich wie Merinowolle, aber sie ist elastischer. Pishkun ist ein samtig-weiches, strukturiertes Garn, das besonders elastisch ist. Es lässt sich wunderbar stricken und eignet sich ideal für einen Pullover, der nicht zu schwer und nicht zu leicht ist. Ich habe dieses Garn für den Pullover „Mitternachtsgarten" (S. 128) verwendet. Dank der genoppten Struktur und der Ton-in-Ton-Farbgebung werden Farbmuster mit diesem Garn zu Kunstwerken. Ton-in-Ton-Garne sind in hellen und dunklen Schattierungen derselben Farbe gehalten. Ein schönes Beispiel dafür ist das hier abgebildete goldfarbene Garn.

TIPPS ZUM MEHRFARBIGEN STRICKEN

Wollen Sie Ihre Fertigkeiten im Farbmuster-Stricken optimieren, damit Ihnen eine glatte Strickarbeit mit einem richtig schönen Muster gelingt? Dafür habe ich fünf Tipps parat.

Maschen ausbreiten. Während Sie eine Reihe oder Runde arbeiten, breiten Sie die gerade gestrickten Maschen auf der Nadel aus, besonders, wenn Sie nach einem langen einfarbigen Bereich die Farbe wechseln wollen. Eines der häufigsten Probleme beim Stricken von Farbmustern sind zu kurze Spannfäden. Das Ausbreiten der Maschen trägt dazu bei, dass die Spannfäden an der Rückseite genau die richtige Länge haben.

Bleiben Sie konsequent: Halten Sie das Garn immer auf die gleiche Art. Sie können einen Faden in jeder Hand oder beide Fäden in einer Hand halten; achten Sie aber darauf, dass Sie während der ganzen Arbeit bei der gewählten Technik bleiben. Wenn Sie also die dunkle Farbe in der linken und die helle Farbe in der rechten Hand halten, bleiben Sie während des ganzen Projekts dabei. Wenn Sie beide Fäden in einer Hand halten, halten Sie sie immer in derselben Position, sodass immer dieselbe Farbe oben und dieselbe Farbe unten ist. Die jeweilige Position einer Farbe wirkt sich darauf aus, wie viel Garn auf jede Masche entfällt, und wenn Sie die Farben „Platz tauschen" lassen, sieht Ihre Arbeit ein kleines bisschen schludrig aus. Wenn Sie sich zu diesem Thema genauer informieren wollen, schauen Sie unter „Hauptfarbe" (S. 145) nach.

Ungleiche Maschen mit der Spitze der Stricknadel zurechtzupfen. Wenn Sie merken, dass manche Maschen ungleichmäßig aussehen oder größer oder kleiner sind als ihre Nachbarn, ziehen Sie mit der Nadelspitze ein bisschen an dem kürzeren „Bein" der Masche. Wenn eine Masche ganz winzig ist, können Sie ein bisschen Garn von einer größeren Nachbarmasche in die kleine Masche herüberziehen. Dieser Trick ist besonders praktisch, wenn Sie ein schönes, glänzendes, aber rutschiges Garn verwenden, das sich nicht so „ordentlich" verstricken lässt, wie Sie es sich wünschen.

Die beiden Garnknäuel getrennt halten. Wenn sich die Fäden einmal verheddert haben, kann das Chaos im Nu überhandnehmen. Bei mir liegt immer ein Knäuel links und eines rechts von mir. Wenn sich ein Durcheinander anbahnt, entwirre ich die Fäden und lege beide Knäuel wieder an ihren Platz.

Am wirkungsvollsten ist ein Muster mit einer sehr hellen und einer sehr dunklen Farbe. Ein starker Kontrast zwischen den Farben verhindert, dass das Muster undeutlich und verschwommen aussieht. Wenn Sie ein Schwarzweißfoto von beiden Garnen nebeneinander machen, sehen Sie, wie stark der Kontrast ist. Mit einem Graustufenbild können Sie die verschiedenen Farbwerte leicht sichtbar machen.

Und hier noch ein allerletzter Zusatztipp, weil ich nicht oft genug wiederholen kann, wie wichtig ich das Spannen finde! **Spannen** Sie Ihre Arbeit, bevor Sie entscheiden, ob sie Ihnen gefällt und ob Sie mit der richtigen Maschenprobe gestrickt haben. Die Arbeit einfach ins Waschbecken eintauchen und flach zum Trocknen auflegen – Sie werden sehen, es macht einen Riesenunterschied!

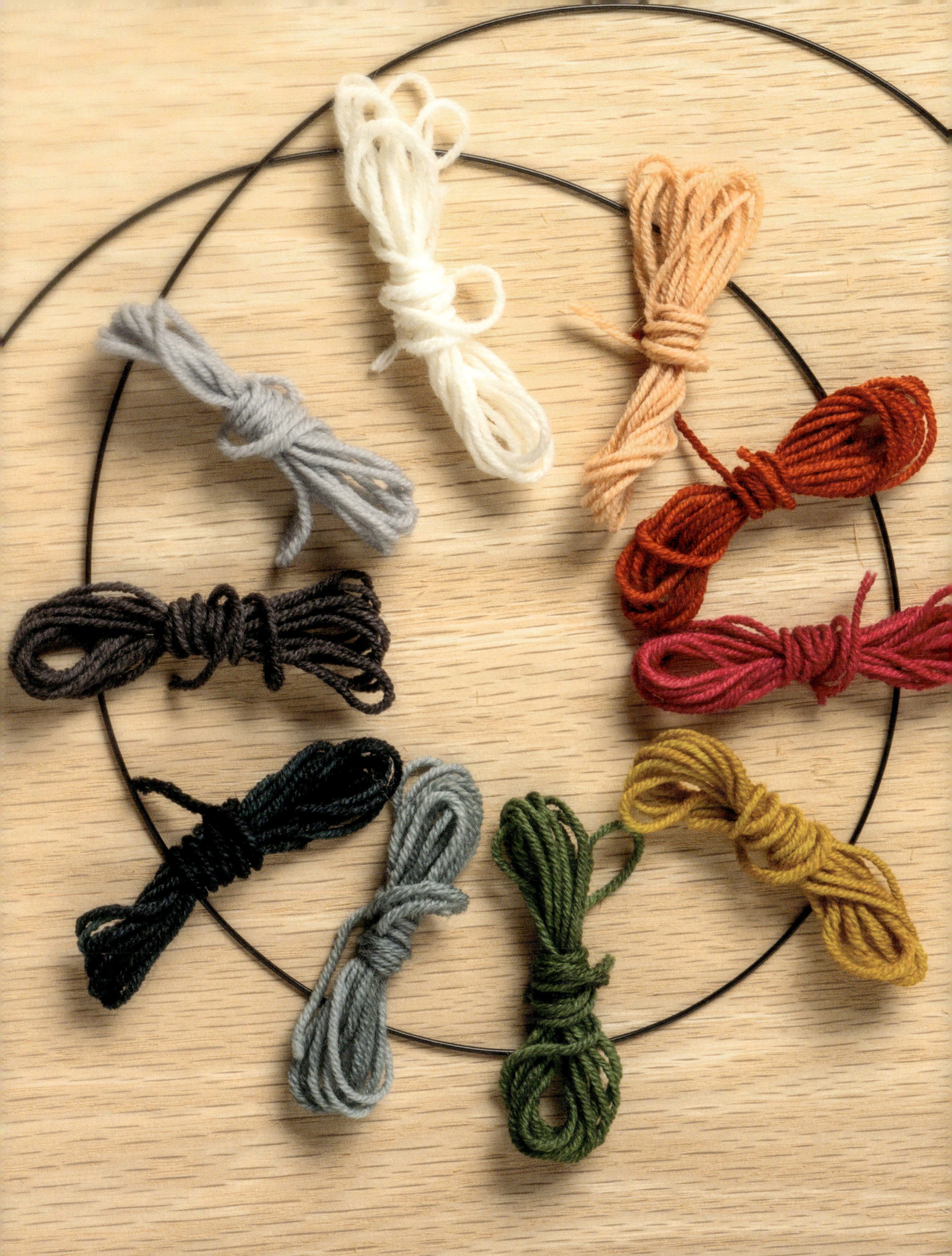

KAPITEL 2

MOTIVE

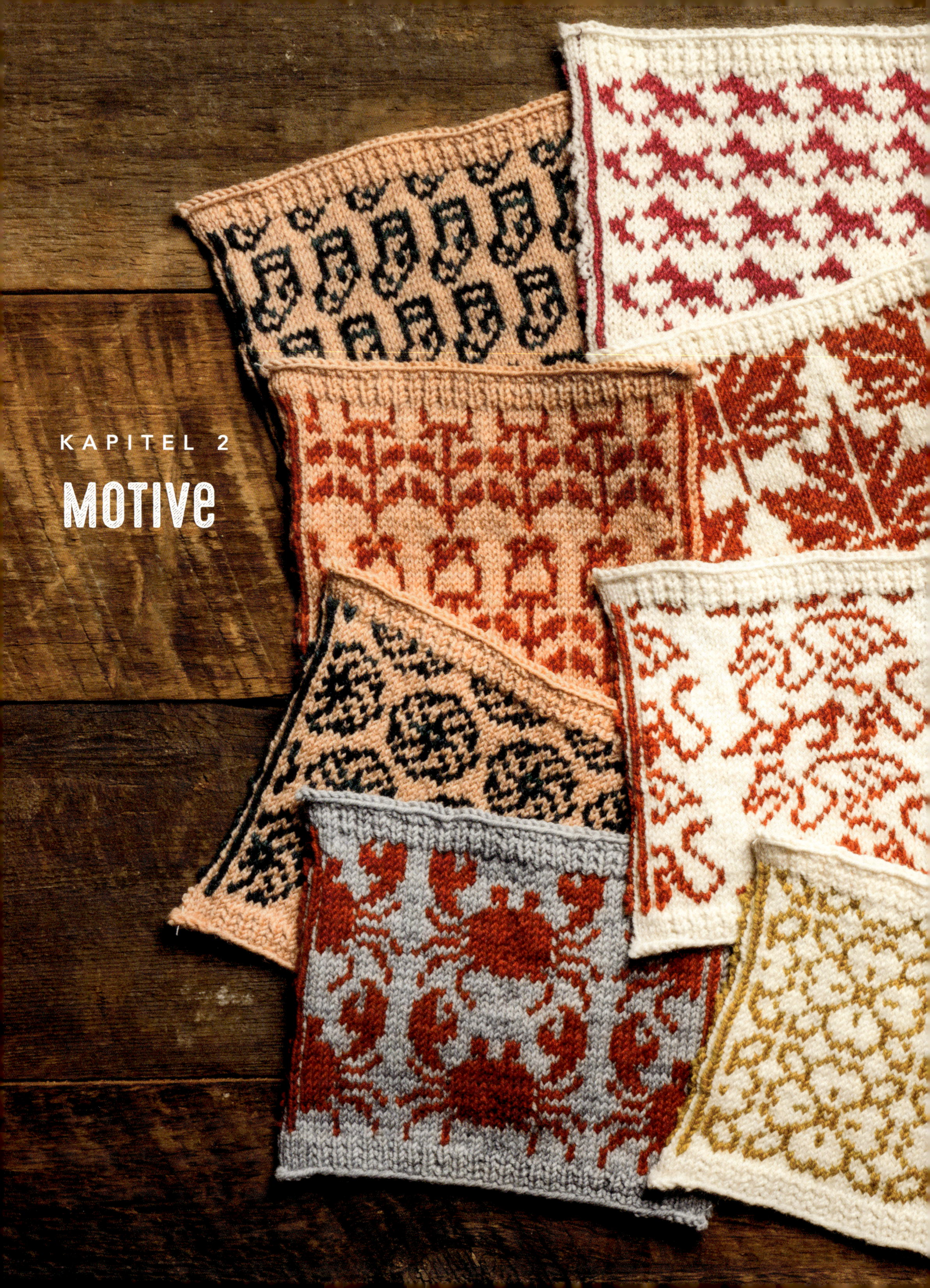

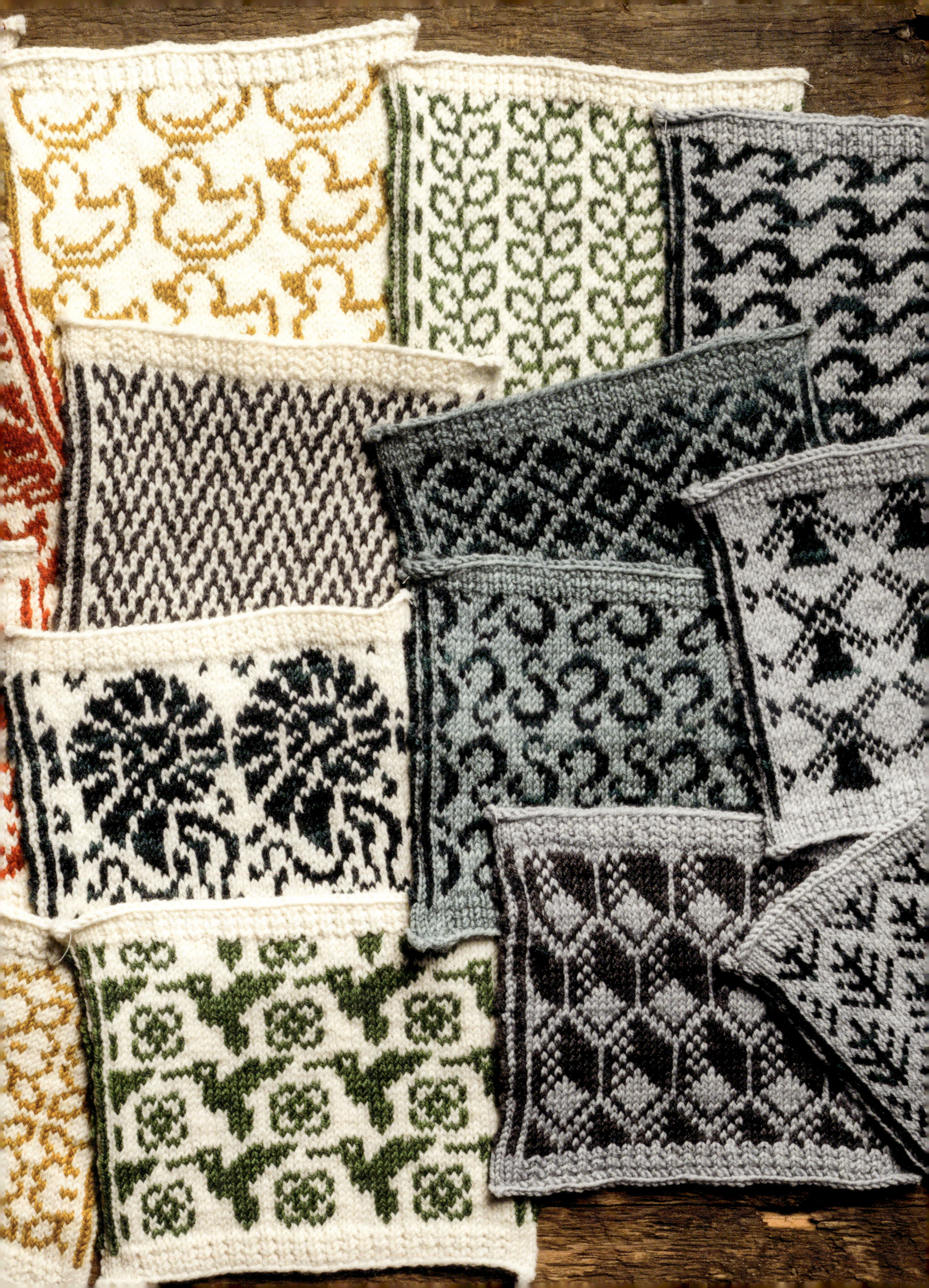

Großes Ahornblatt

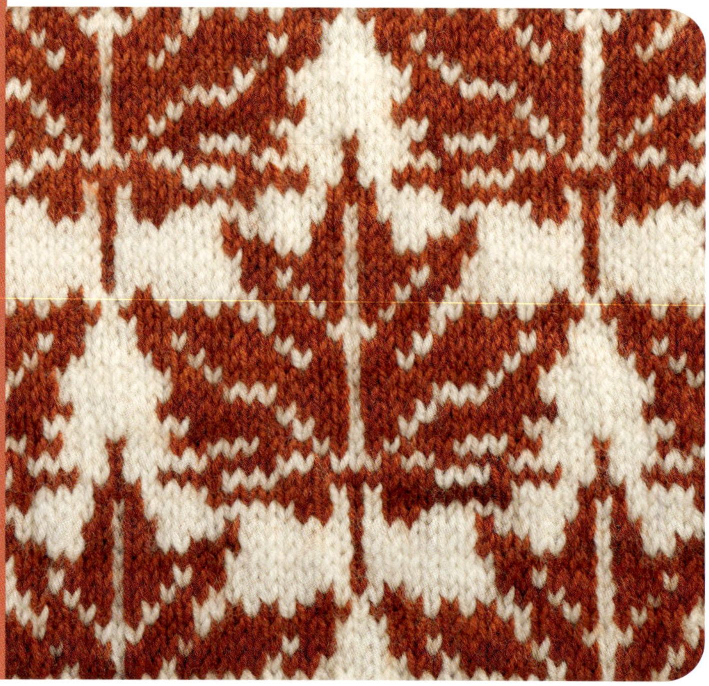

Vielfaches von 28+1

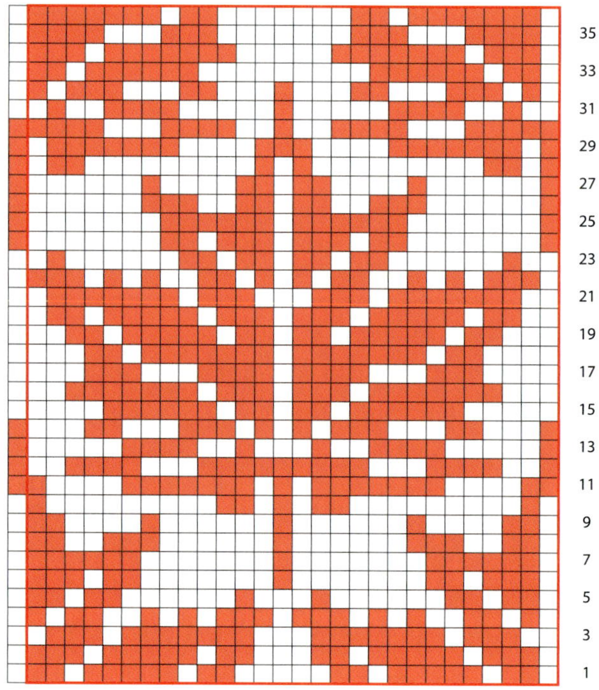

Wdh von 28 M

Kanada

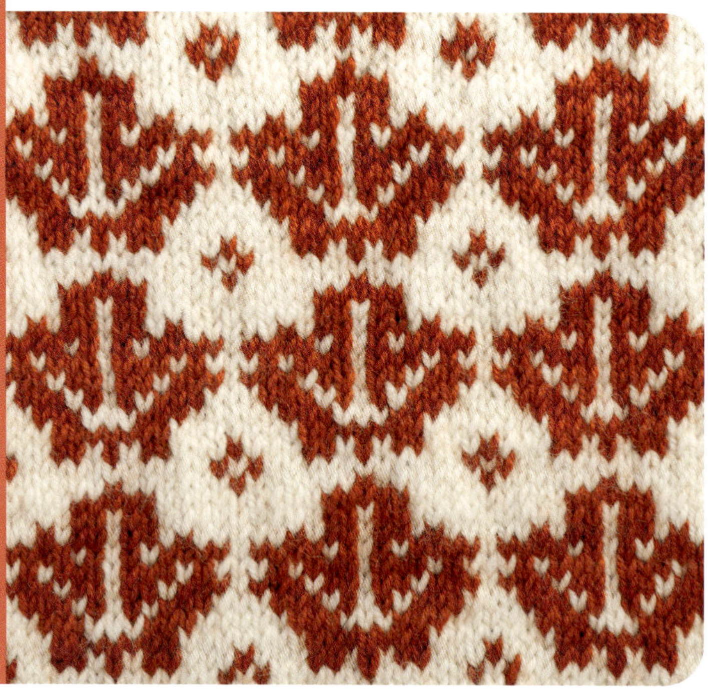

Vielfaches von 14+1

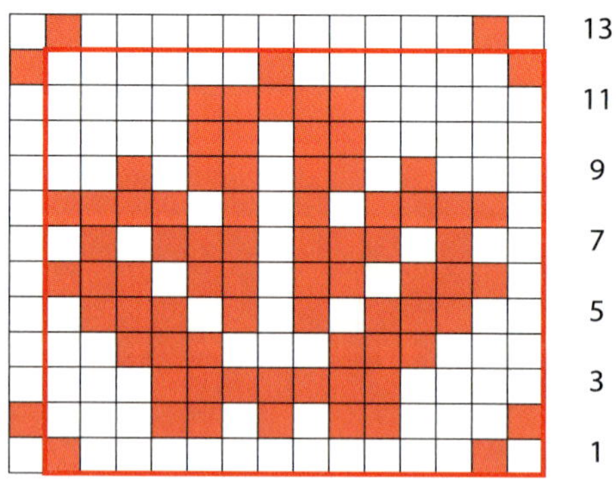

Wdh von 14 M

ESPENLAUB

Vielfaches von 16+1

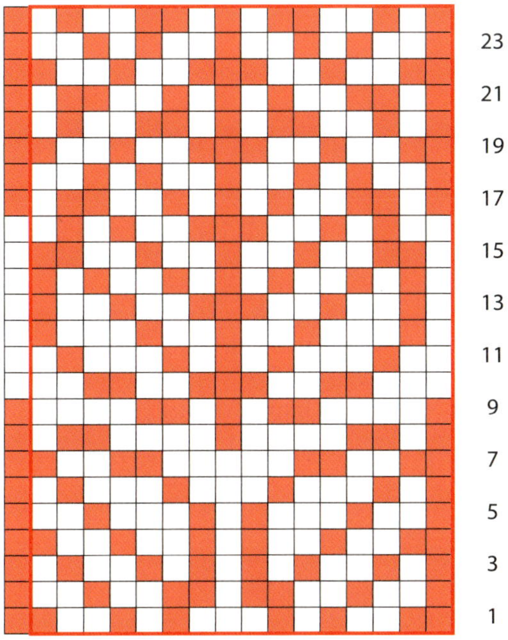

Wdh von 16 M

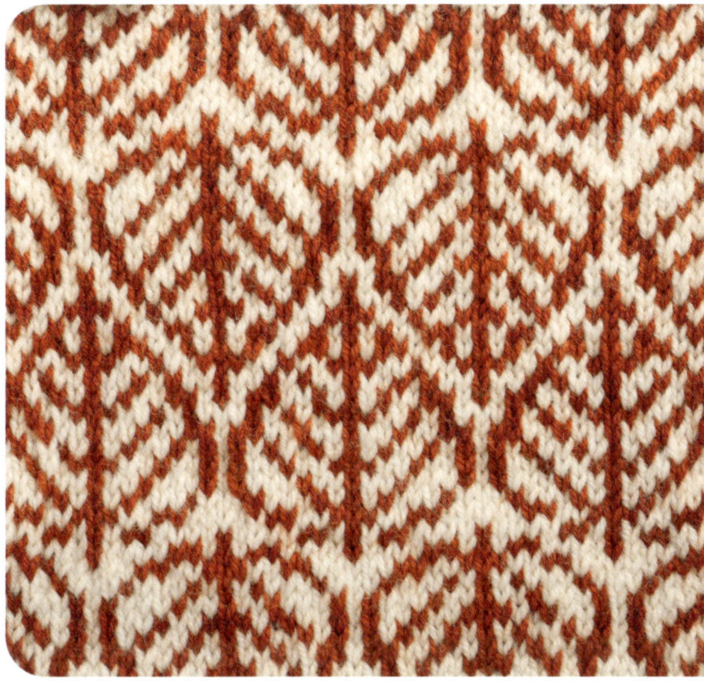

GÄNSEBLÜMCHEN

Vielfaches von 21+1

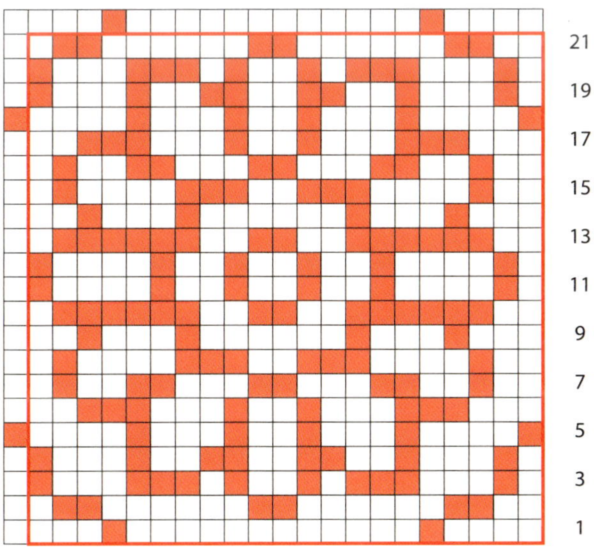

Wdh von 21 M

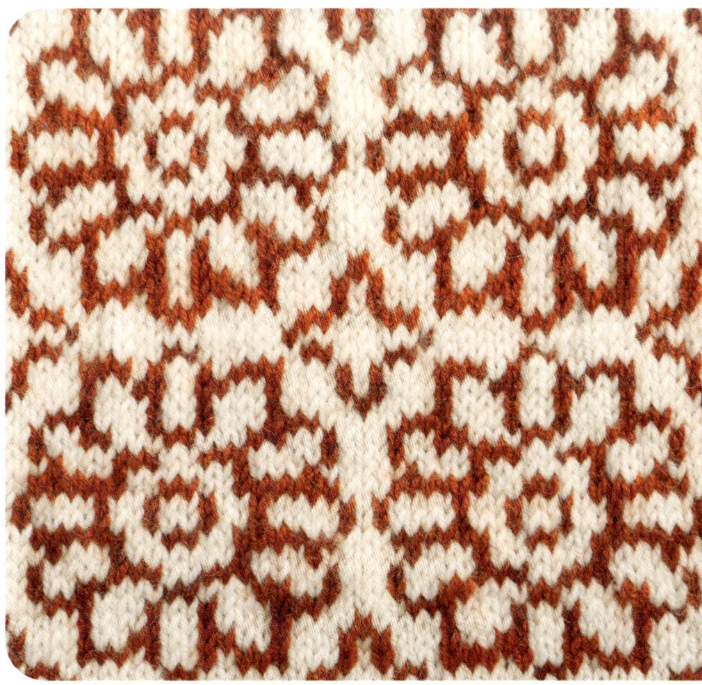

Orchidee

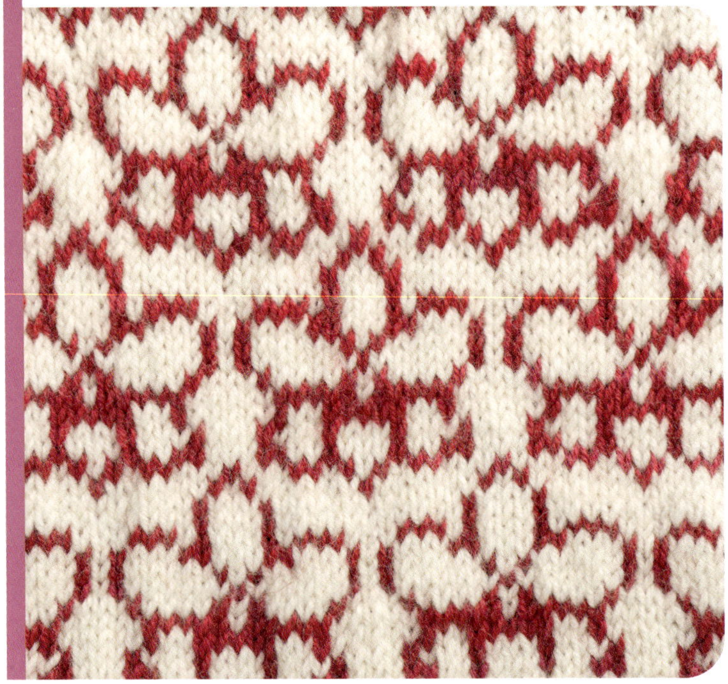

Vielfaches von 16+1

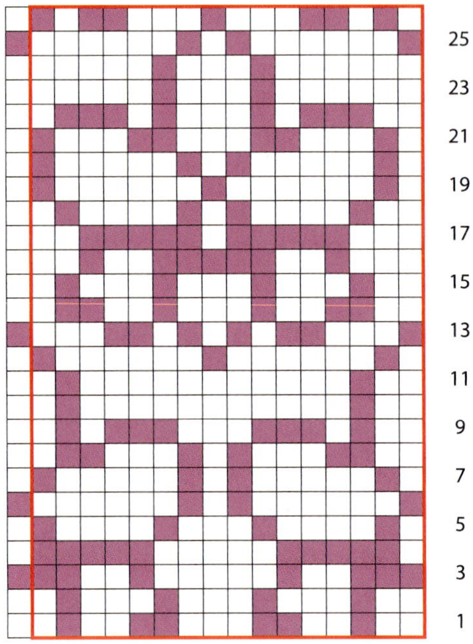

Wdh von 16 M

Seerose

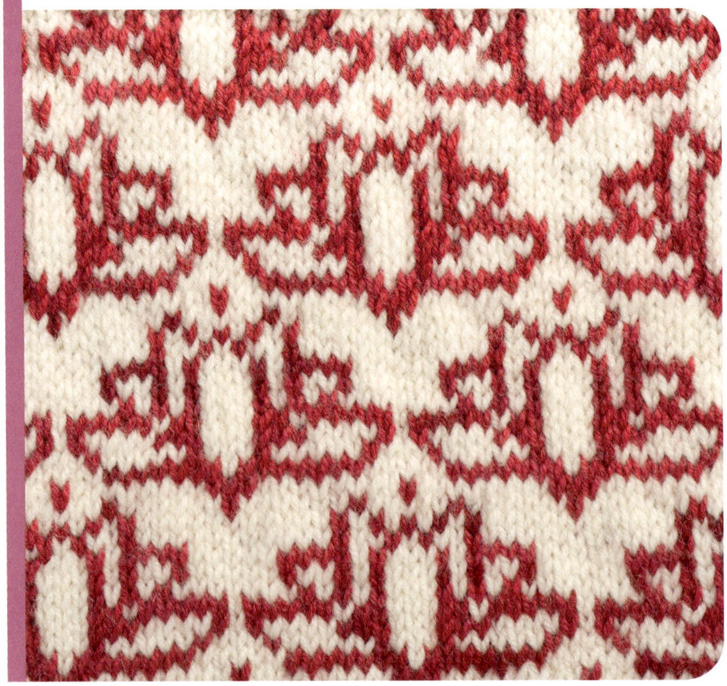

Vielfaches von 20+1

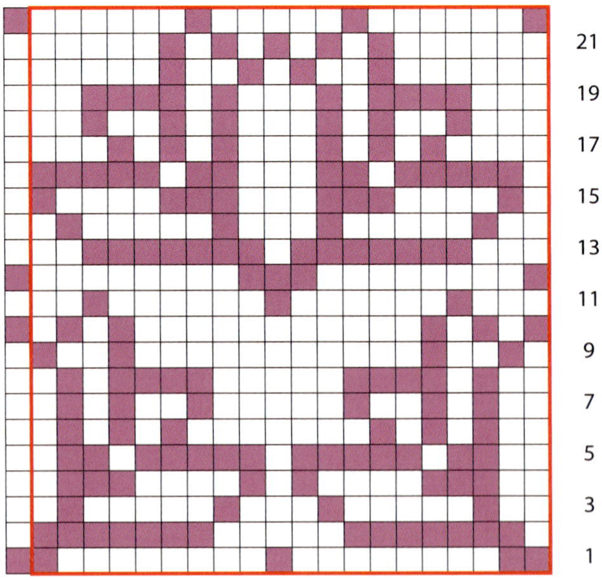

Wdh von 20 M

Weidenröschen

Vielfaches von 20+1

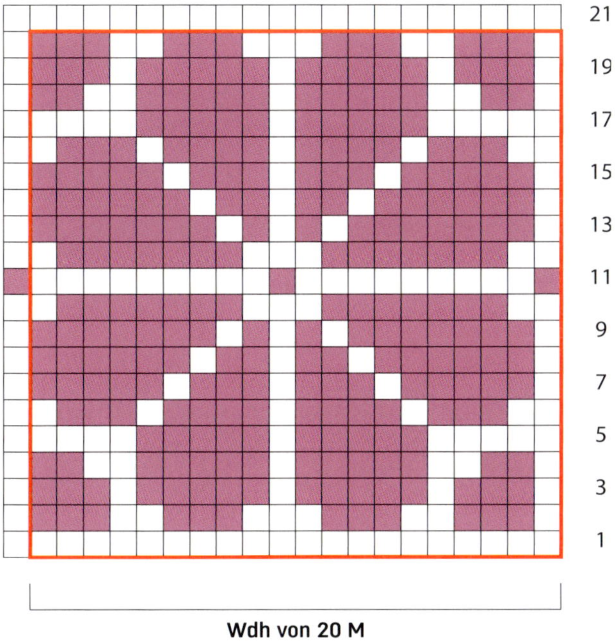

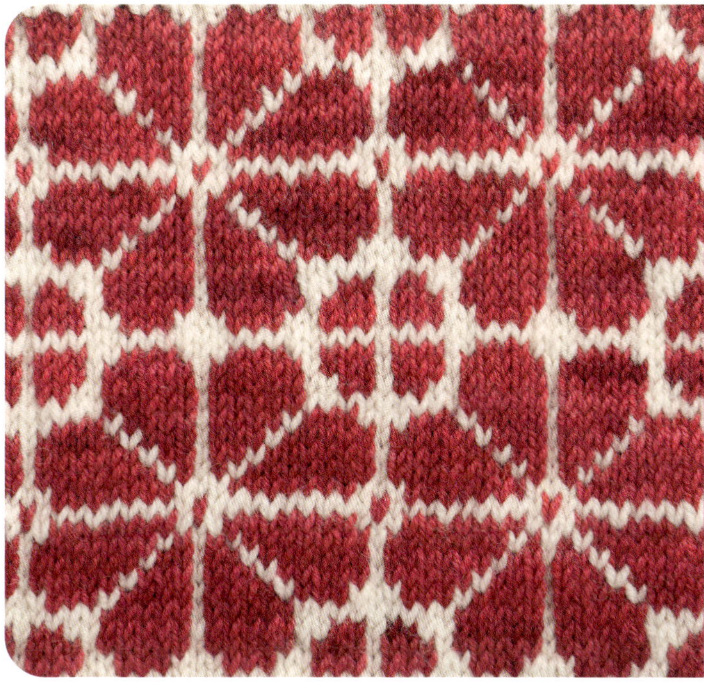

Karomuster

Vielfaches von 8+1

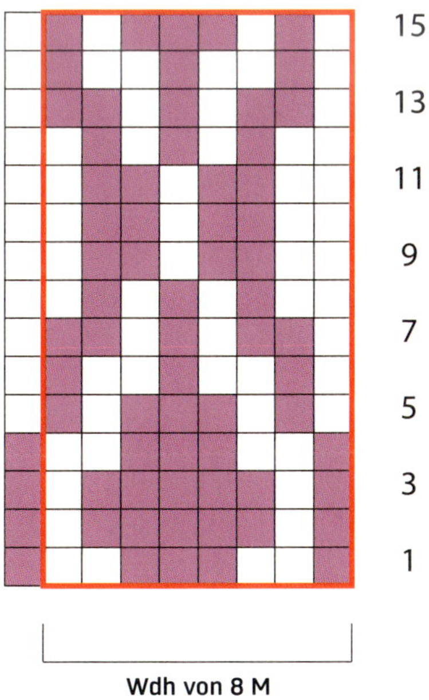

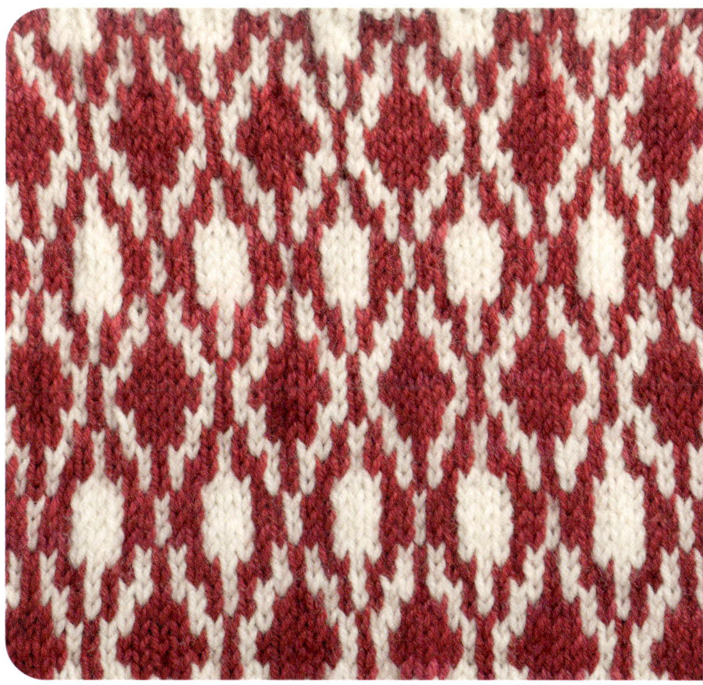

Große Rose

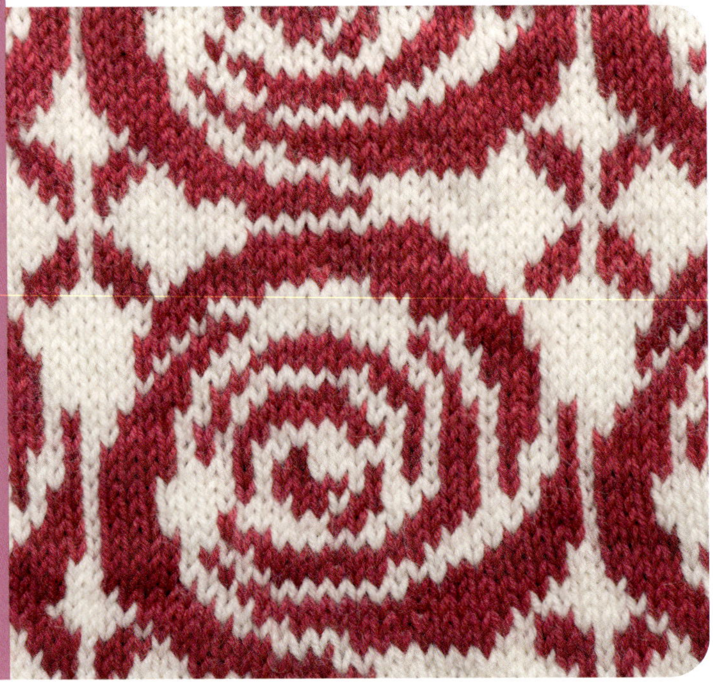

Vielfaches von 26+1

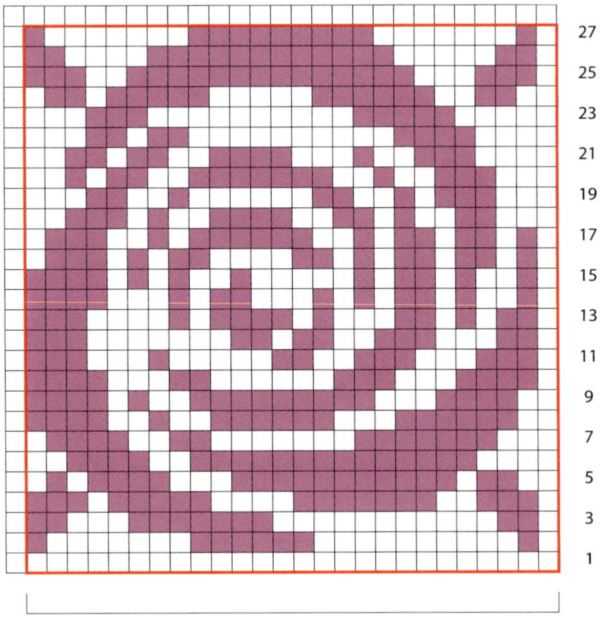

Wdh von 26 M

Mosaik

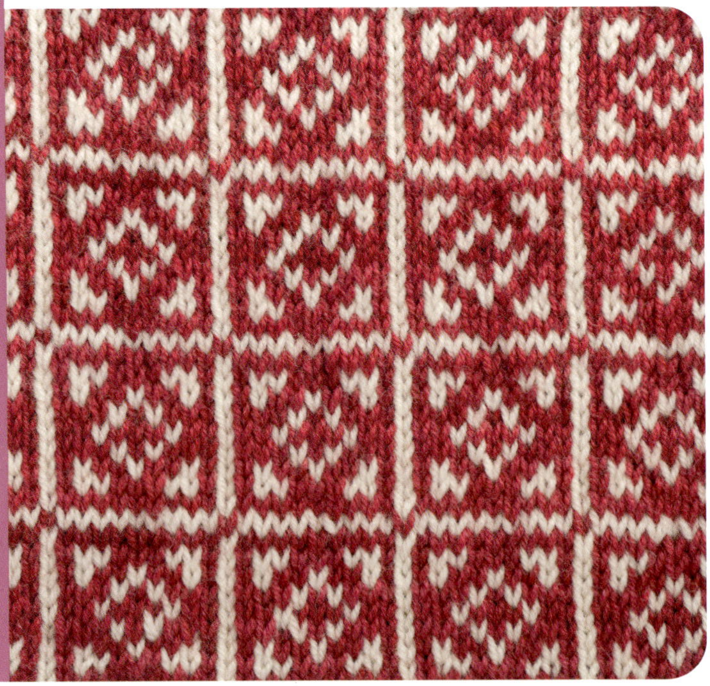

Vielfaches von 10+1

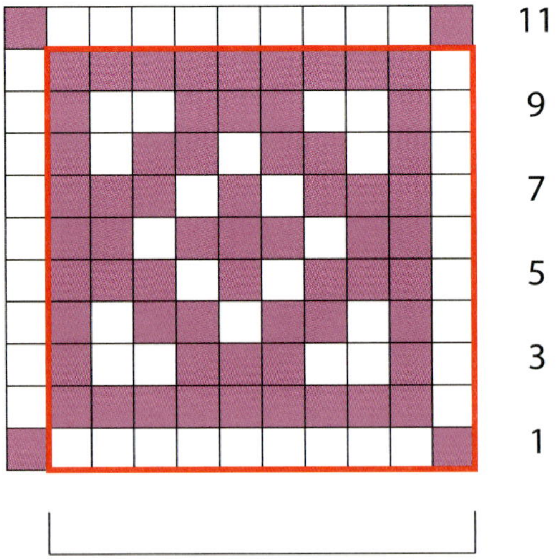

Wdh von 10 M

Phalaenopsis

Vielfaches von 18

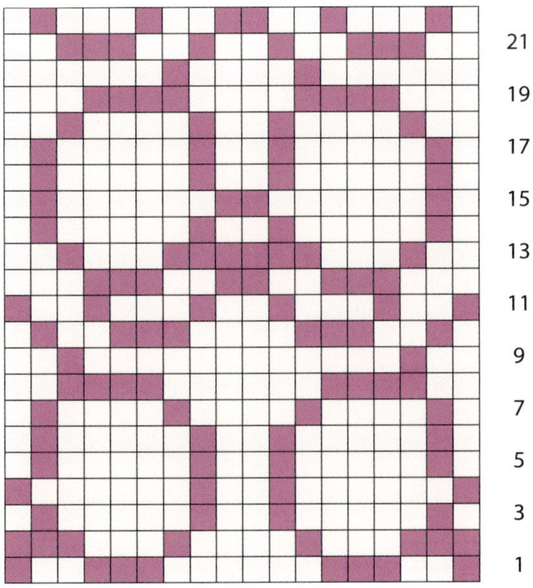

Wdh von 18 M

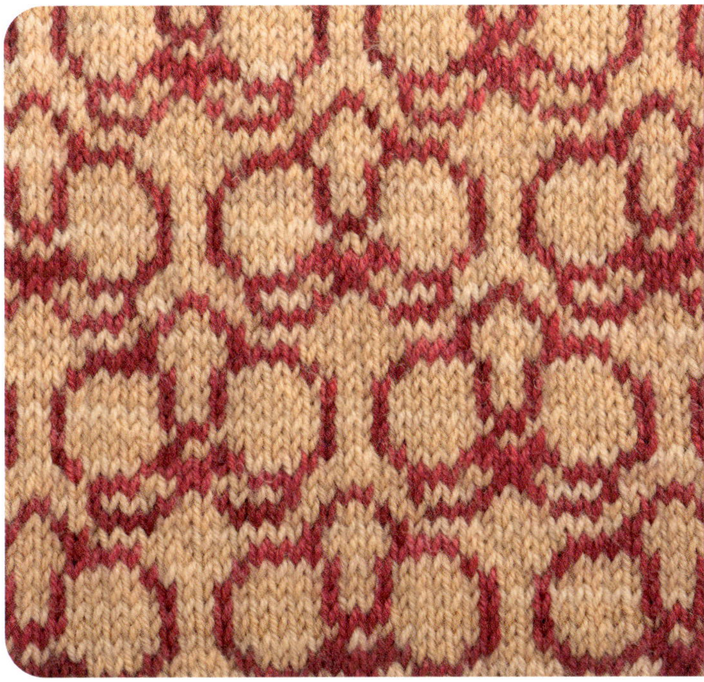

Kleine Rosenblättchen

Vielfaches von 10+1

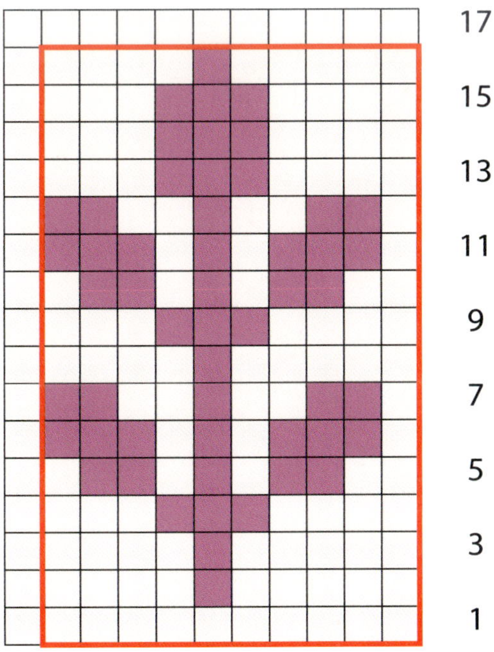

Wdh von 10 M

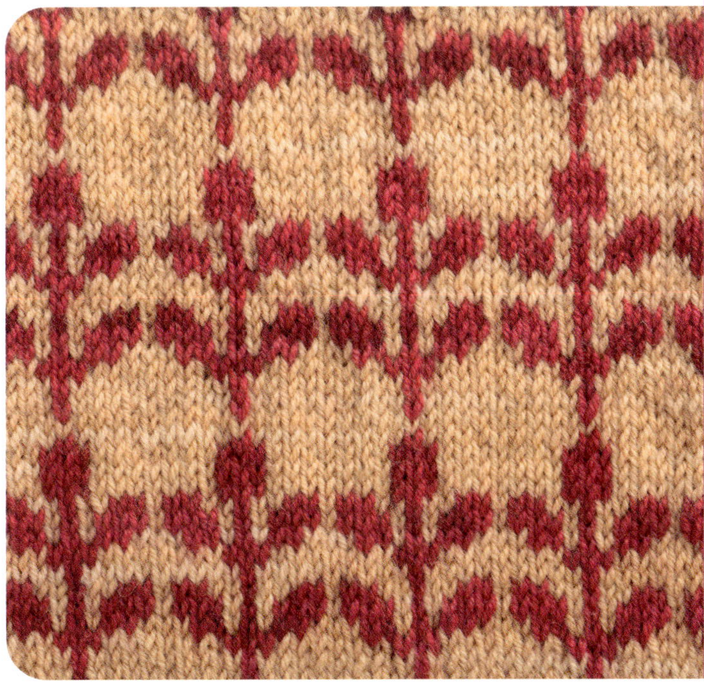

ROSE

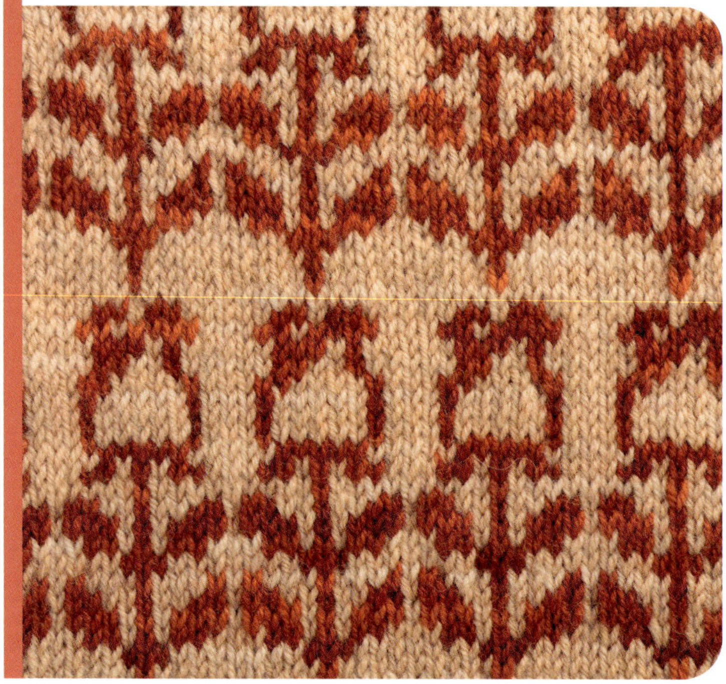

Vielfaches von 10+1

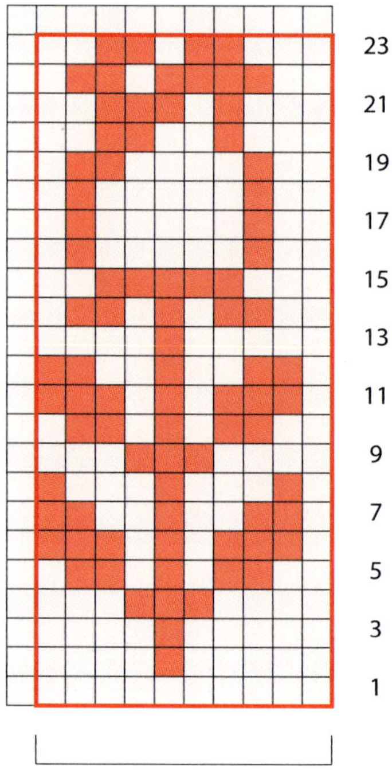

Wdh von 10 M

APFELBAUMBLATT

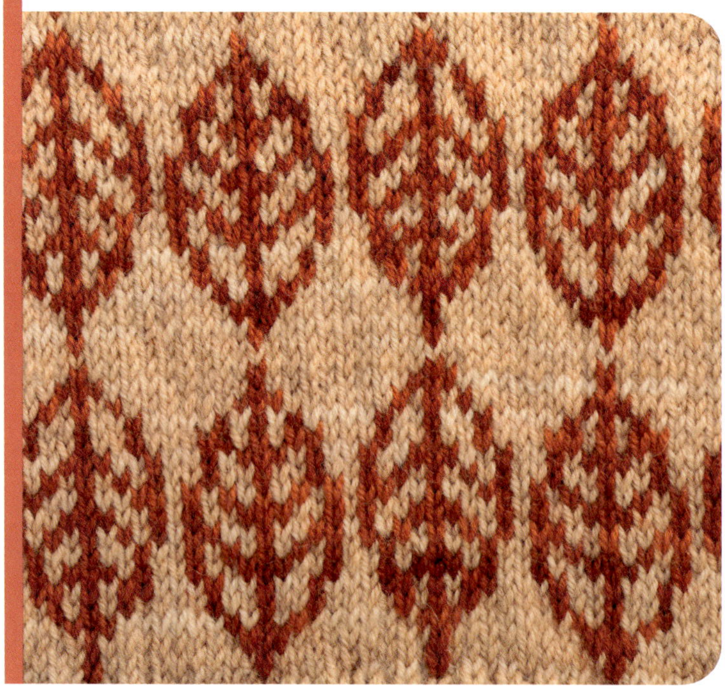

Vielfaches von 20+1

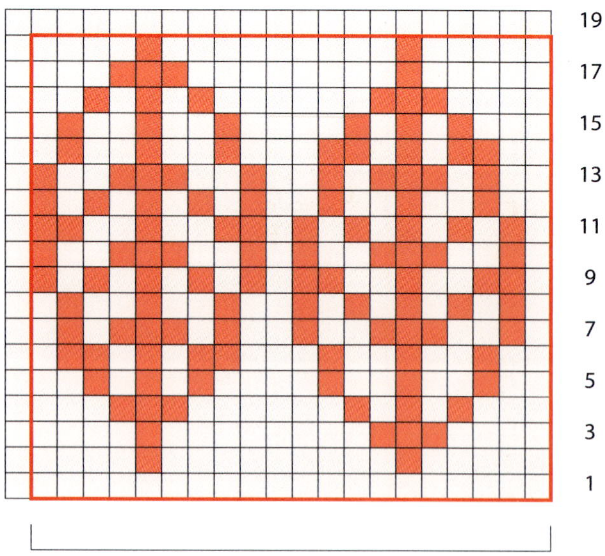

Wdh von 20 M

MOHN

Vielfaches von 24+1

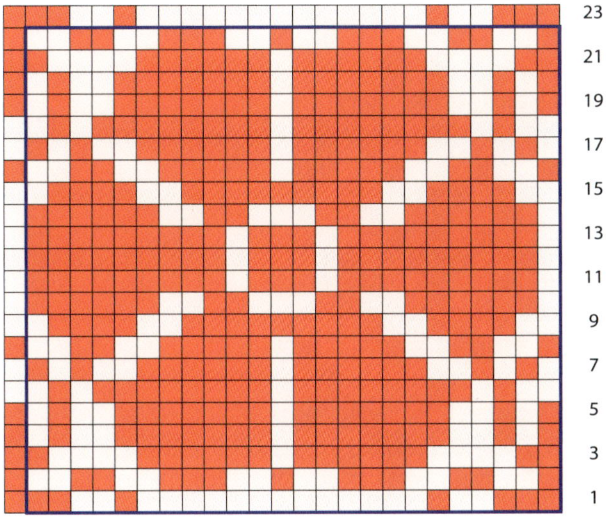

Wdh von 24 M

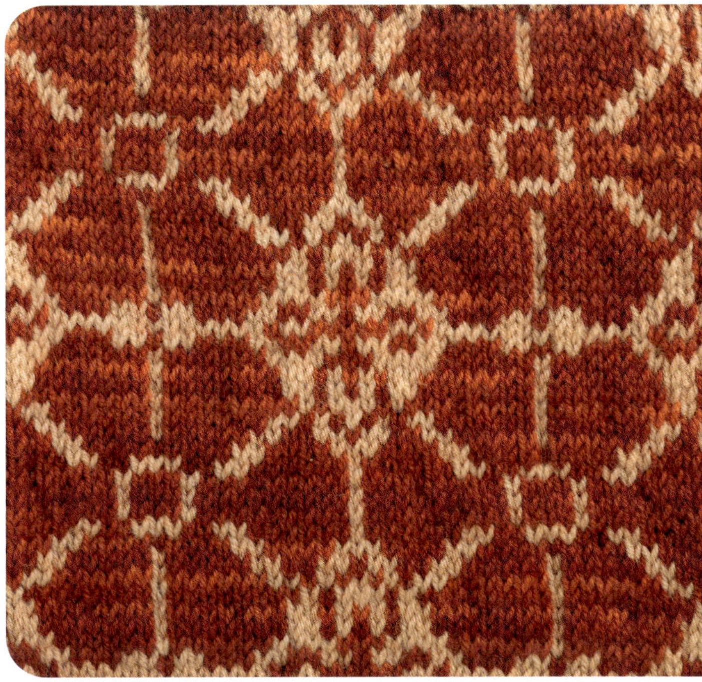

HERBSTLAUB

Vielfaches von 11

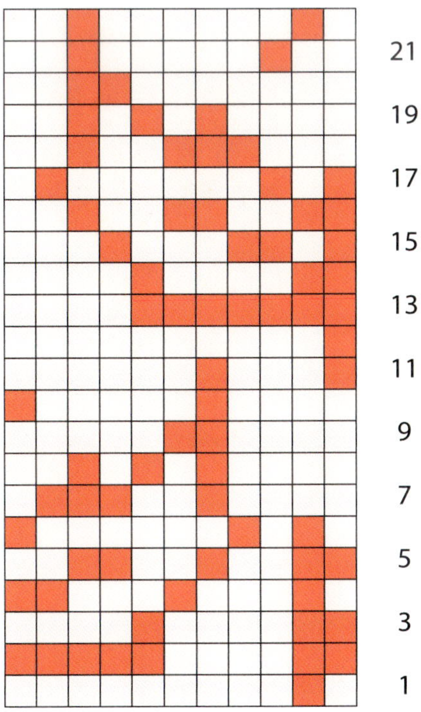

Wdh von 11 M

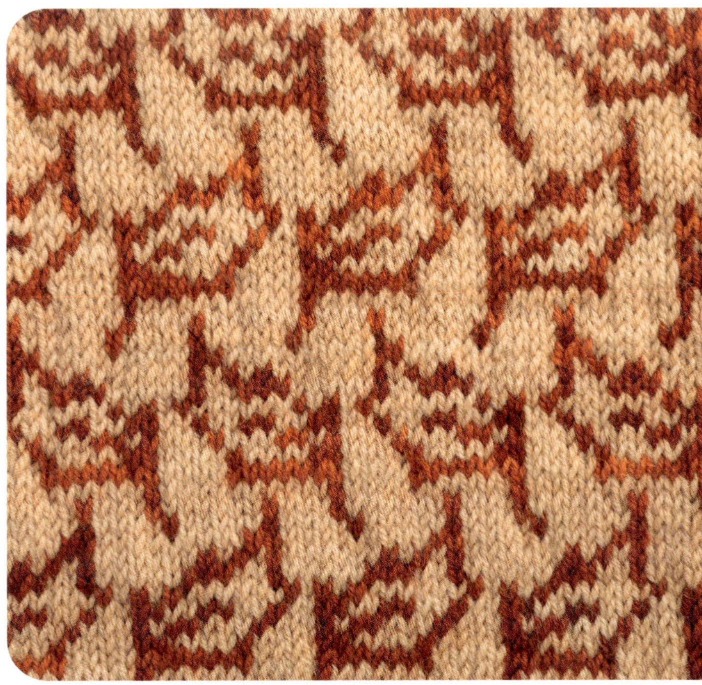

Hasel

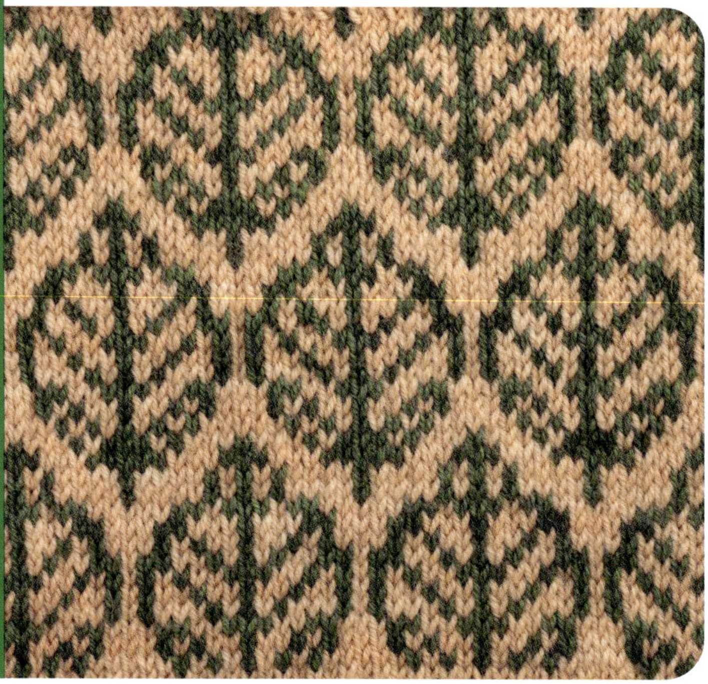

Vielfaches von 14+1

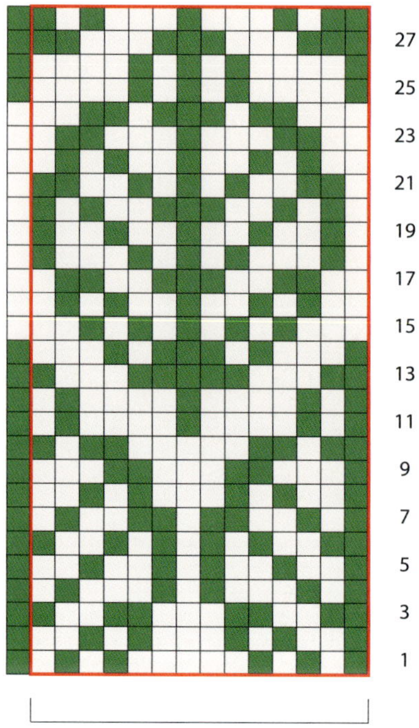

Wdh von 14 M

Keimblätter

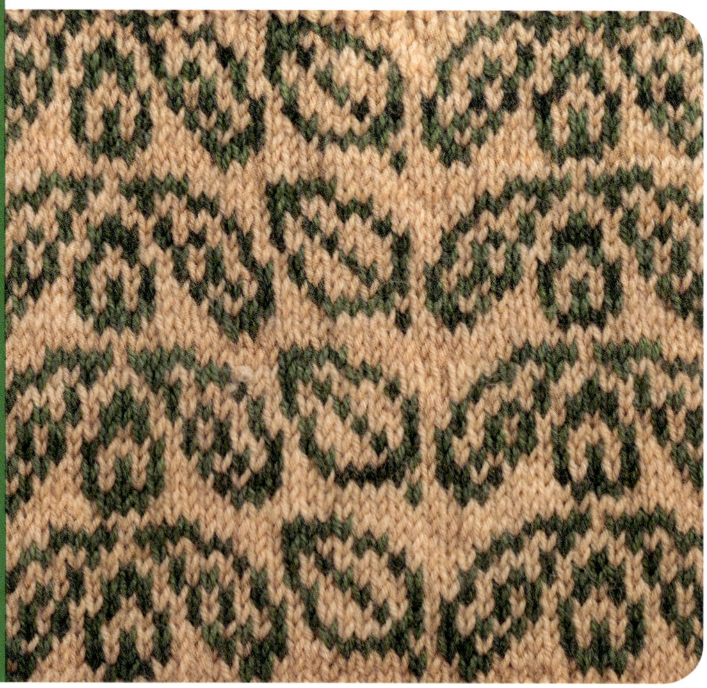

Vielfaches von 28+1

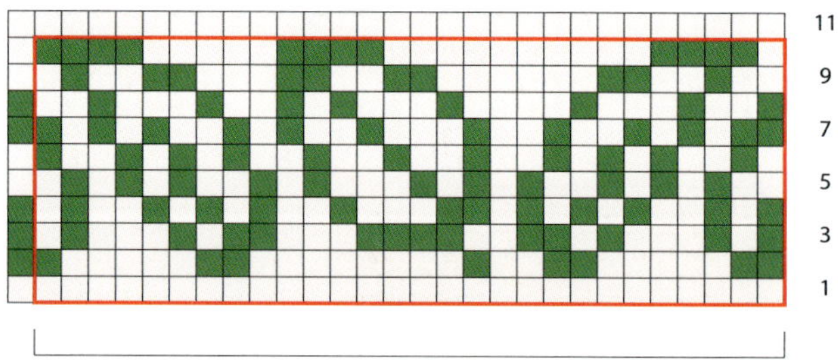

Wdh von 28 M

SUMPFAHORN

Vielfaches von 18+1

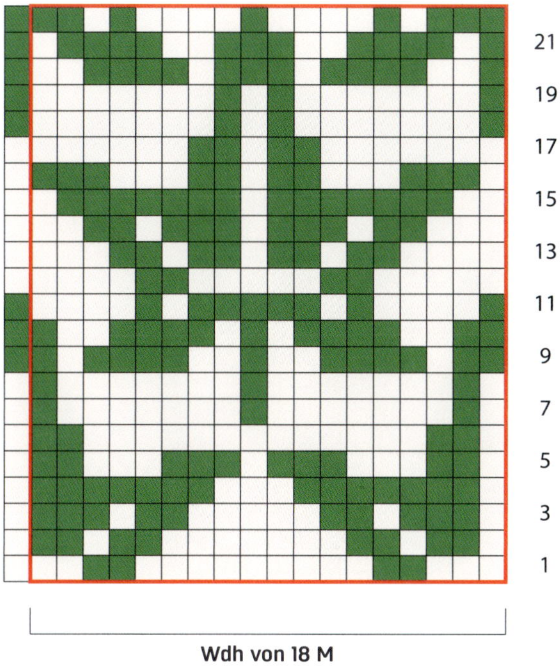

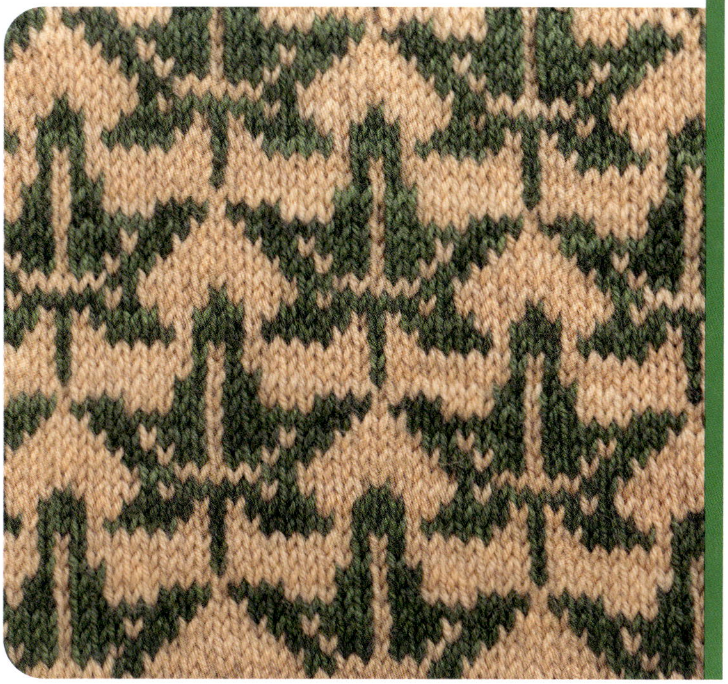

KIRSCHPFLAUME

Vielfaches von 20+1

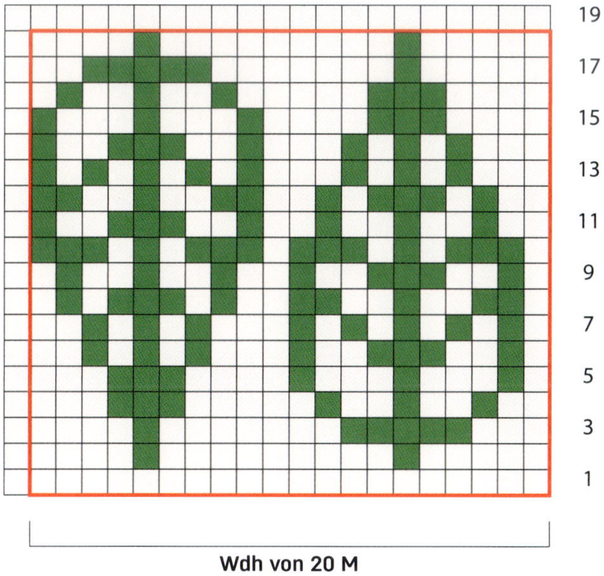

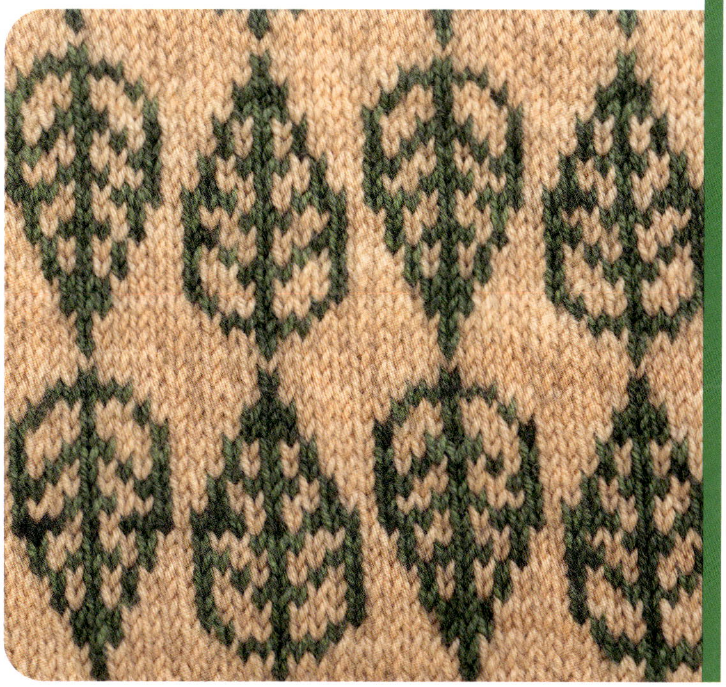

Birke

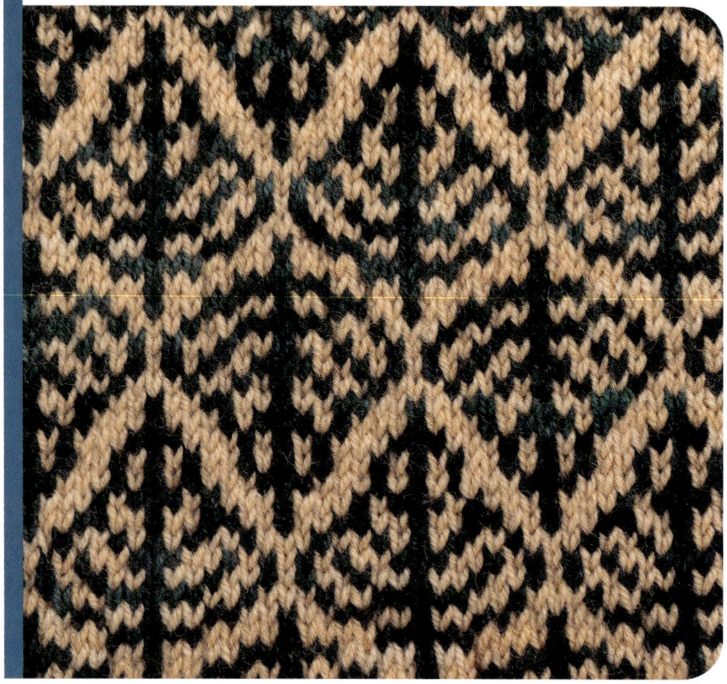

Vielfaches von 14+1

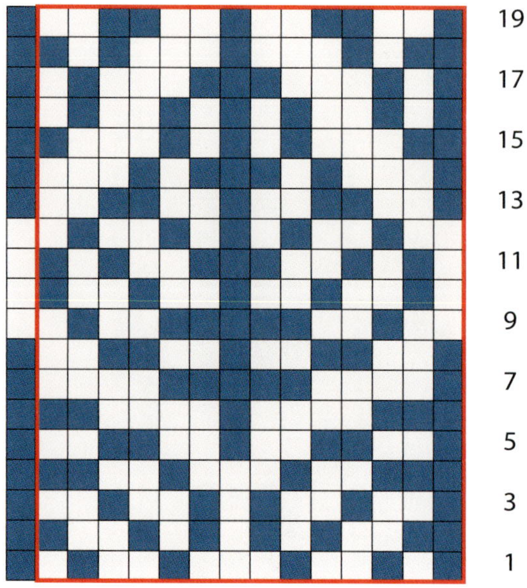

Wdh von 14 M

Diamanten

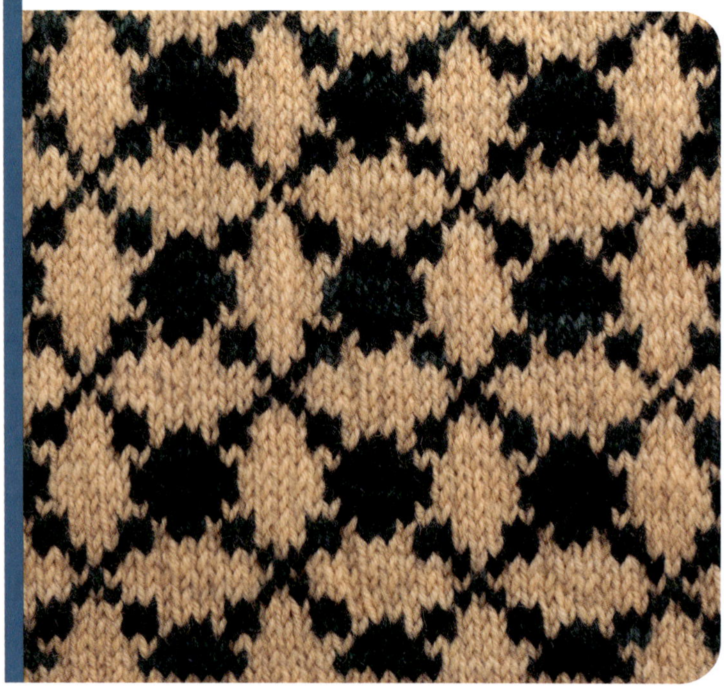

Vielfaches von 11

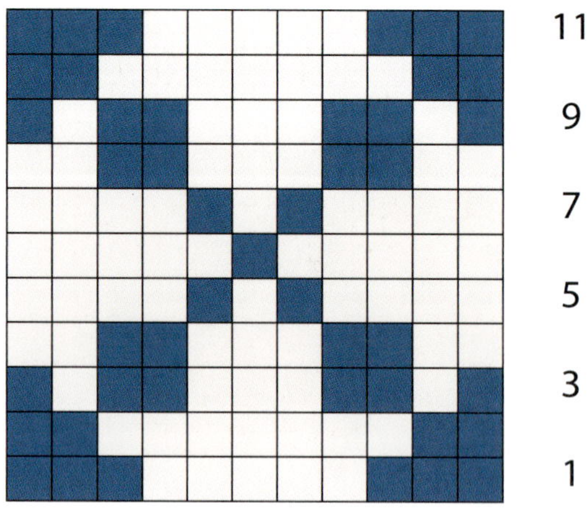

Wdh von 11 M

SPRITZGEBÄCK

Vielfaches von 14+1

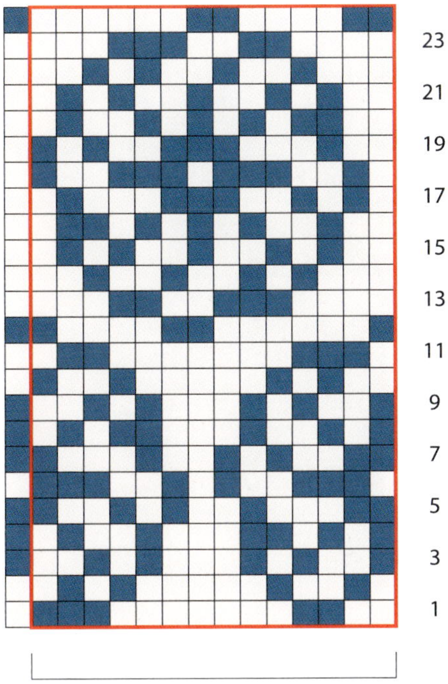

Wdh von 14 M

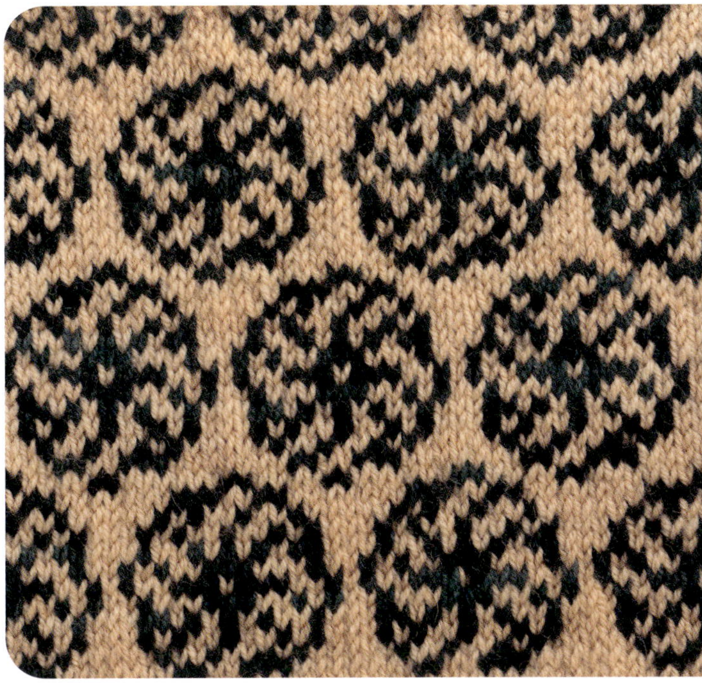

IMMER HÖHER

Vielfaches von 12

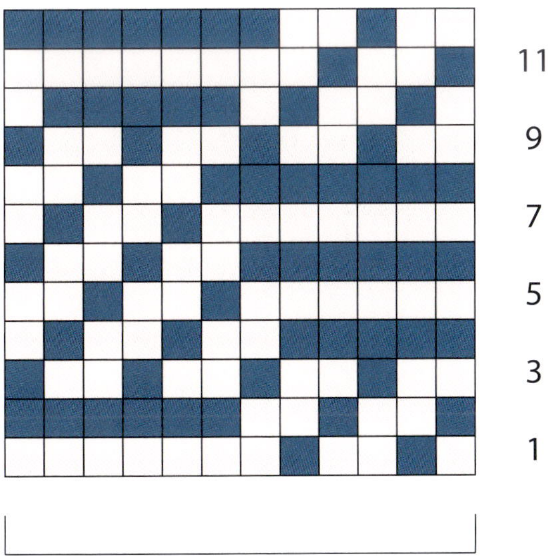

Wdh von 12 M

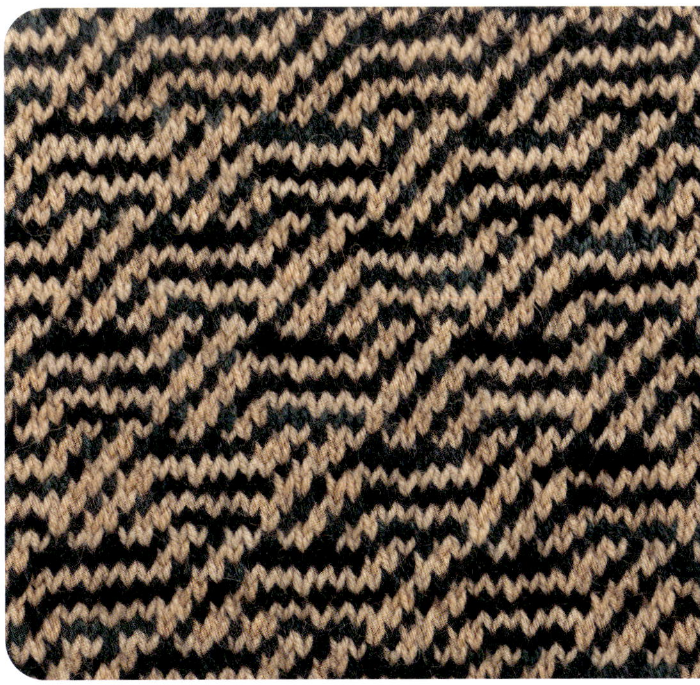

Zinnie

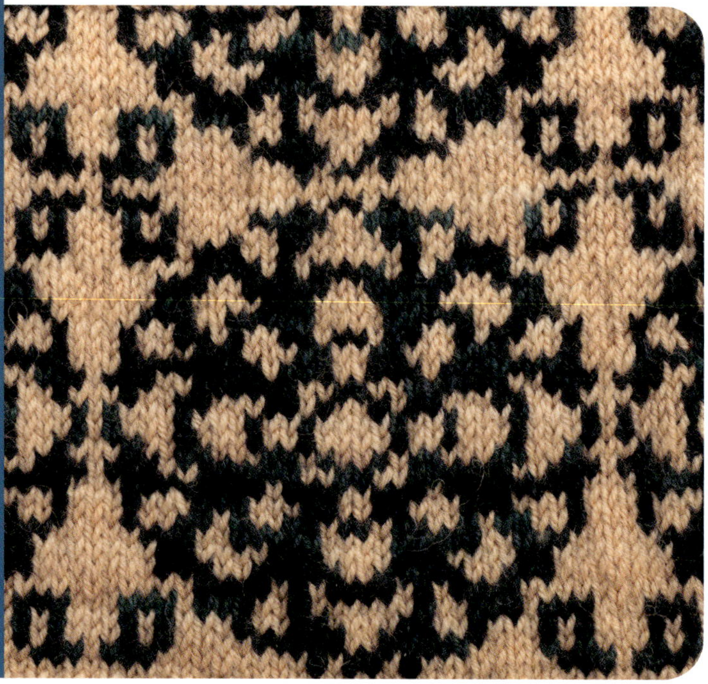

Vielfaches von 29+1

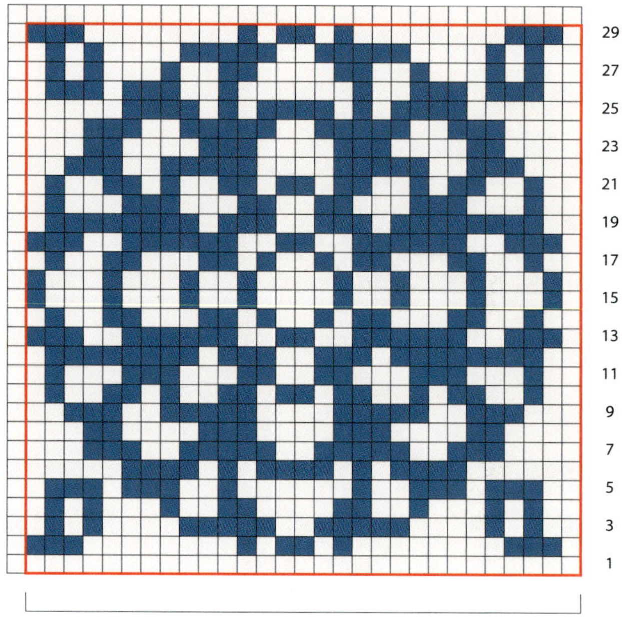

Wdh von 29 M

Junge Triebe

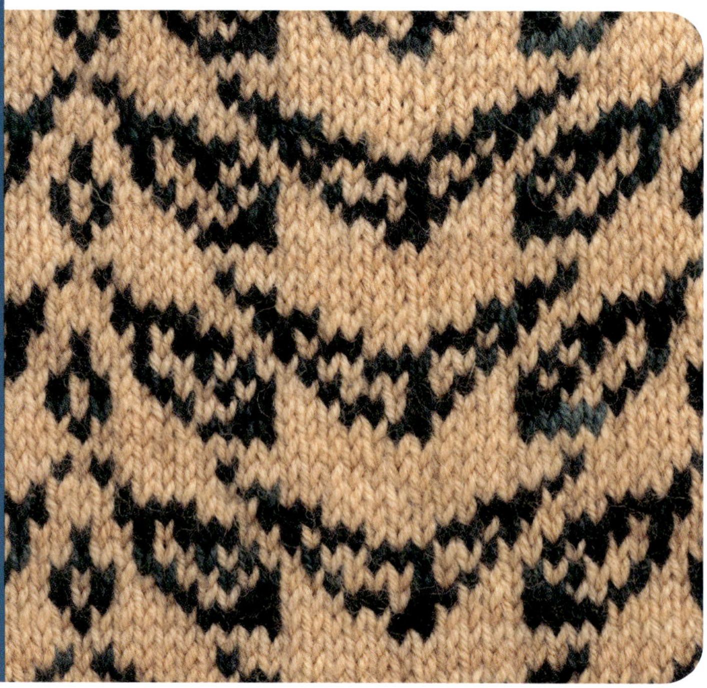

Vielfaches von 30+1

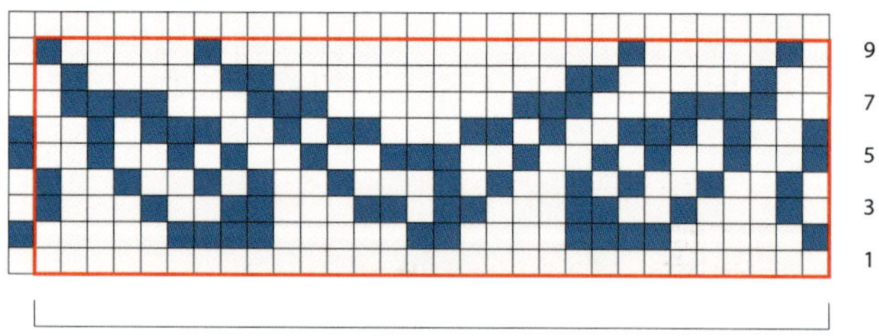

Wdh von 30 M

DORNENHECKE

Vielfaches von 11

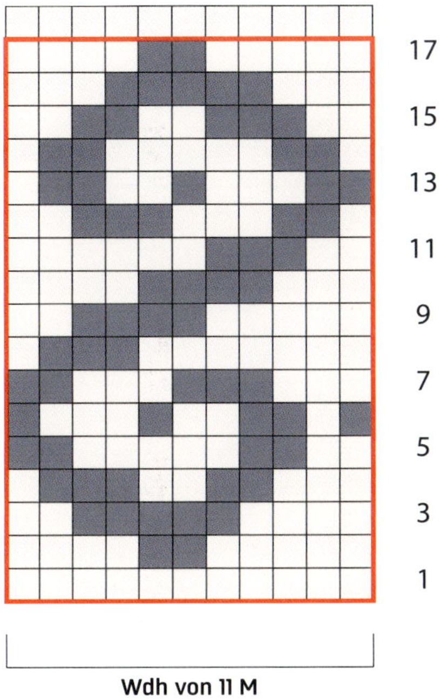

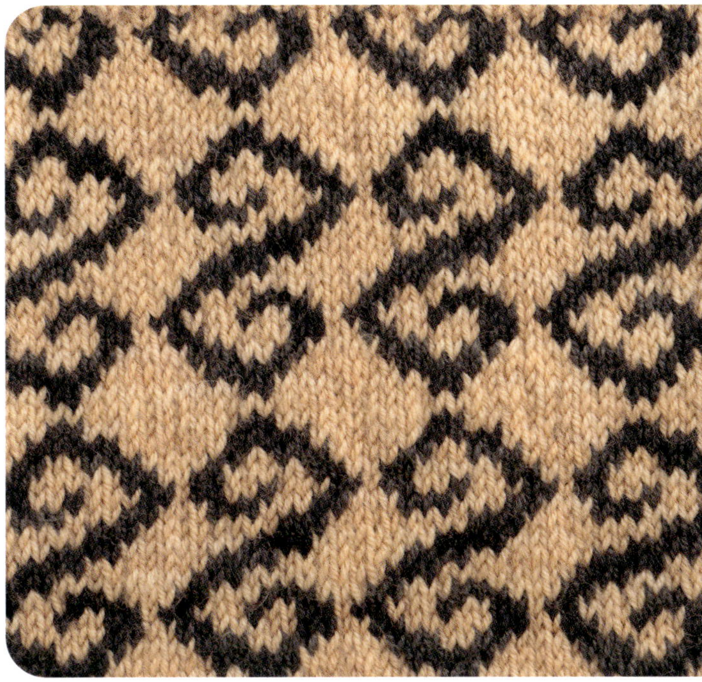

NACHTKERZE

Vielfaches von 16+1

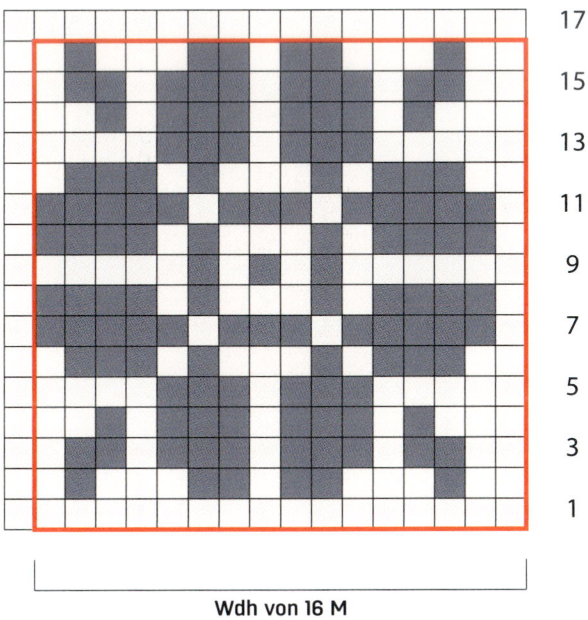

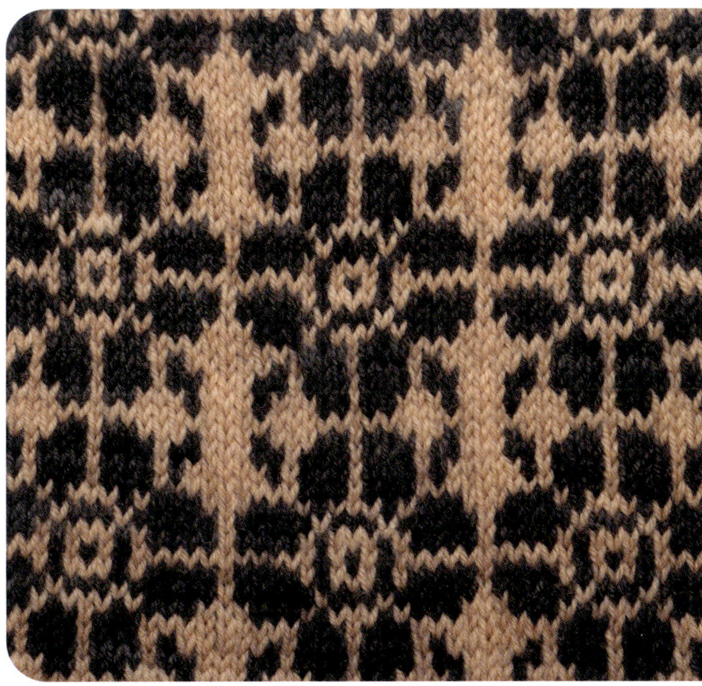

Kordel

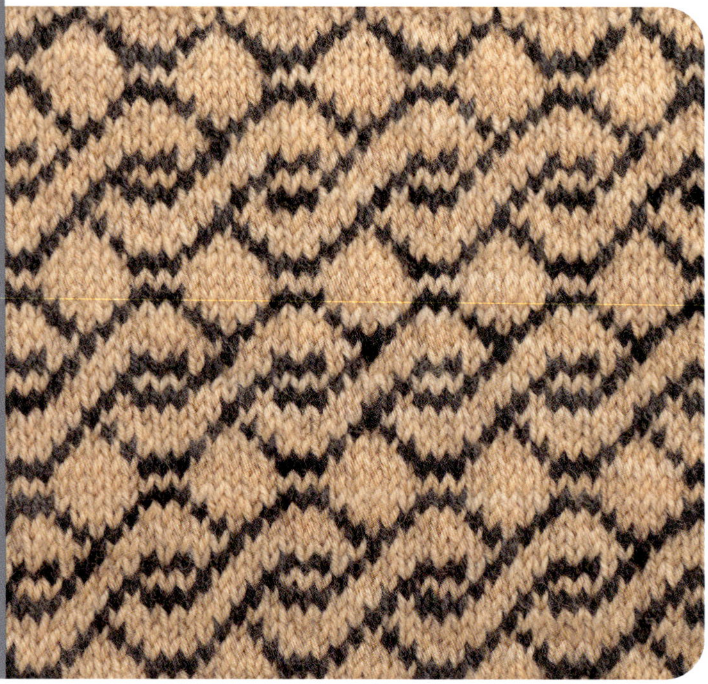

Vielfaches von 8

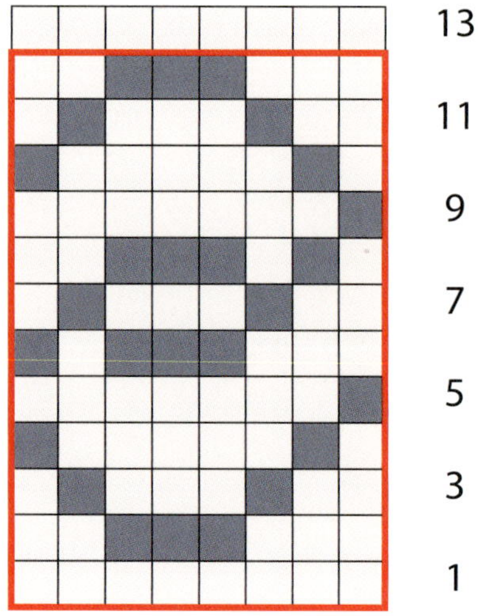

Wdh von 8 M

Ebbe und Flut

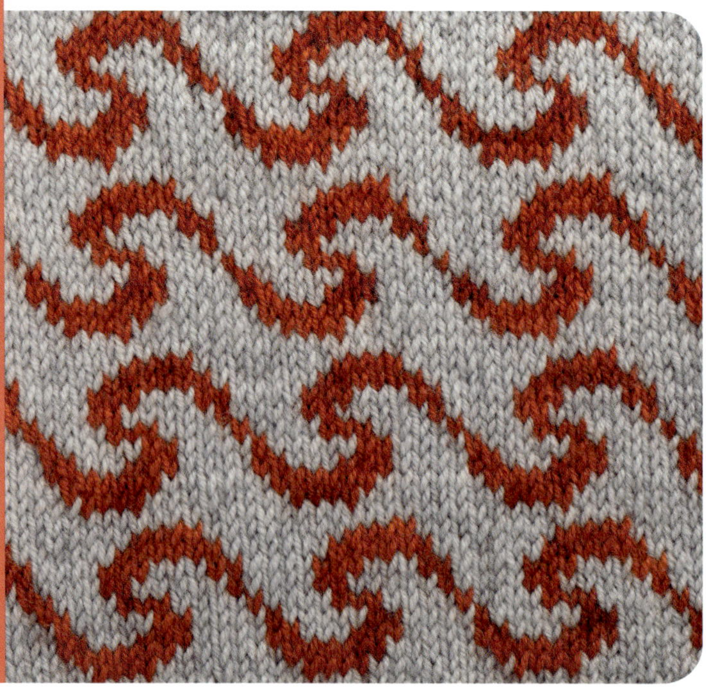

Vielfaches von 12

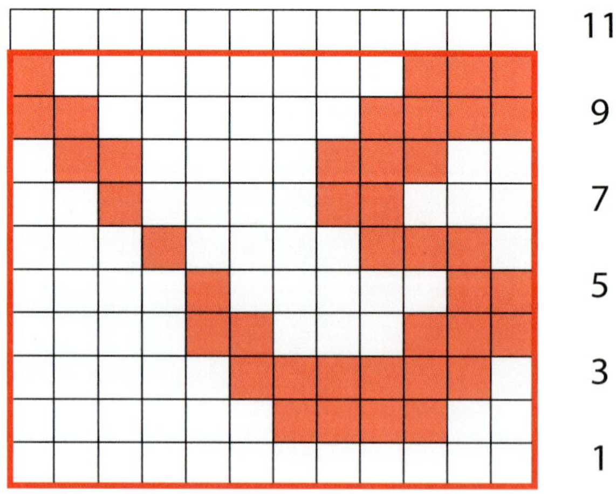

Wdh von 12 M

Angelhaken

Vielfaches von 11

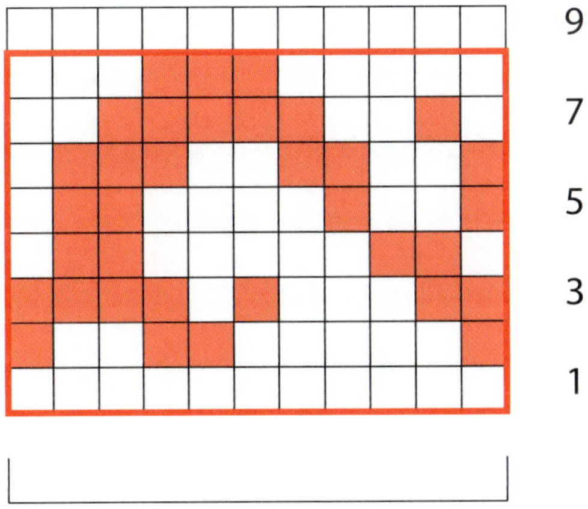

Wdh von 11 M

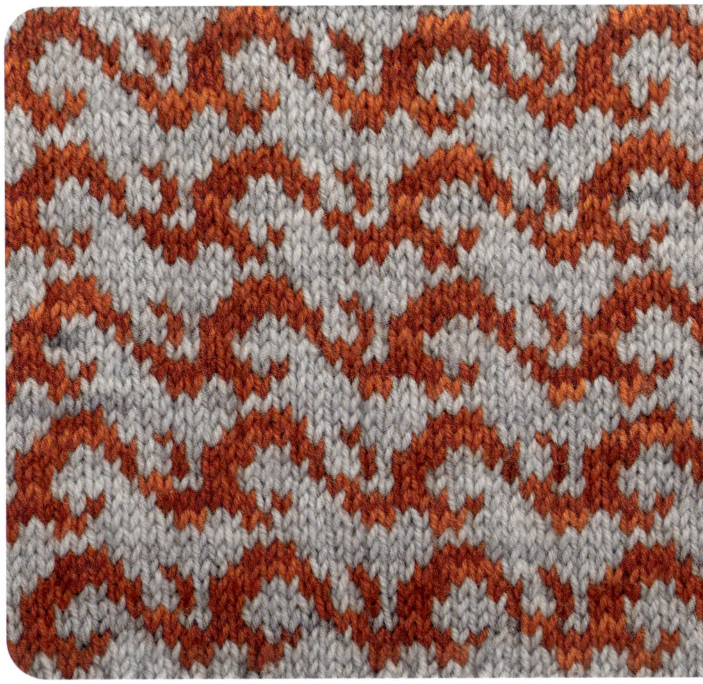

Gebirge

Vielfaches von 16+1

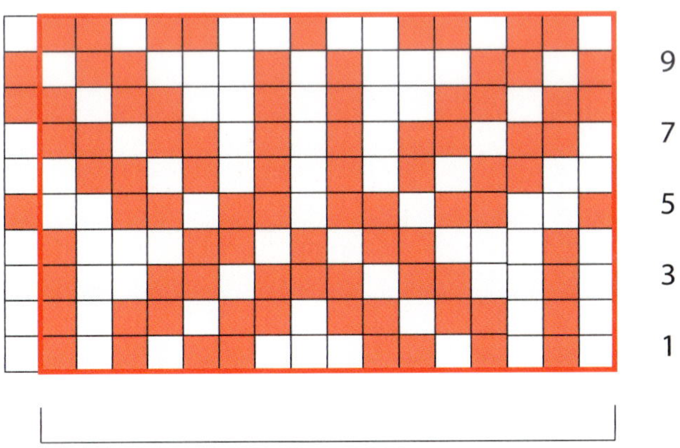

Wdh von 16 M

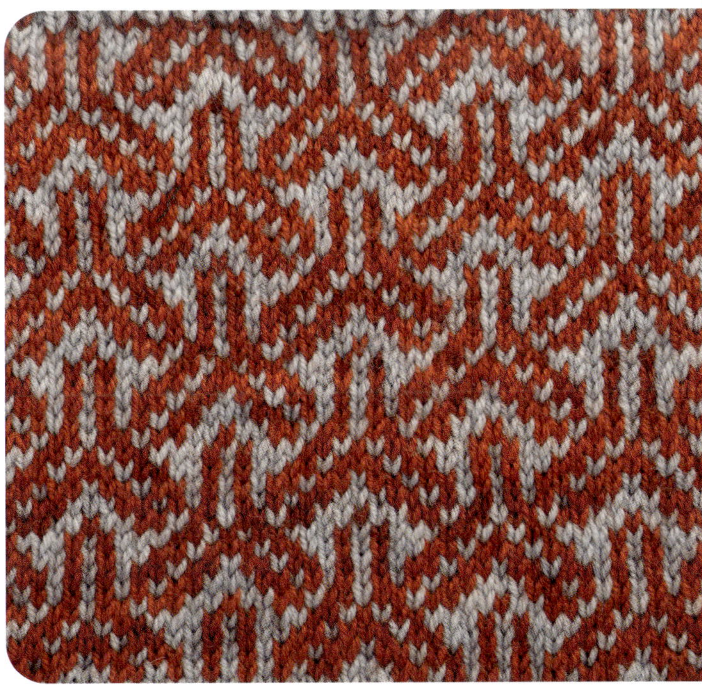

Chrysantheme

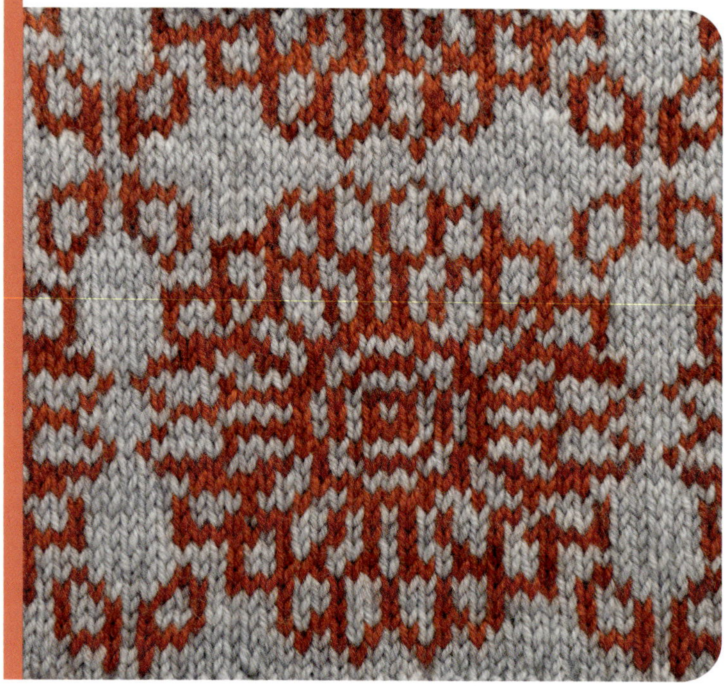

Vielfaches von 30+1

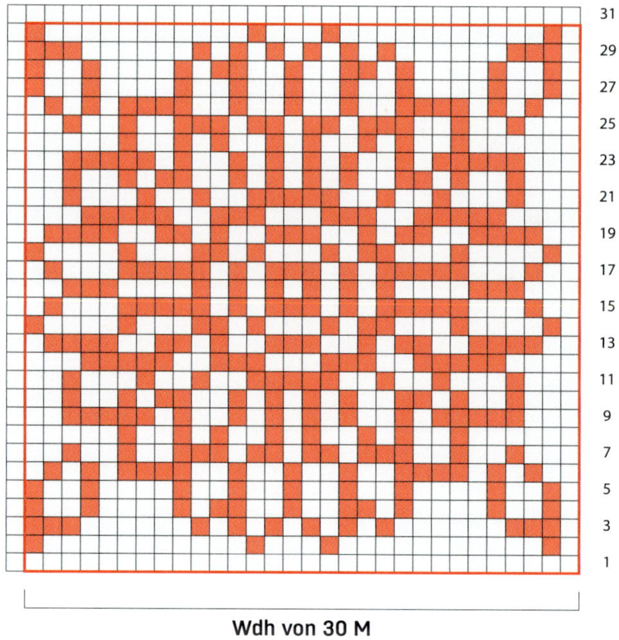

Blätter im Wind

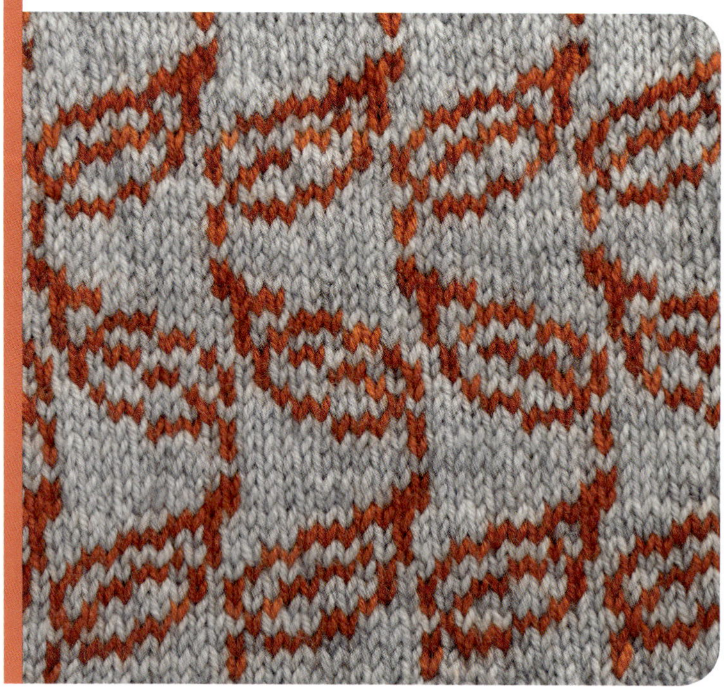

Vielfaches von 10

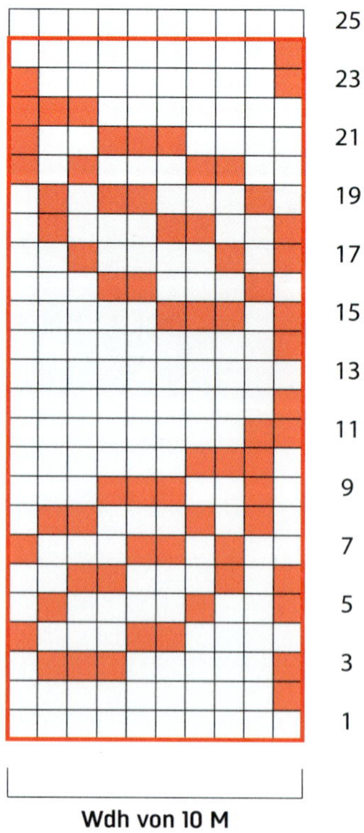

PFINGSTROSE

Vielfaches von 30+1

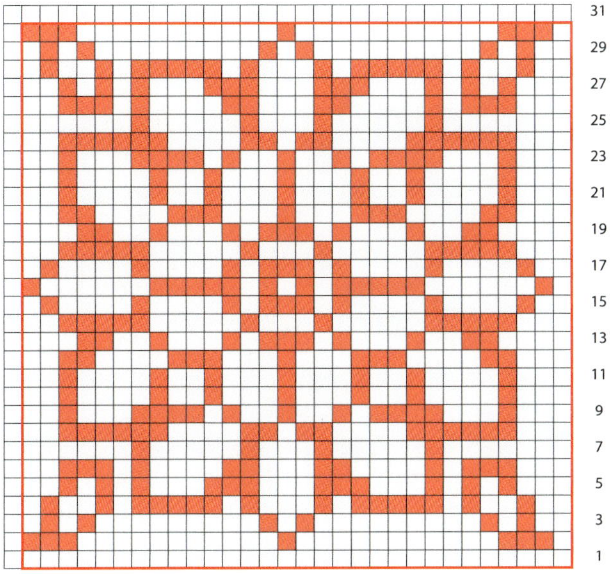

Wdh von 30 M

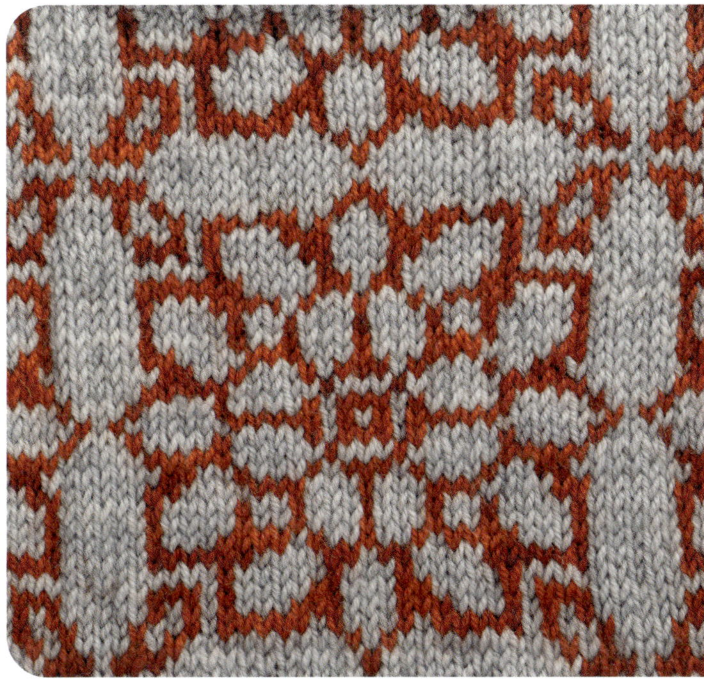

ES WIRD WINTER

Vielfaches von 21+1

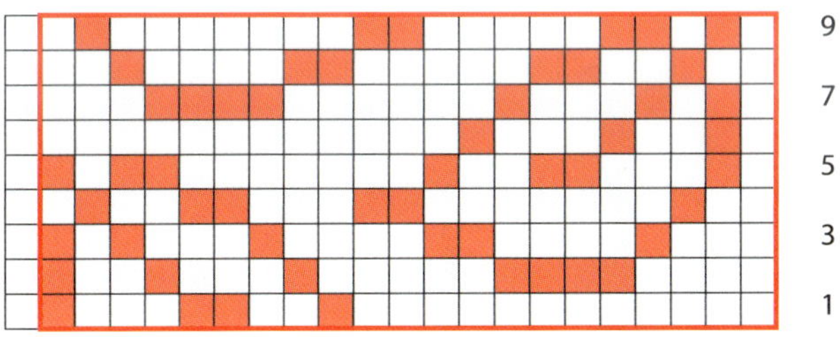

Wdh von 21 M

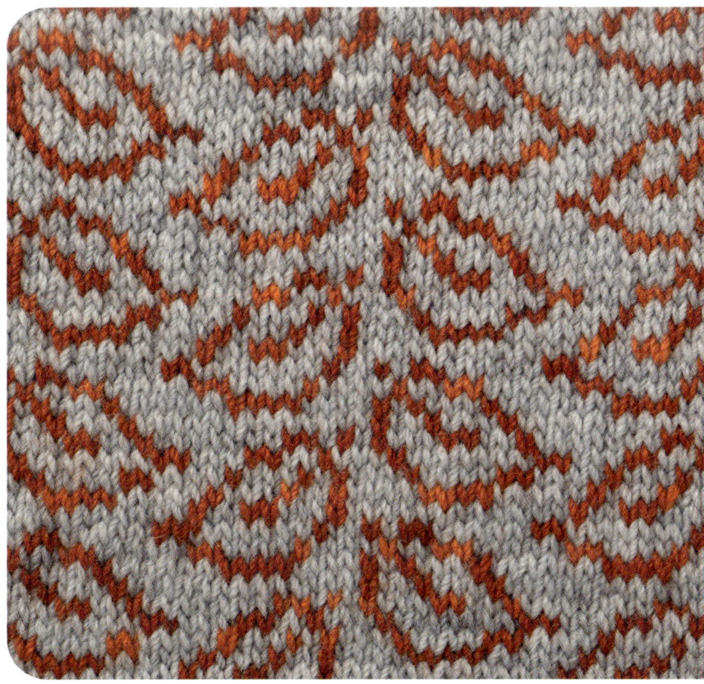

Tannenwald

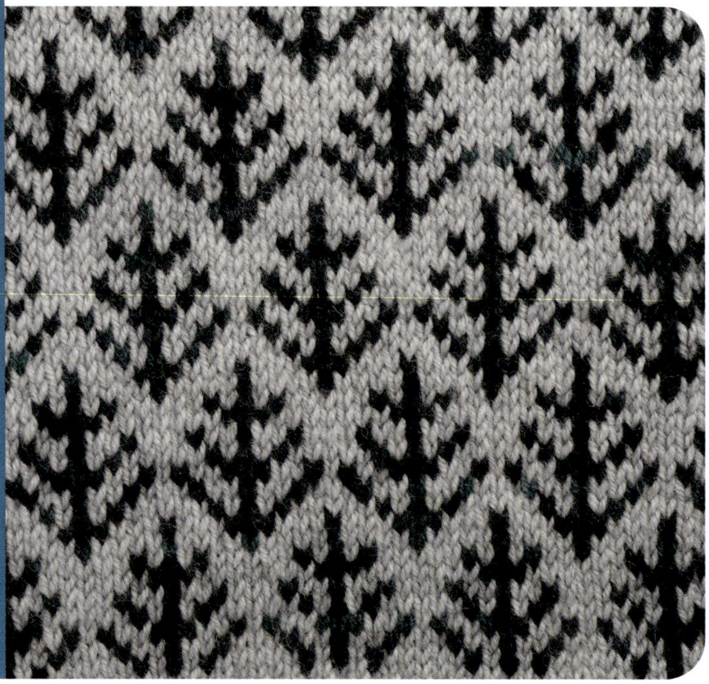

Vielfaches von 10+1

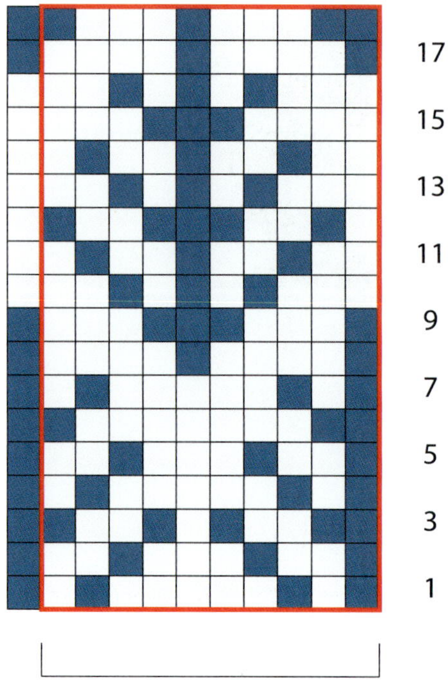

Wdh von 10 M

Hinter dem Zaun

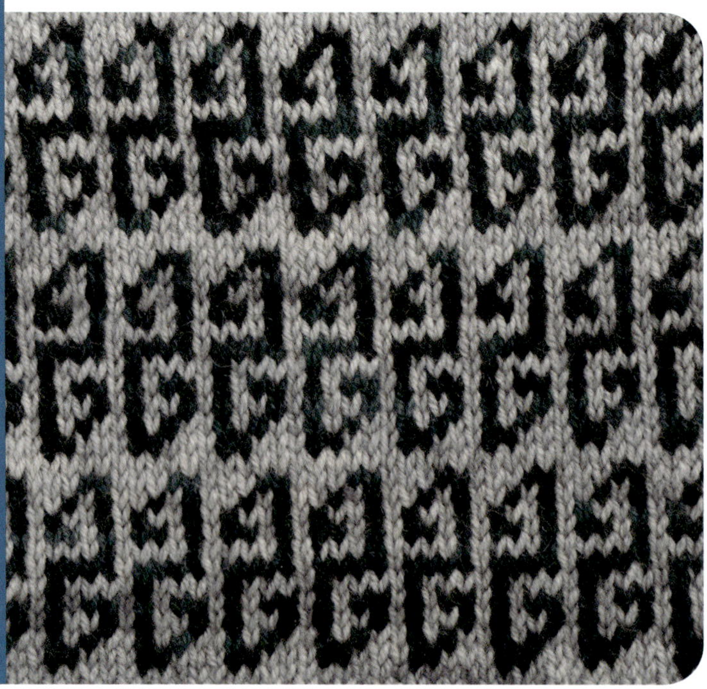

Vielfaches von 5+1

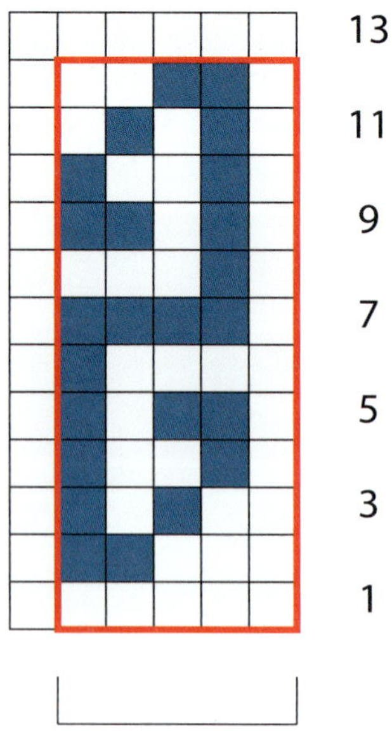

Wdh von 5 M

Brandung

Vielfaches von 10

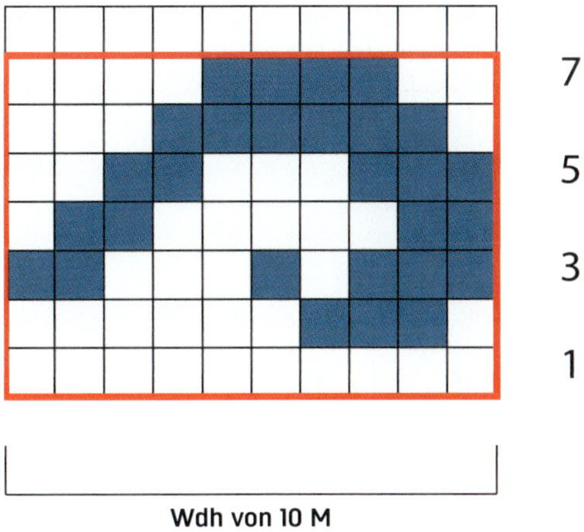

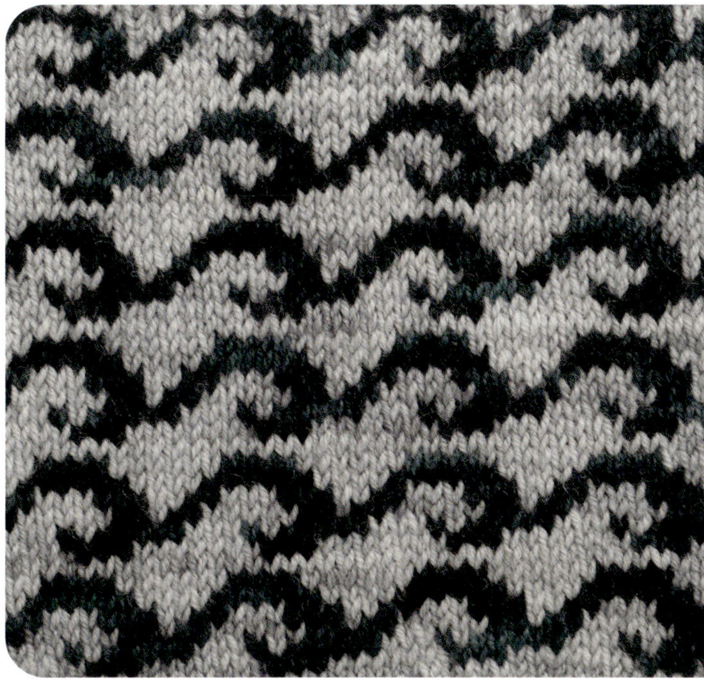

Verwerfungen

Vielfaches von 6

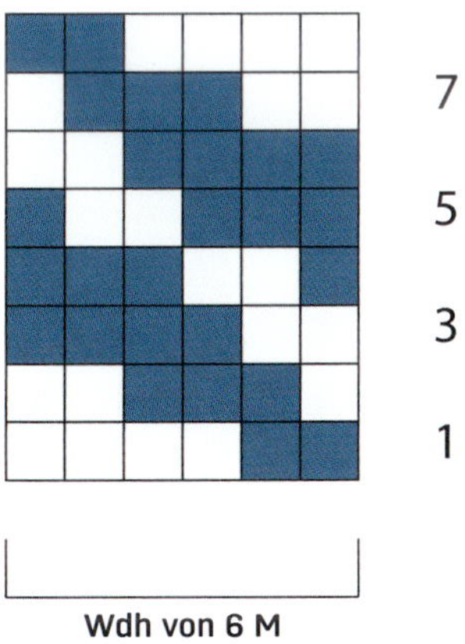

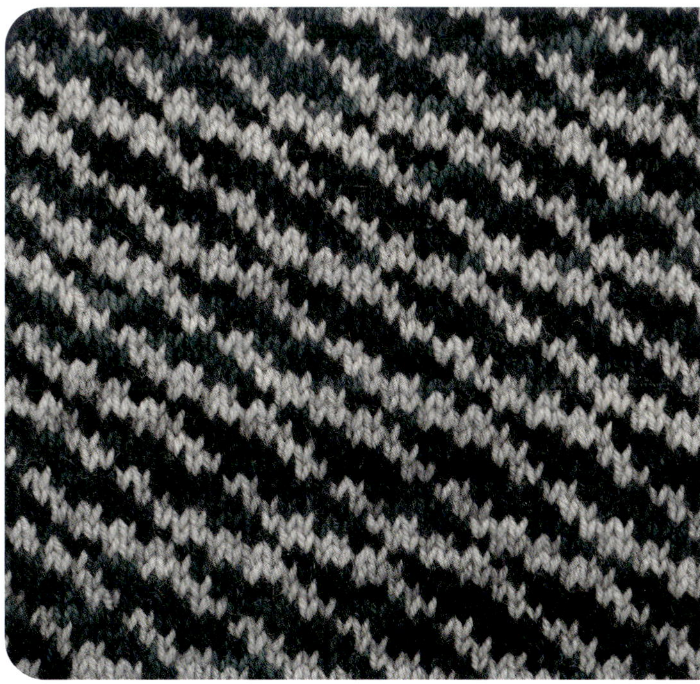

Gefiederte Blätter

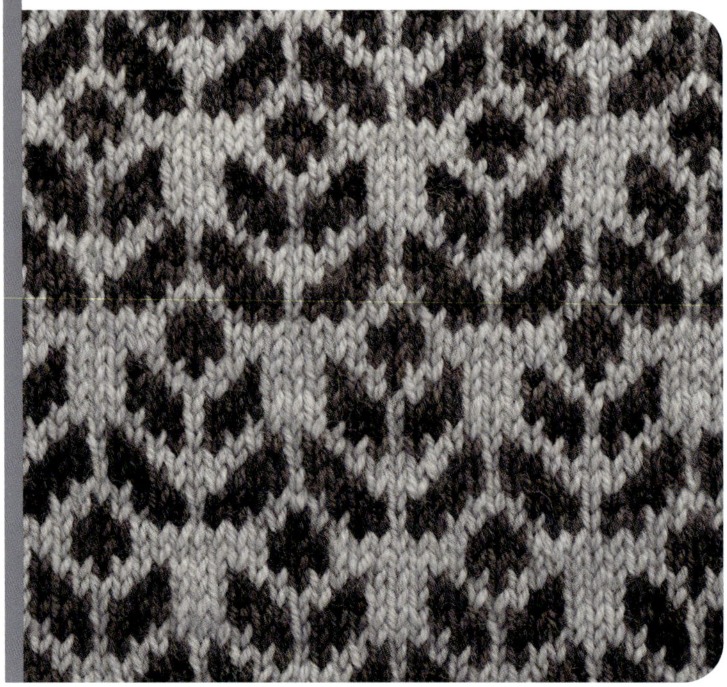

Vielfaches von 10+1

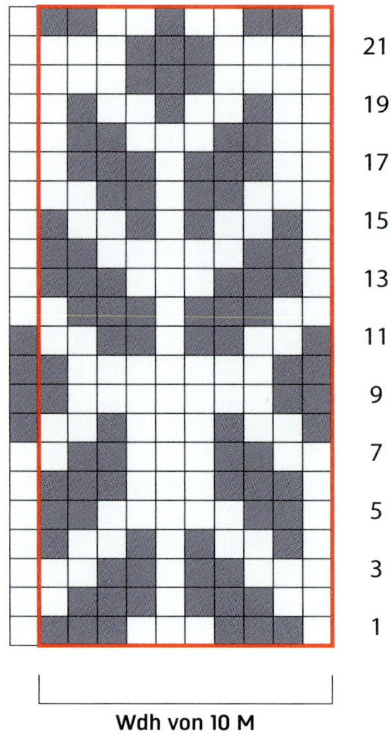

Akropolis

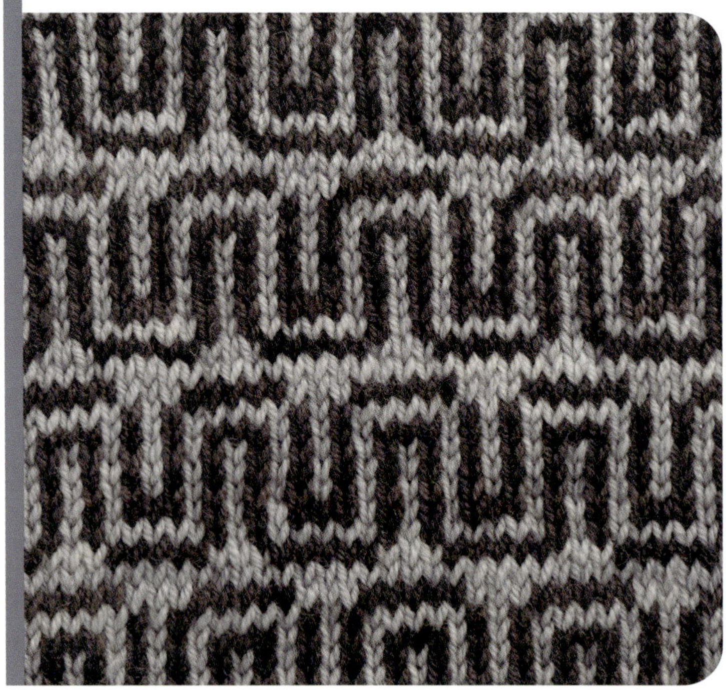

Vielfaches von 8

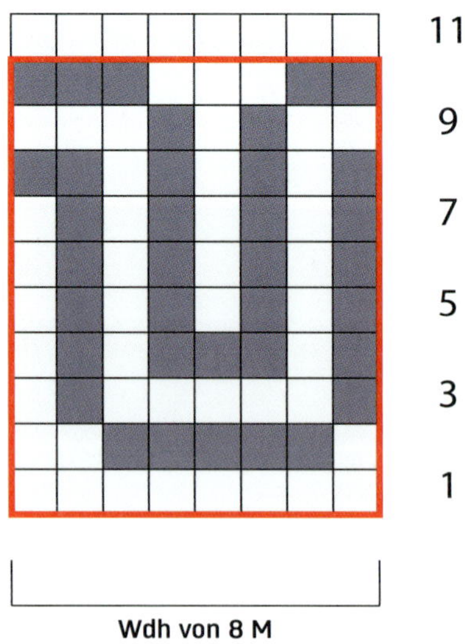

Rauchschwaden

Vielfaches von 31

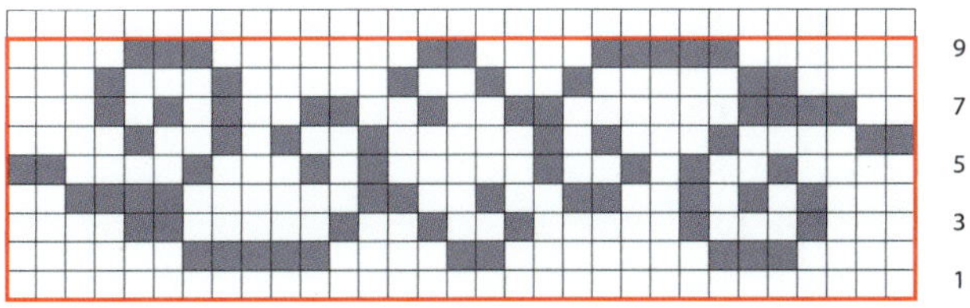

Wdh von 31 M

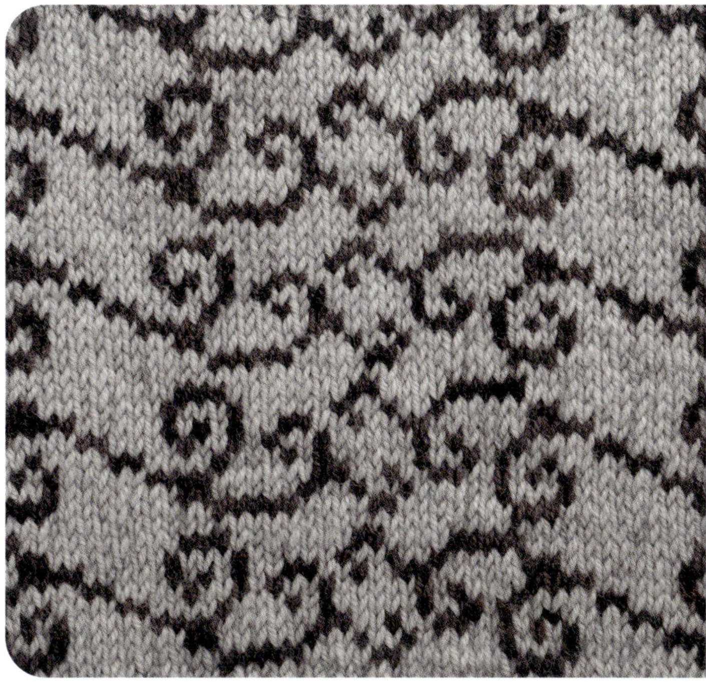

Häuserblocks

Vielfaches von 10+1

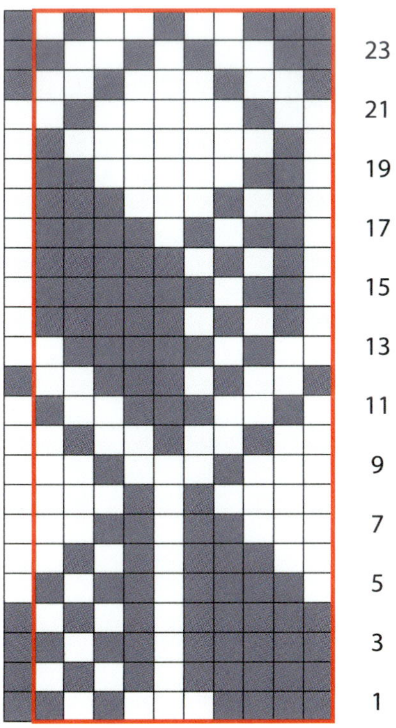

Wdh von 10 M

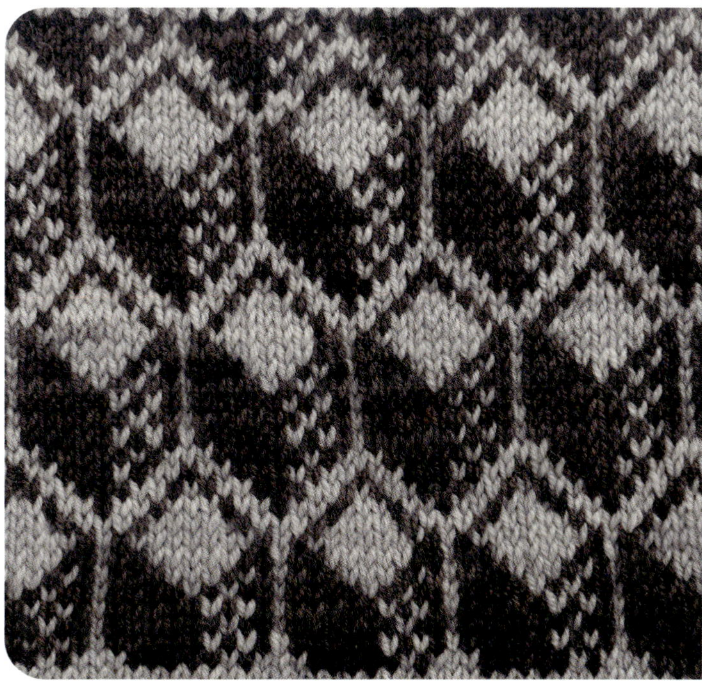

Fresko

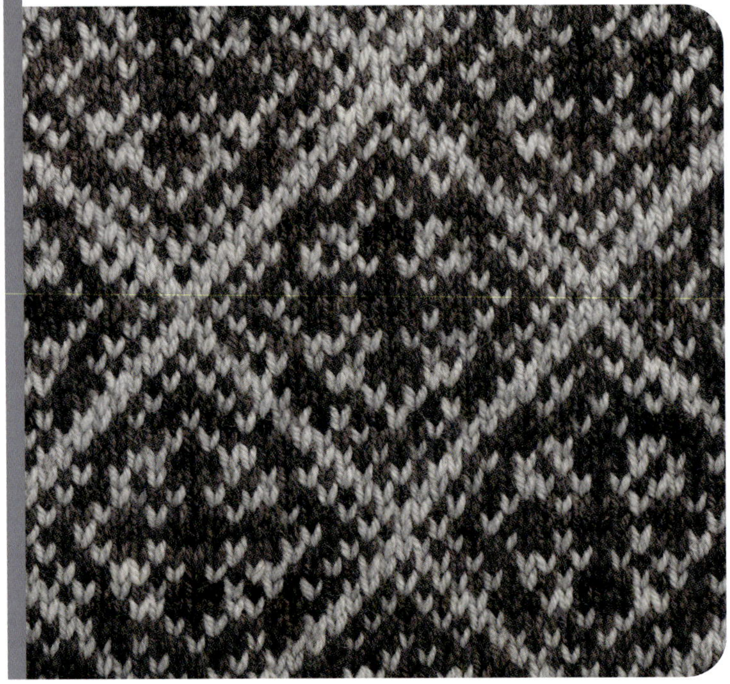

Vielfaches von 22+1

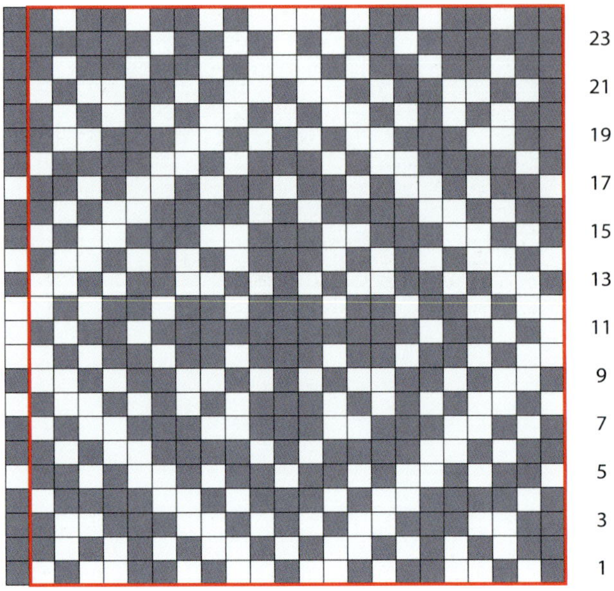

Wdh von 22 M

Wegweiser

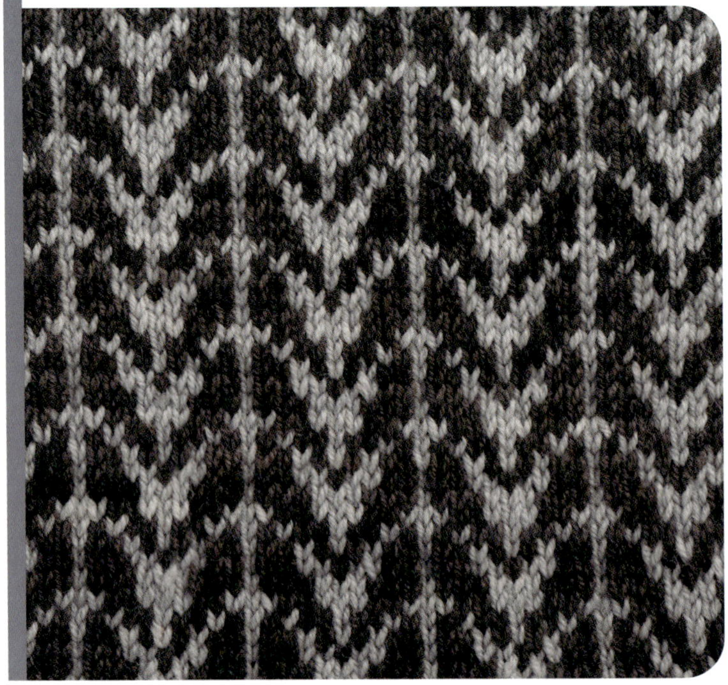

Vielfaches von 10+1

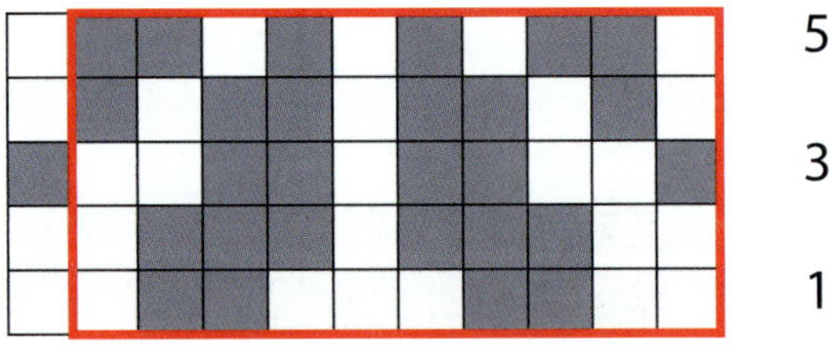

Wdh von 10 M

Es grünt und sprießt

Vielfaches von 22+1

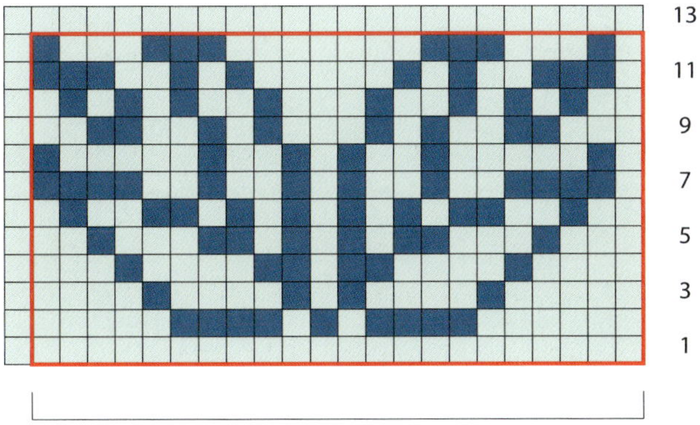

Wdh von 22 M

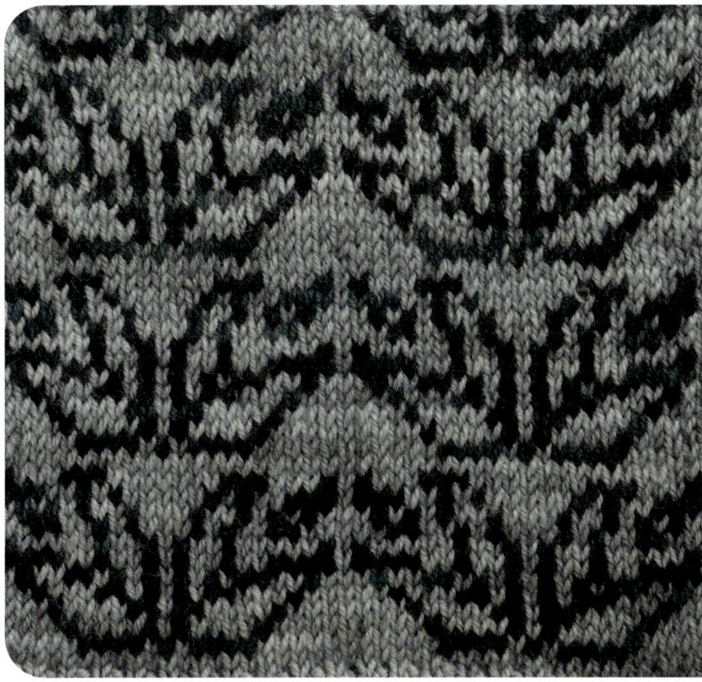

Haken

Vielfaches von 14

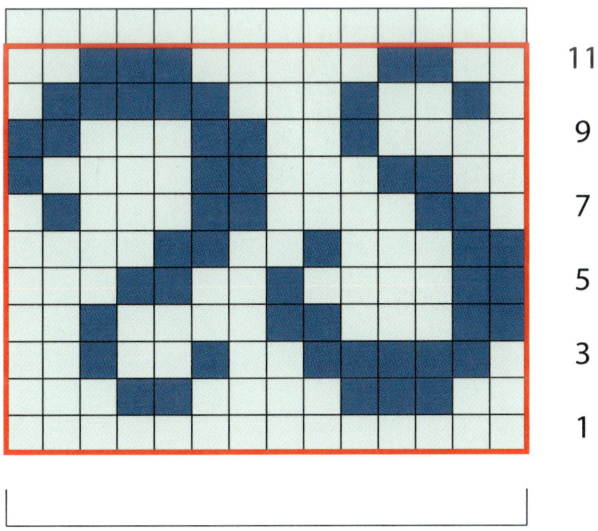

Wdh von 14 M

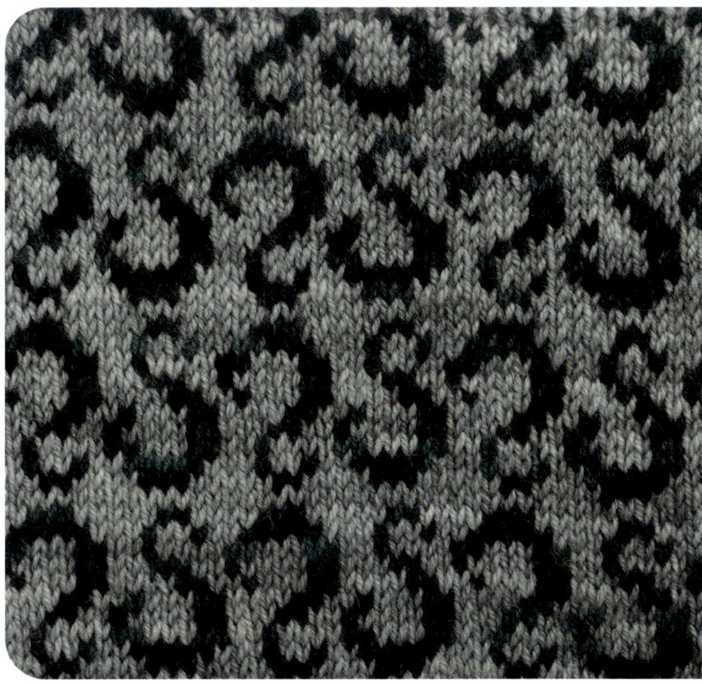

Pfau

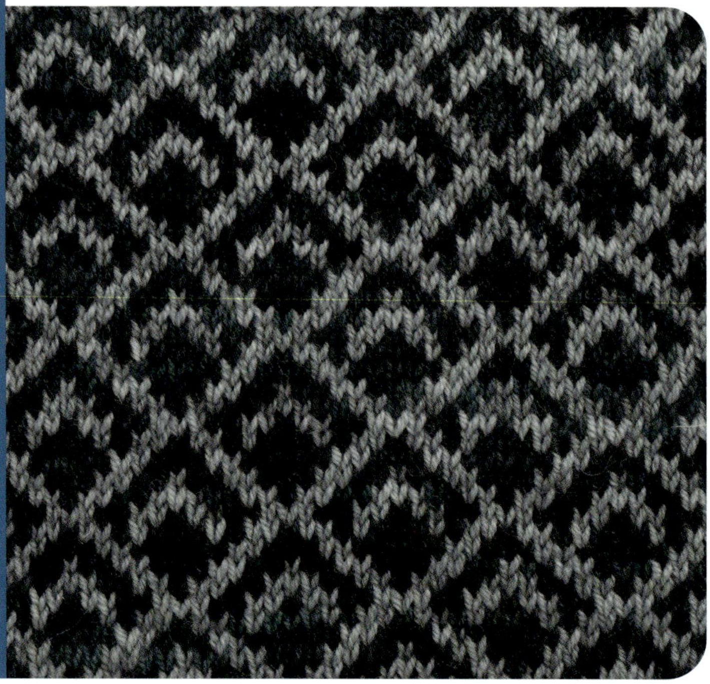

Vielfaches von 12+1

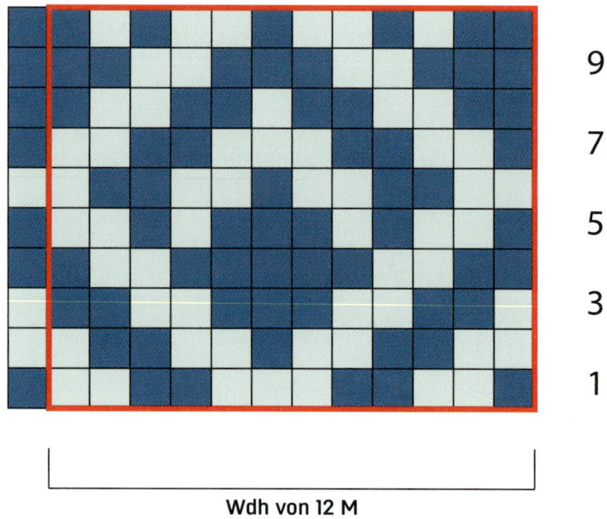

Artemis

Vielfaches von 6

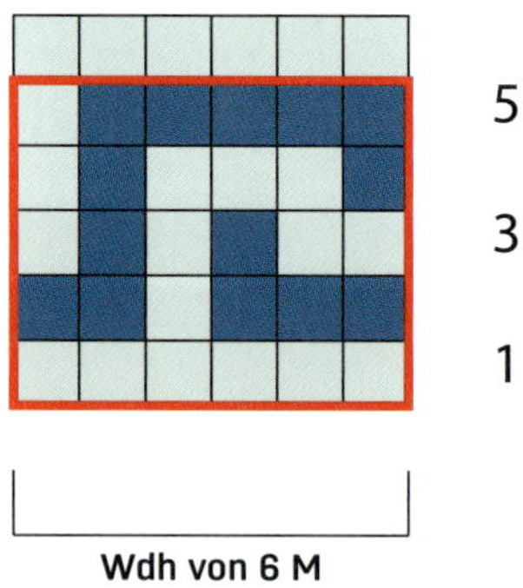

EICHENBLATT

Vielfaches von 18

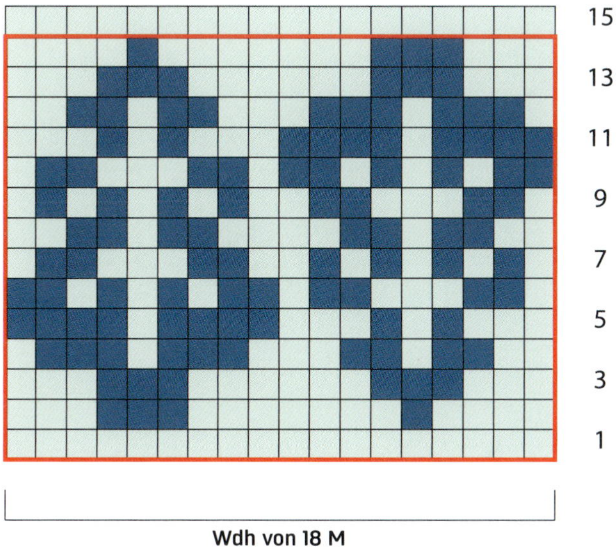

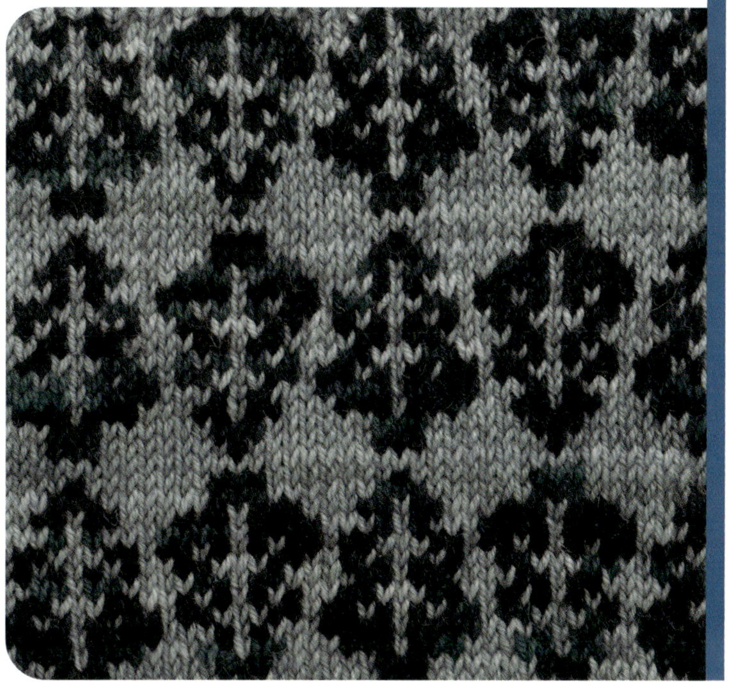

HOHER SEEGANG

Vielfaches von 18+1

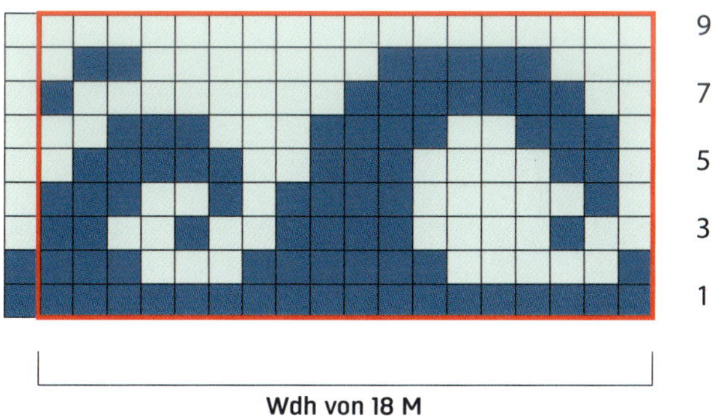

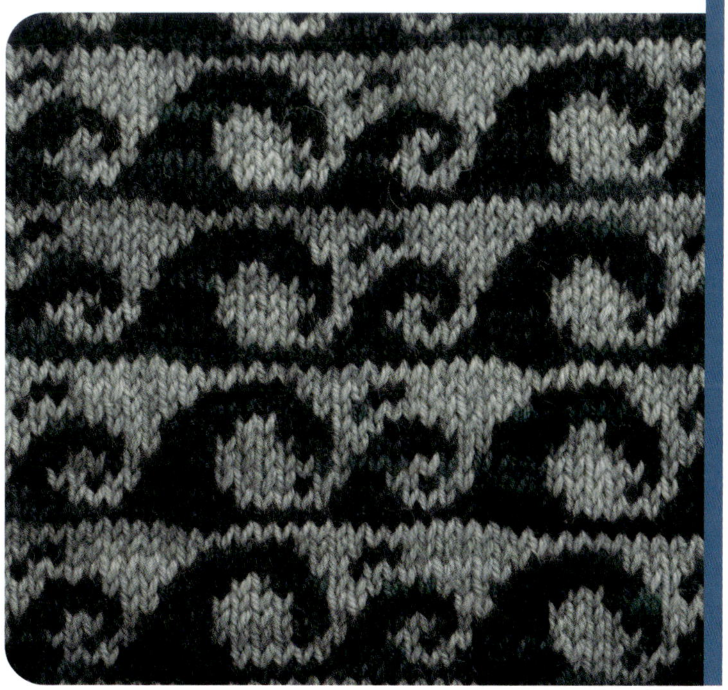

SANDUHR

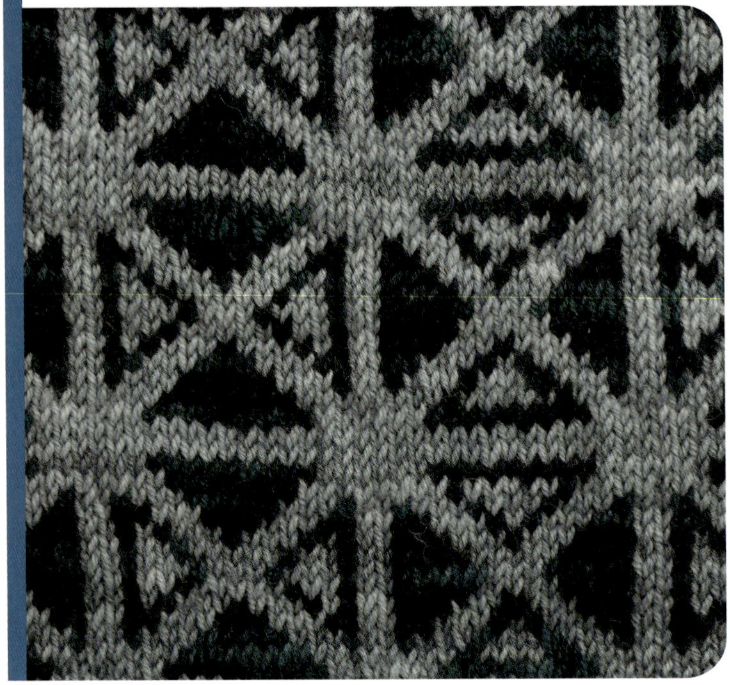

Vielfaches von 30+2

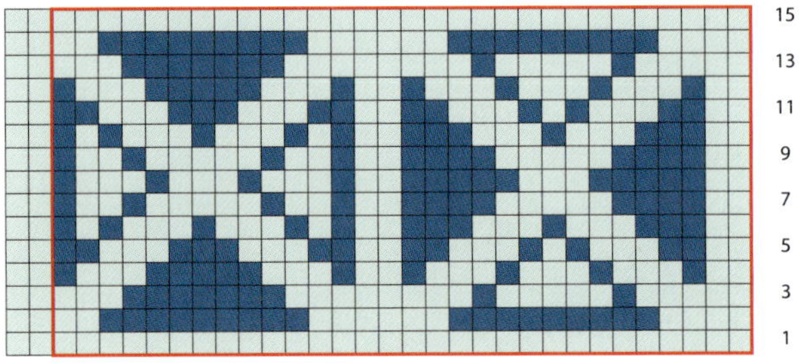

Wdh von 30 M

STROMKREIS

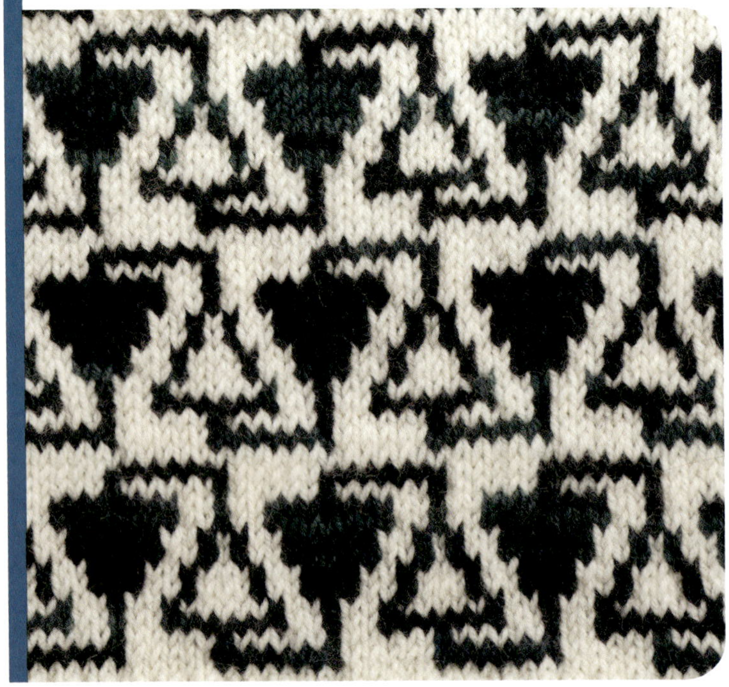

Vielfaches von 12

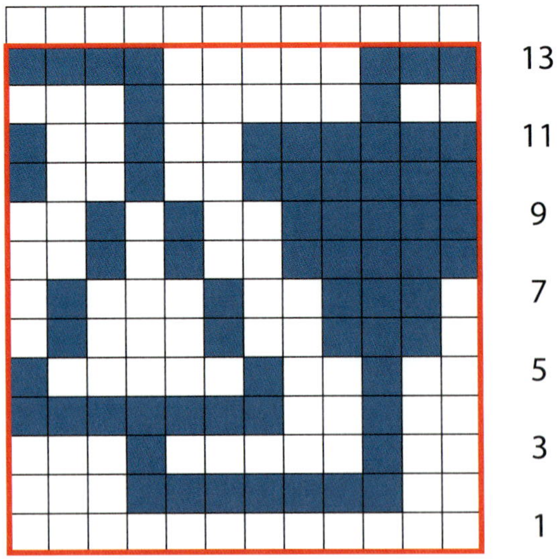

Wdh von 12 M

ZICKZACK

Vielfaches von 10

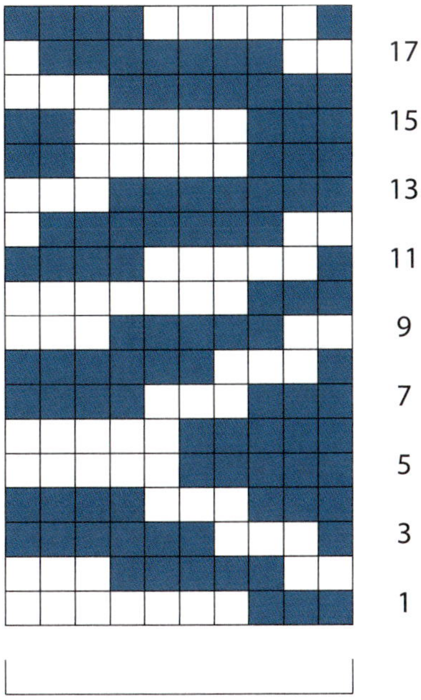

Wdh von 10 M

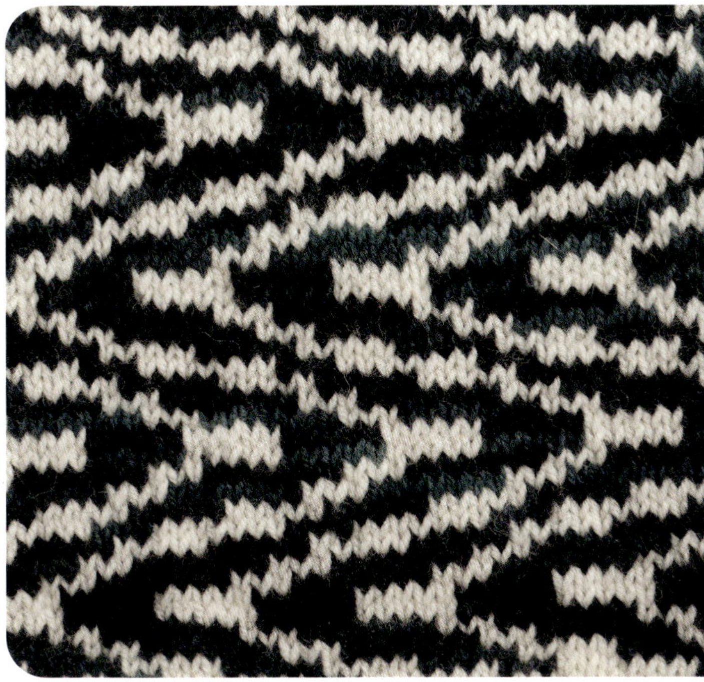

PUZZLE

Vielfaches von 13

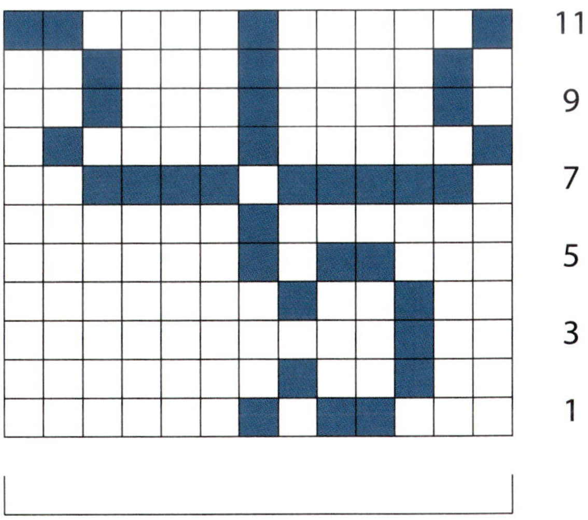

Wdh von 13 M

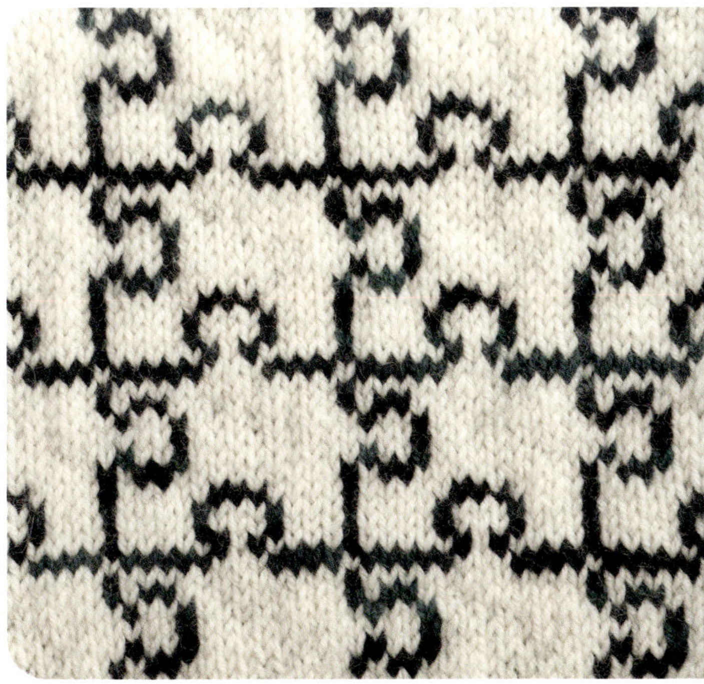

SCHNEEGESTÖBER

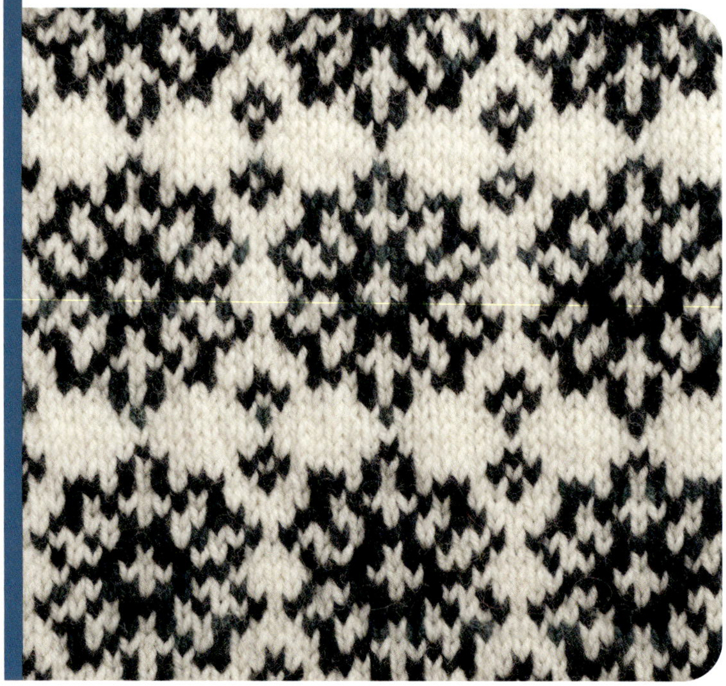

Vielfaches von 14+1

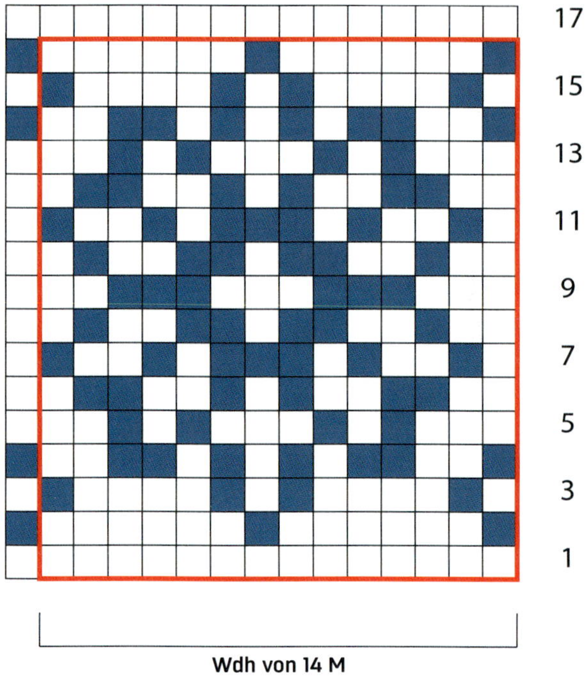

BLÜMCHEN

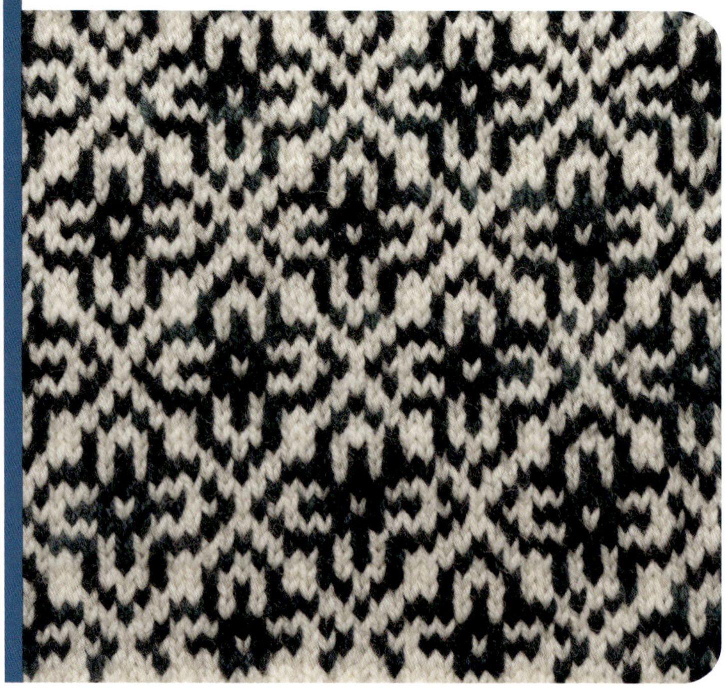

Vielfaches von 14+1

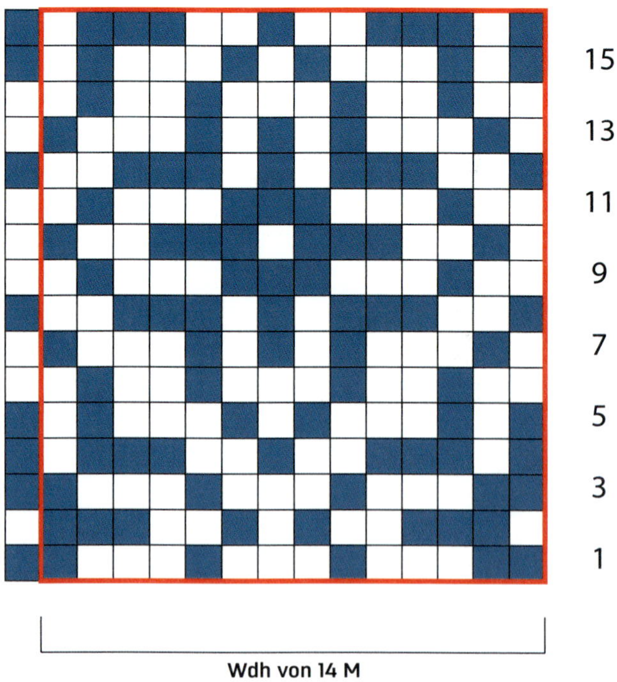

HEIDELBEEREN

Vielfaches von 18+1

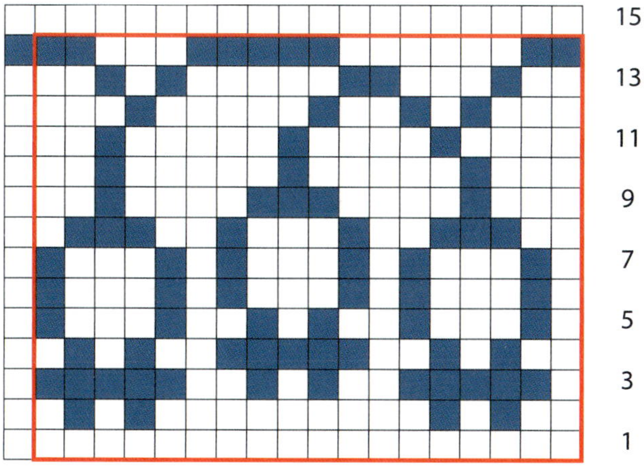

Wdh von 18 M

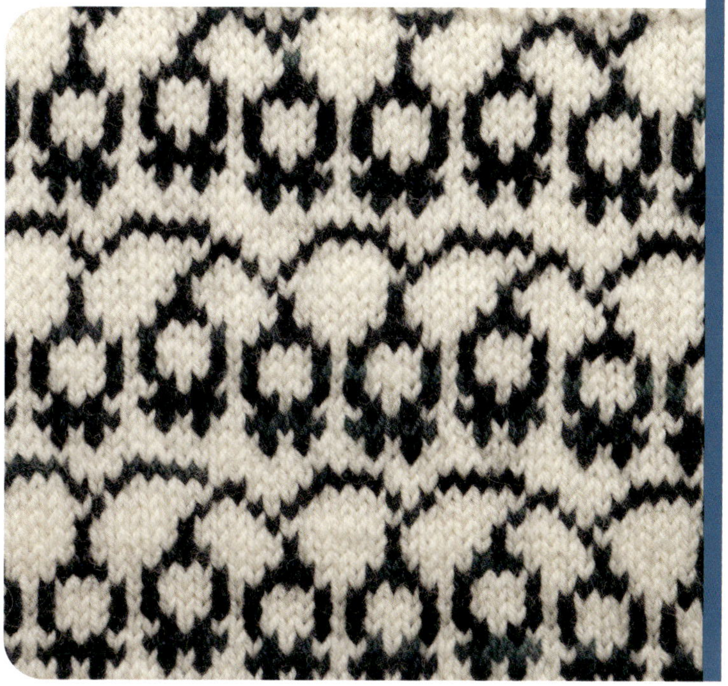

VANILLEBLÜTE

Vielfaches von 22+1

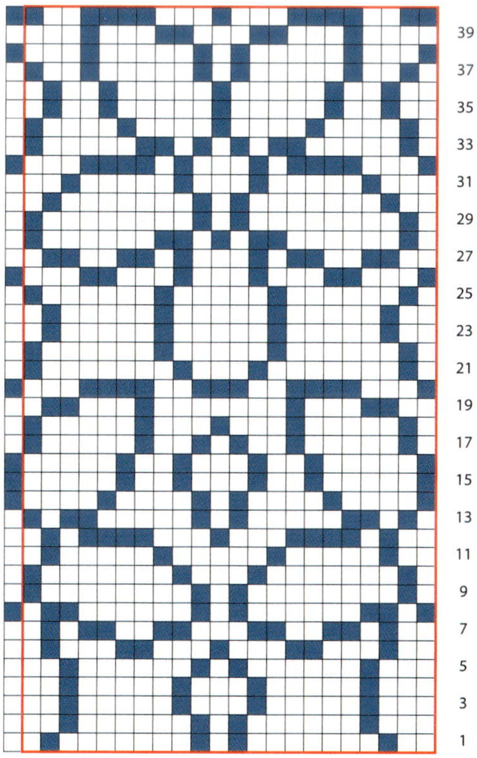

Wdh von 22 M

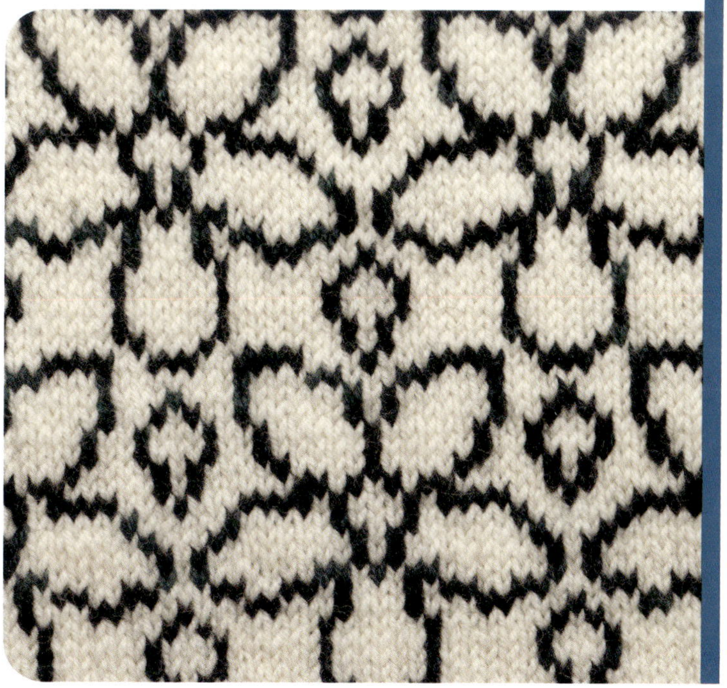

WIND

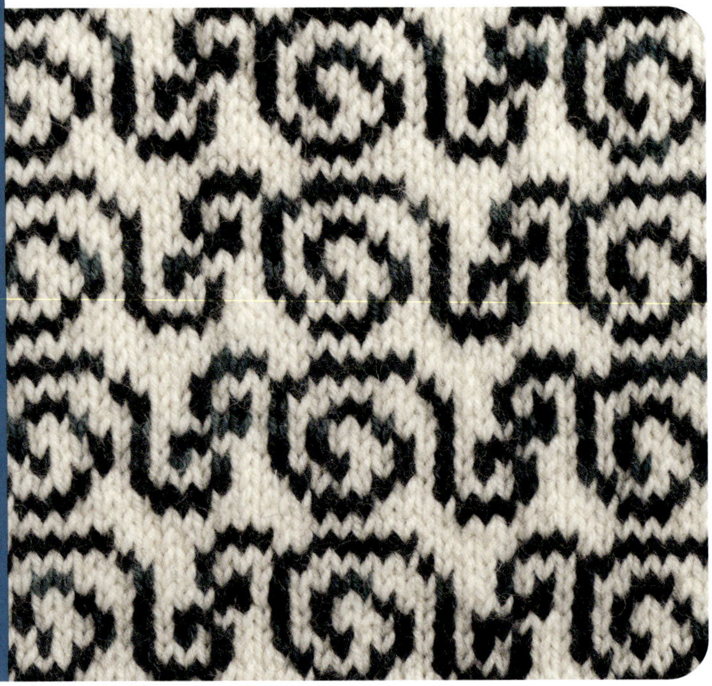

Vielfaches von 15

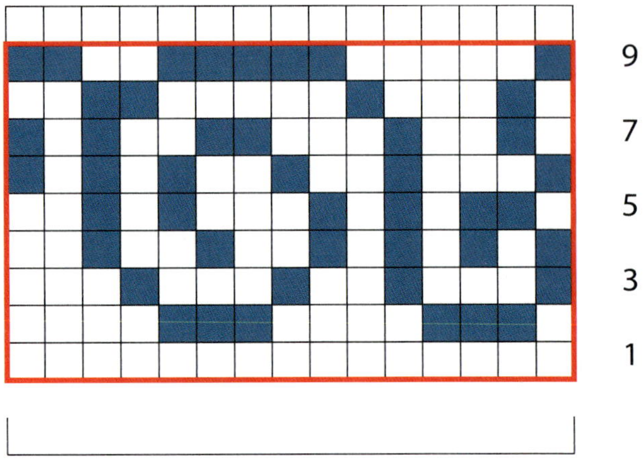

Wdh von 15 M

MONDSICHEL

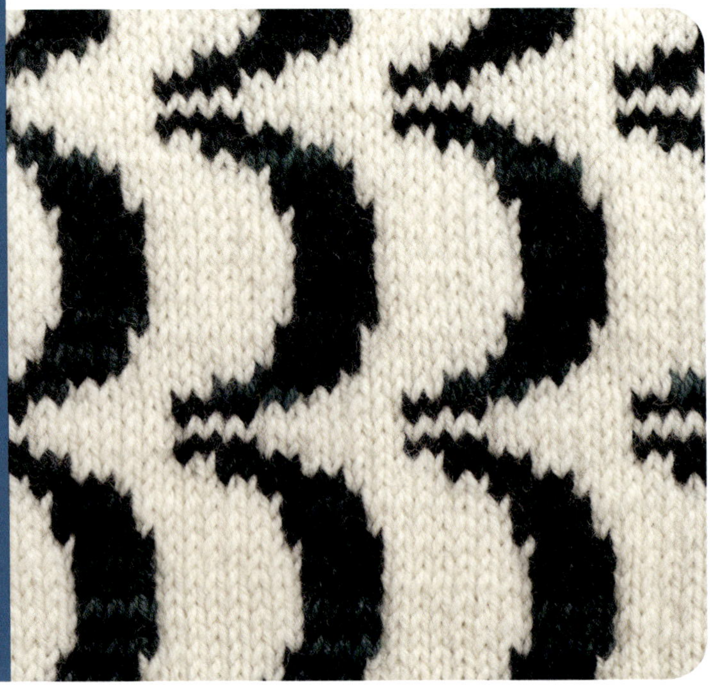

Vielfaches von 11+1

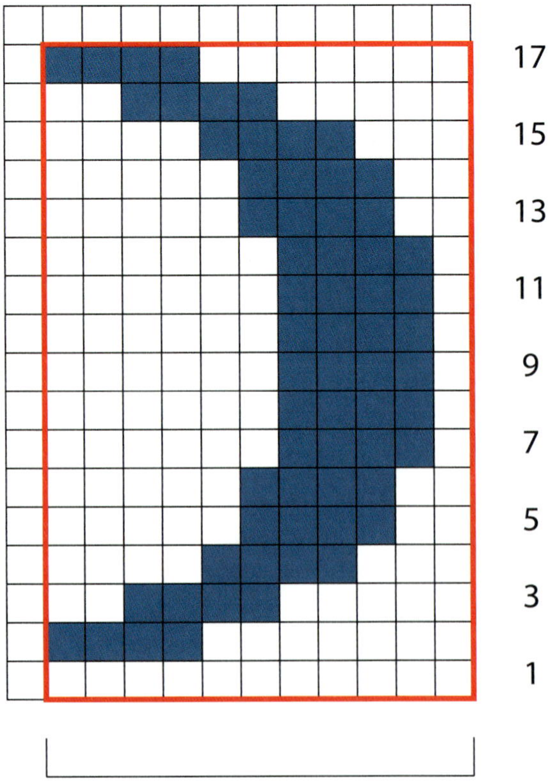

Wdh von 11 M

Mäander

Vielfaches von 16

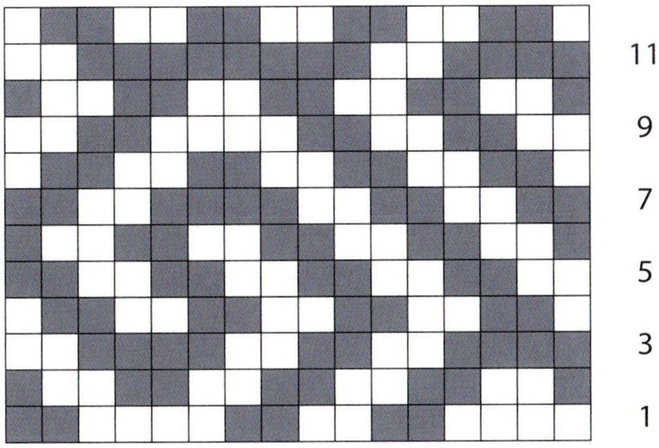

Wdh von 16 M

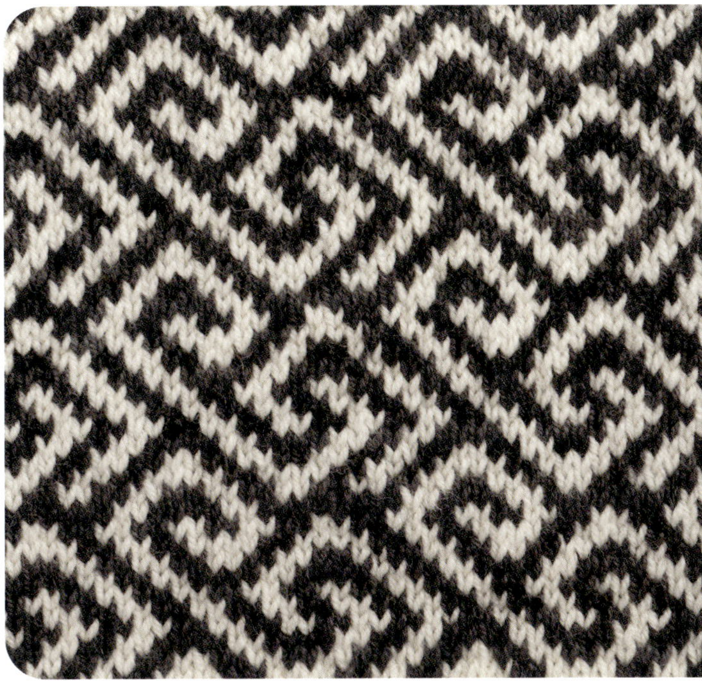

Fischgrät

Vielfaches von 8+1

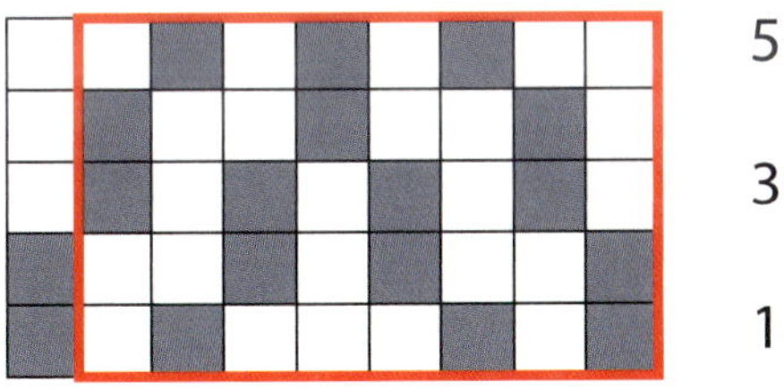

Wdh von 8 M

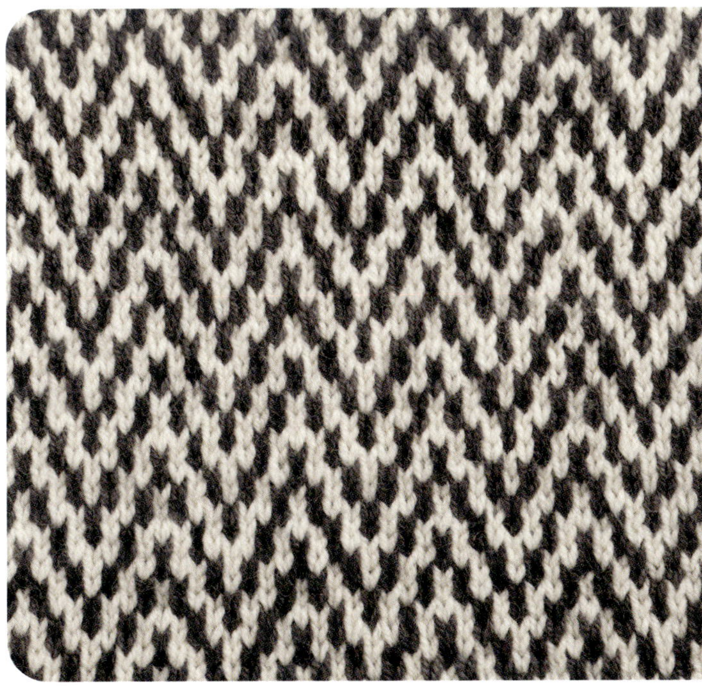

OHNE ENDE

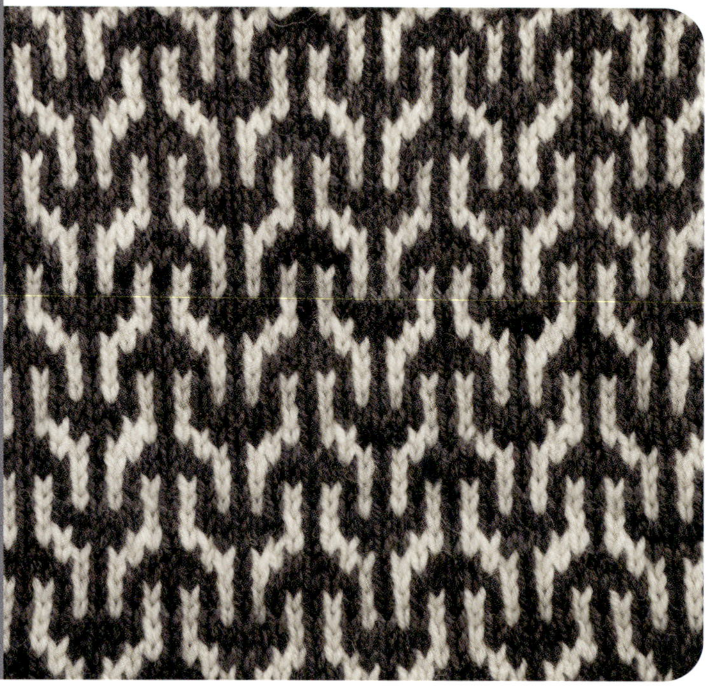

Vielfaches von 8

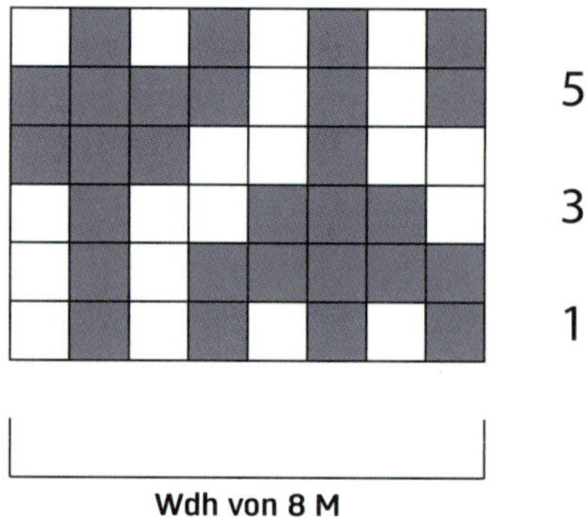

FESTGEFÜGT

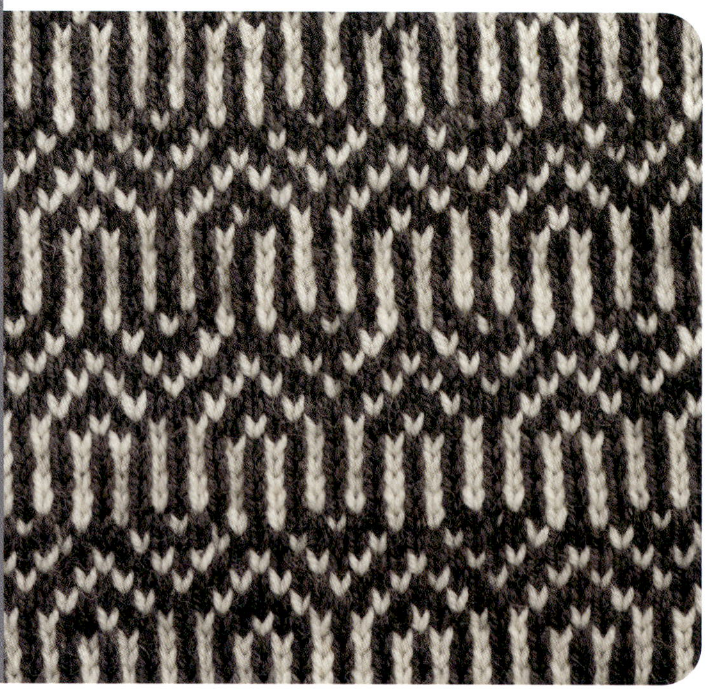

Vielfaches von 8+1

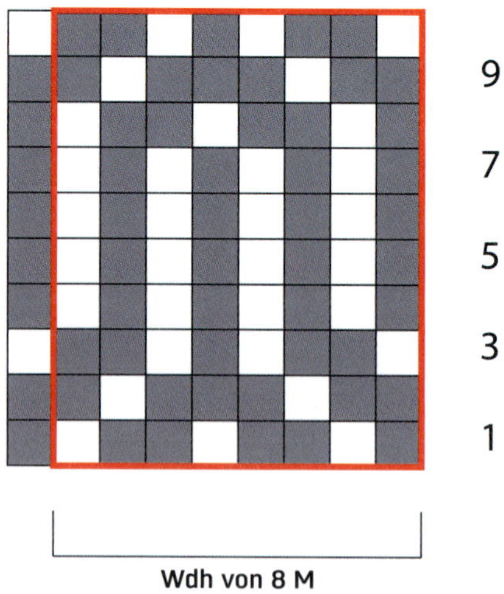

Federn

Vielfaches von 10+1

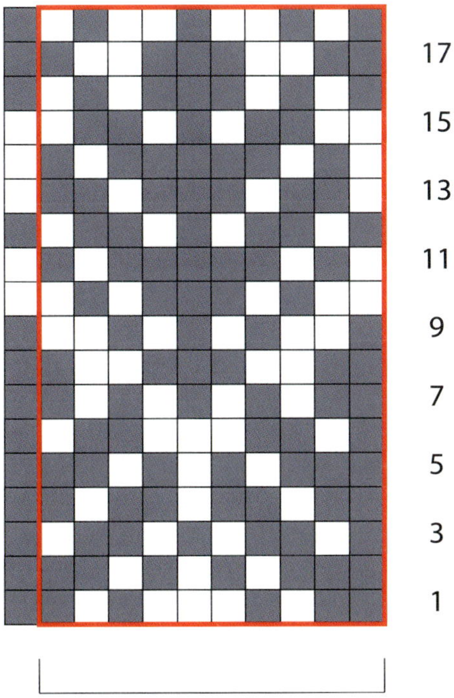

Wdh von 10 M

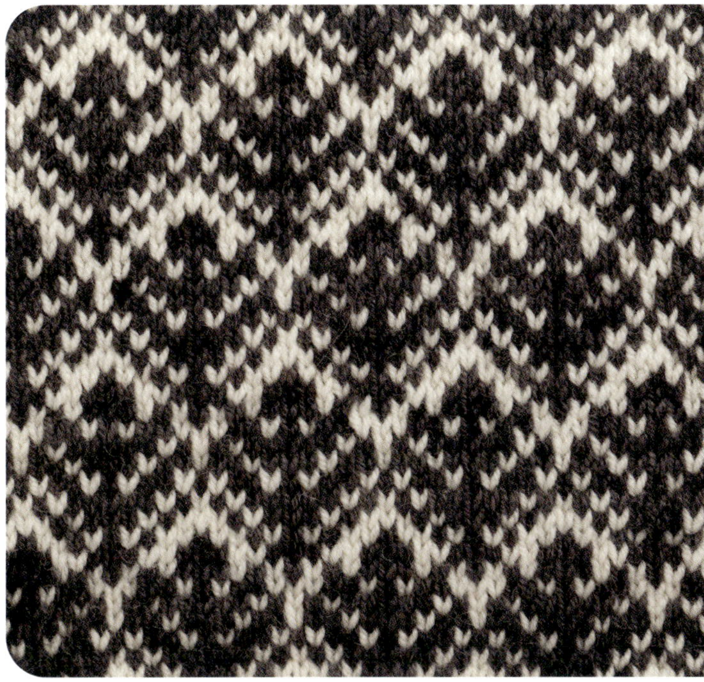

Gepard

Vielfaches von 16

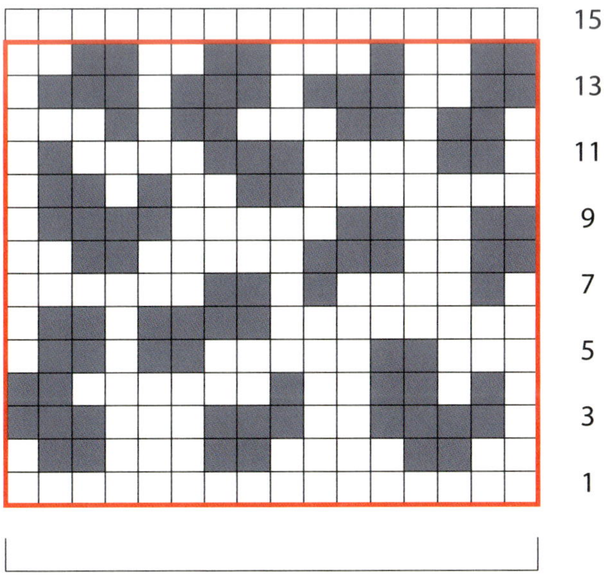

Wdh von 16 M

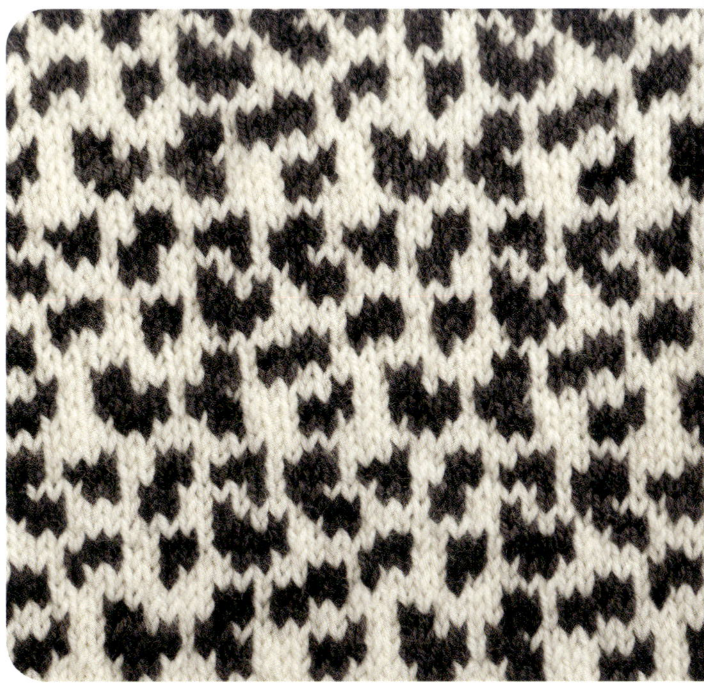

Laube

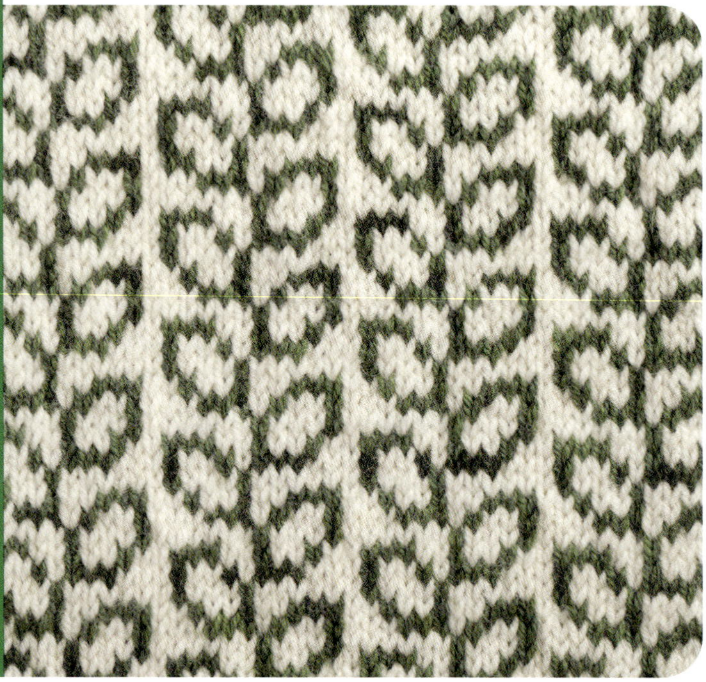

Vielfaches von 11+1

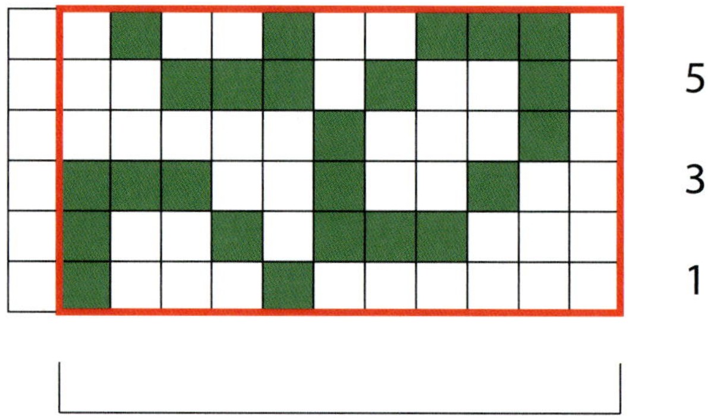

Wdh von 11 M

Großes Eichenblatt

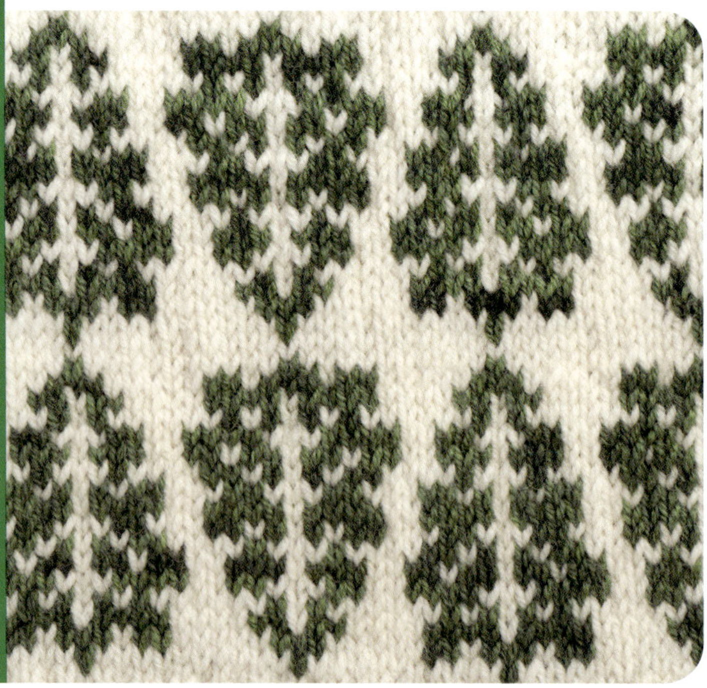

Vielfaches von 22

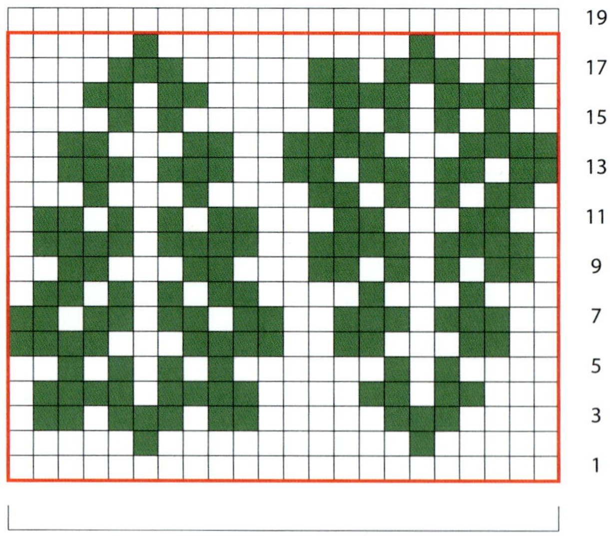

Wdh von 22 M

Es wird Frühling

Vielfaches von 29+1

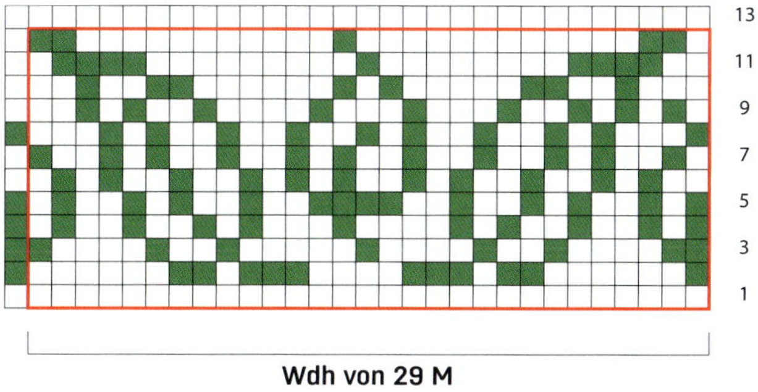

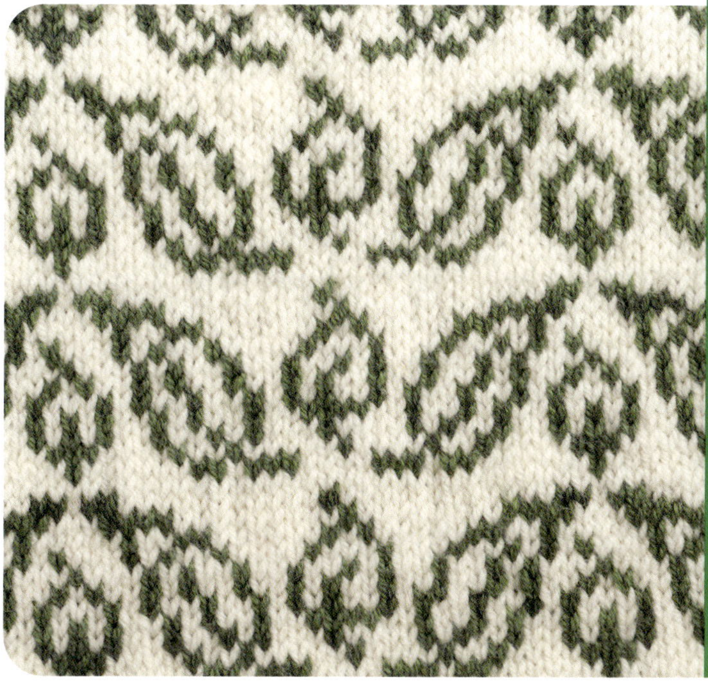

Blatt für Blatt

Vielfaches von 30+1

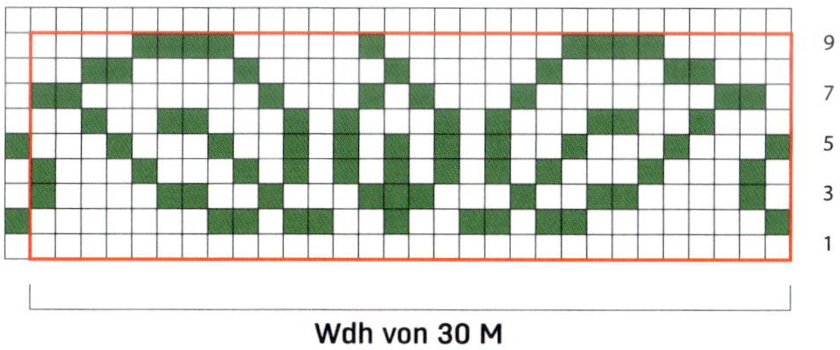

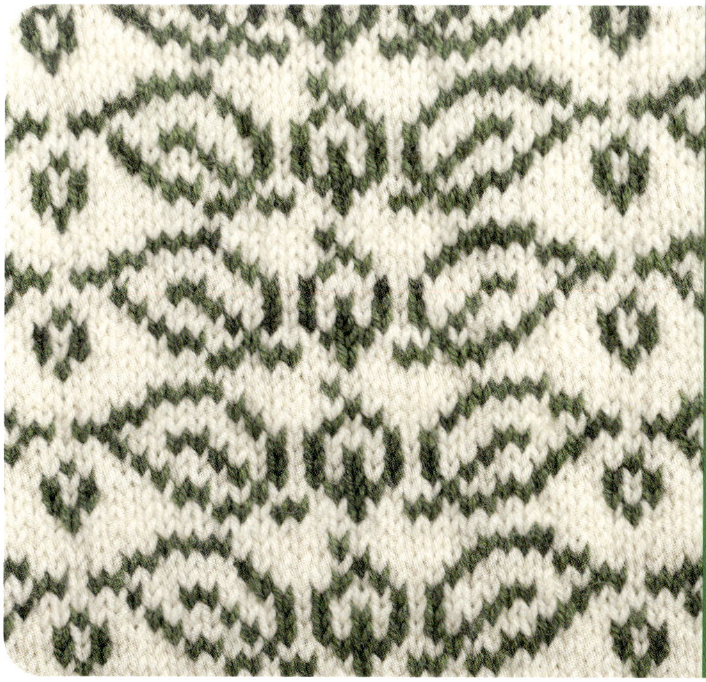

Brombeeren

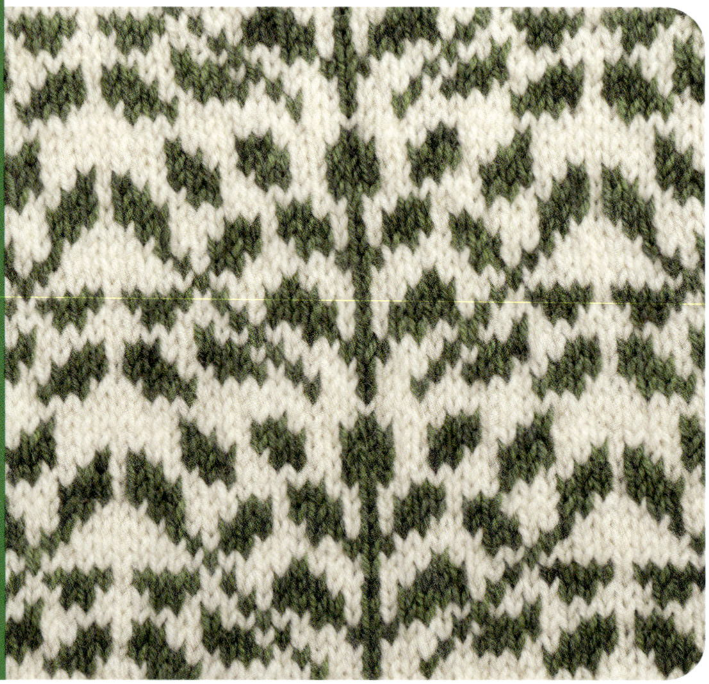

Vielfaches von 28+1

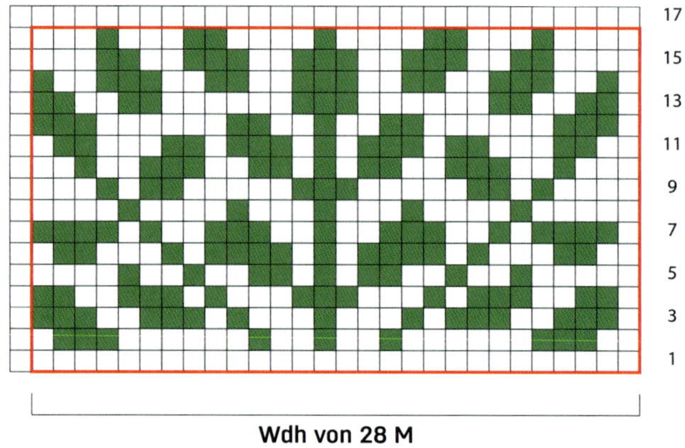

DICKICHT

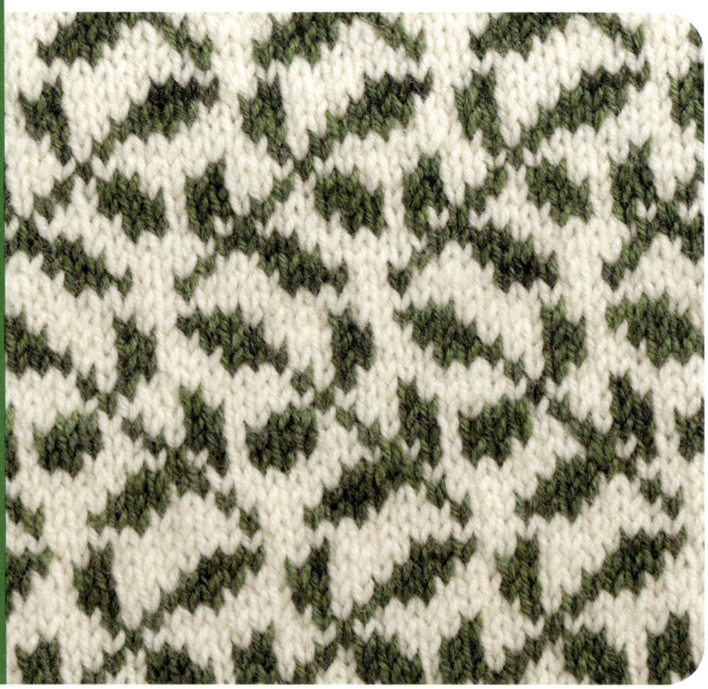

Vielfaches von 10

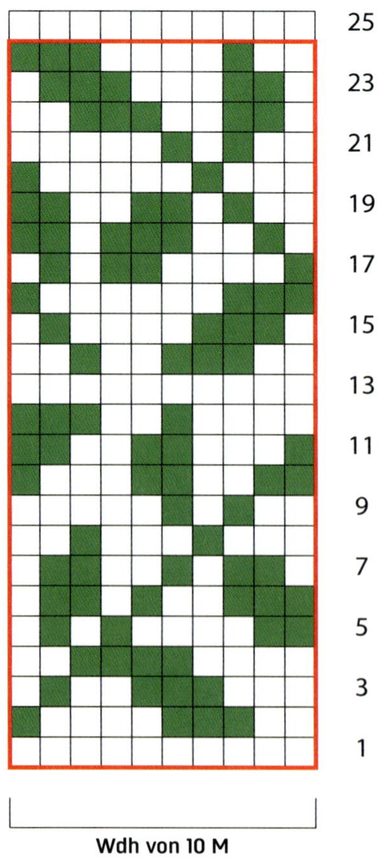

Trauben

Vielfaches von 18+1

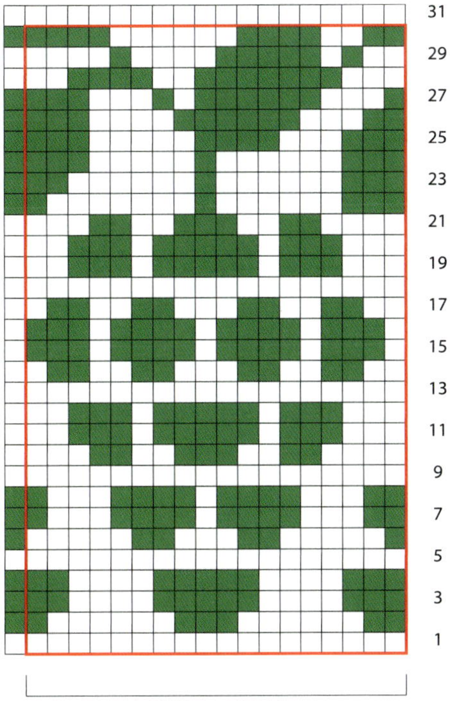

Wdh von 18 M

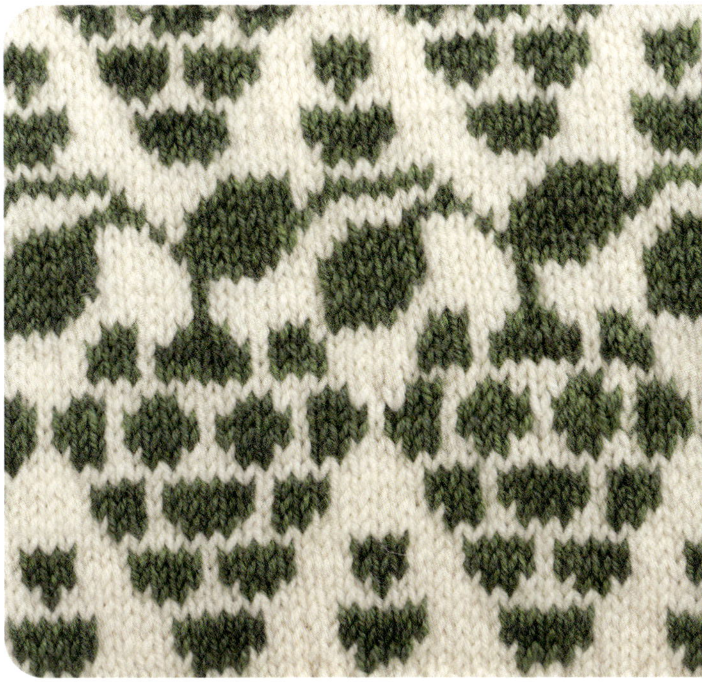

Kokosorchidee

Vielfaches von 16+1

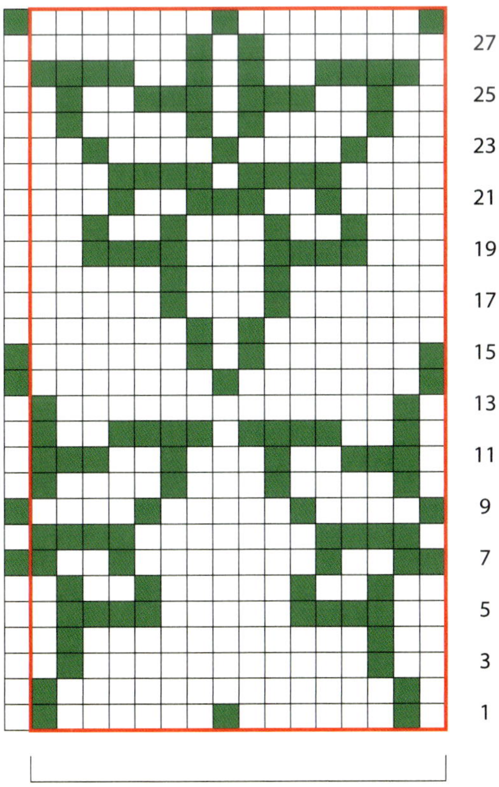

Wdh von 16 M

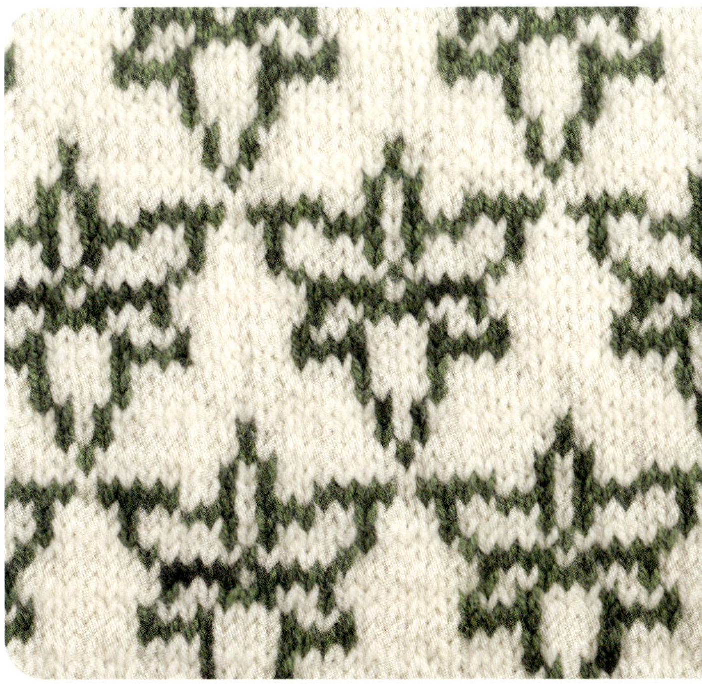

PHILODENDRON

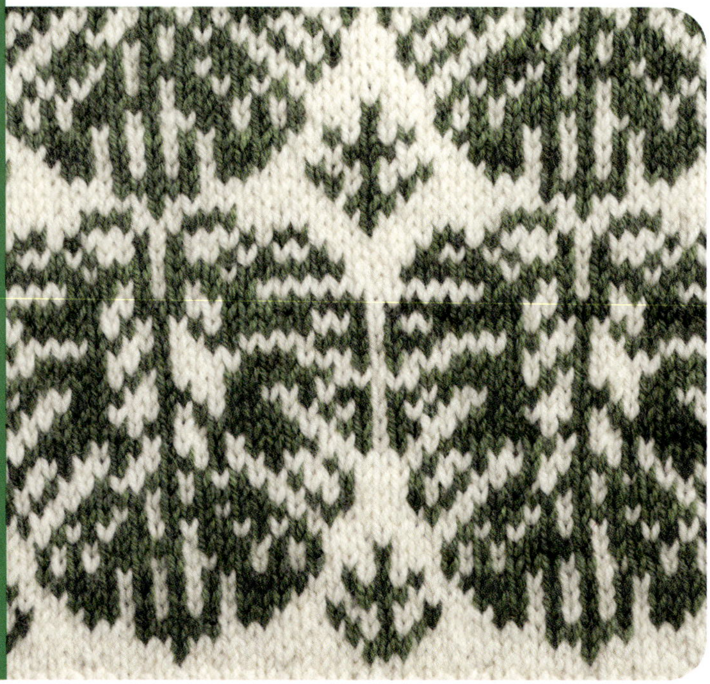

Vielfaches von 24+1

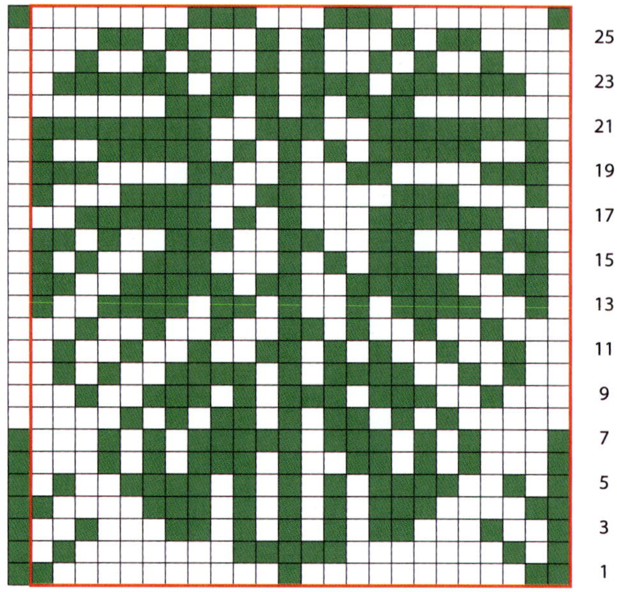

Wdh von 24 M

HANF

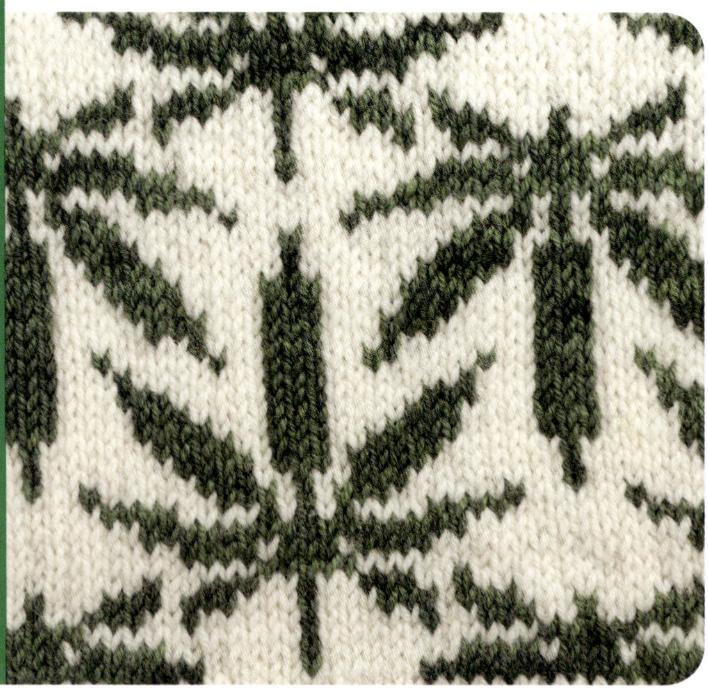

Vielfaches von 28+5

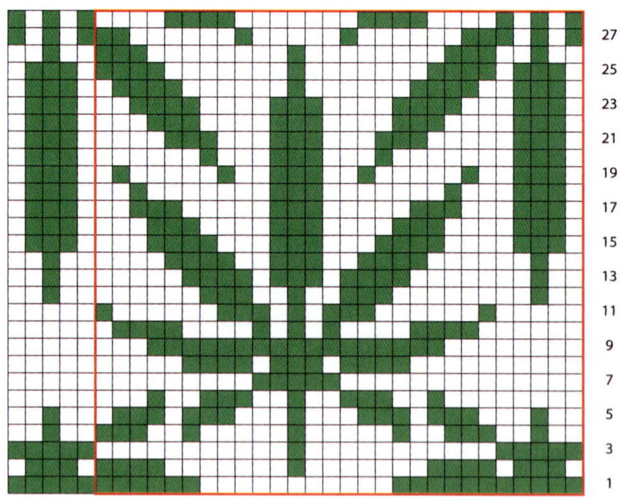

Wdh von 28 M

ROSENBLATT

Vielfaches von 32+1

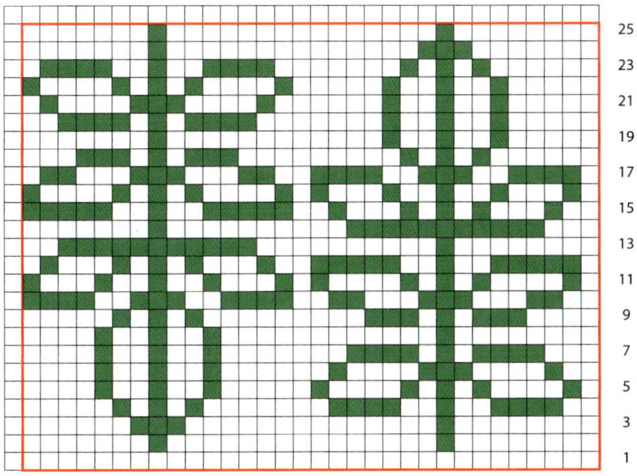

Wdh von 32 M

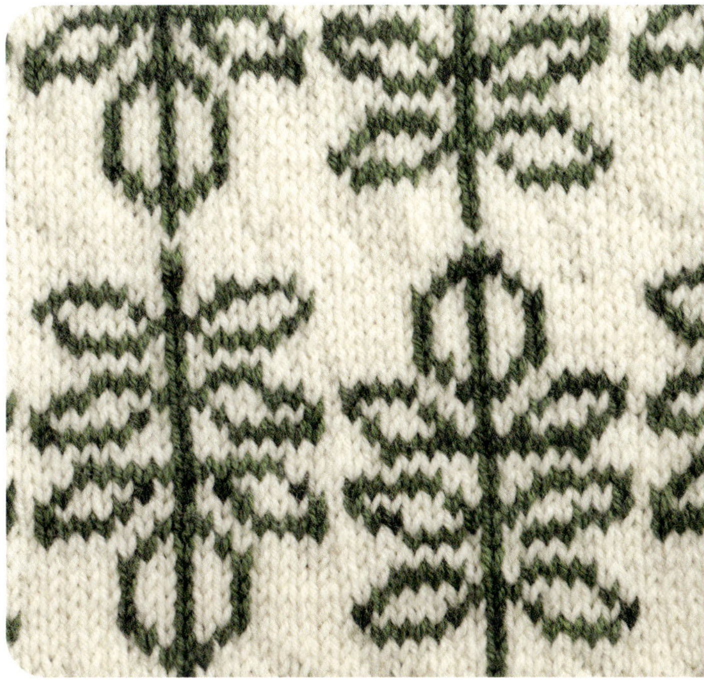

FETTHENNE

Vielfaches von 22

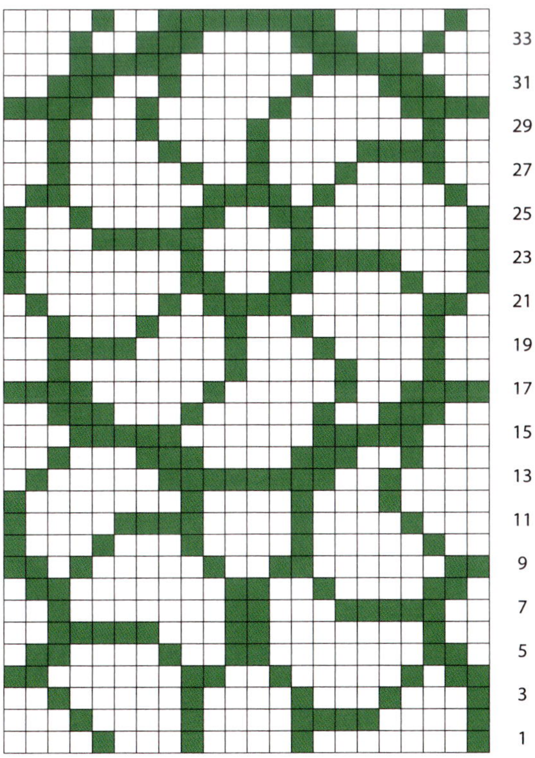

Wdh von 22 M

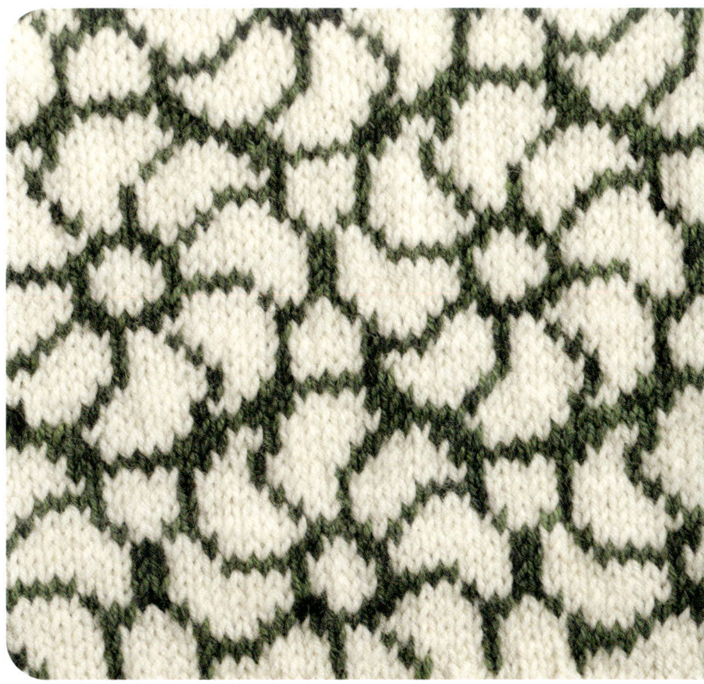

WEINBLATT

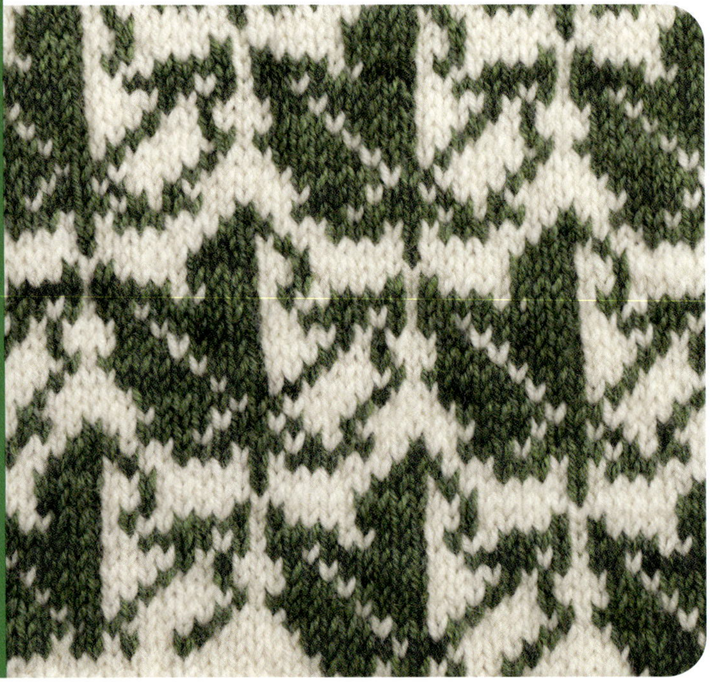

Vielfaches von 18+1

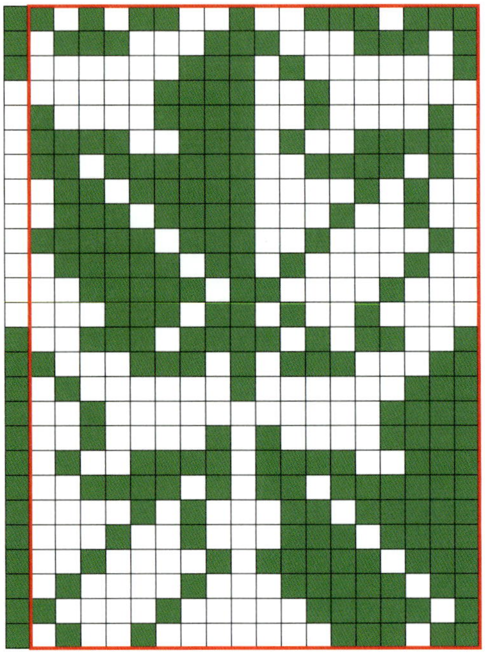

Wdh von 18 M

WELLENLINIE

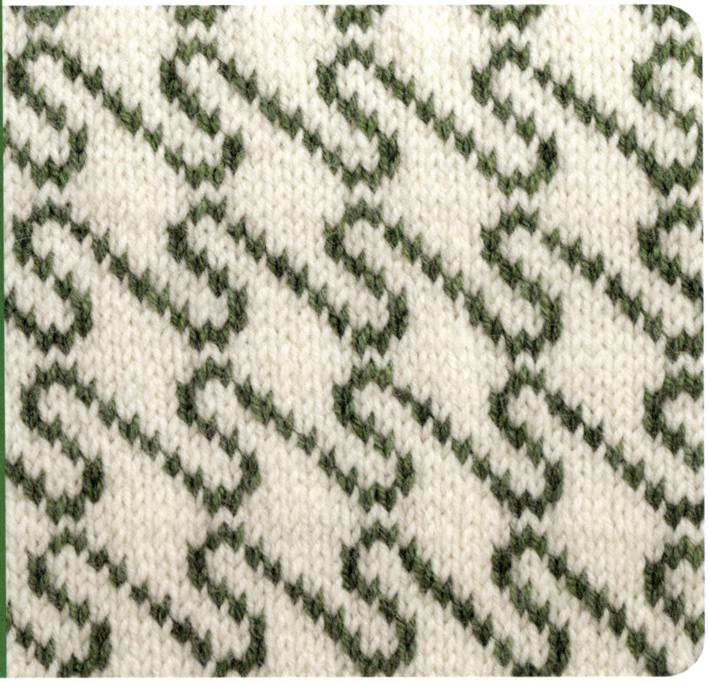

Vielfaches von 8

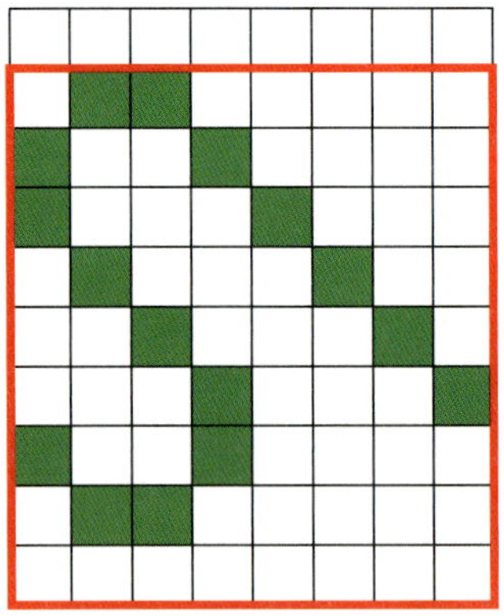

Wdh von 8 M

Im hohen Norden

Vielfaches von 31

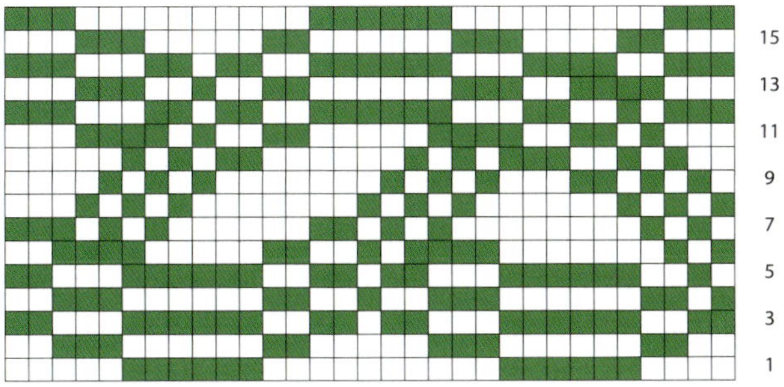

Wdh von 31 M

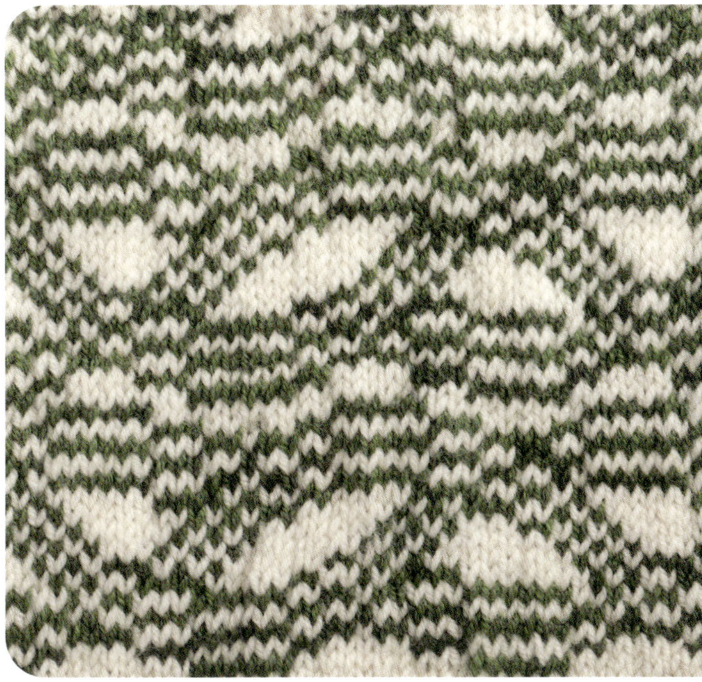

Dotterblumen

Vielfaches von 16+1

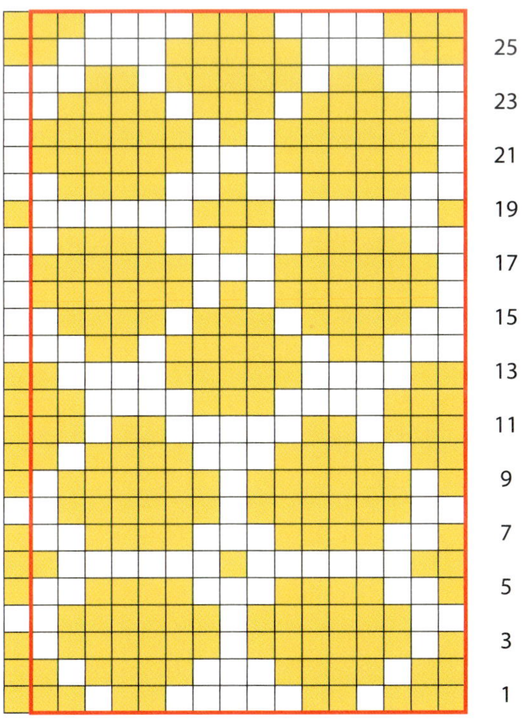

Wdh von 16 M

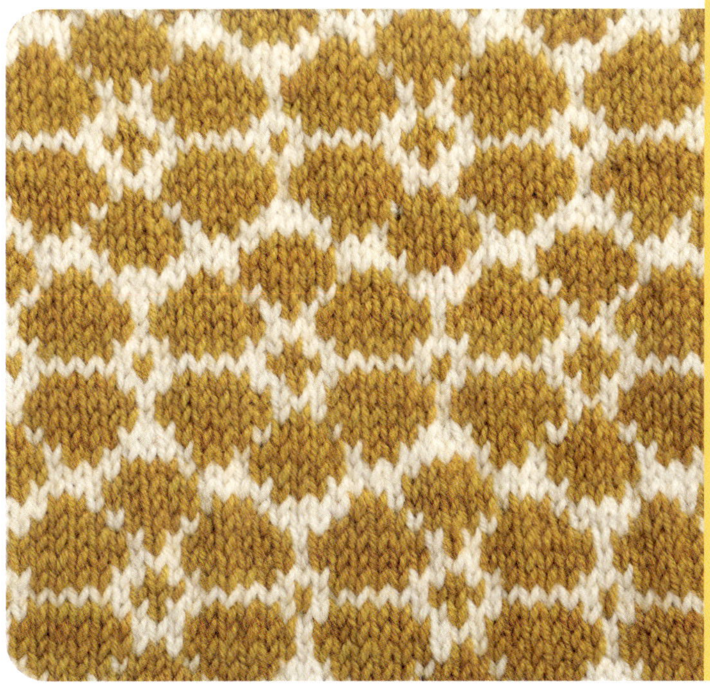

SONNENBLUME

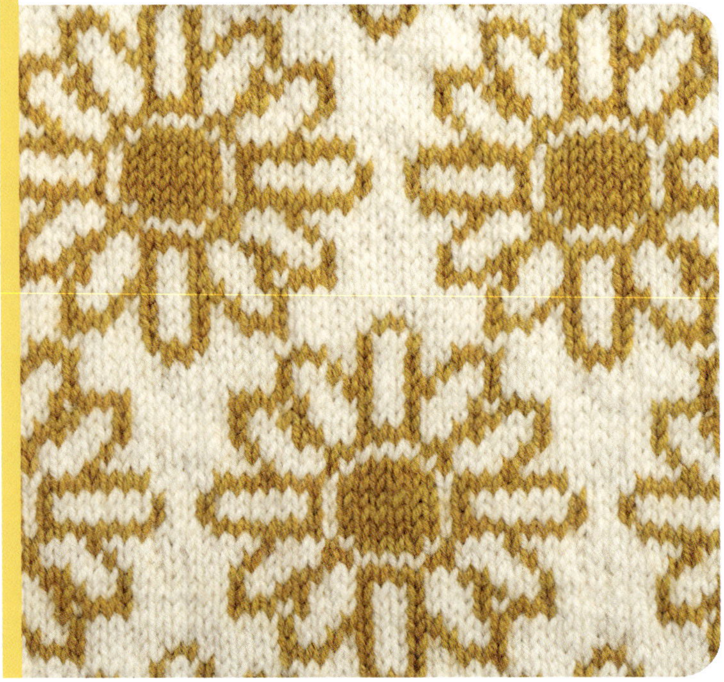

Vielfaches von 26

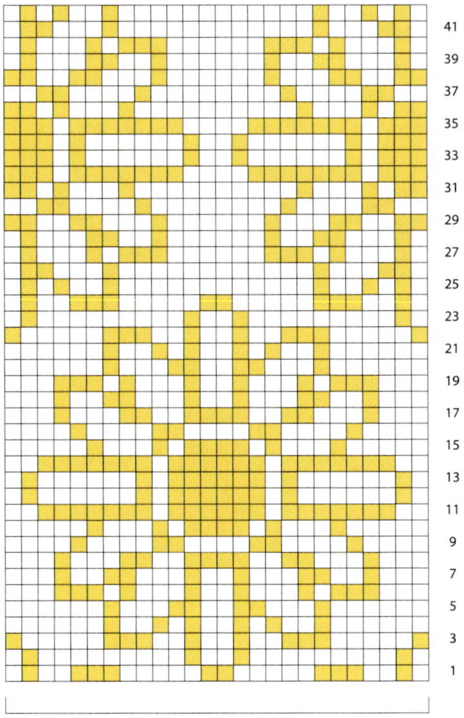

Wdh von 26 M

GEMÜSEGARTEN

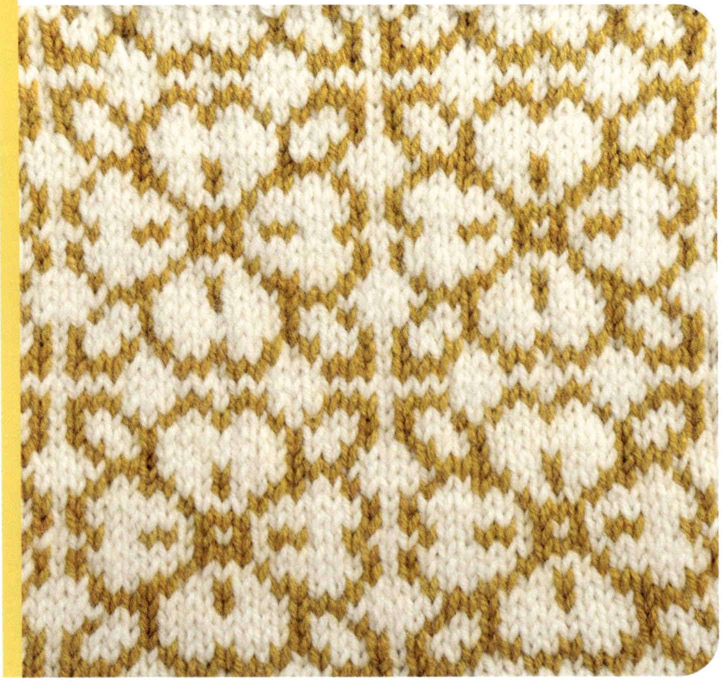

Vielfaches von 18+1

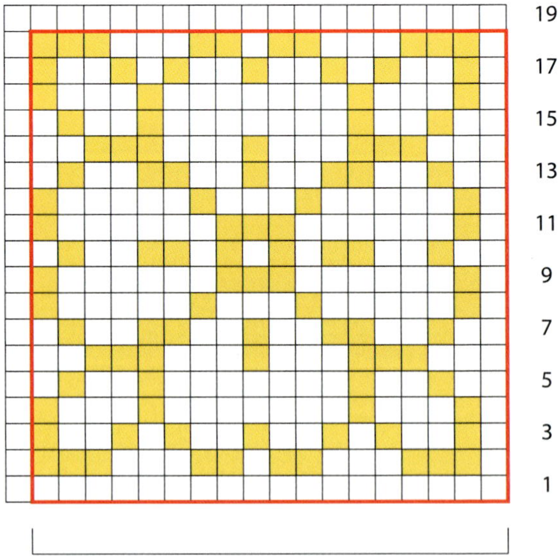

Wdh von 18 M

Tagetes

Vielfaches von 26+1

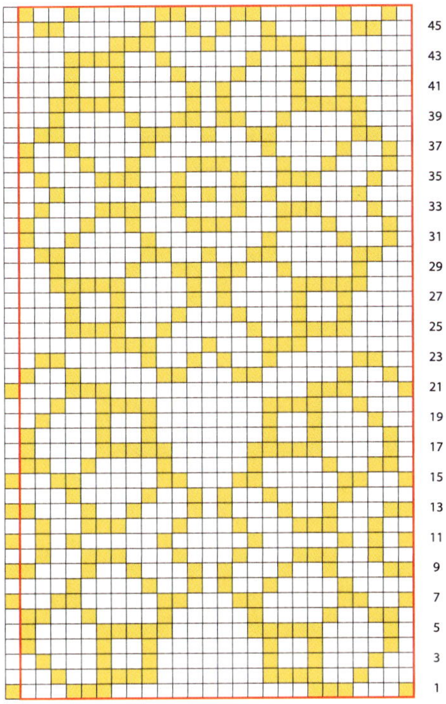

Wdh von 26 M

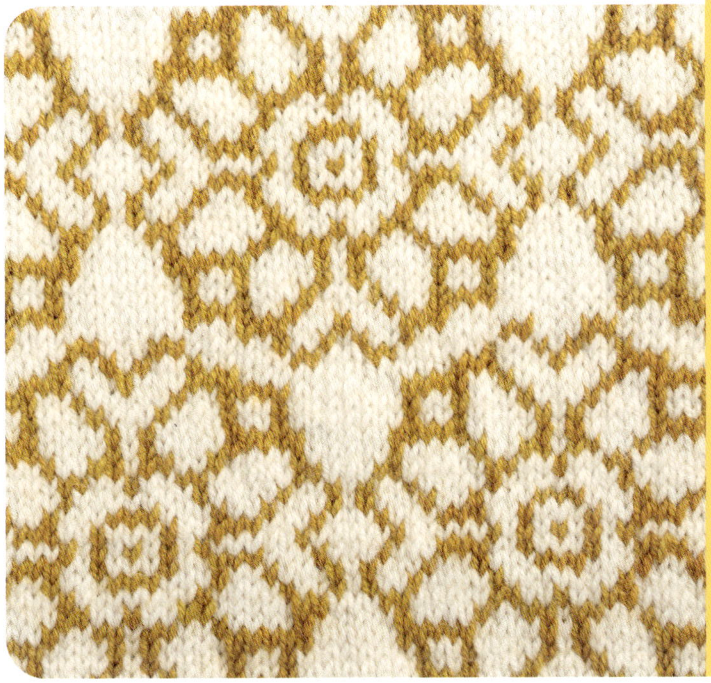

Universum

Vielfaches von 14

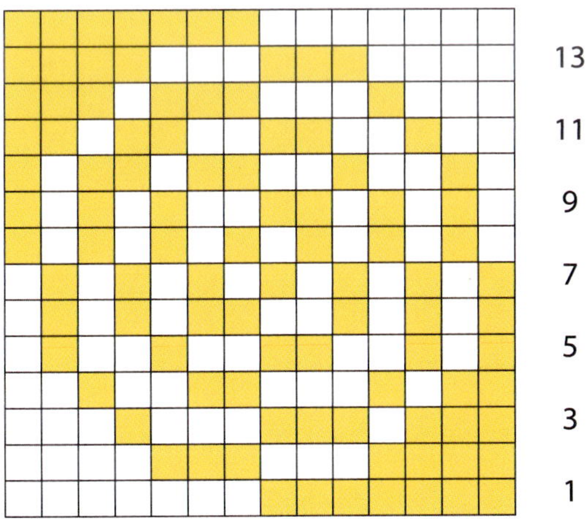

Wdh von 14 M

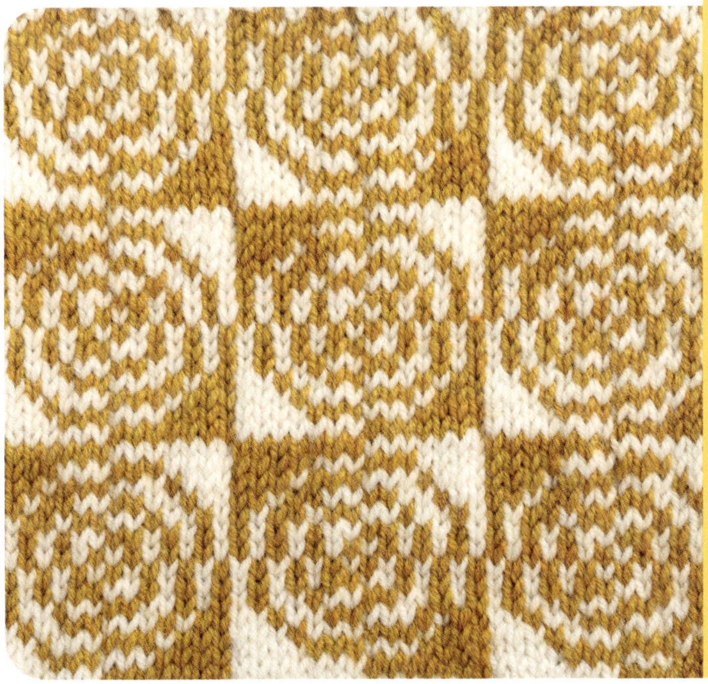

Kirschen

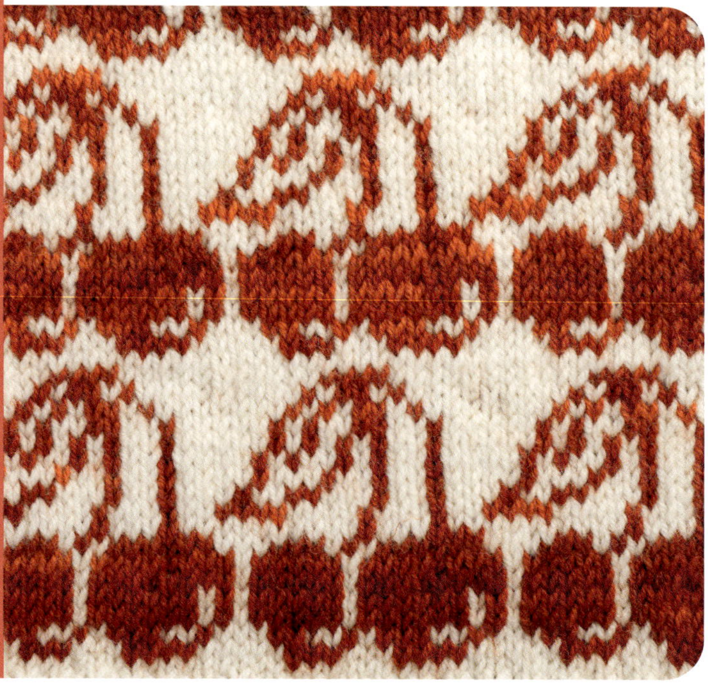

Vielfaches von 15

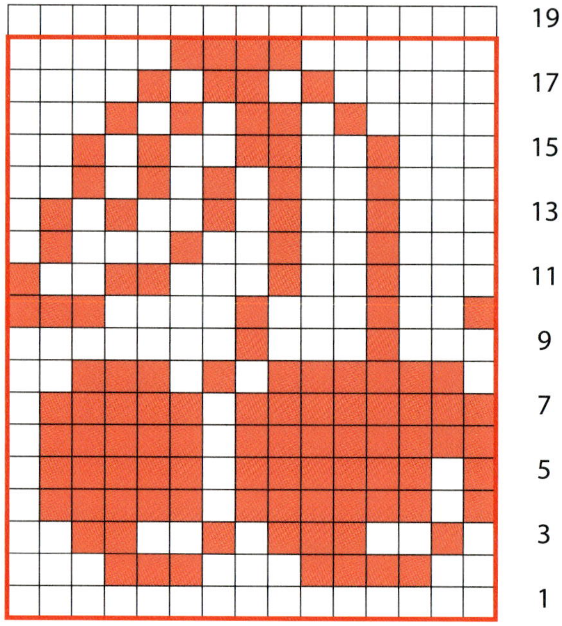

Wdh von 15 M

Zuckerstangen

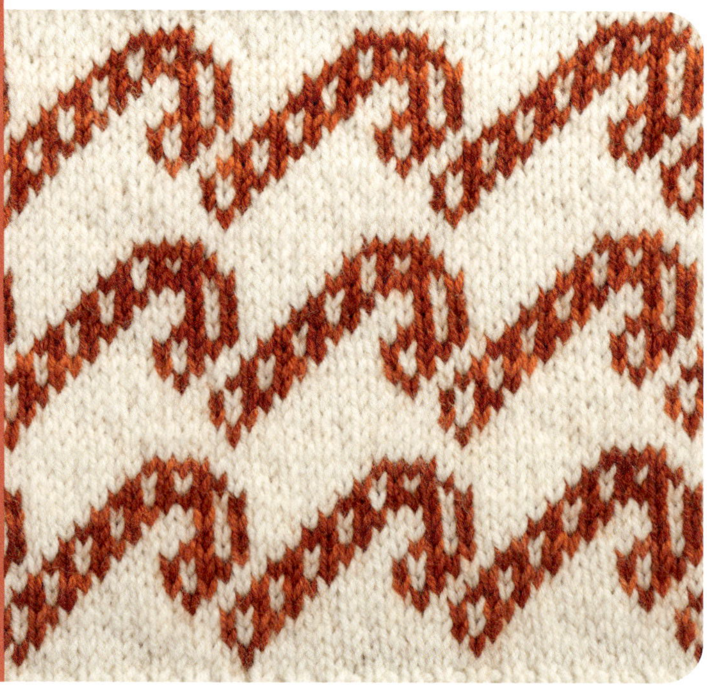

Vielfaches von 13

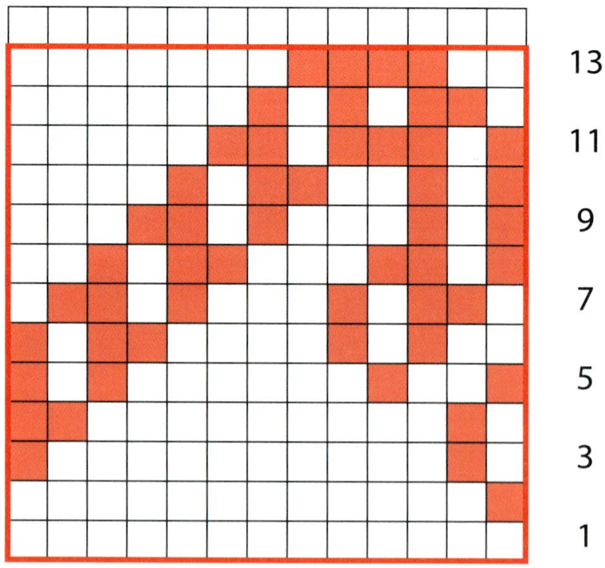

Wdh von 13 M

Vögel

Vielfaches von 18

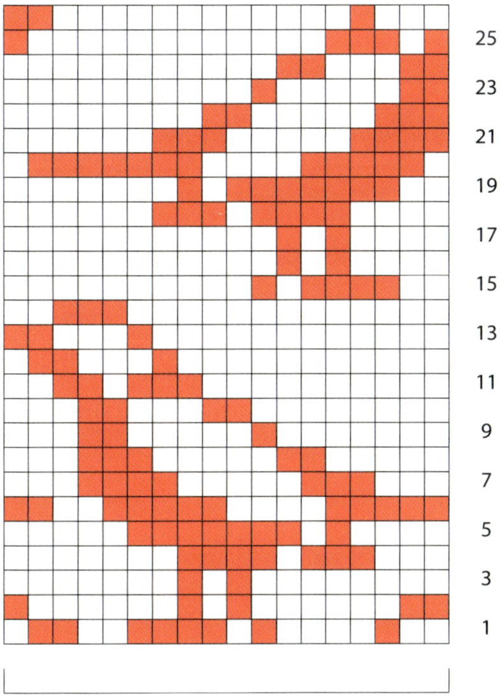

Wdh von 18 M

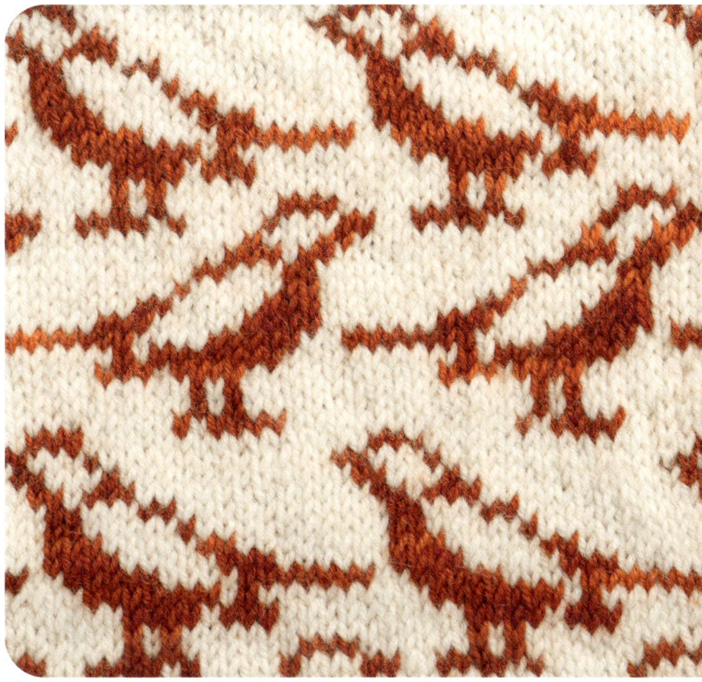

Halloween

Vielfaches von 20

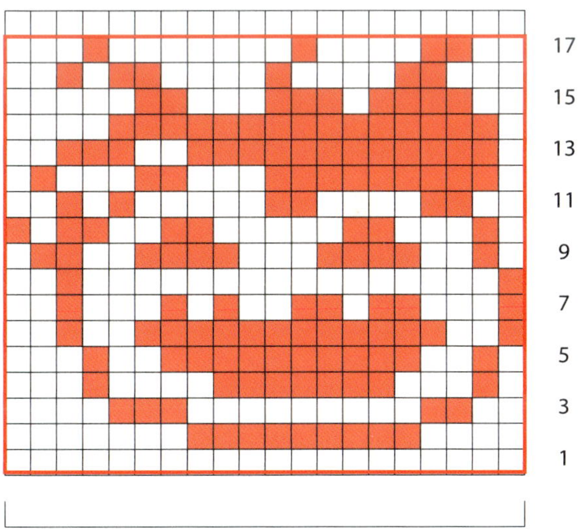

Wdh von 20 M

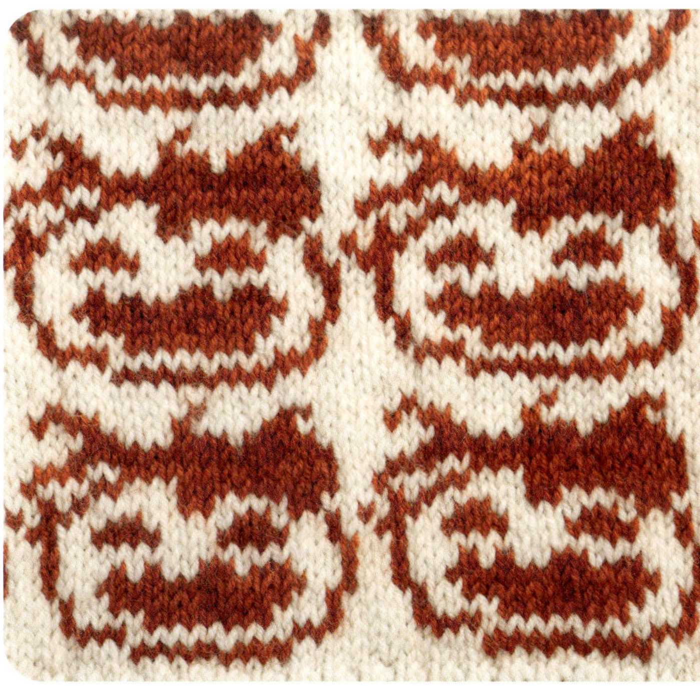

Drache

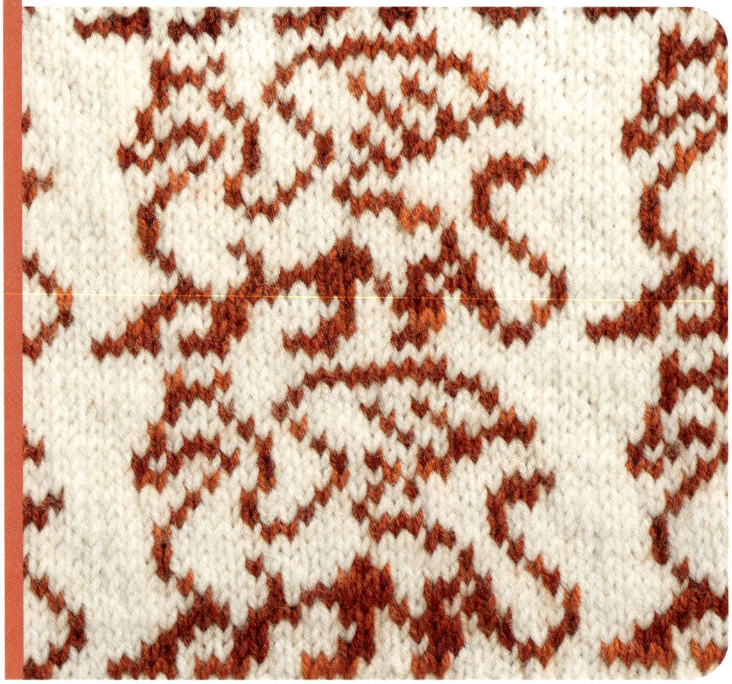

Vielfaches von 28+1

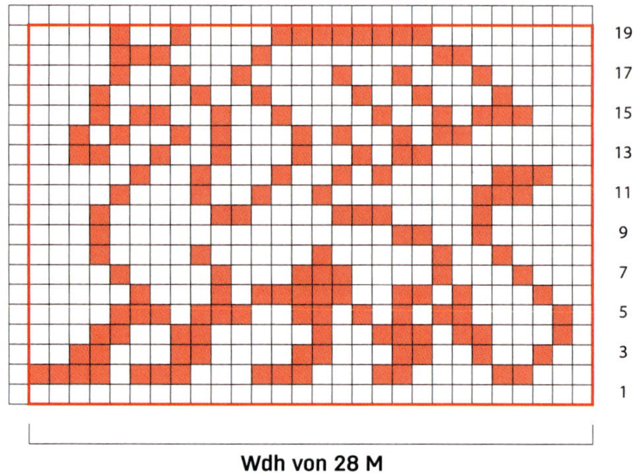

Maus mit Käse

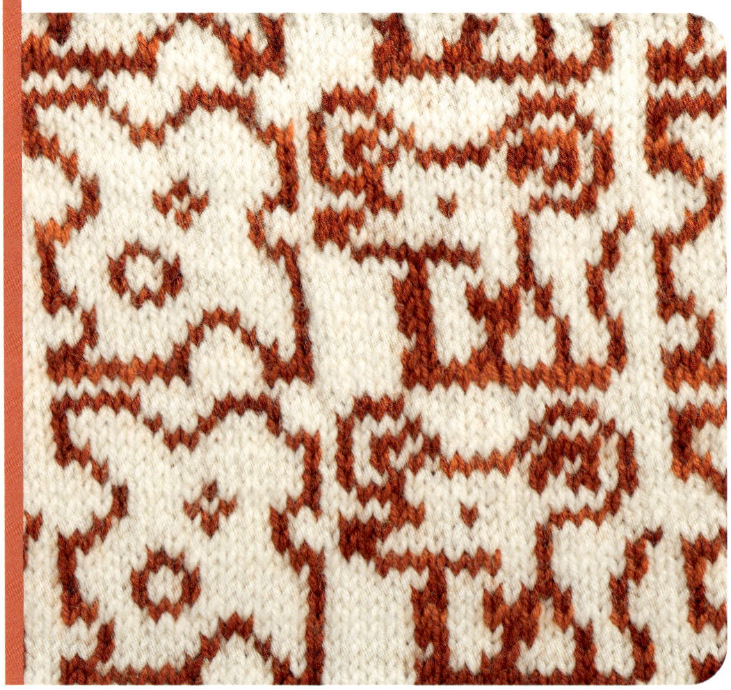

Vielfaches von 35+1

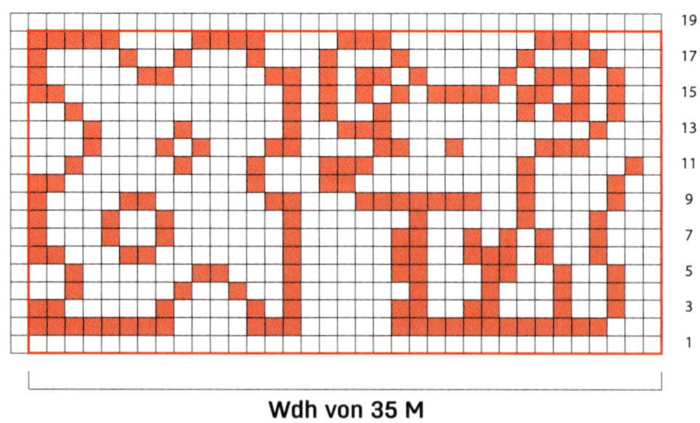

MUUUH

Vielfaches von 26

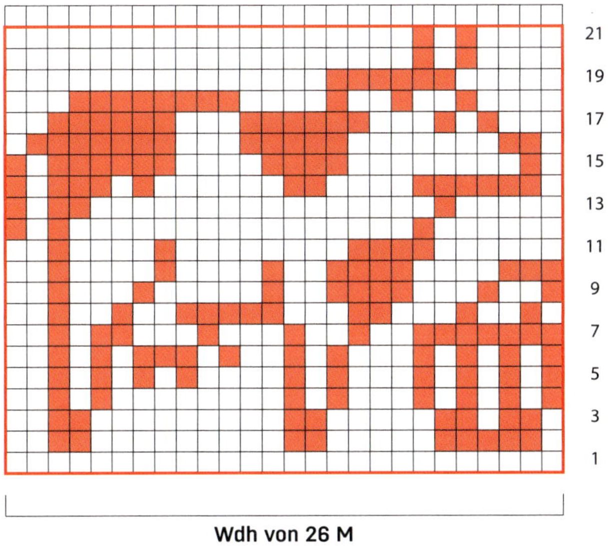

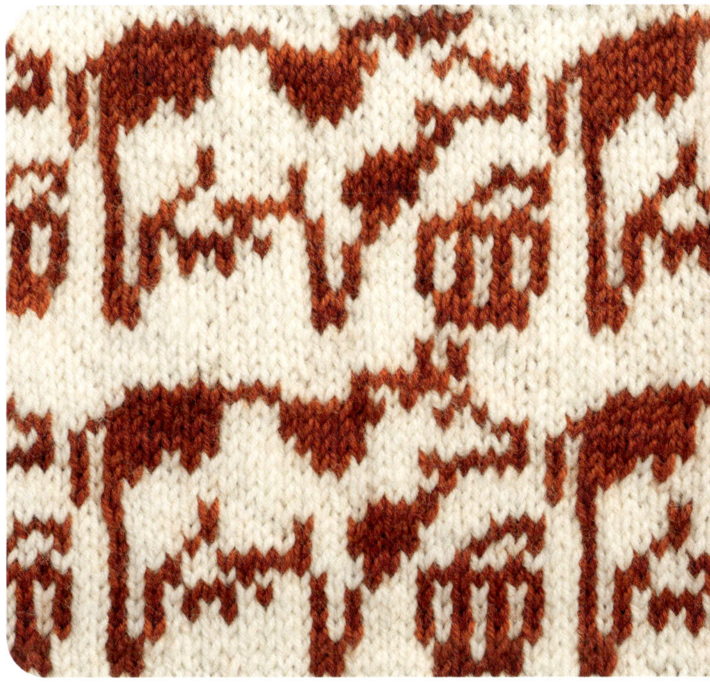

FUCHS

Vielfaches von 26

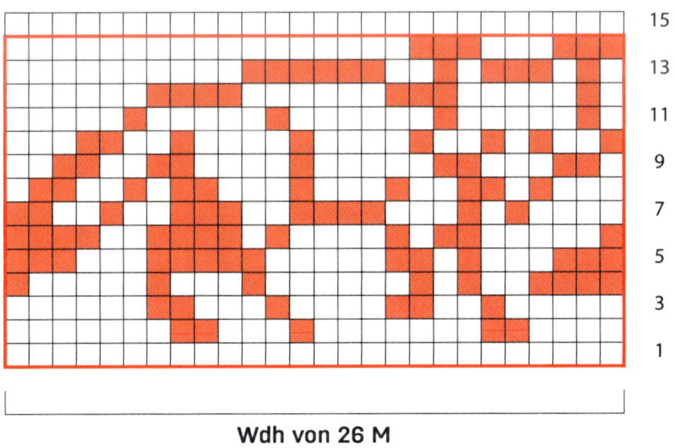

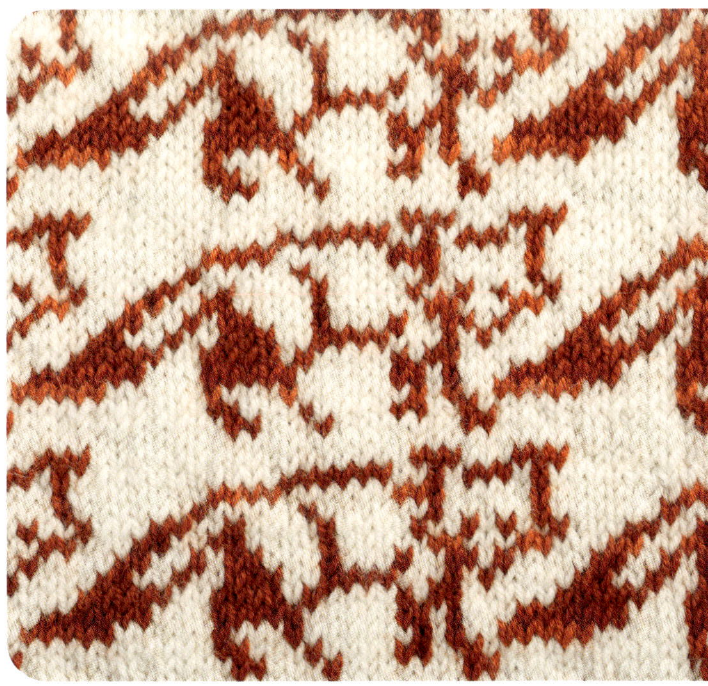

Skorpion

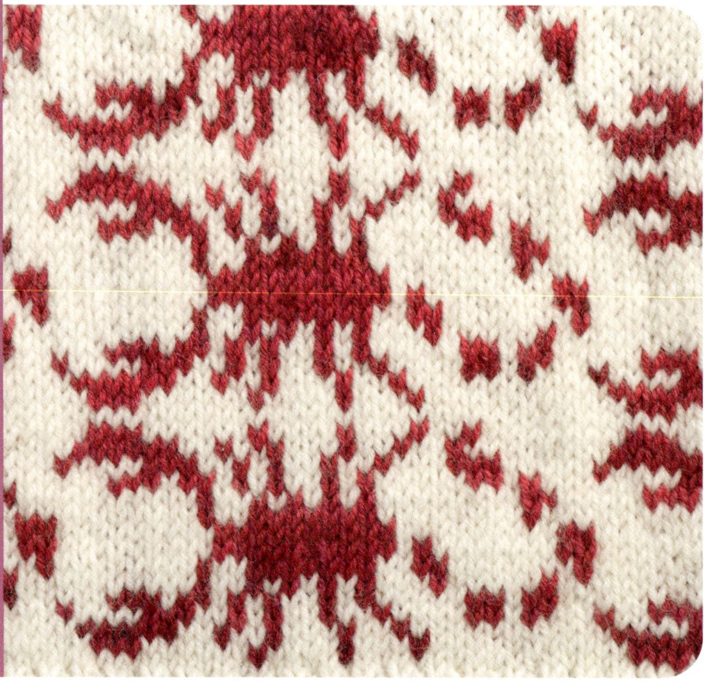

Vielfaches von 30

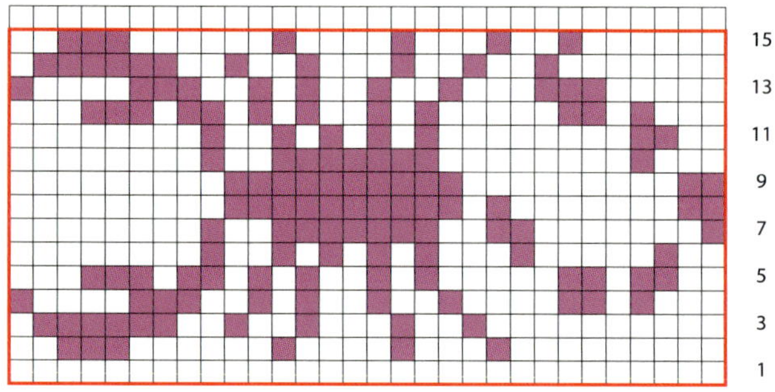

Wdh von 30 M

Kleine Ponys

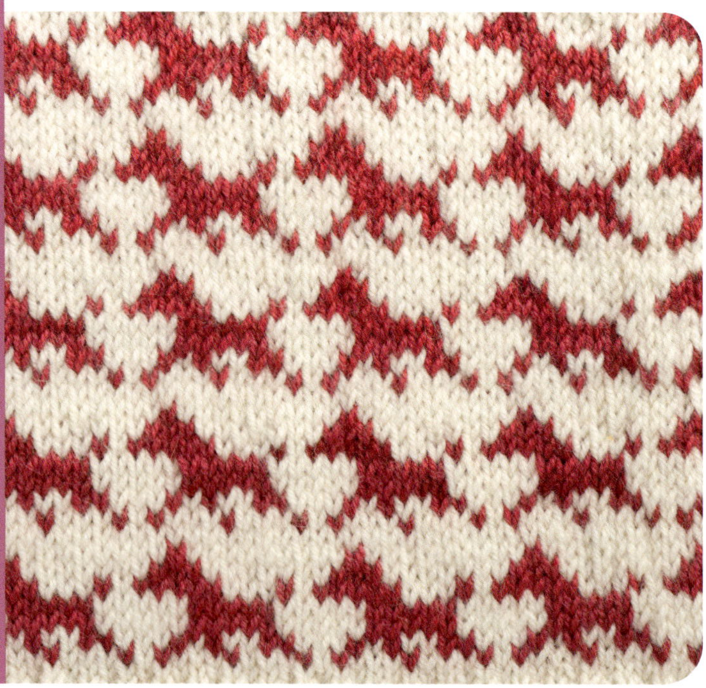

Vielfaches von 10

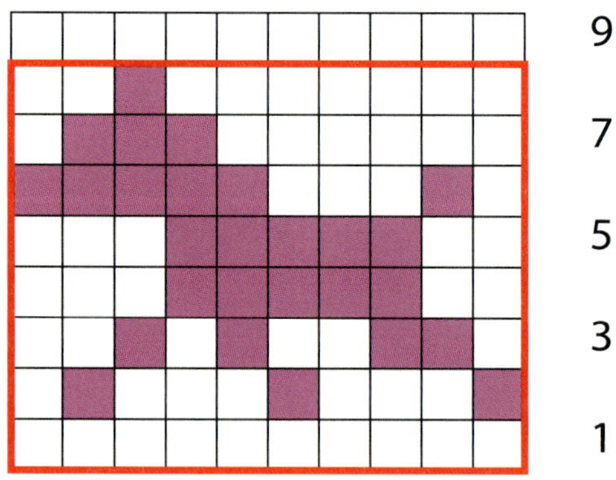

Wdh von 10 M

Bär mit Bienen

Vielfaches von 20+1

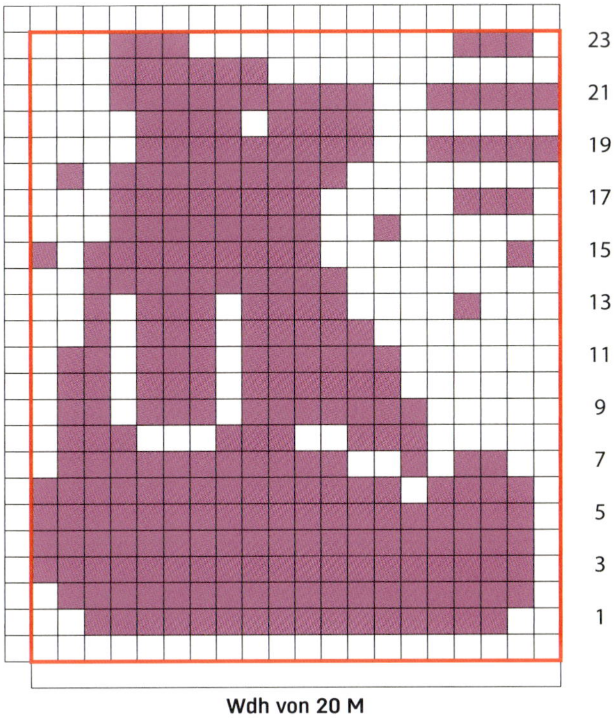

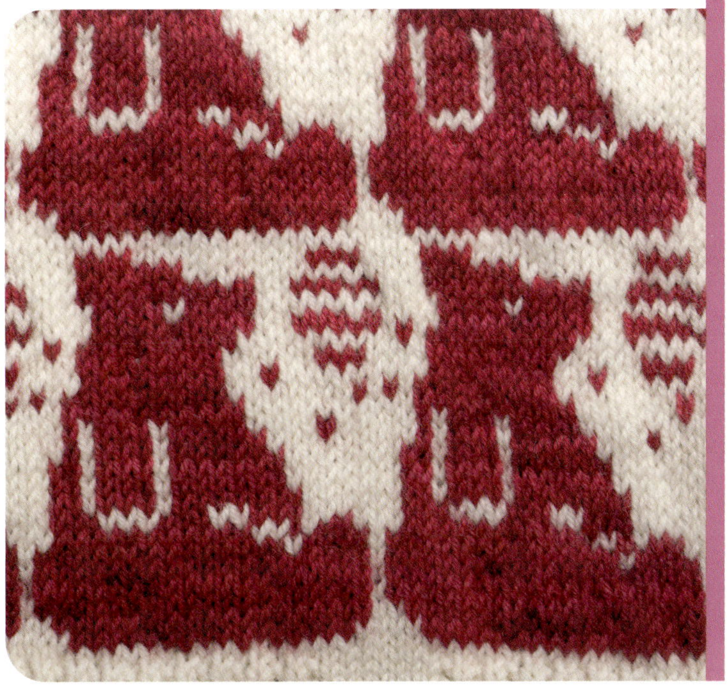

Äpfel

Vielfaches von 10+1

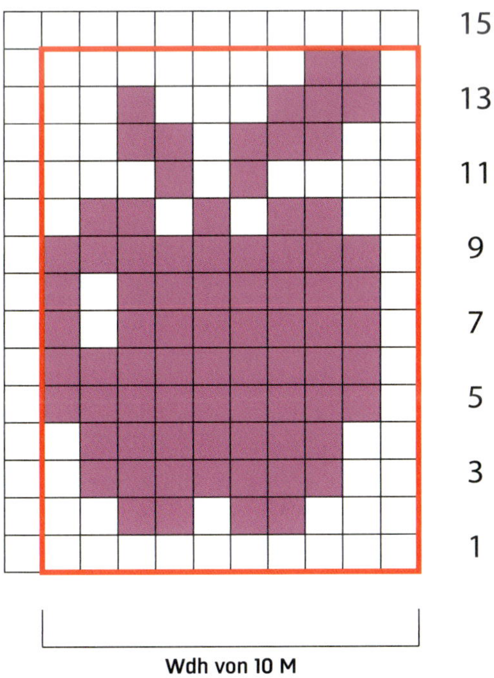

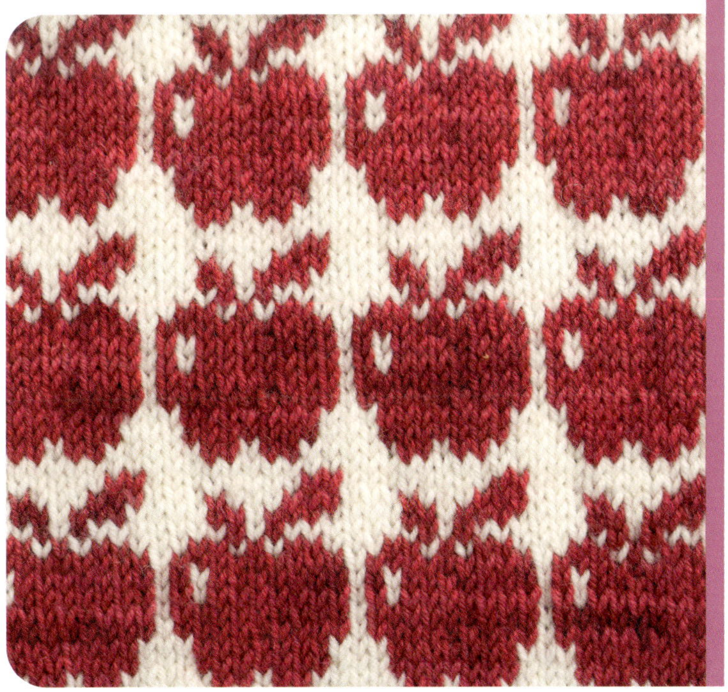

ROTE LIPPEN

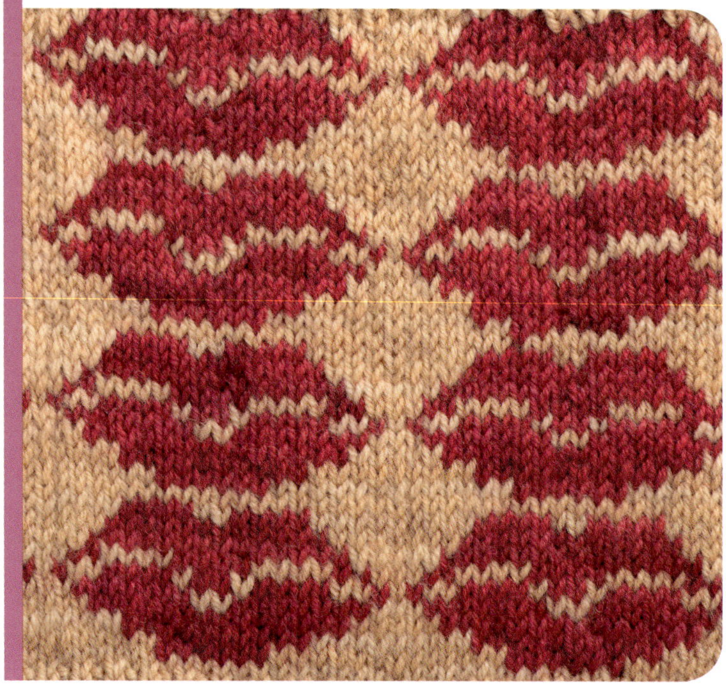

Vielfaches von 19+1

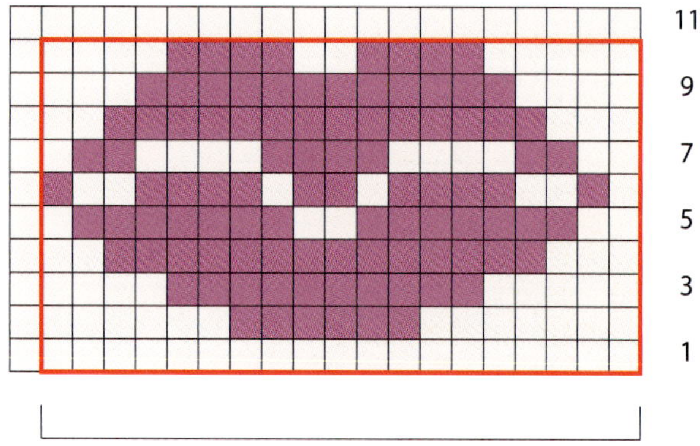

Wdh von 19 M

ERDBEEREN

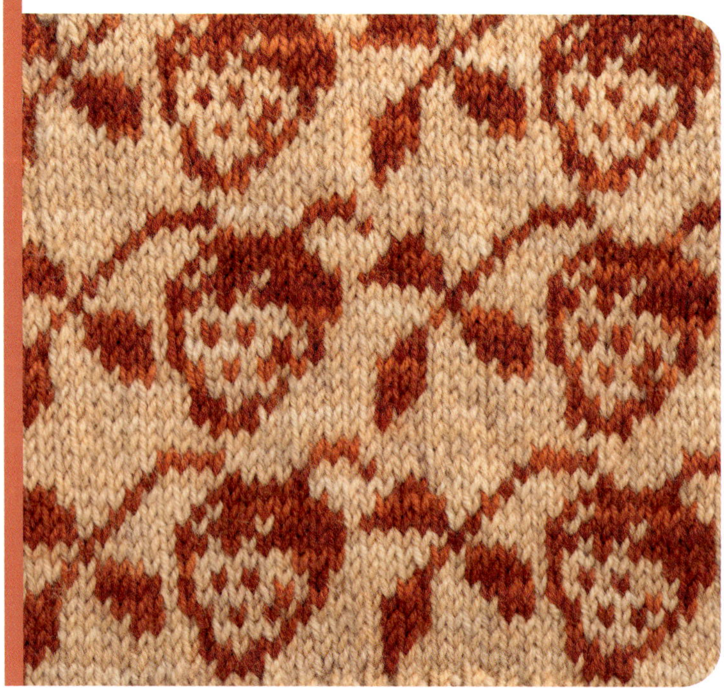

Vielfaches von 22

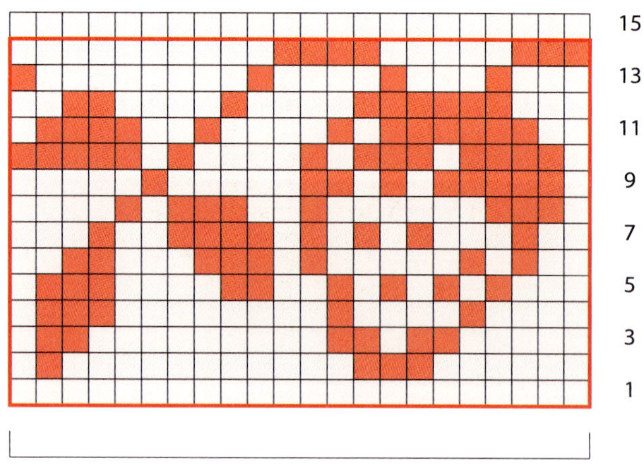

Wdh von 22 M

KRABBEN

Vielfaches von 12+1

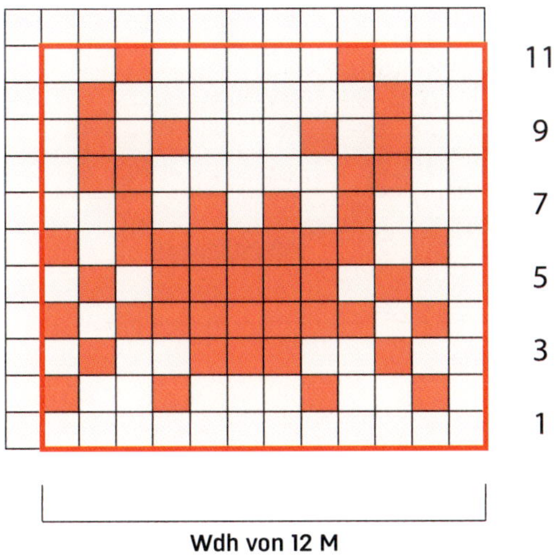

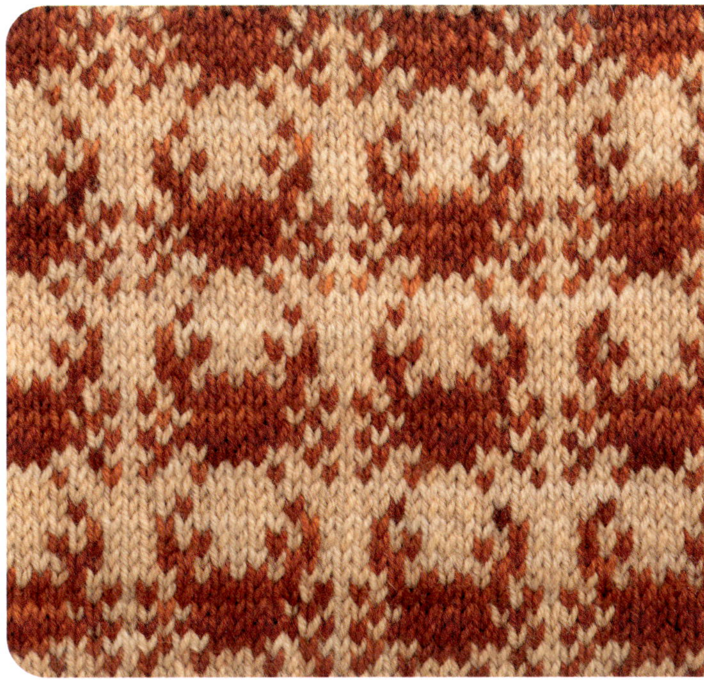

SCHLANGEN

Vielfaches von 21

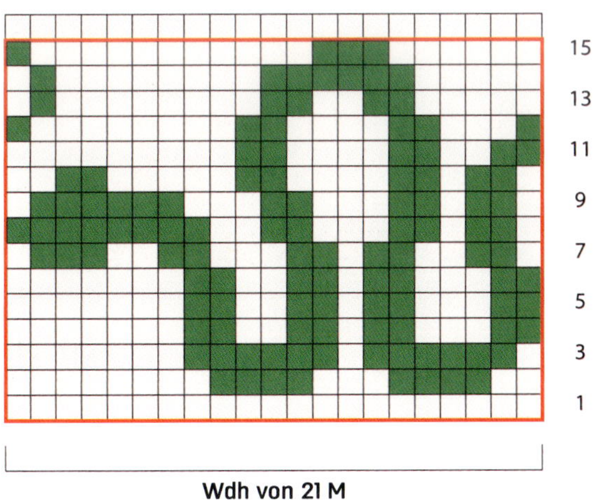

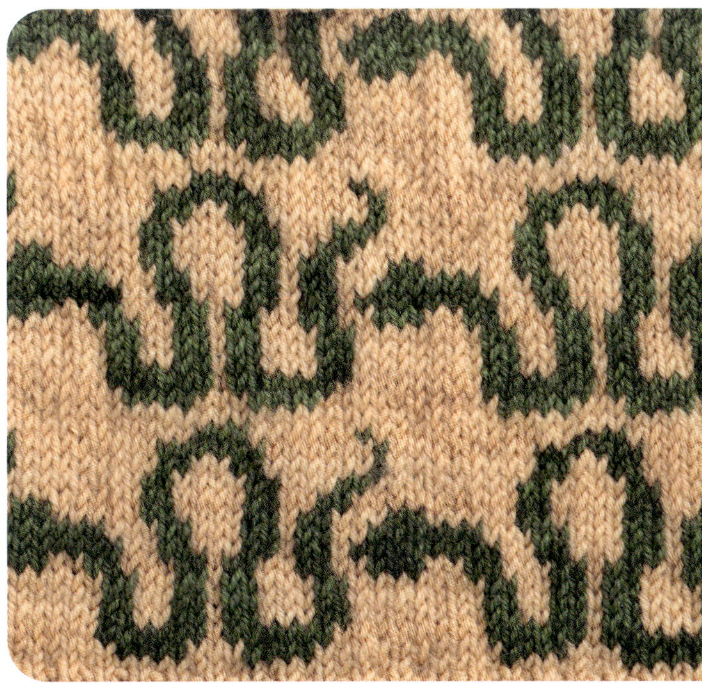

Teestunde

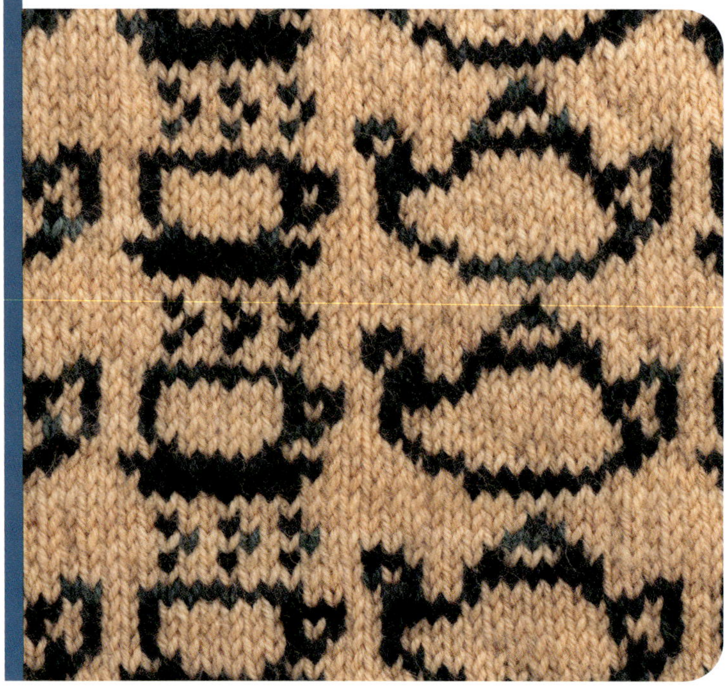

Vielfaches von 29+1

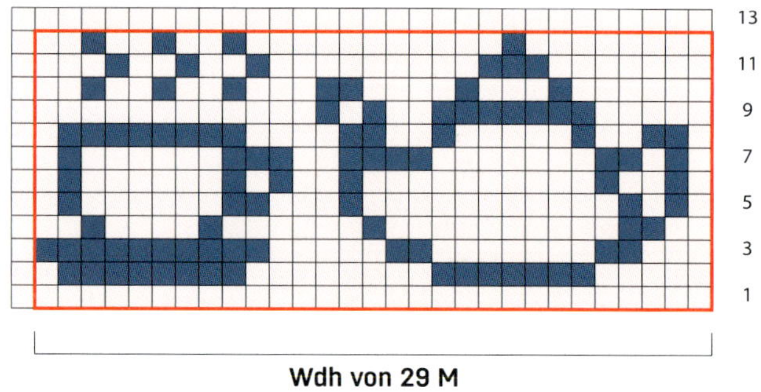

Socken

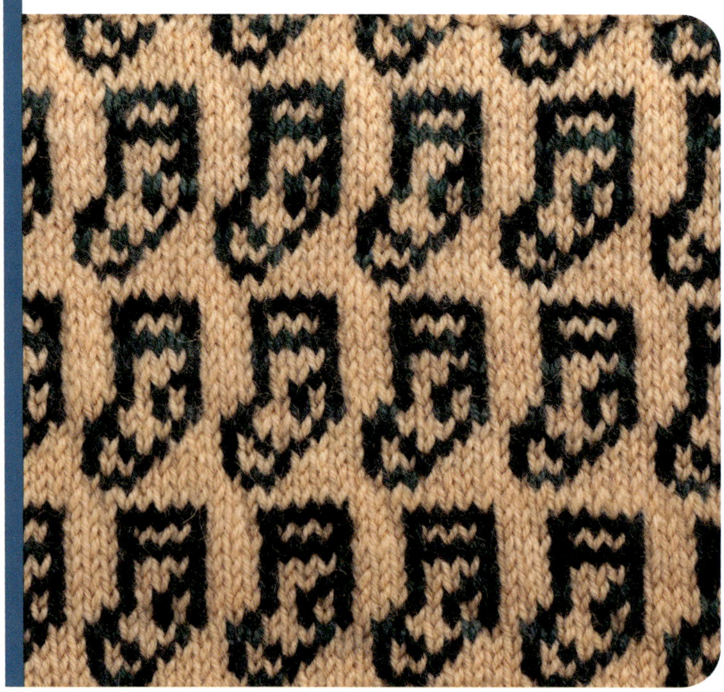

Vielfaches von 8+1

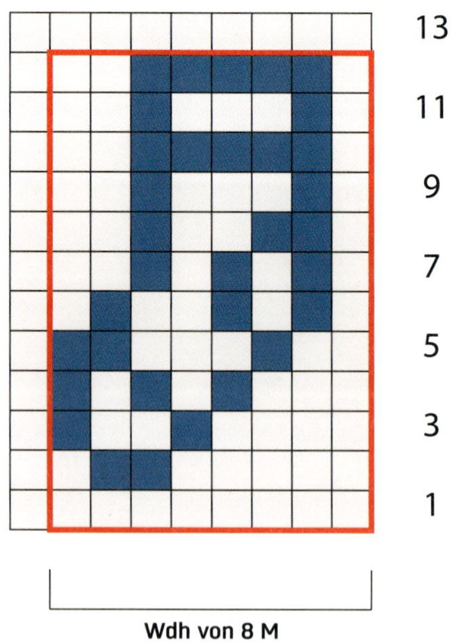

JAKOBSMUSCHELN

Vielfaches von 24+1

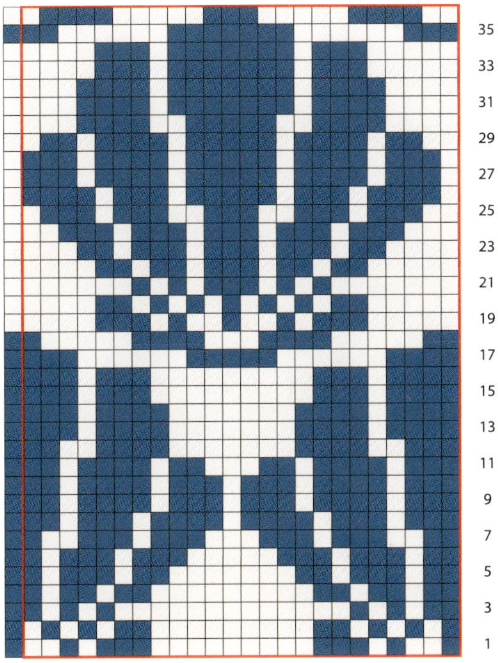

Wdh von 24 M

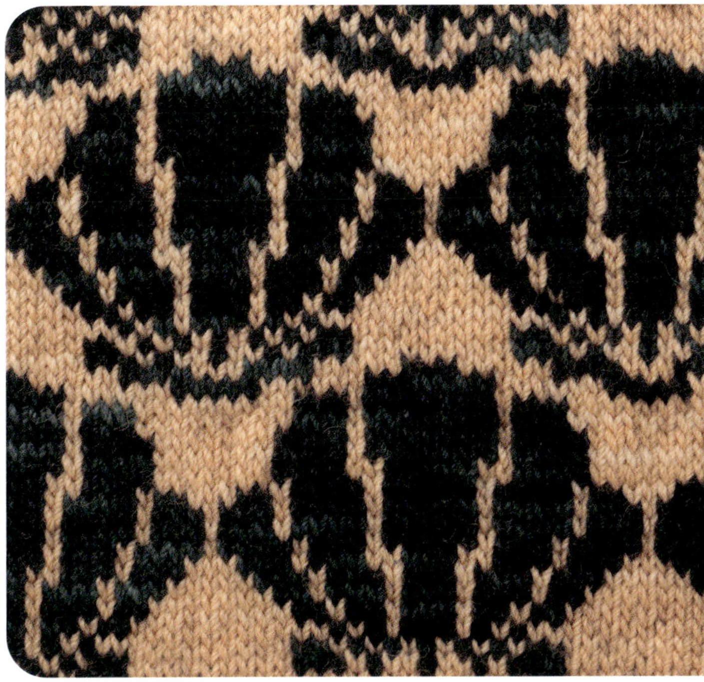

SCHNECKEN

Vielfaches von 20+1

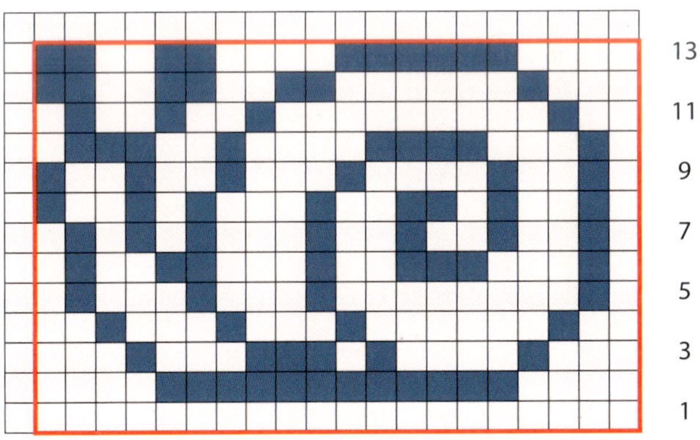

Wdh von 20 M

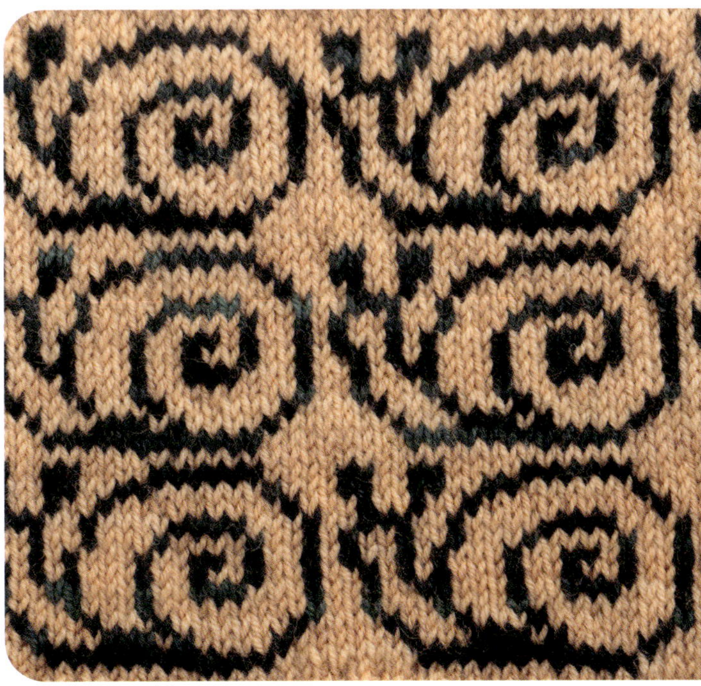

Pfeil und Bogen

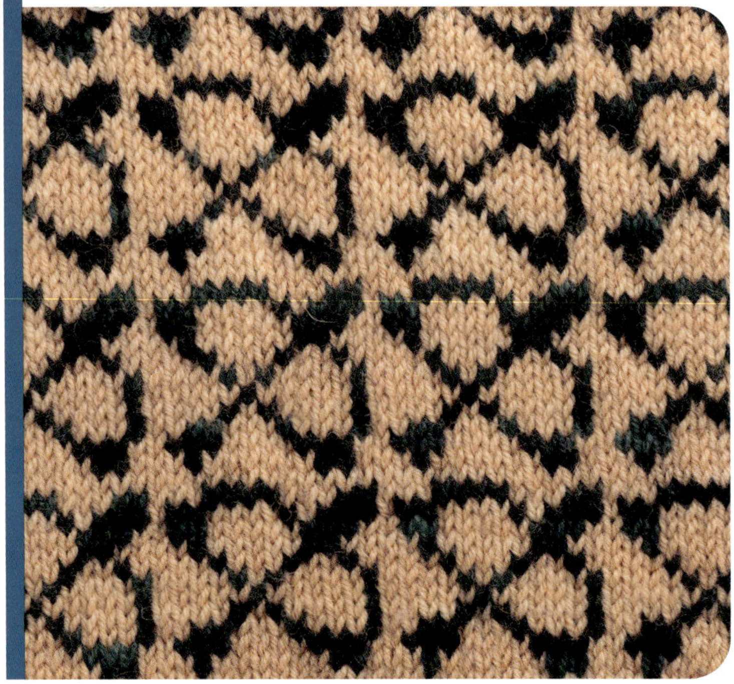

Vielfaches von 12+1

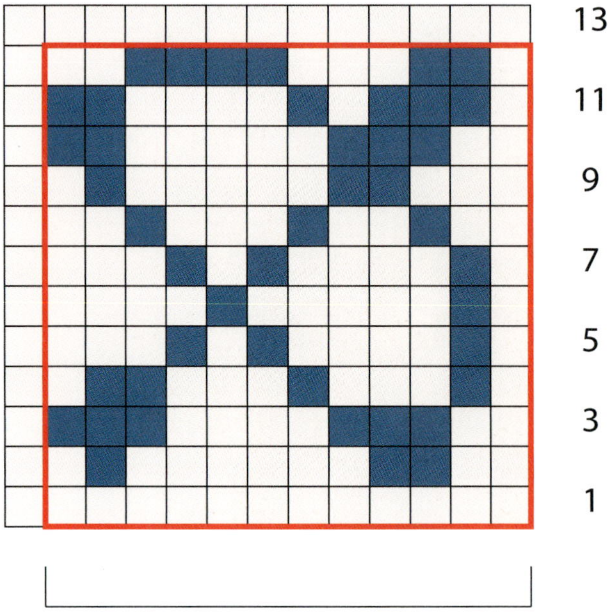

Wdh von 12 M

Kleine Hunde

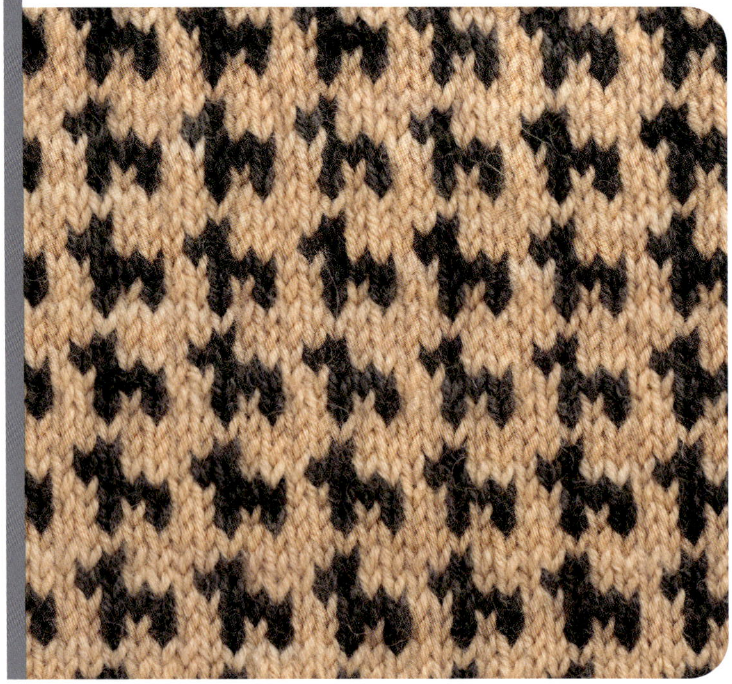

Vielfaches von 5+1

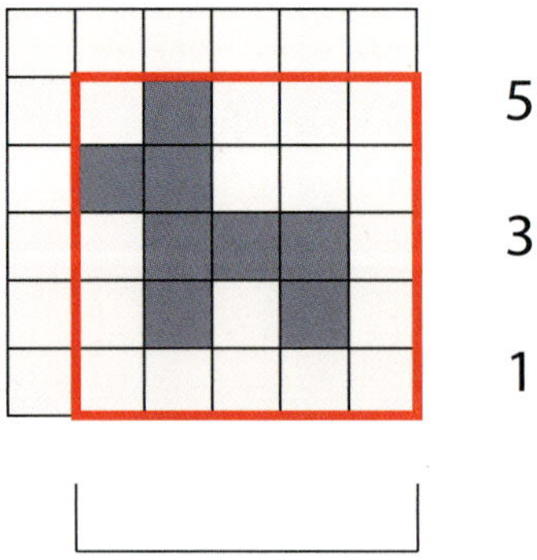

Wdh von 5 M

Flammen

Vielfaches von 13+1

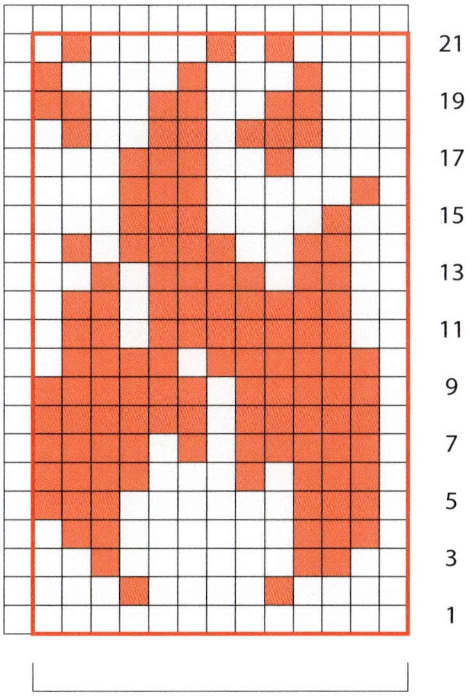

Wdh von 5 M

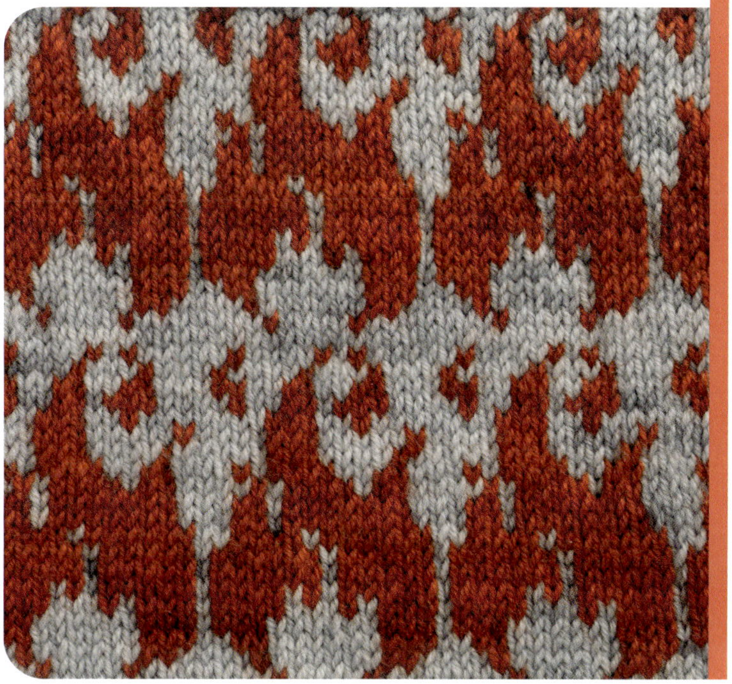

Augäpfel

Vielfaches von 18+1

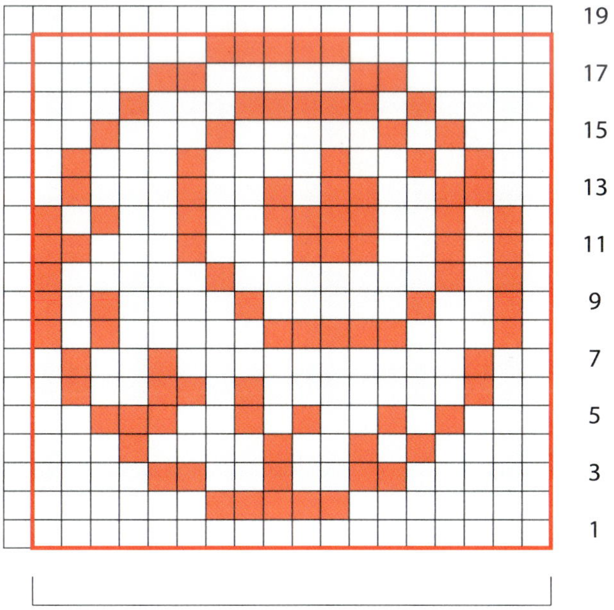

Wdh von 18 M

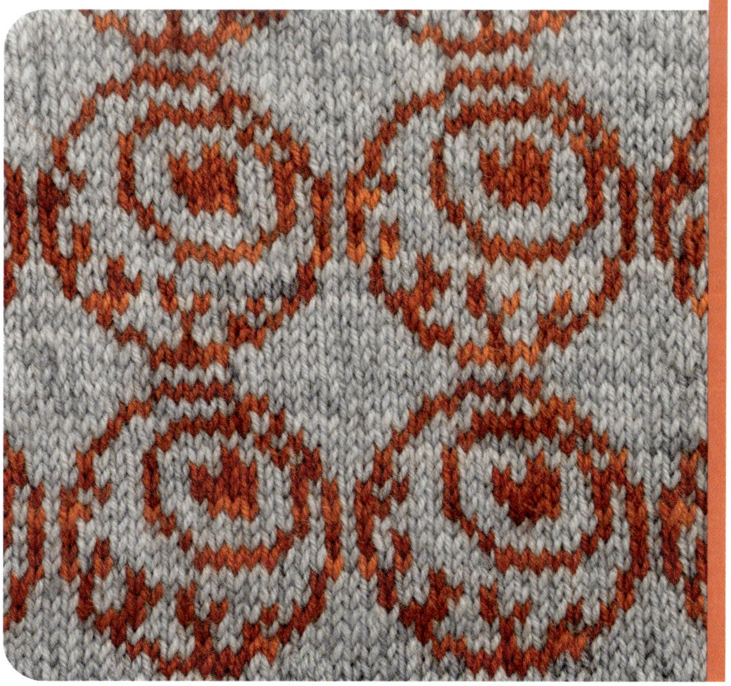

Lebkuchenmann

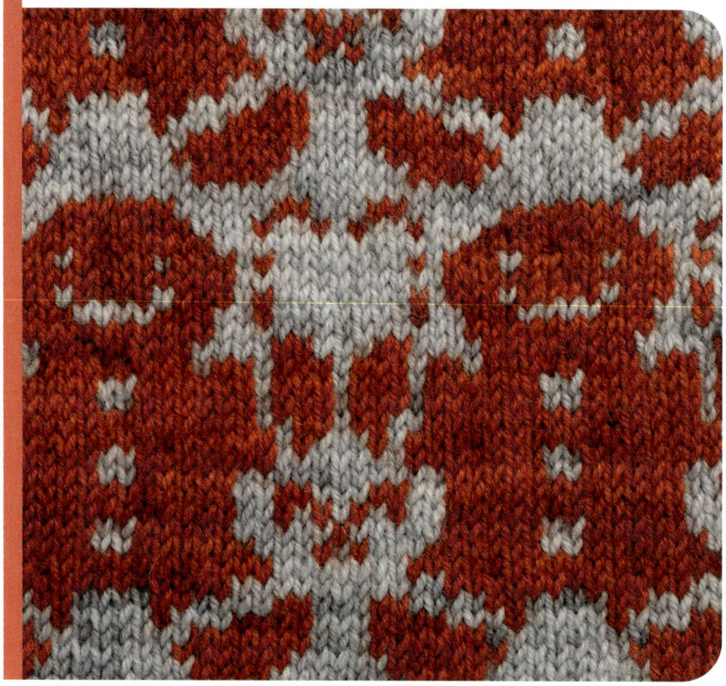

Vielfaches von 23+1

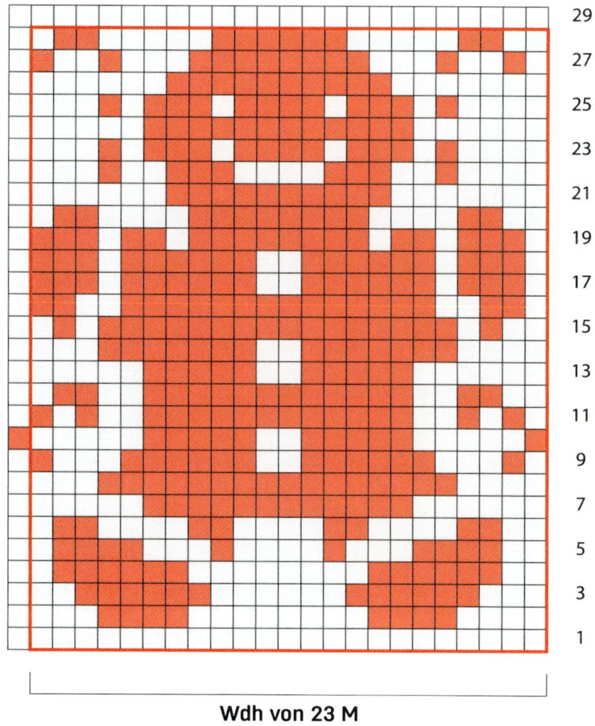

Riesenkrabben

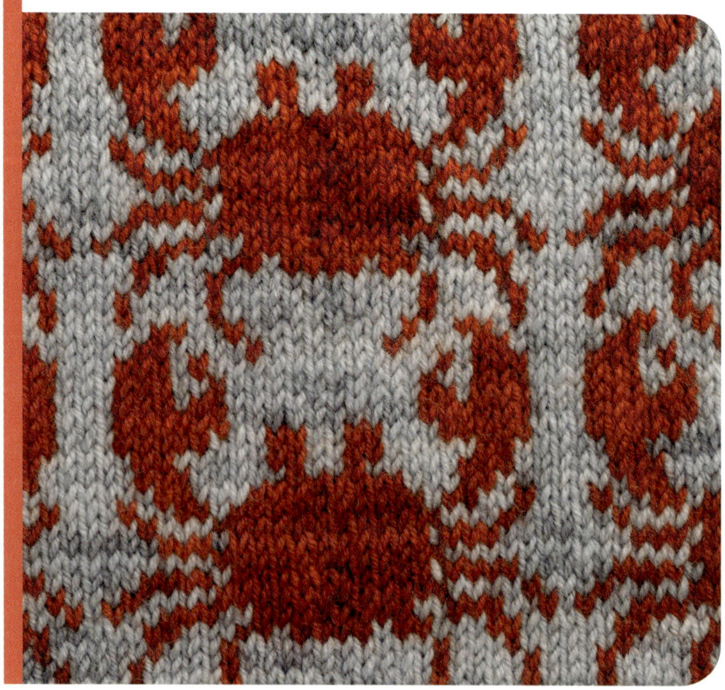

Vielfaches von 25+1

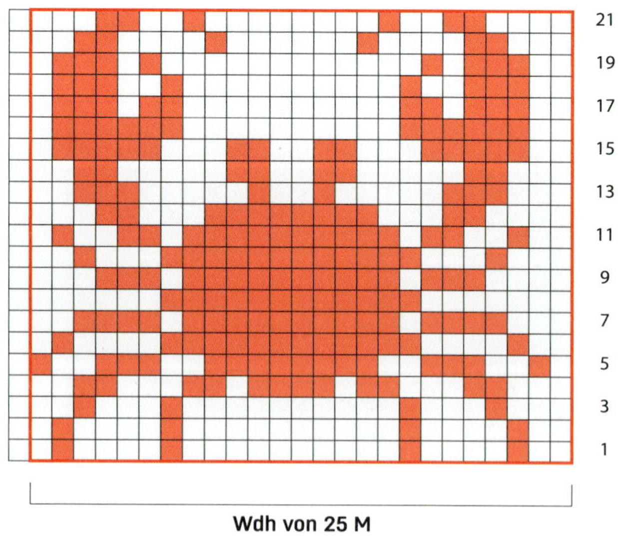

Gartenzwerge

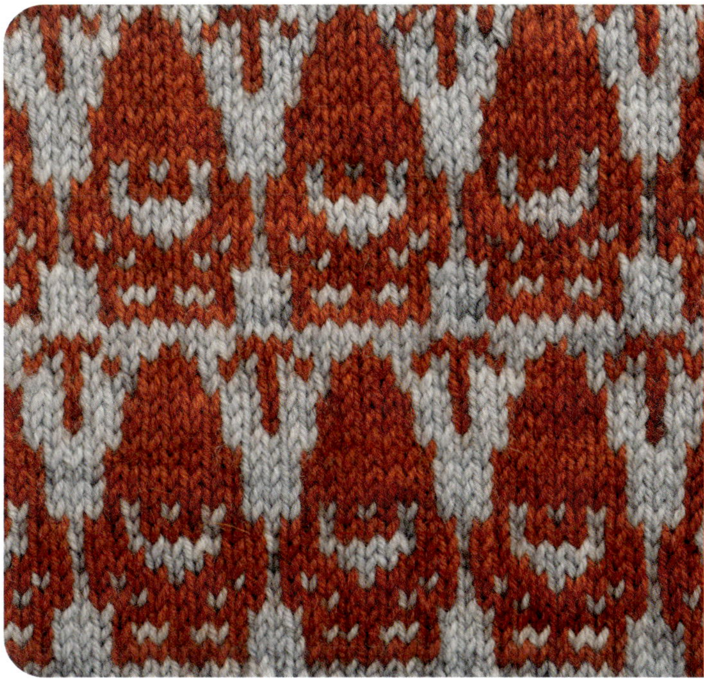

Vielfaches von 10+1

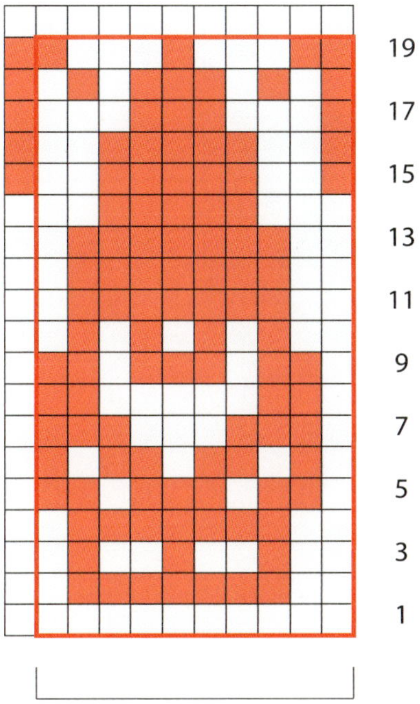

Wdh von 10 M

Können Schweine fliegen?

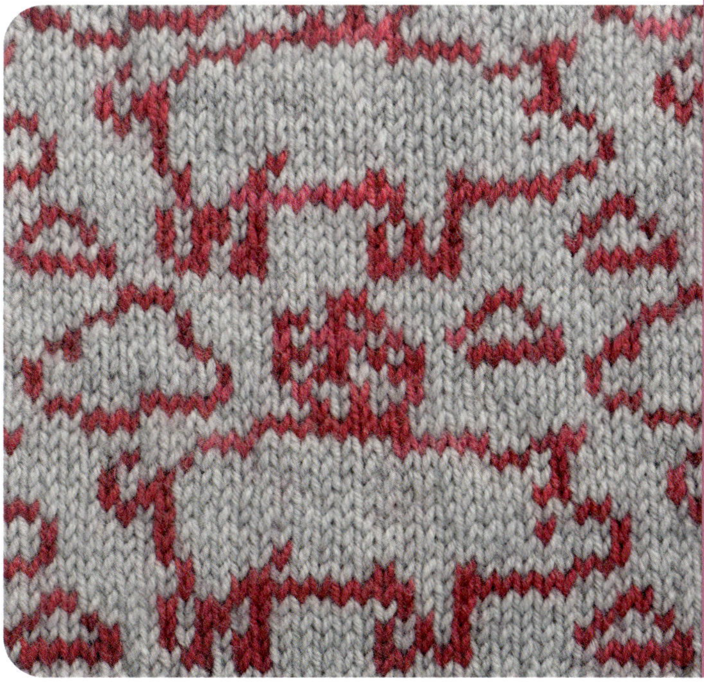

Vielfaches von 29

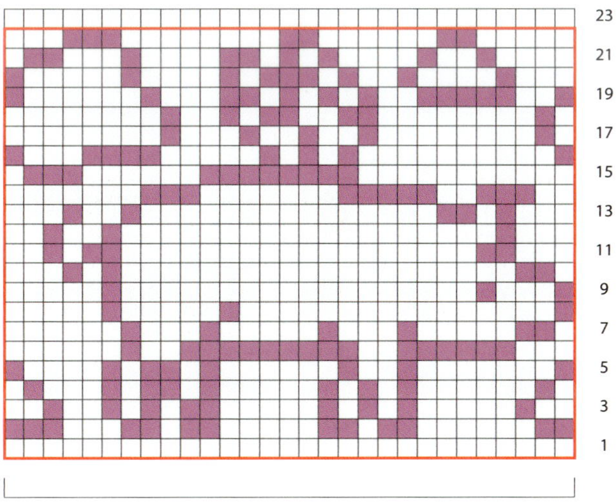

Wdh von 29 M

Nach der Apokalypse

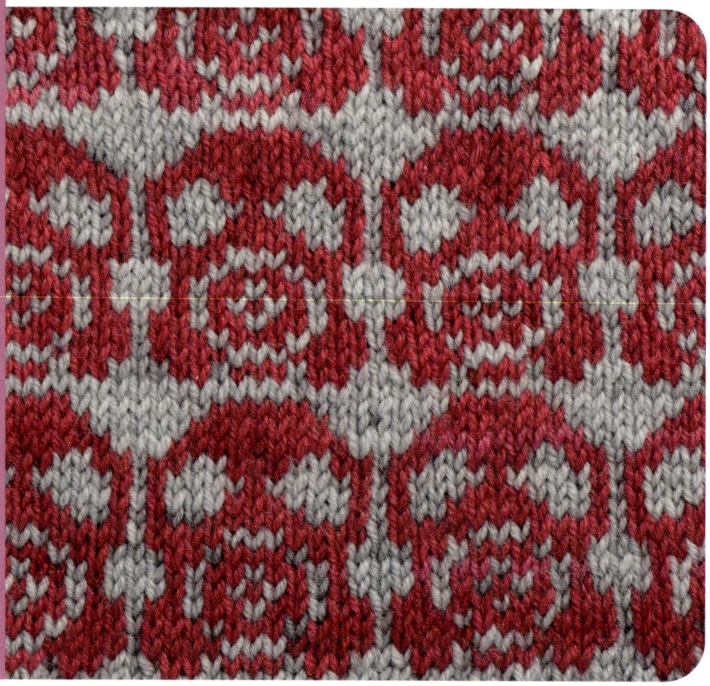

Vielfaches von 12+1

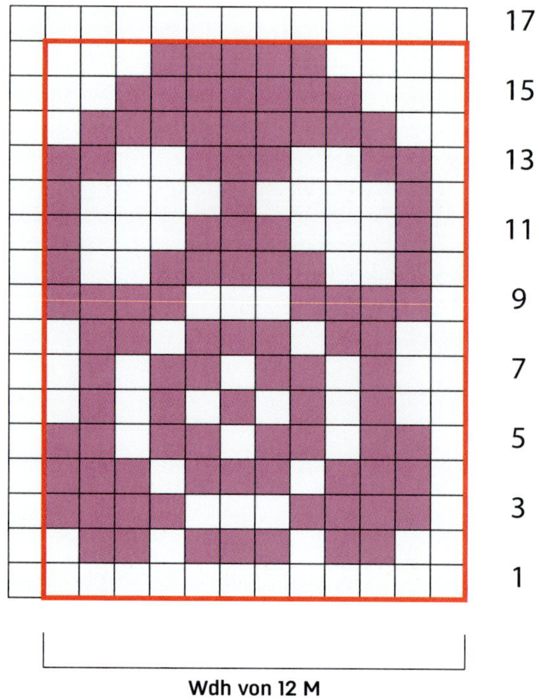

Stiefel

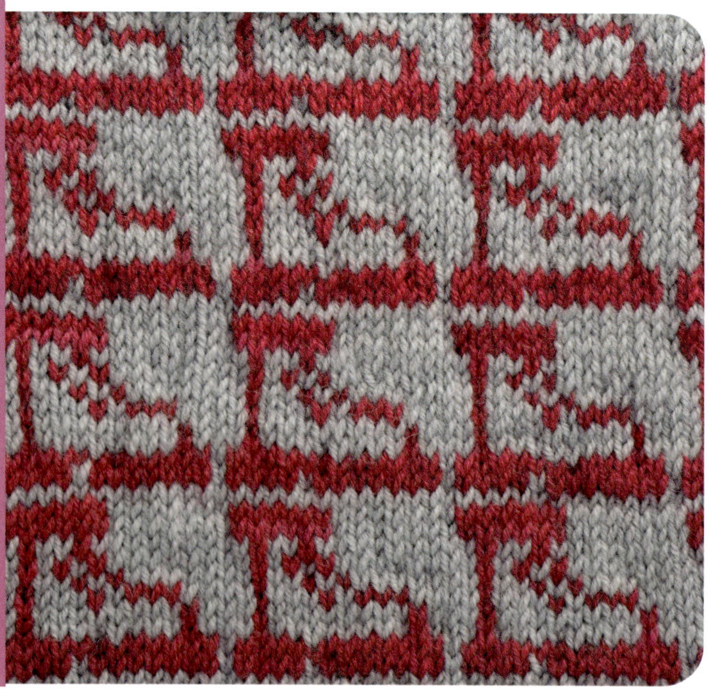

Vielfaches von 13+1

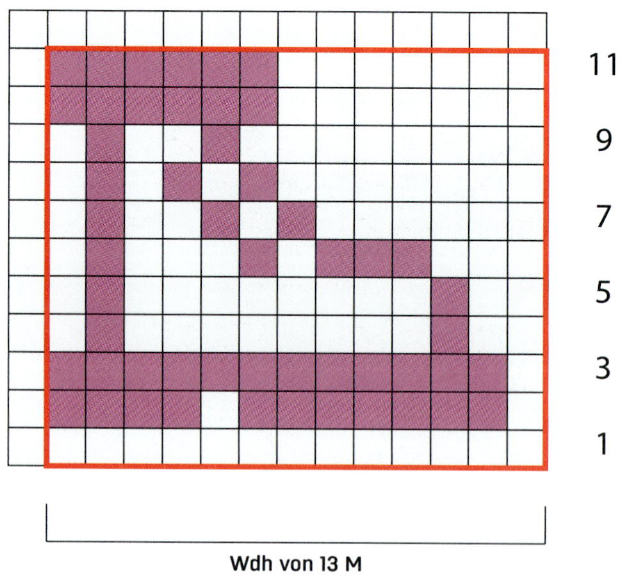

Regenwürmer

Vielfaches von 22

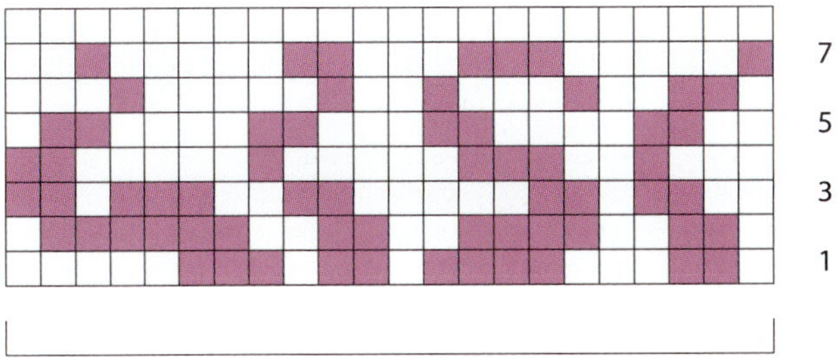

Wdh von 22 M

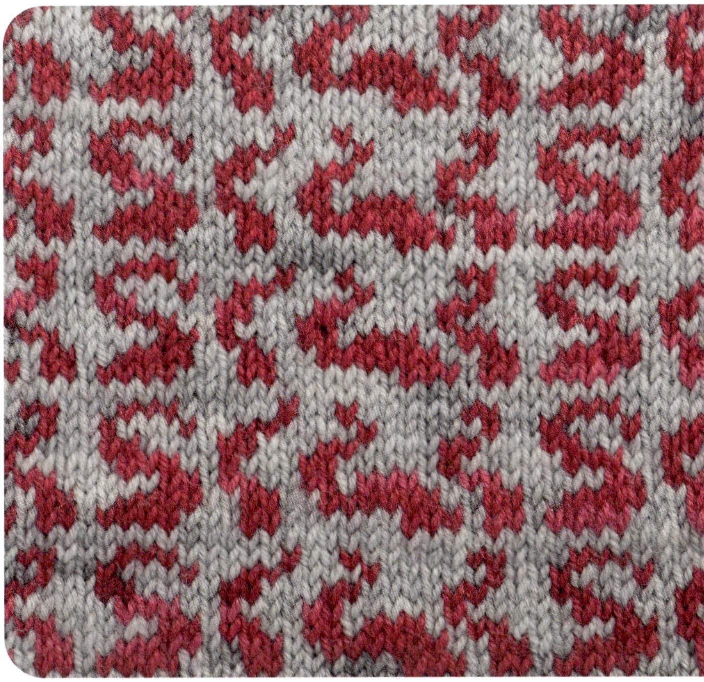

Windmühlen

Vielfaches von 14+1

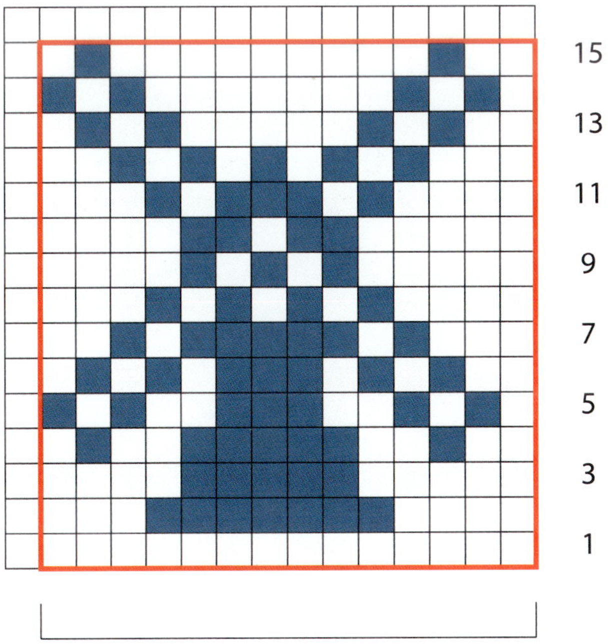

Wdh von 14 M

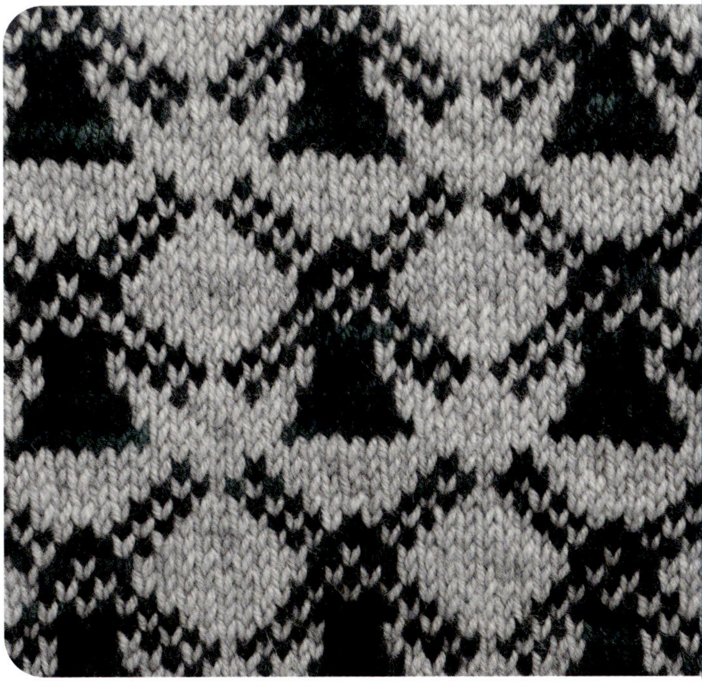

Delphin

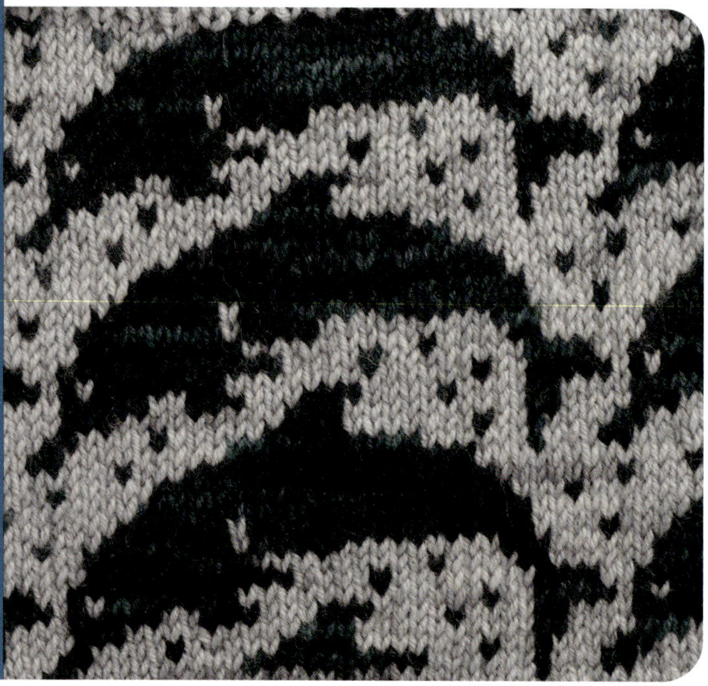

Vielfaches von 31+2

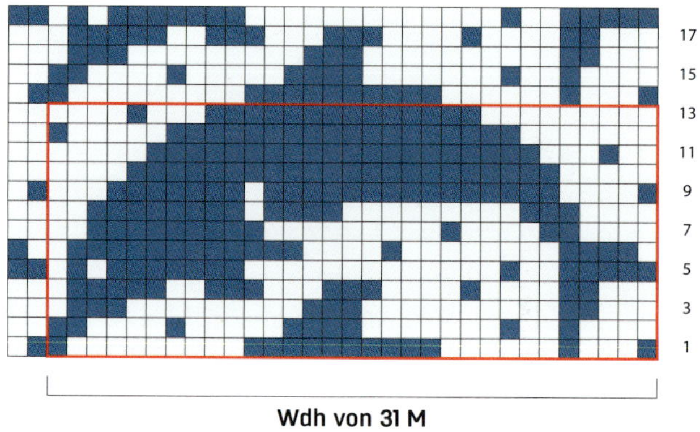

Goldfische

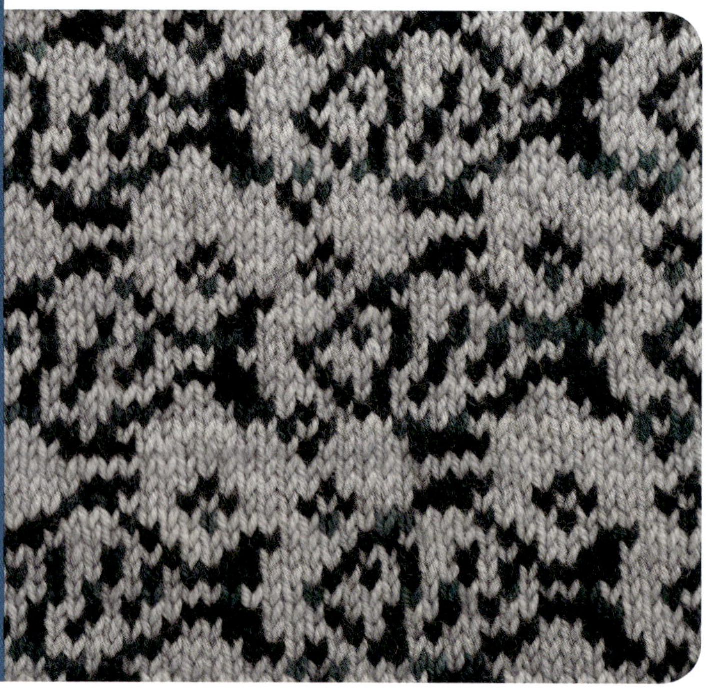

Vielfaches von 18

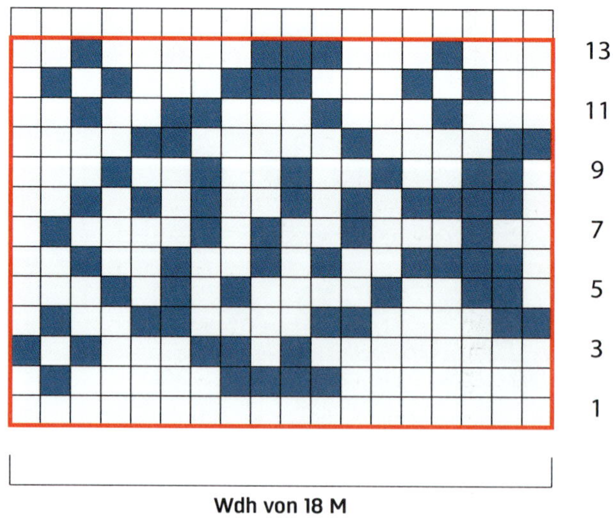

Rentiere

Vielfaches von 12+1

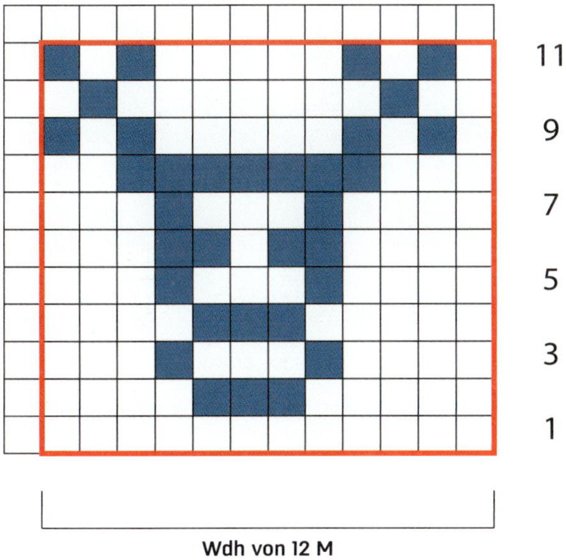

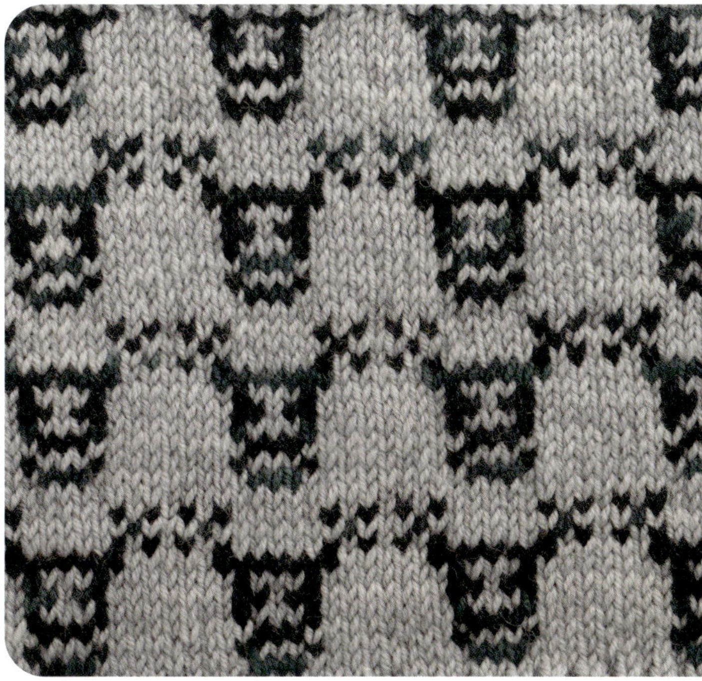

Ziegenböcke

Vielfaches von 12+1

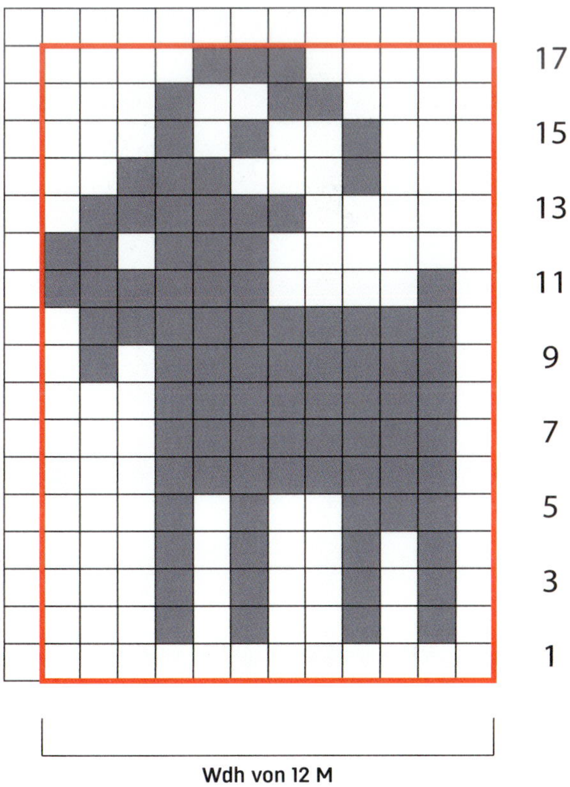

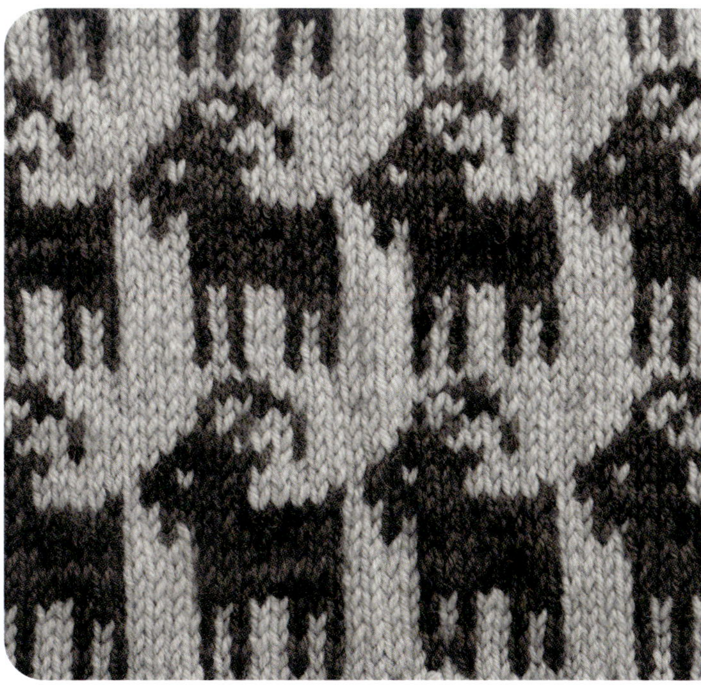

Ratten

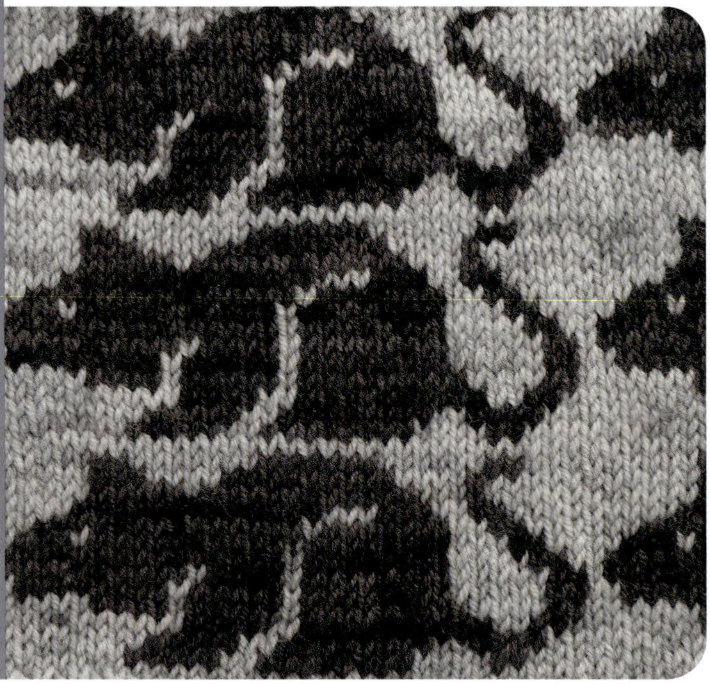

Vielfaches von 32+1

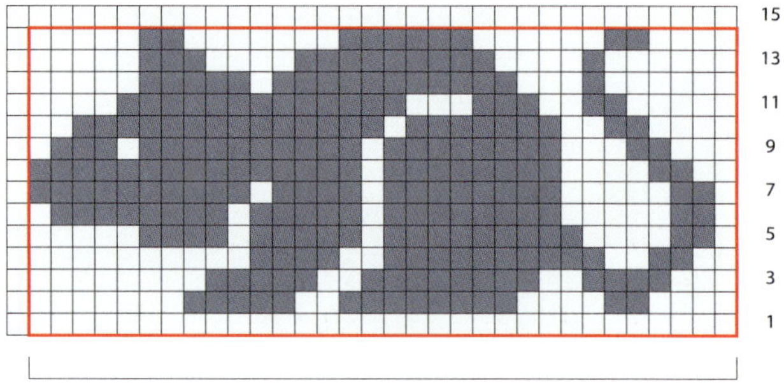

Stilles Örtchen

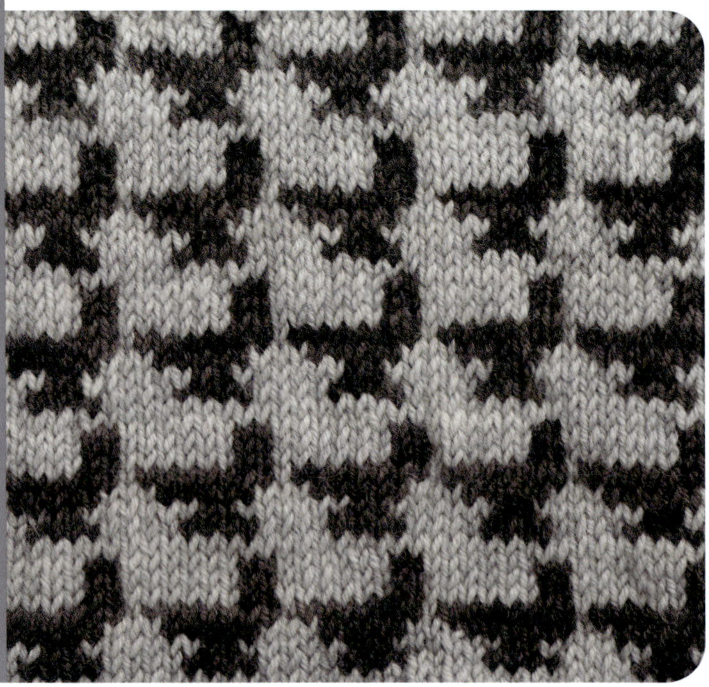

Vielfaches von 8+1

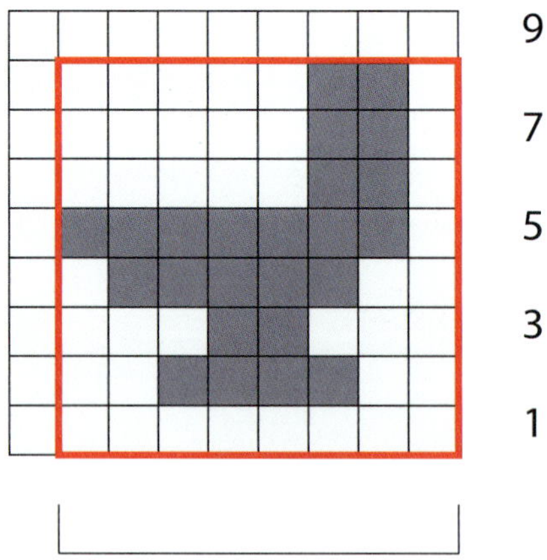

Regenschauer

Vielfaches von 19+1

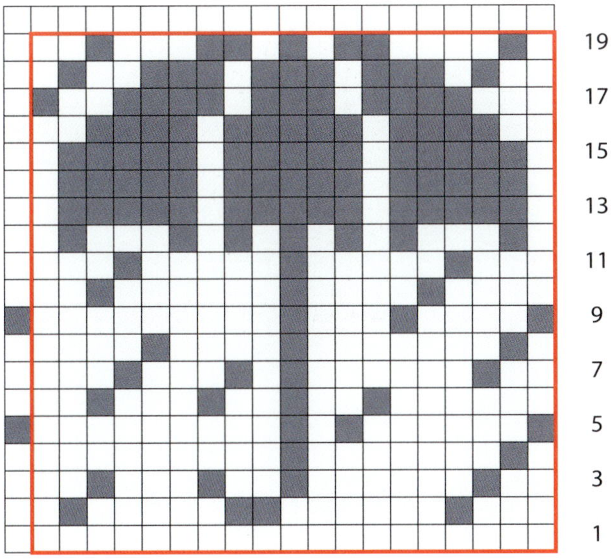

Wdh von 19 M

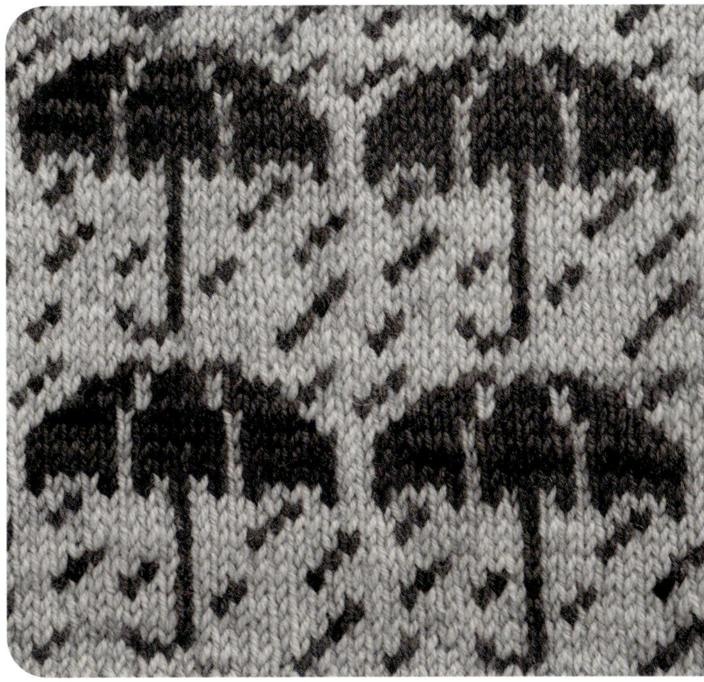

Eisenbahn

Vielfaches von 23+1

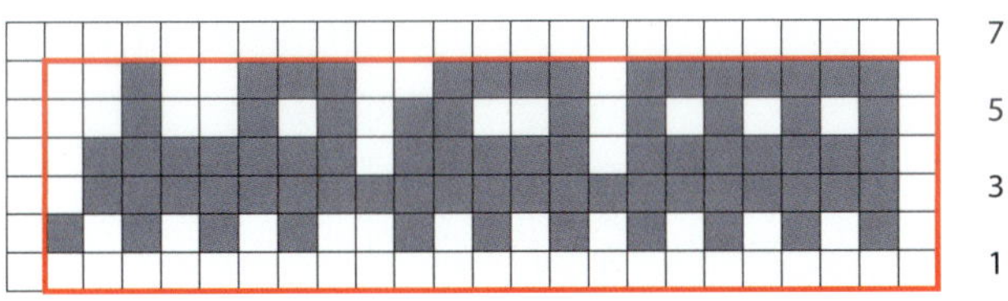

Wdh von 23 M

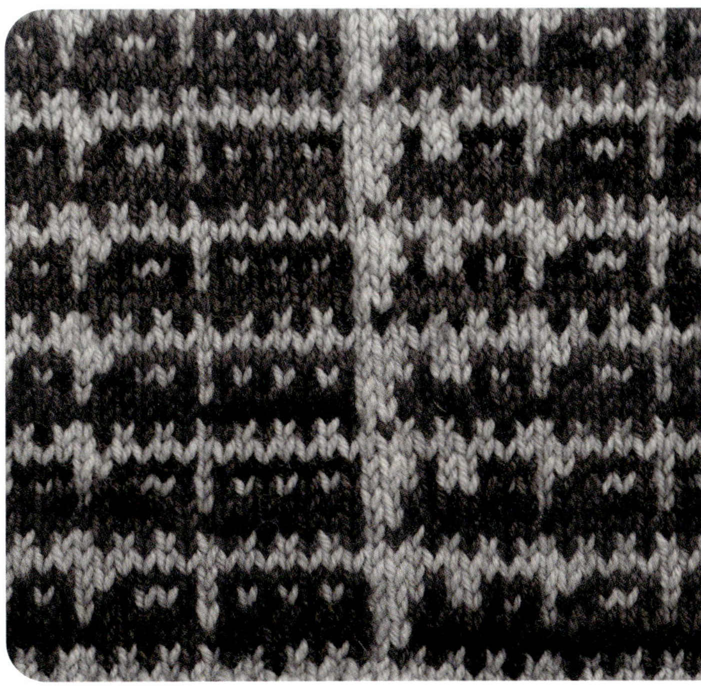

Platz, Bello!

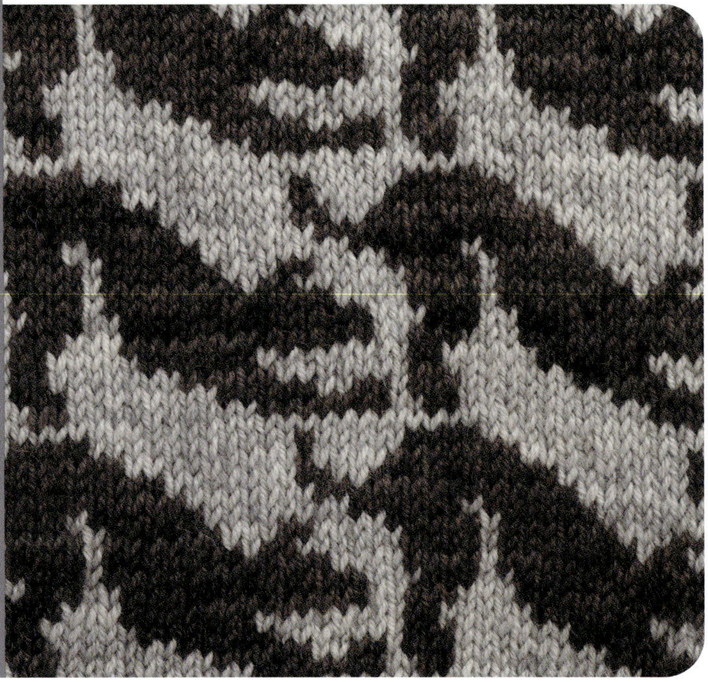

Vielfaches von 21

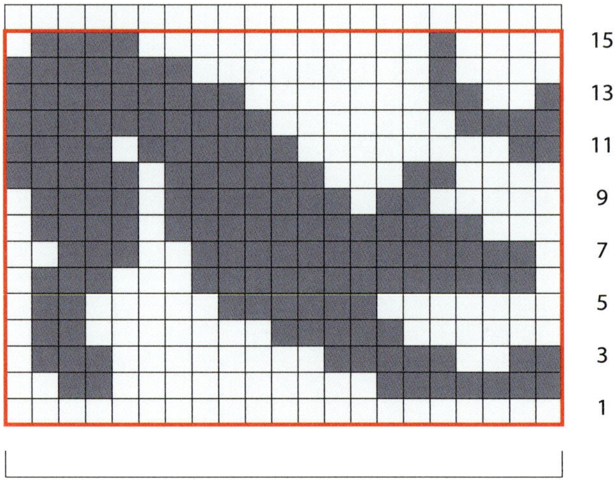

Wdh von 21 M

Flugzeuge

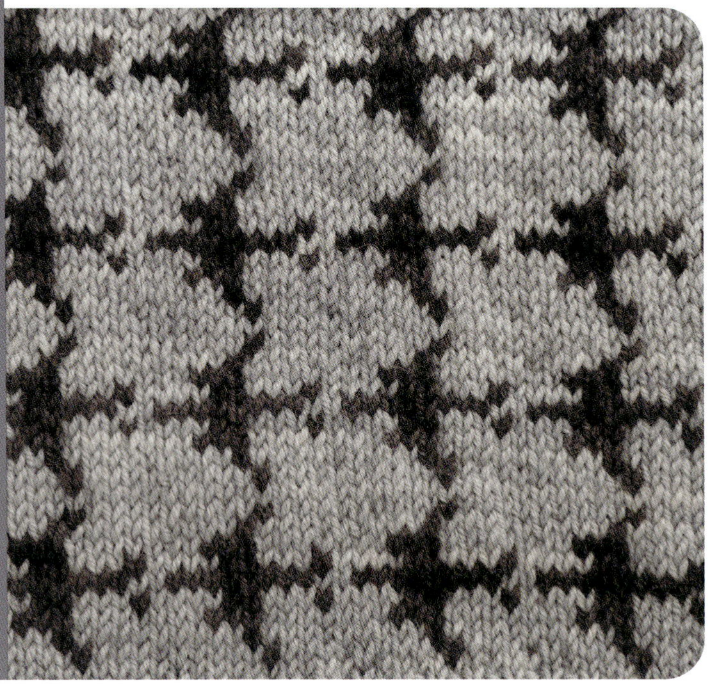

Vielfaches von 10+1

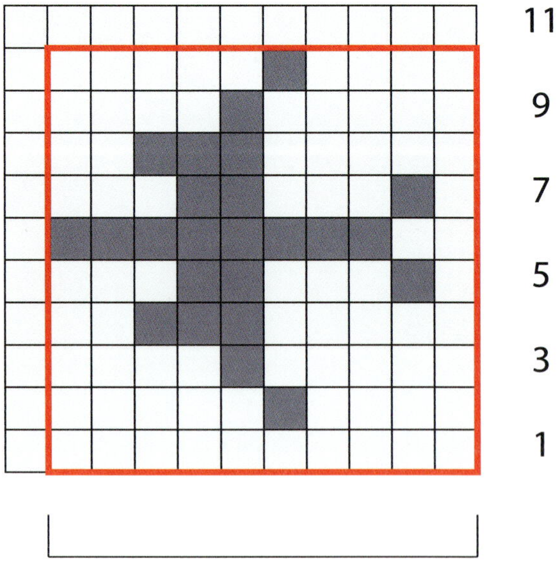

Wdh von 10 M

Segelboote

Vielfaches von 10+1

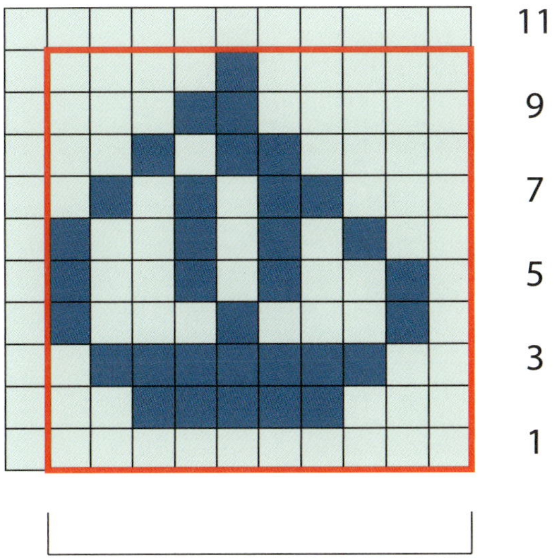

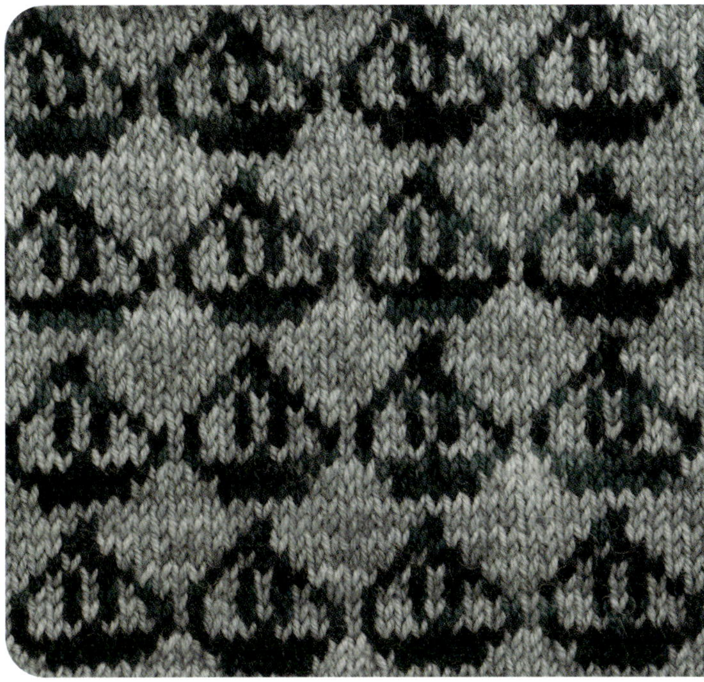

Mondphasen

Vielfaches von 37+1

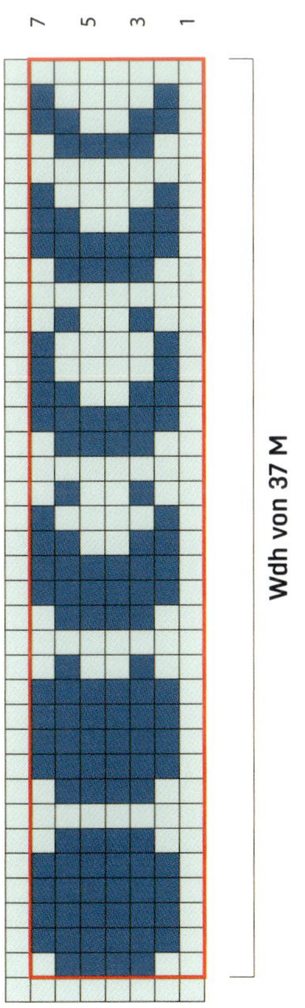

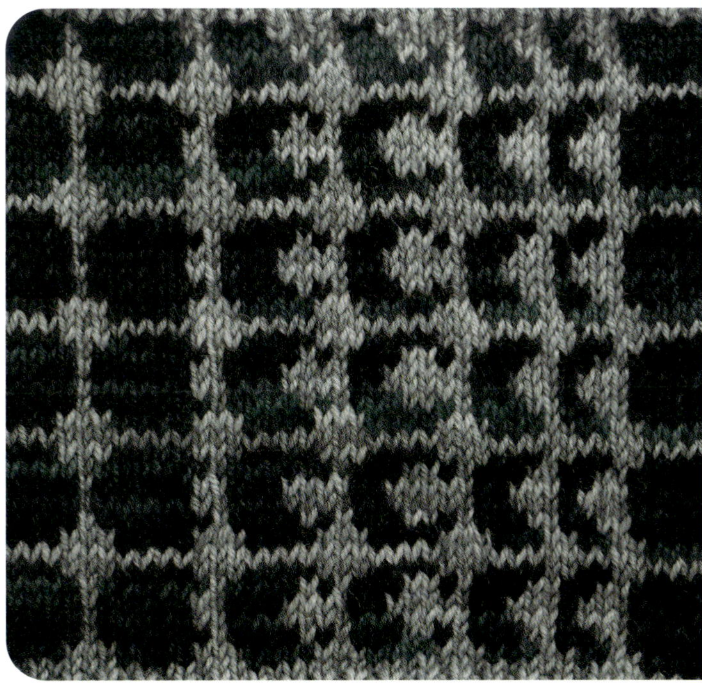

Schneemänner

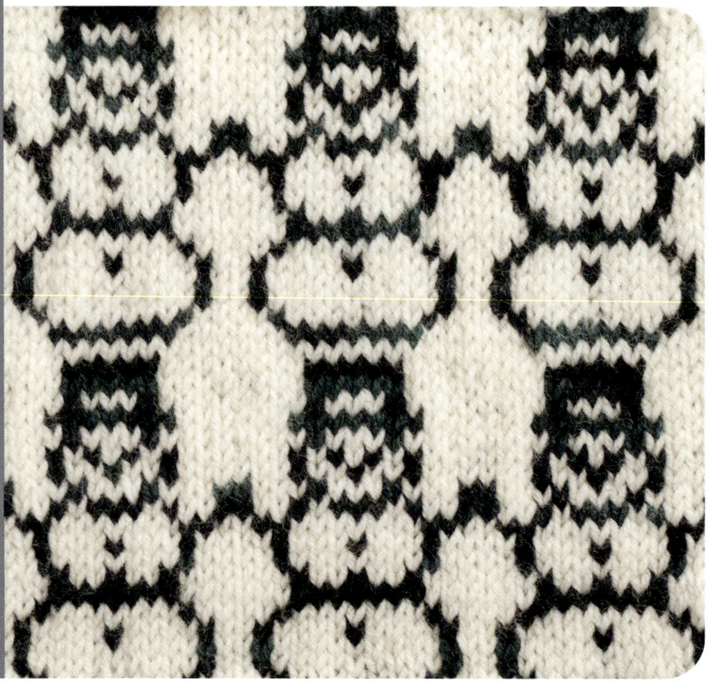

Vielfaches von 13+2

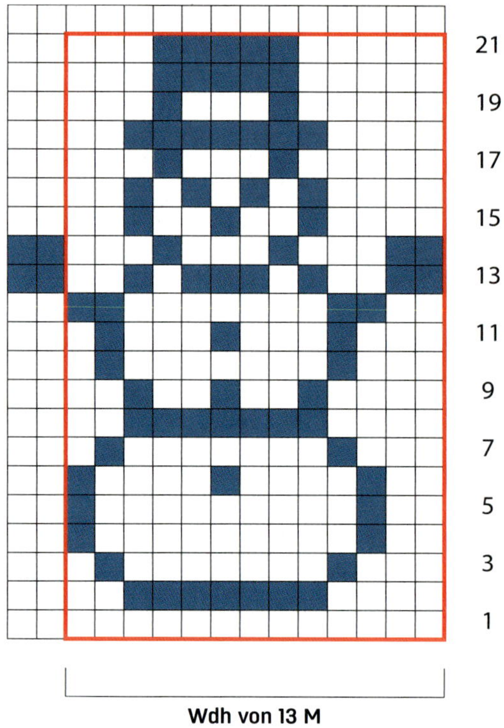

Nachtfalter

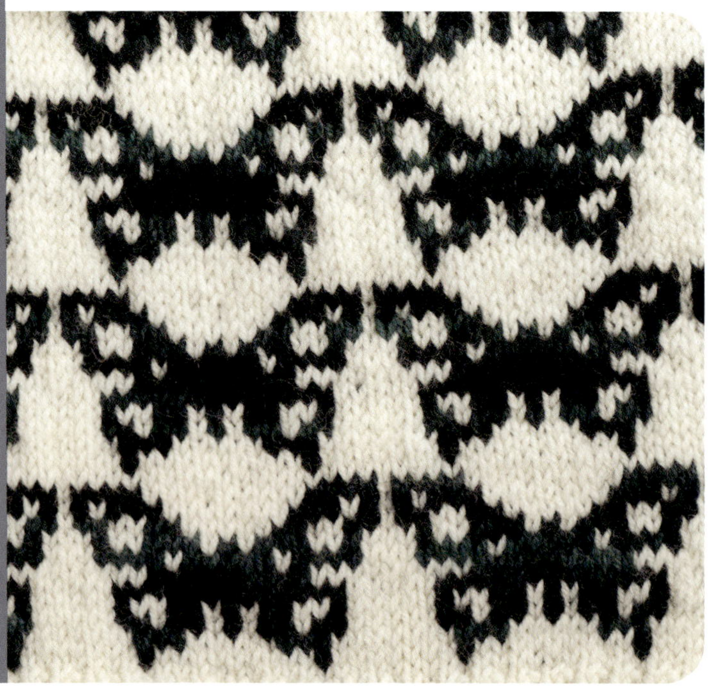

Vielfaches von 18+1

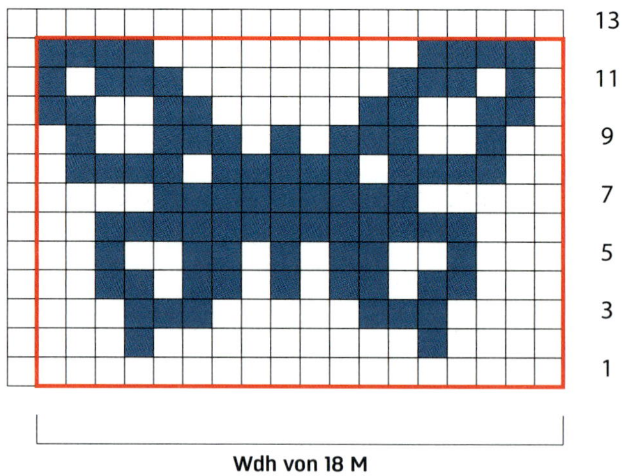

Dinosaurier

Vielfaches von 31

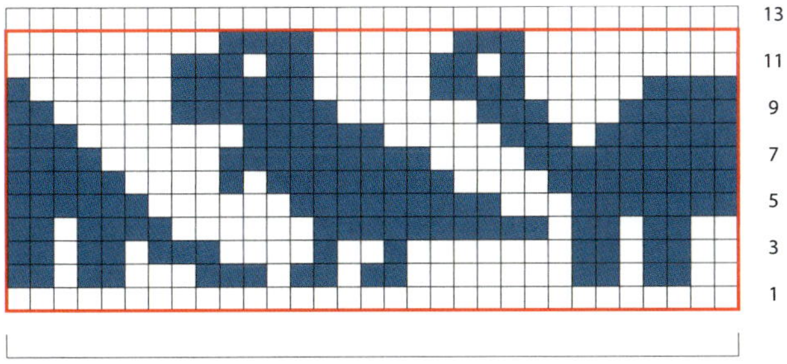

Wdh von 31 M

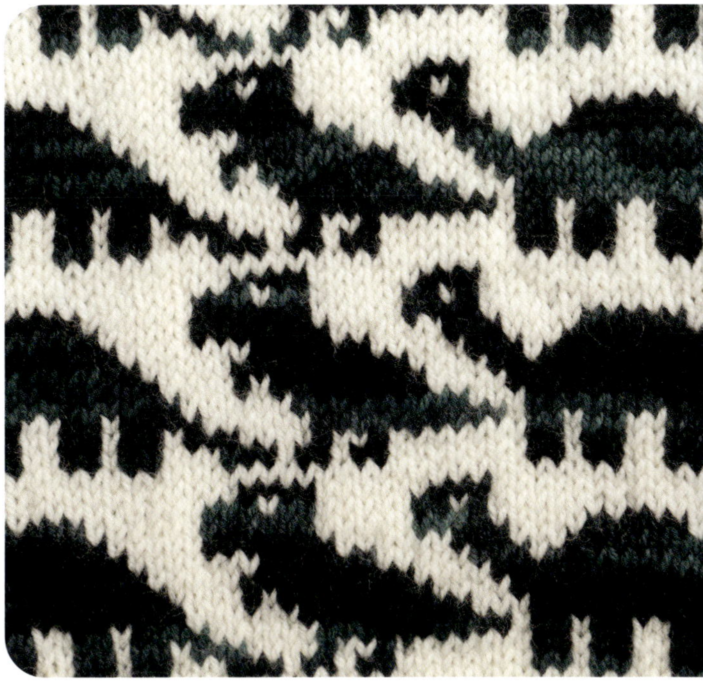

Schildkröten

Vielfaches von 24+1

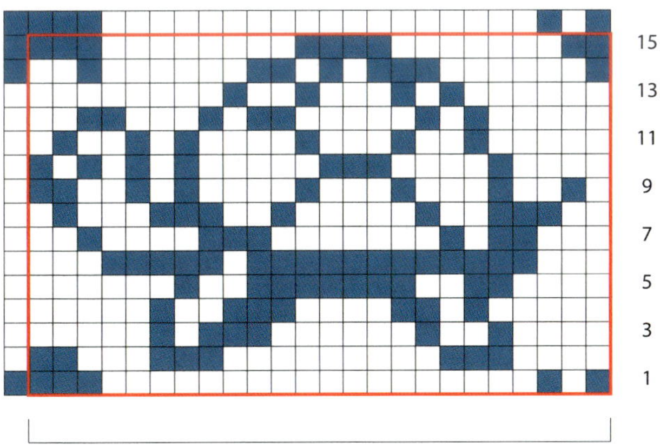

Wdh von 24 M

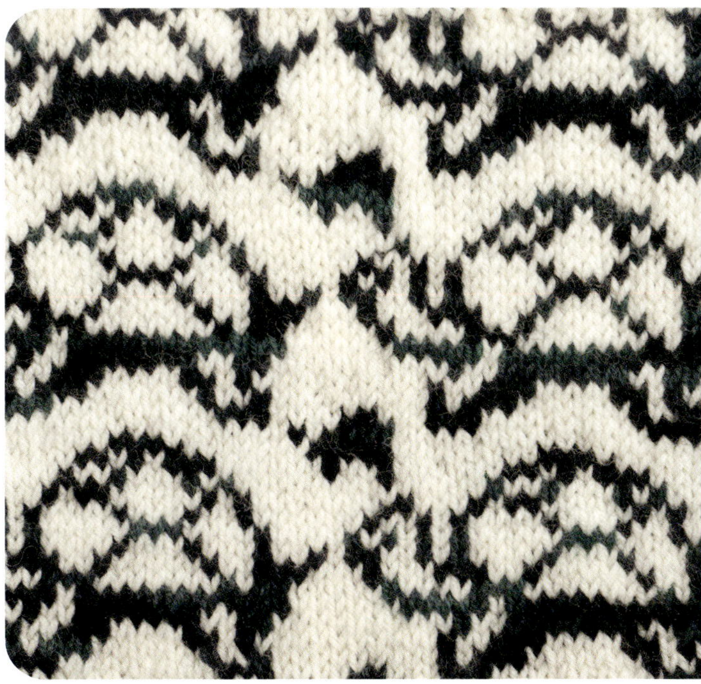

Nautilus

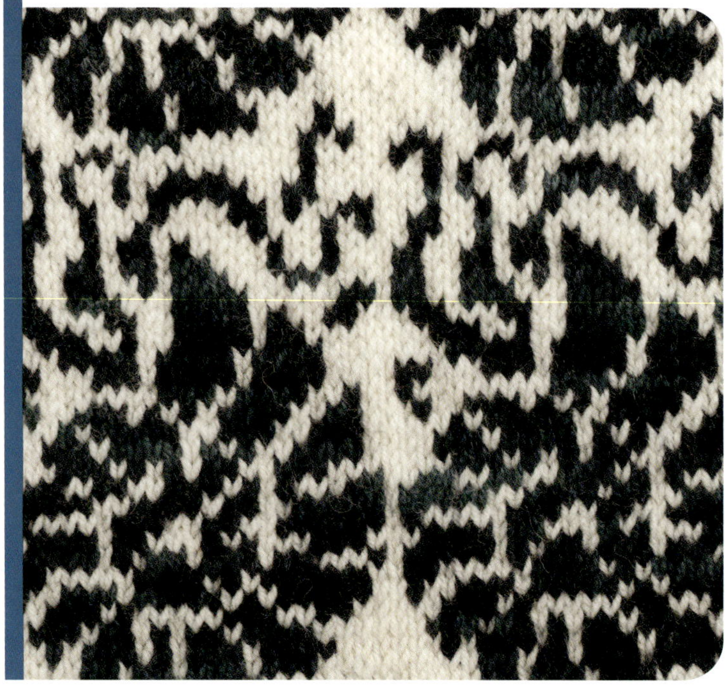

Vielfaches von 22+1

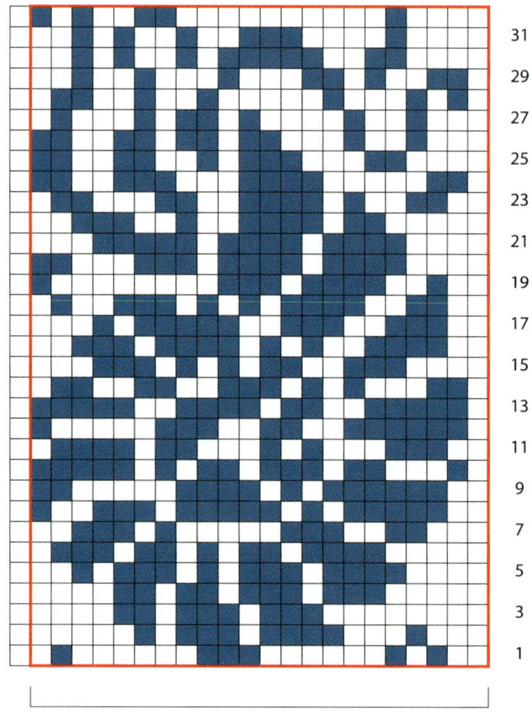

Wdh von 22 M

Elfen

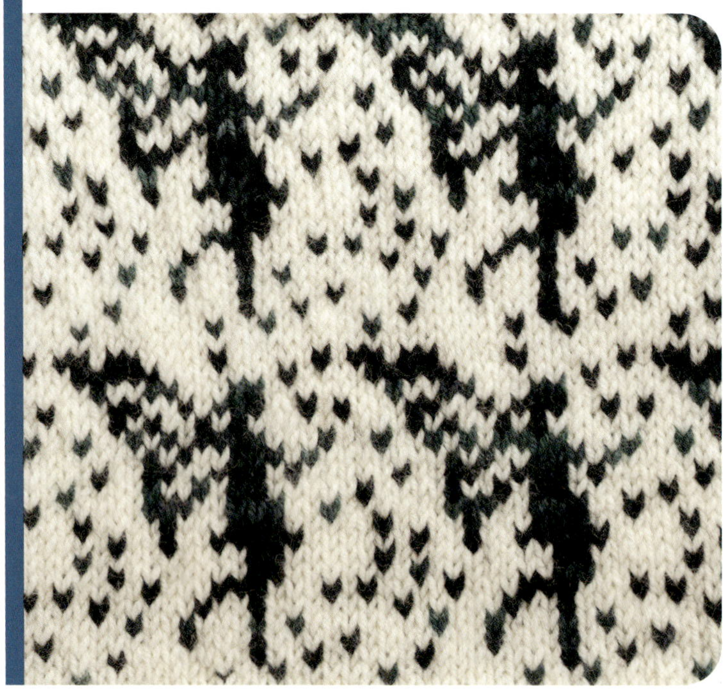

Vielfaches von 17+1

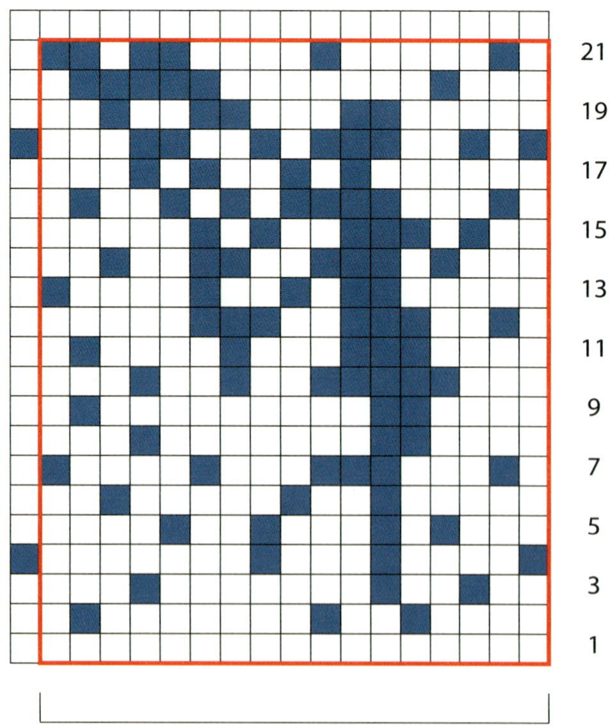

Wdh von 17 M

NOTEN

Vielfaches von 16+1

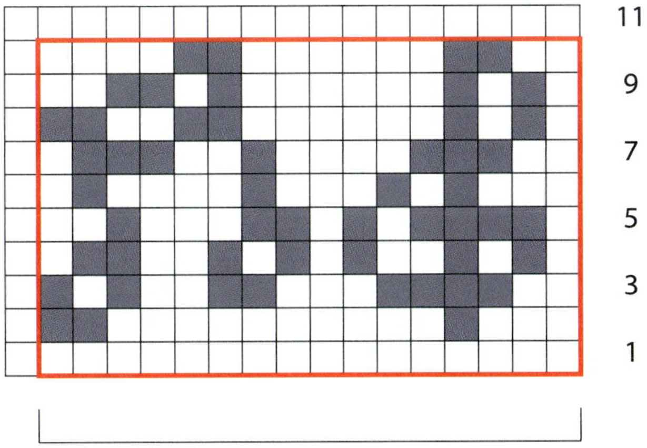

Wdh von 16 M

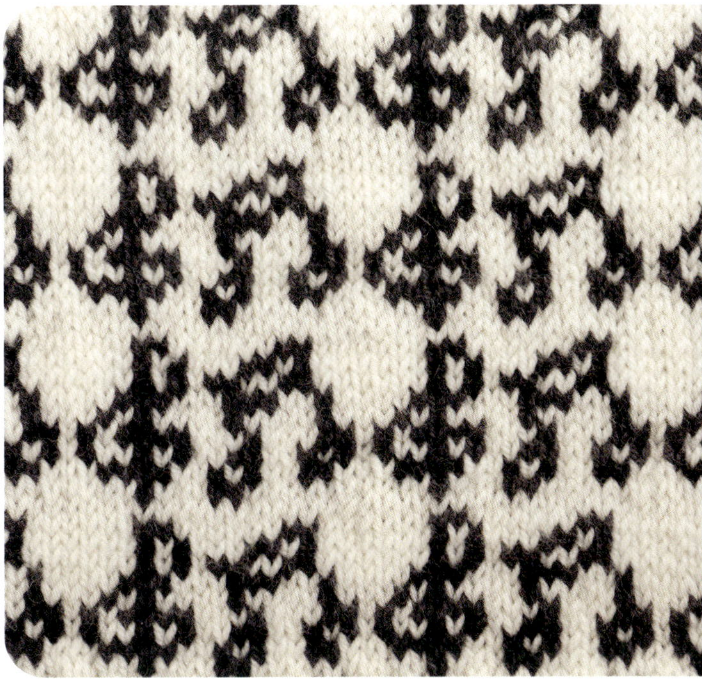

HUBSCHRAUBER

Vielfaches von 13+1

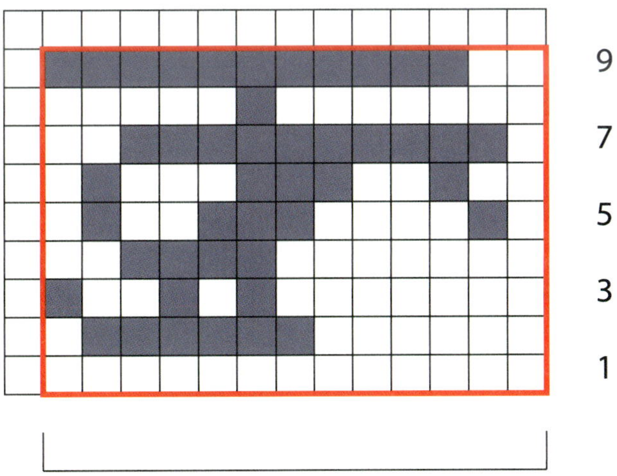

Wdh von 13 M

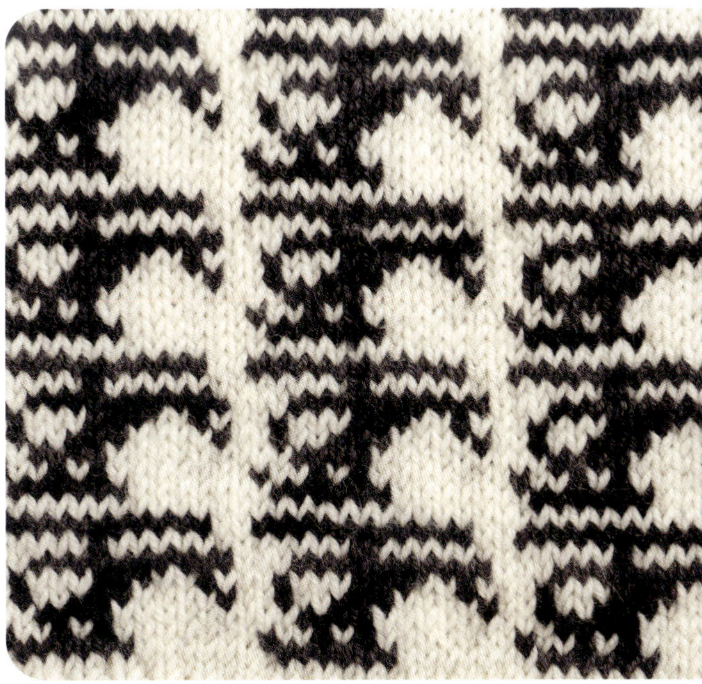

Kater im Anzug

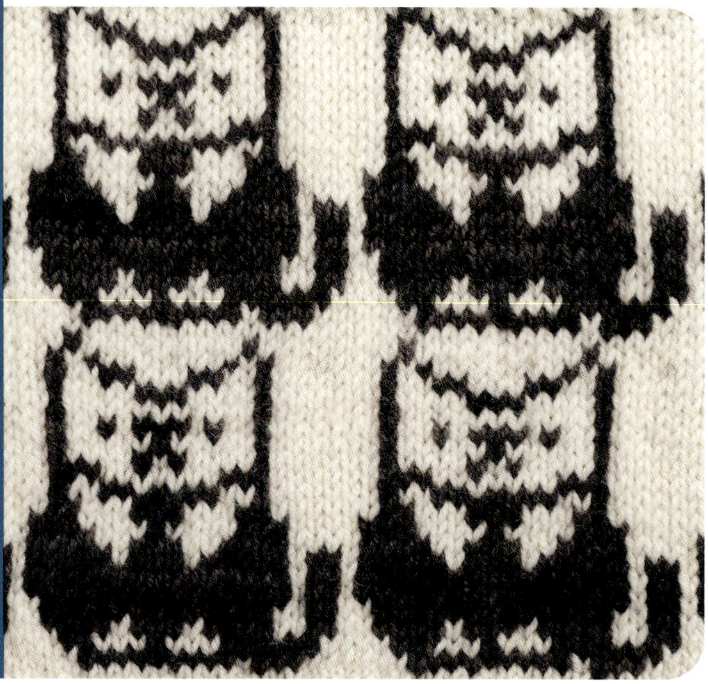

Vielfaches von 19+1

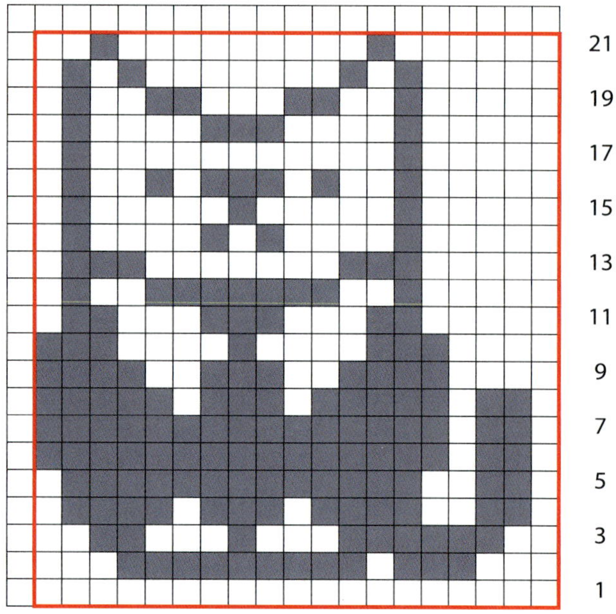

Wdh von 19 M

Atommodell

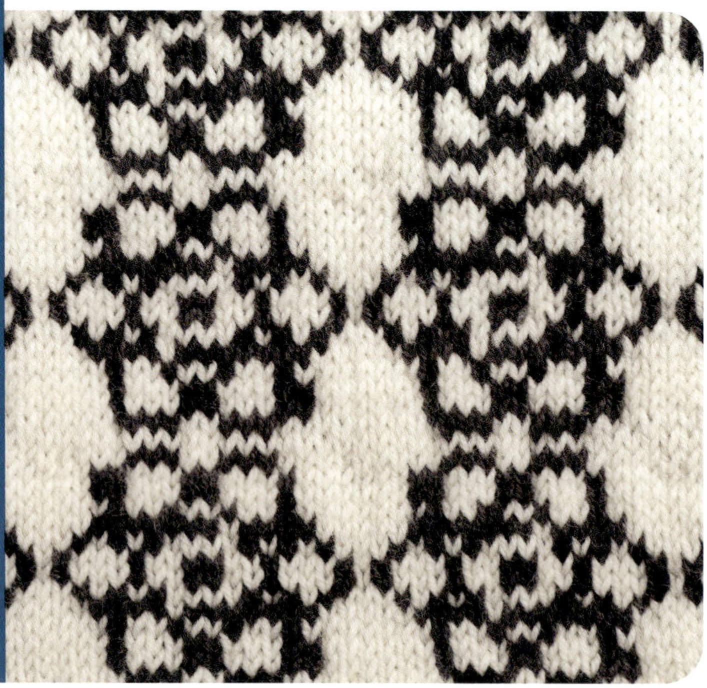

Vielfaches von 17+1

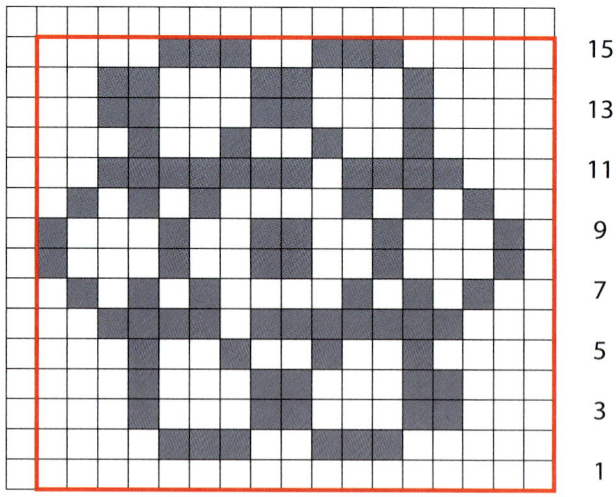

Wdh von 17 M

Mäuse

Vielfaches von 17+1

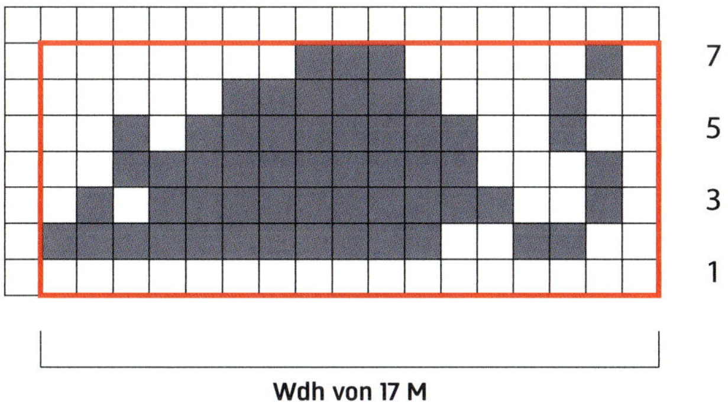

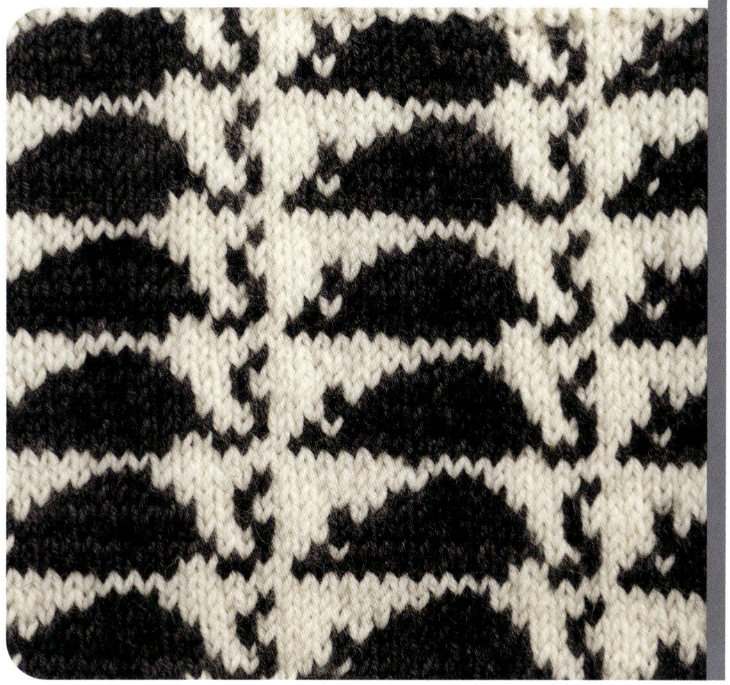

Schachfiguren

Vielfaches von 48+1

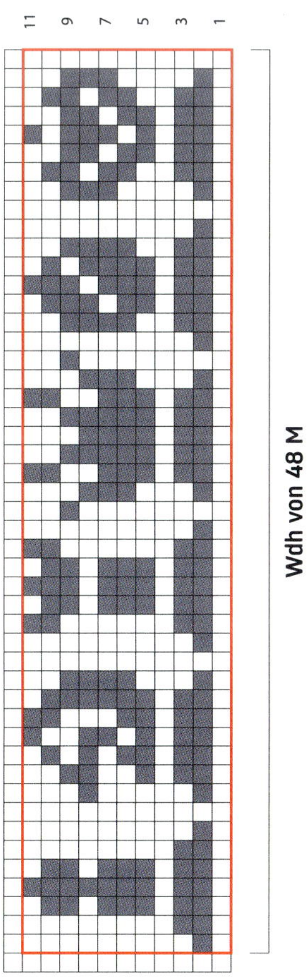

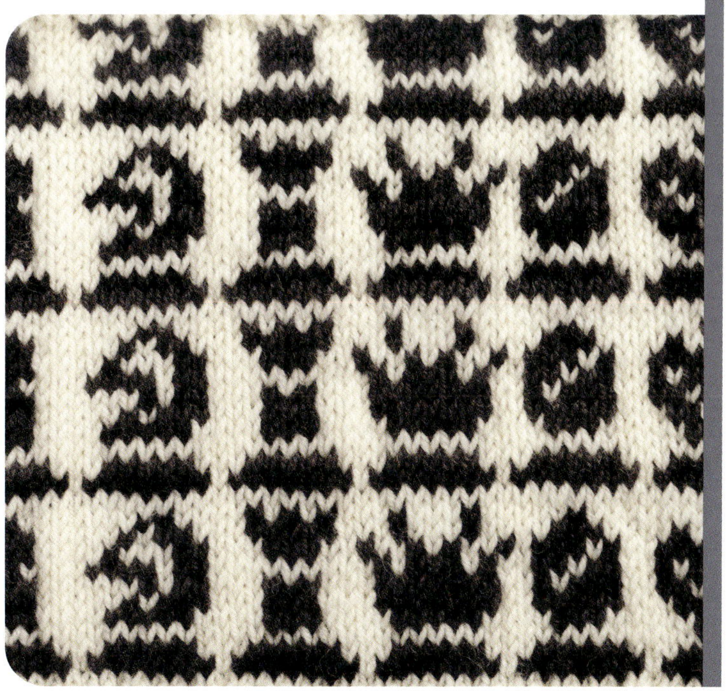

Gespenster

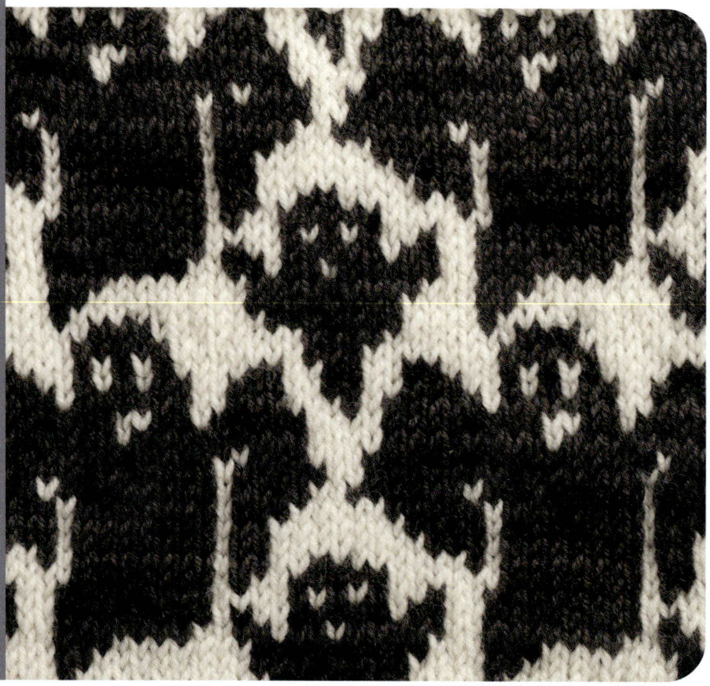

Vielfaches von 22+1

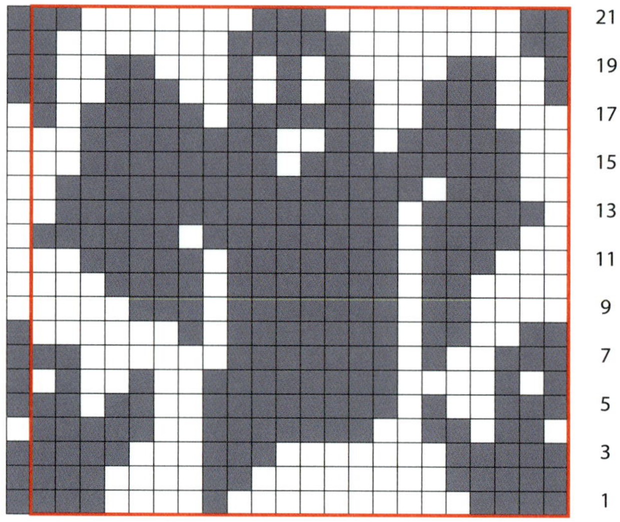

Wdh von 22 M

Schwarze Acht

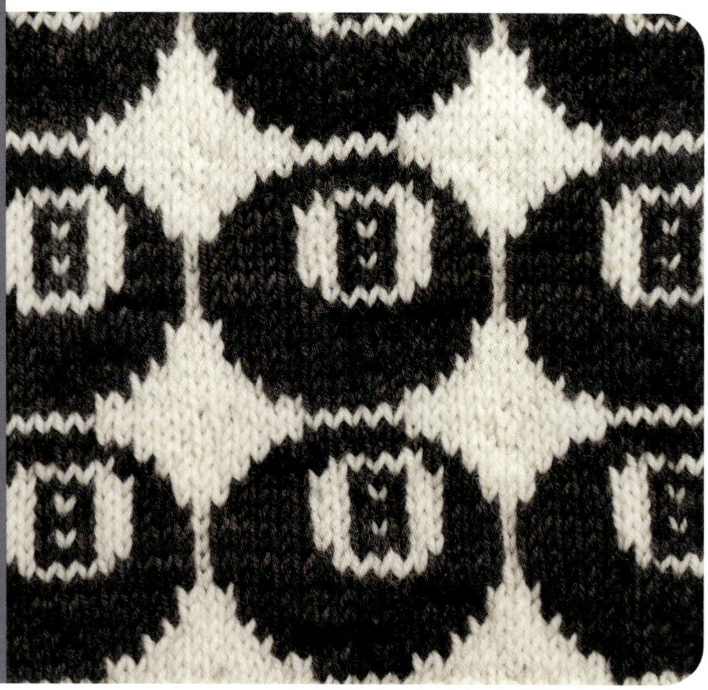

Vielfaches von 16+1

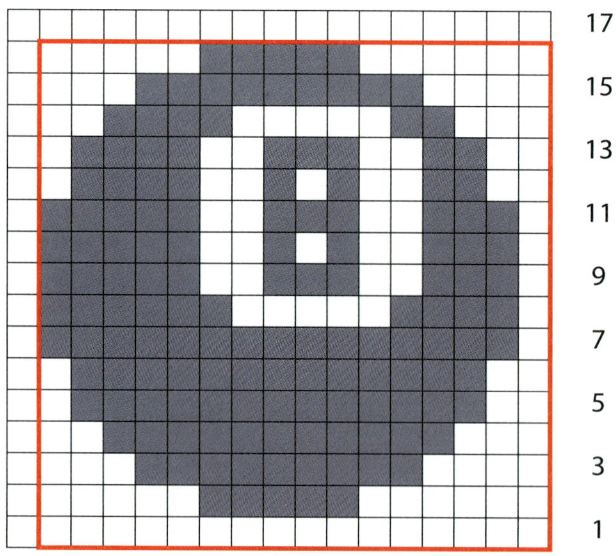

Wdh von 16 M

Pandabären

Vielfaches von 12+1

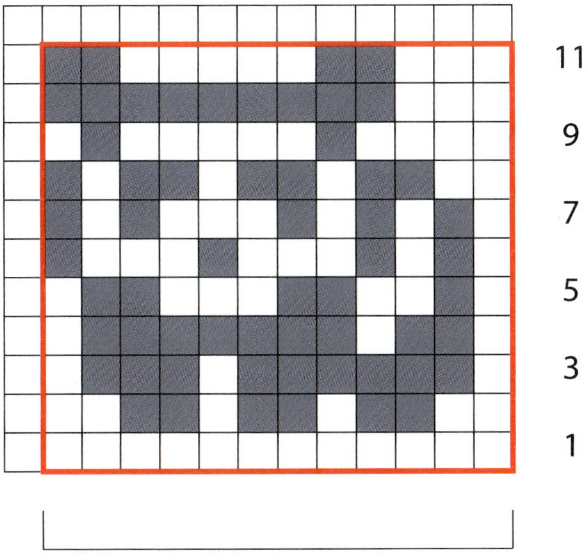

Wdh von 12 M

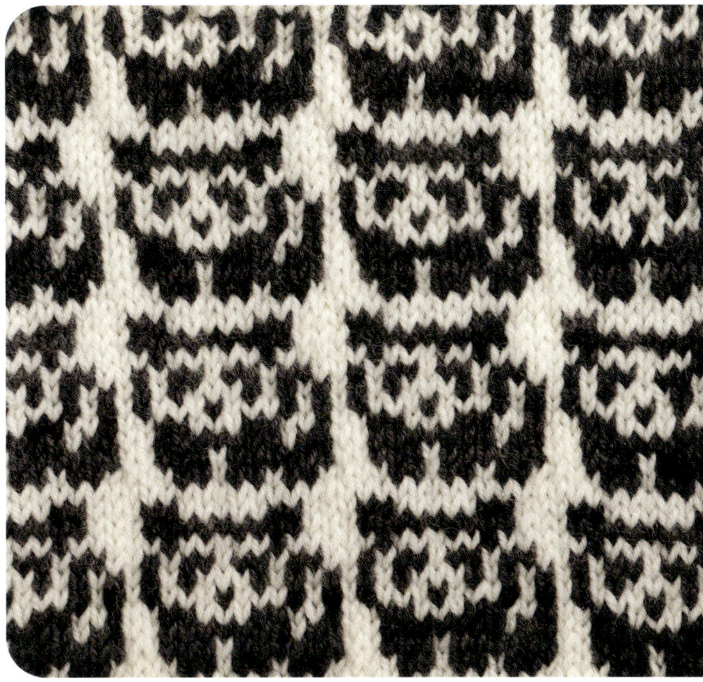

Pinguine

Vielfaches von 12+1

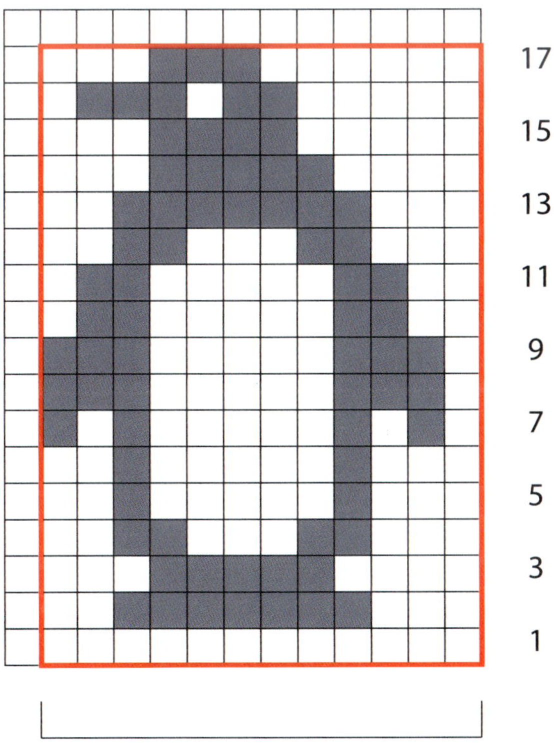

Wdh von 12 M

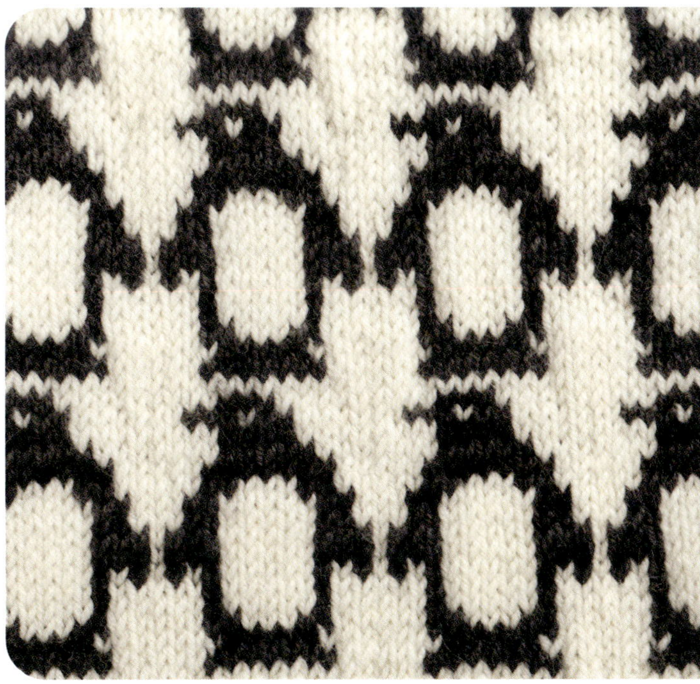

Unser Planet

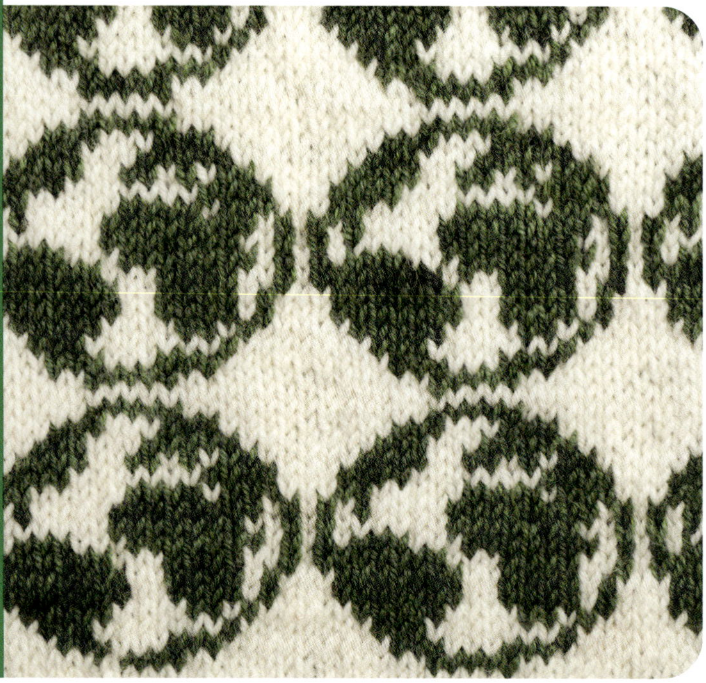

Vielfaches von 18+1

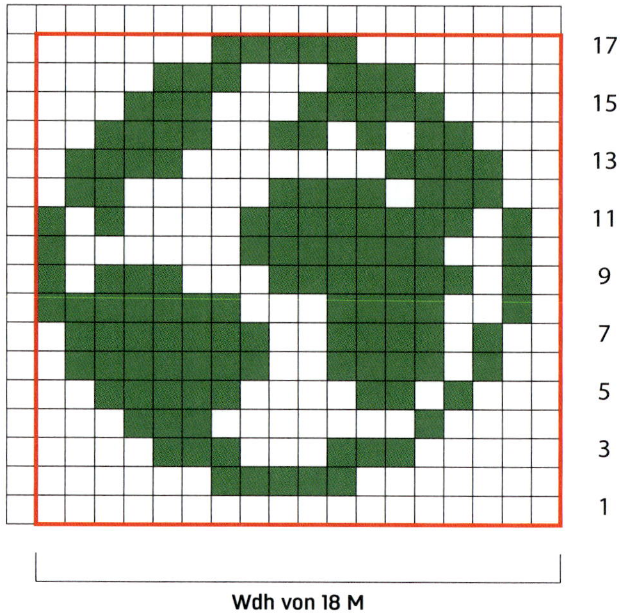

Onkel Dagoberts Geldsäcke

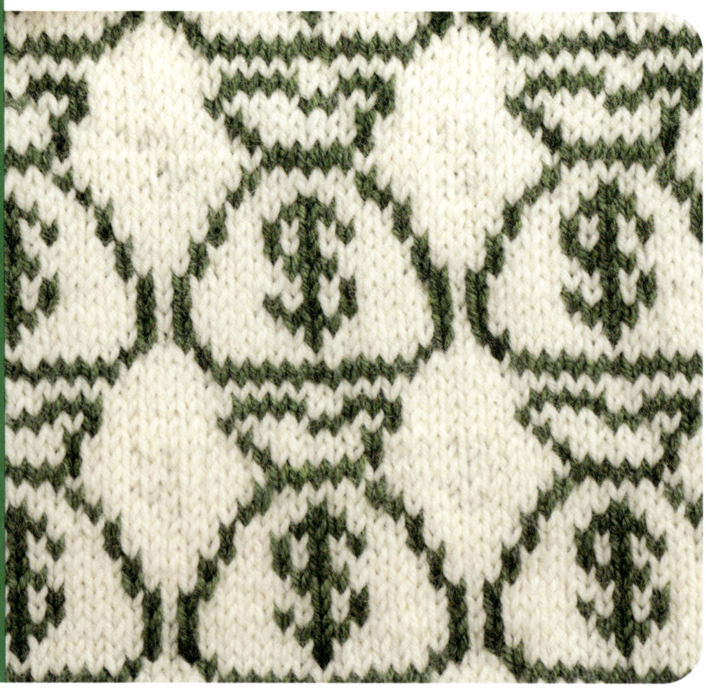

Vielfaches von 16+1

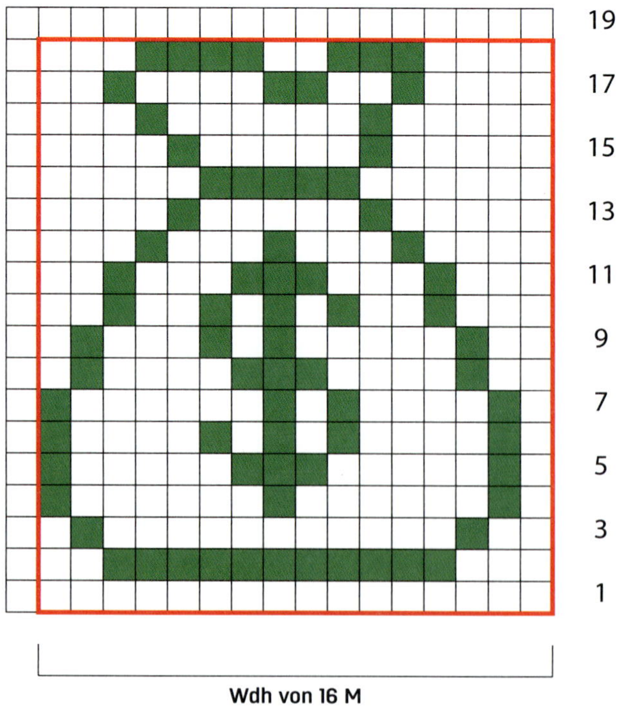

Kolibris

Vielfaches von 17

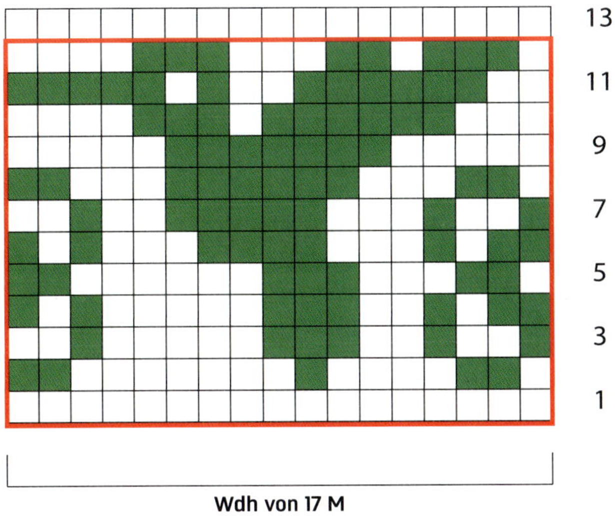

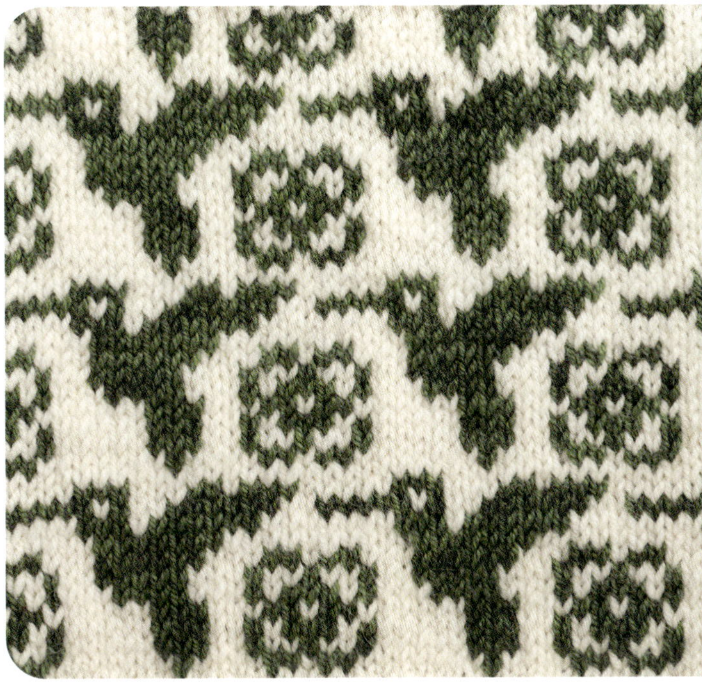

Sonne

Vielfaches von 18+1

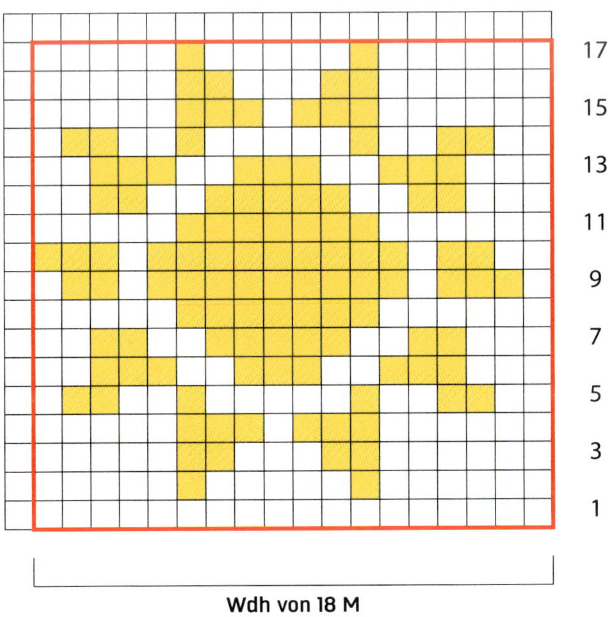

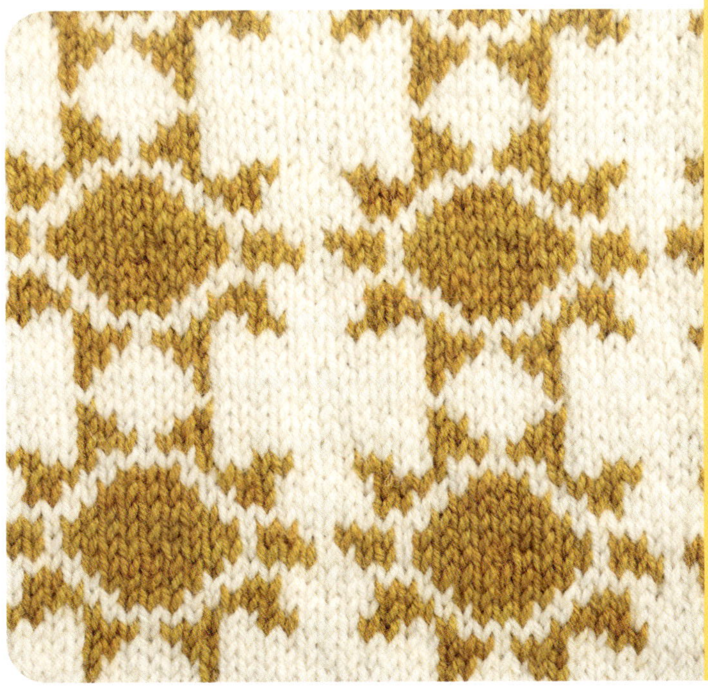

Gummi-Entchen

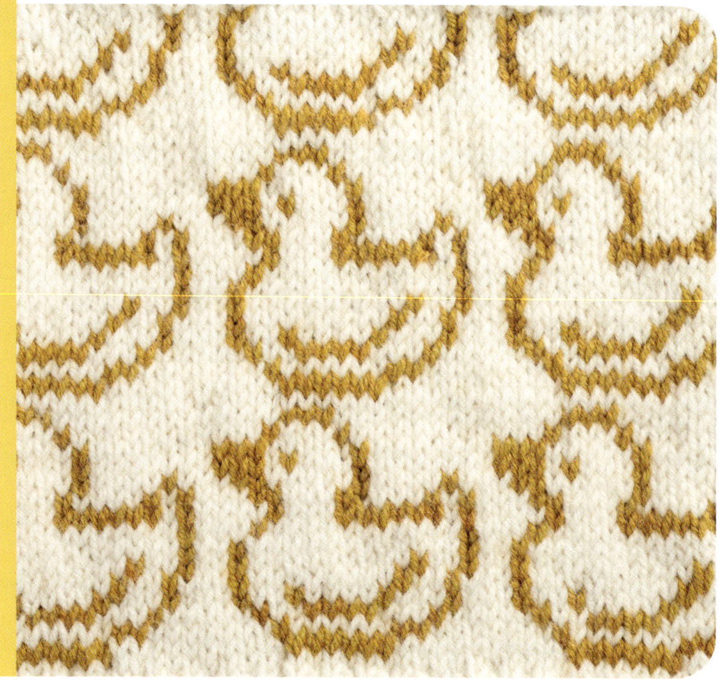

Vielfaches von 16+1

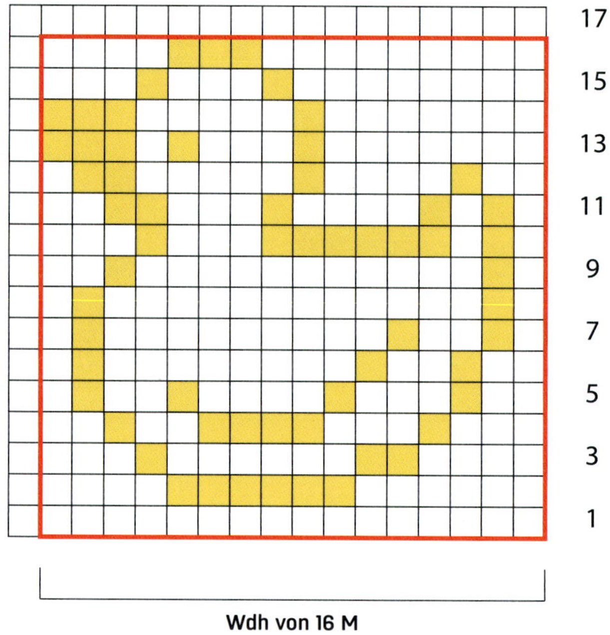

Toastscheiben

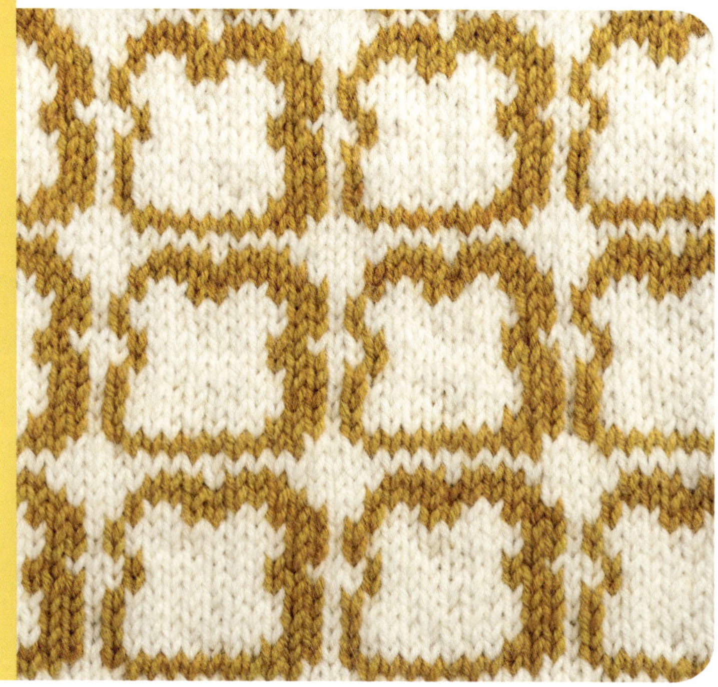

Vielfaches von 12+1

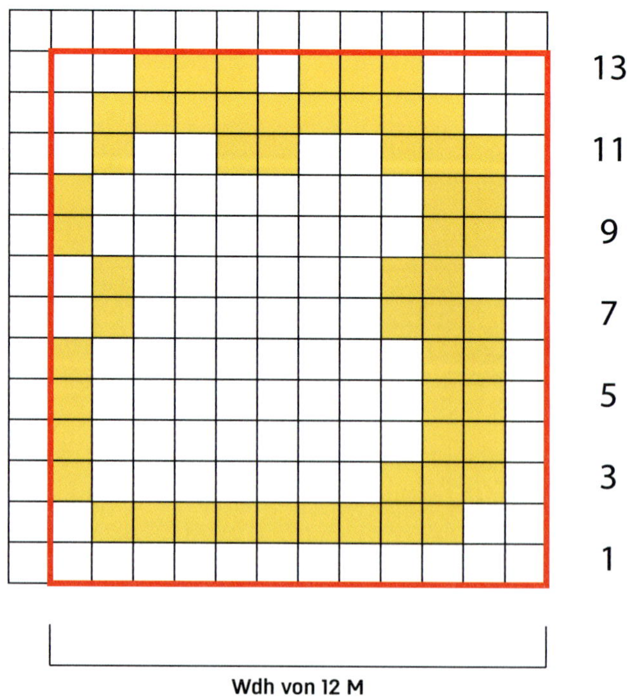

VERWENDETE GARNFARBEN

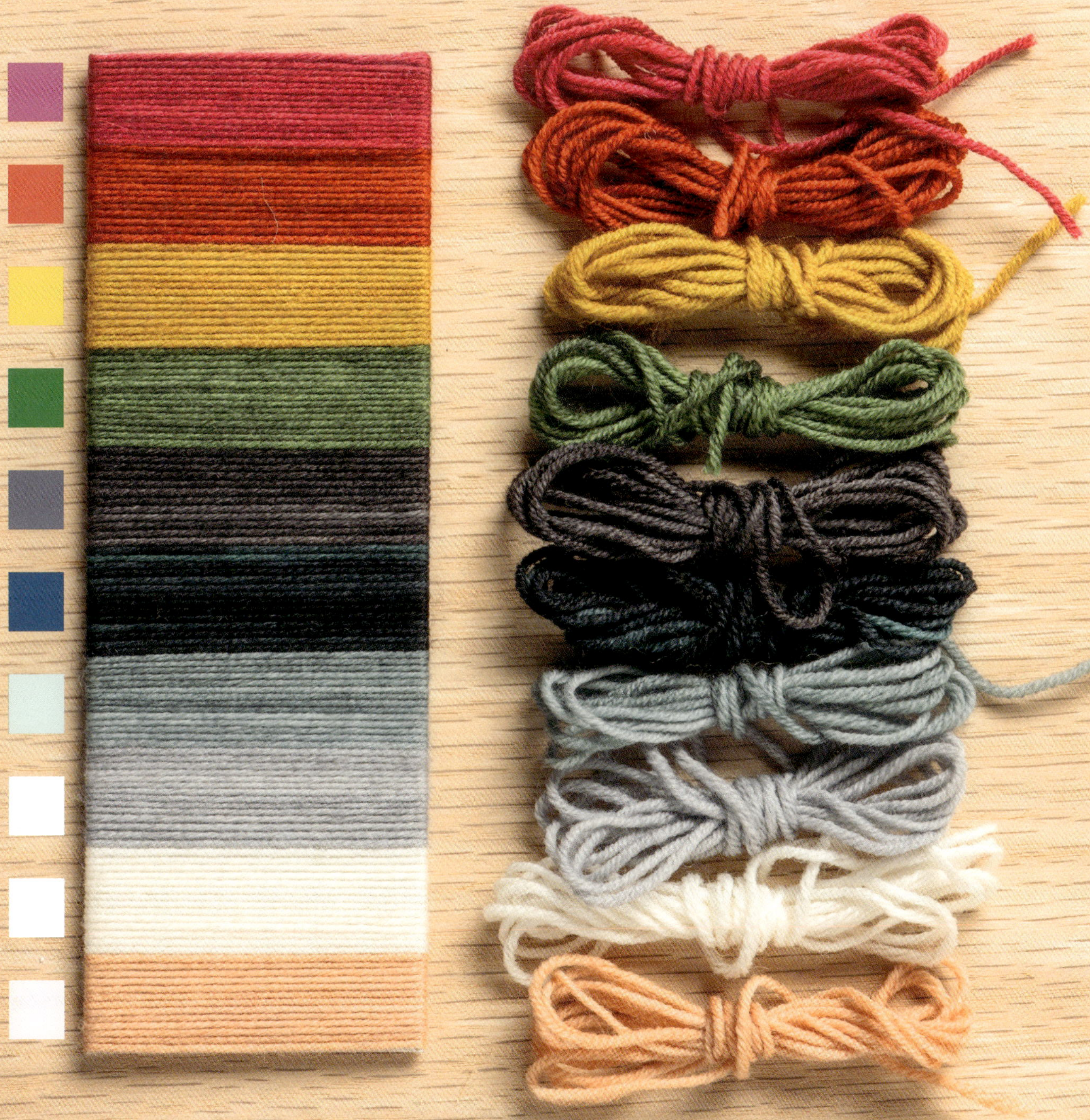

Alle Motive wurden mit Neighborhood Fiber Co. Organic Studio Sock gestrickt. Die abgebildeten Farben von oben nach unten: Charles Village (Pink), Bolton Hill (Rotorange), Oliver (Goldgelb), Anacostia (Grün), Lexington Market (Dunkelgrau), Edgewood (Dunkelpetrol), Rosemont (Hellpetrol), Charles Centre (Hellgrau), Roland Park (Weiß), Cross Street Market (Pfirsich).

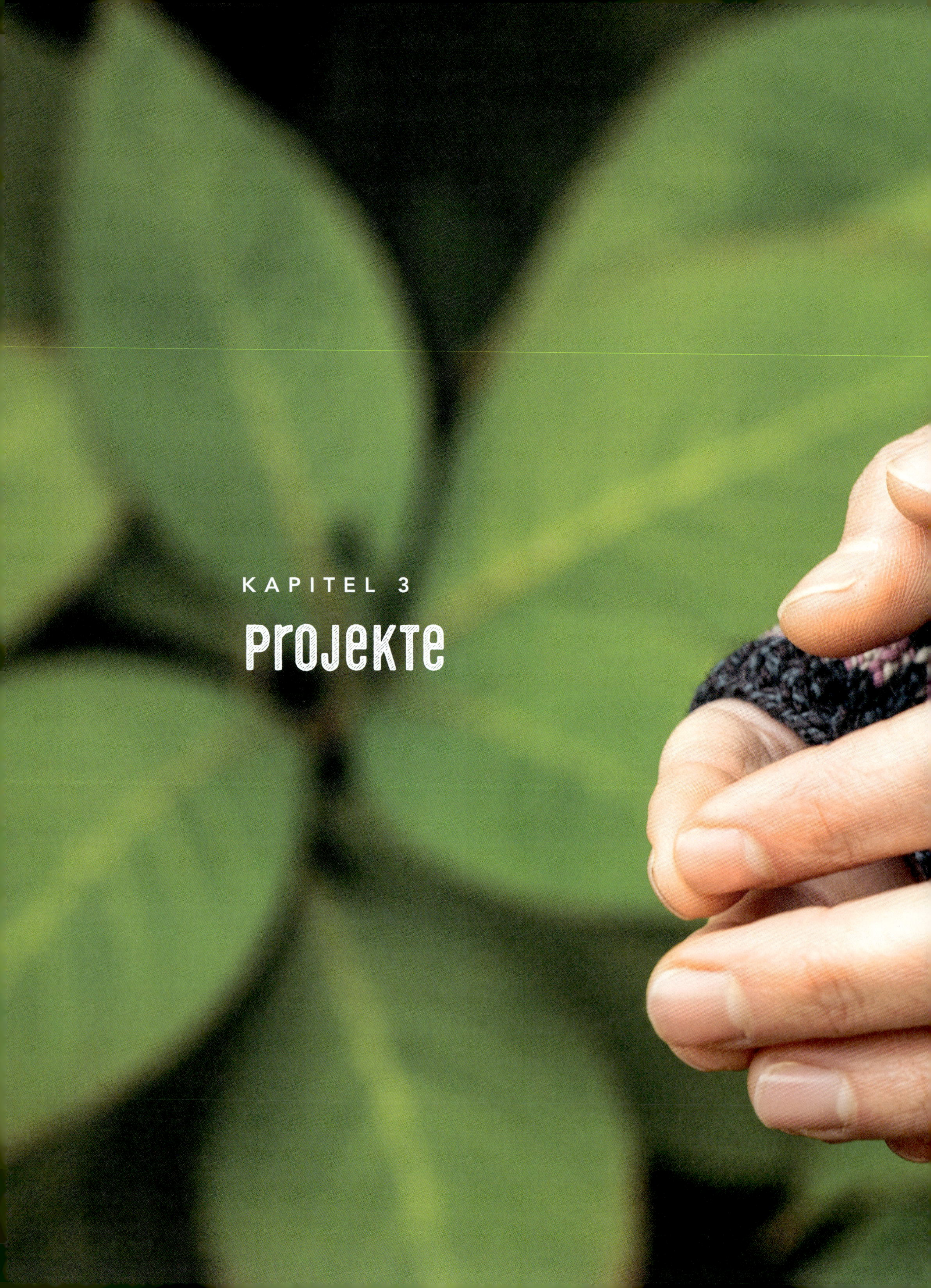

KAPITEL 3

Projekte

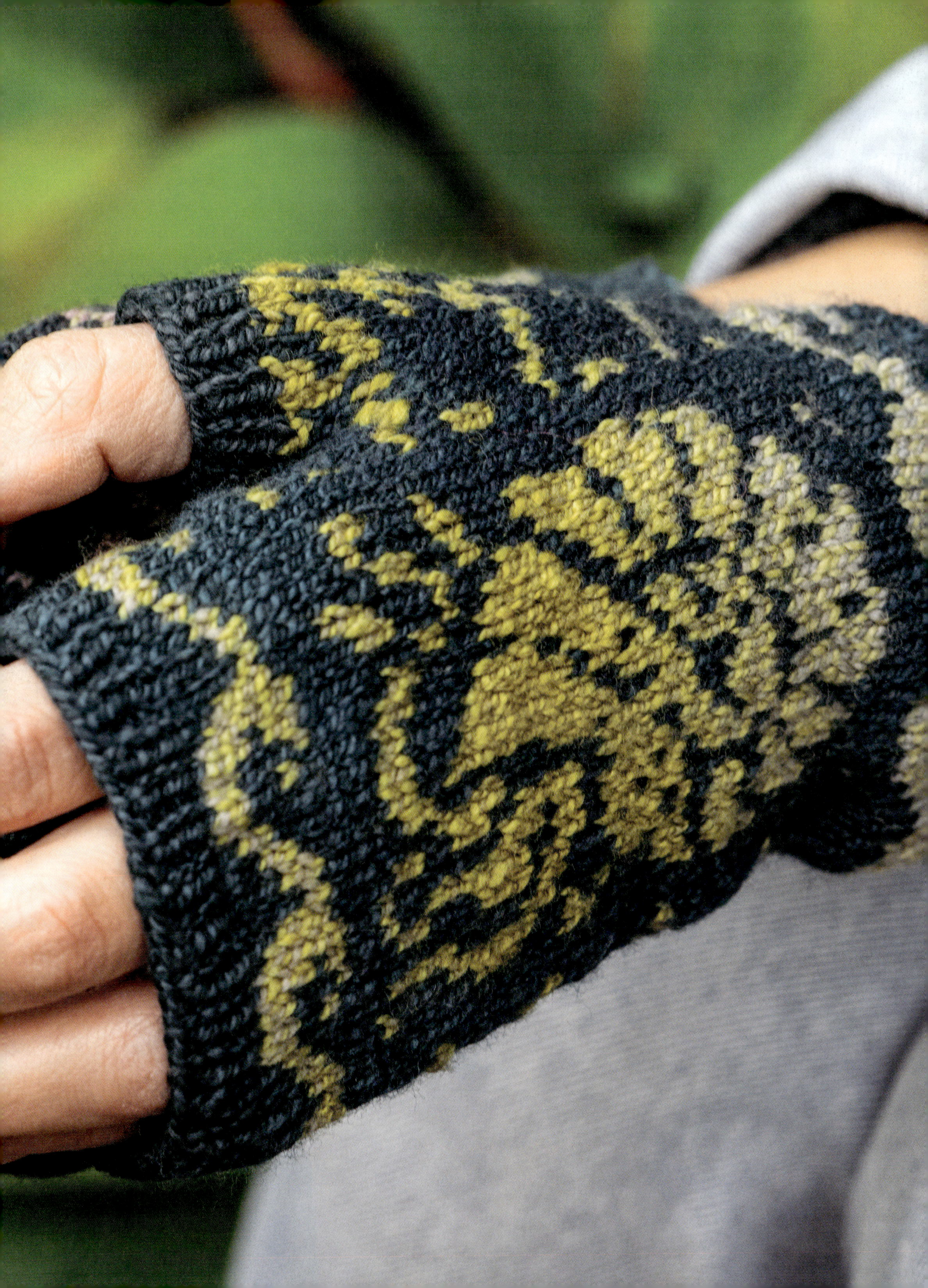

PROJEKTE MIT FARBIGEN MOTIVEN ENTWERFEN

Farbige Motive lassen sich beim Stricken auf vielfältige Weise einsetzen – die Möglichkeiten sind grenzenlos. Mit drei Arbeitsanleitungen für vollständige Projekte möchte ich Ihnen Denkanstöße geben und Ihre Phantasie anregen. Zu jedem Projekt – einer Mütze, einem Pullover und fingerlosen Fäustlingen (Armstulpen) – gebe ich technische Details an und schildere, wie ich die Motive in das Projekt integriert habe. Wenn Sie verstehen, wie der jeweilige Entwurf aufgebaut ist, können Sie andere Farbmotive verwenden oder den ganzen Entwurf verändern und dabei Ihrer Kreativität Ausdruck verleihen.

Mit diesem Buch will ich unter anderem auch zeigen, wie man Motive kombinieren und abwandeln kann. Bei den drei Projekten in diesem Kapitel geht es um mehr als um das Einarbeiten von exakten Wiederholungen eines Motivs in die Krempe einer Mütze oder die Passe eines Pullovers. Ich habe Teile eines Motivs weggelassen, um formgebende Keile zu gestalten. So kann im Laufe der Arbeit – innerhalb des Farbmusters – von Reihen ohne Zu- und Abnahmen zu formgebenden Reihen gewechselt werden.

Am Scheitel der „Mütze im klassischen Stil" sehen Sie, wie die Abnahmen beim „Pfau"-Motiv (S. 52) gearbeitet werden. Eine senkrechte Kombination aus den Motiven „Laube" (S. 62) und „Nachtkerze" (S. 41) ergab die hängenden Girlanden für den Pullover „Mitternachtsgarten". Und die Motive „Nautilus" (S. 96), „Rauchschwaden" (S. 49) und „Wegweiser" (S. 50) sind auf dem Handrücken, der Handfläche und dem Daumenzwickel der Nautilus-Armstulpen zu sehen und harmonieren miteinander.

Das selbständige Kombinieren und Abwandeln von Farbmotiven und das Integrieren von Zu- und Abnahmen in solche Motive ist zweifellos „Stricken für Fortgeschrittene". Wenn es Ihnen zu aufwändig ist, wünsche ich Ihnen viel Freude mit den Projekt-Anleitungen auf den folgenden Seiten. Wenn Sie über die Angaben im Buch hinausgehen, die Projekte nach Ihren Vorstellungen abwandeln und Übung im kreativen Gestalten erwerben wollen, dann versuchen Sie, die Motive durch andere zu ersetzen. Ich habe für den Scheitel der Mütze, die Passe des Pullovers und den Daumenzwickel der Armstulpen Blanko-Diagramme hinzugefügt, sodass Sie genau dieselbe Maschenanzahl arbeiten, aber andere Motive aus dem Buch verwenden oder eigene entwerfen können.

An den drei Projekten in diesem Buch können Sie üben, wie man Farbmotive kombiniert und Zu- und Abnahmen „einbaut". Viel Freude mit den fertigen Arbeiten!

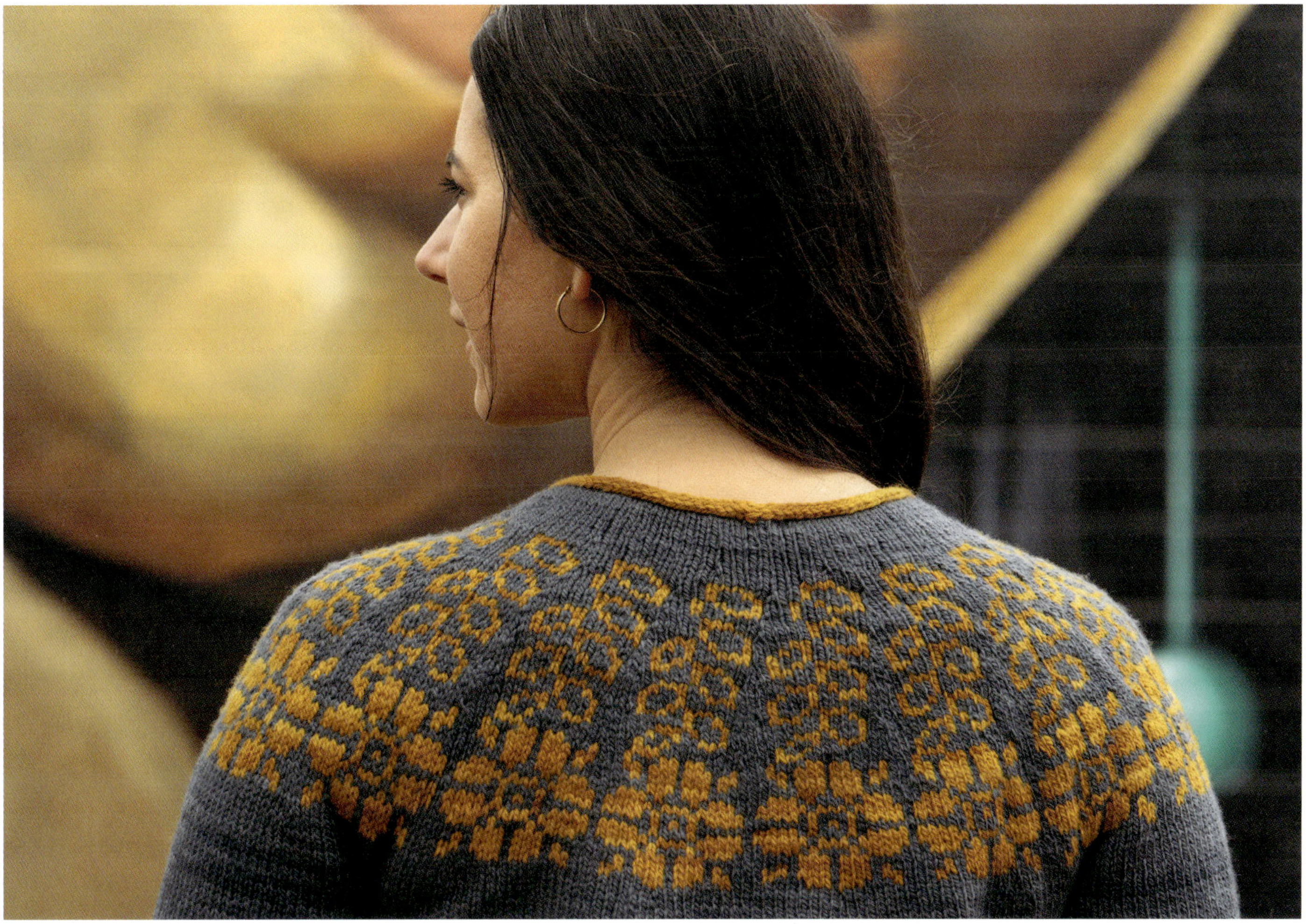

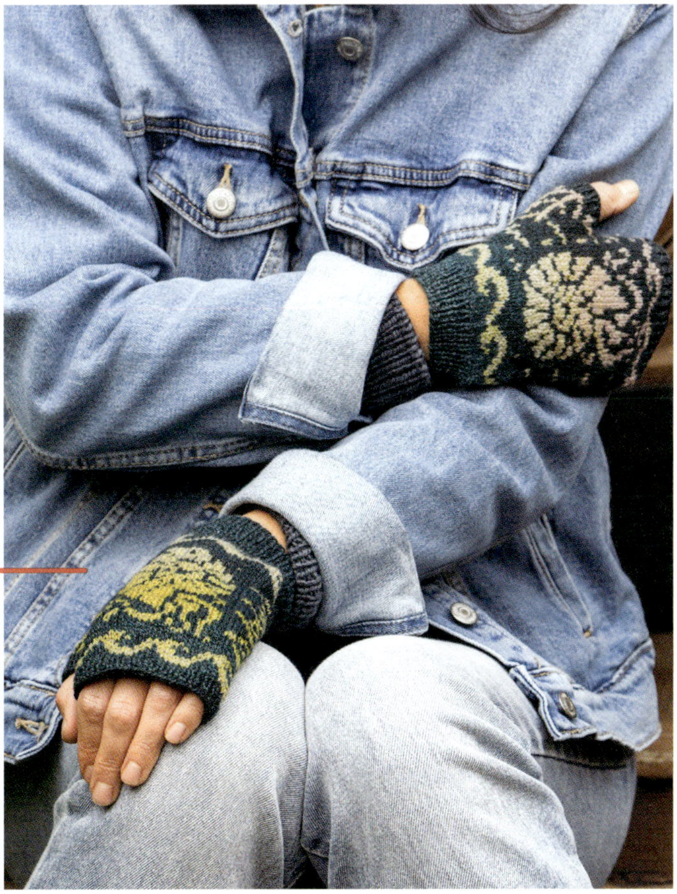

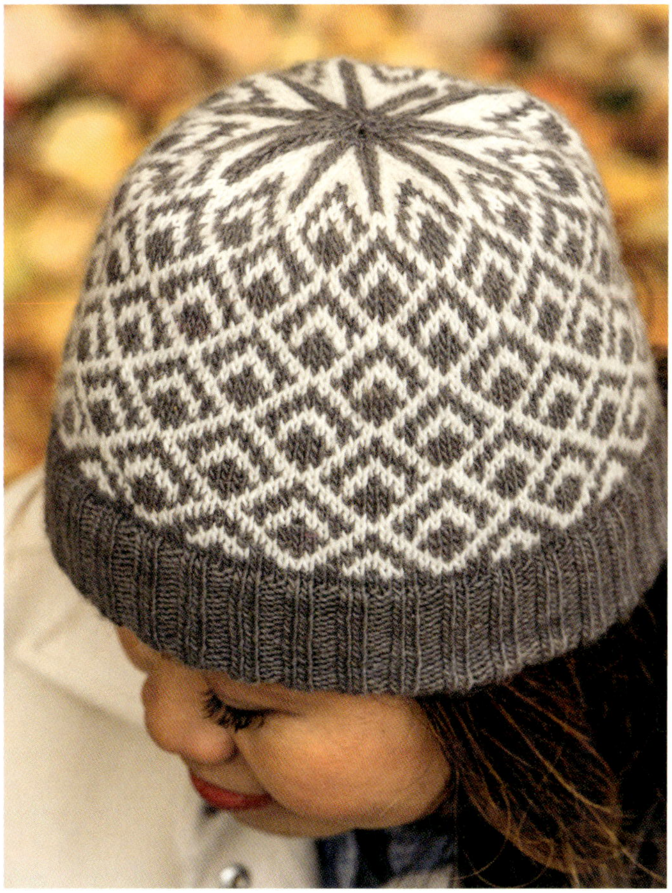

MÜTZE IM KLASSISCHEN STIL: DER ENTWURF

Ein äußerst effektvolles geometrisches All-over-Muster macht diese Mütze zum Hingucker, besonders, wenn sie in stark kontrastierenden, leuchtenden oder kräftig-satten Farben gearbeitet wird. Wenn gedämpfte, neutrale Farbtöne verwendet werden, entsteht ein zarter, naturnaher Look.

Hinweis: Für diese Mütze wurde das Motiv „Pfau" (S. 52) verwendet, das auch in der gesamten „Garn-Galerie" (ab S. 14) zu sehen ist.

Abnahmen am Scheitel

Die Abnahmen am Scheitel einer Mütze mit Farbmotiven wollen gut geplant sein. Hier sind mithilfe von Abnahmen aus 12-Maschen-Wiederholungsmustern Keile entstanden, die oben spitz zulaufen. Damit alles sauber und ordentlich aussieht, habe ich Abnahmen ganz am Anfang und ganz am Ende der Wiederholung vermieden. Deshalb wird am Anfang und am Ende der Wiederholung vor und nach den Abnahmen jeweils eine „gewöhnliche" rechte Masche gearbeitet. Vorsicht: Wenn Sie Abnahmen direkt nebeneinander arbeiten, kann es passieren, dass der Bereich zwischen den Abnahmen ein bisschen schludrig und ausgeleiert aussieht.

Die Keilform habe ich mithilfe von beidseitigen Abnahmen erreicht: Die Abnahme am Beginn des Motivs ist linksgeneigt, die Abnahme am Ende ist rechtsgeneigt – die beiden Abnahmen neigen sich also aufeinander zu. Wenn sie sich in der Mitte treffen, können Sie Ihre bevorzugte doppelte Abnahme arbeiten. Ich habe die Methode sk2p gewählt, war mit dem Ergebnis zufrieden und habe sie in den letzten beiden Abnahmerunden eingesetzt.

Ein Teil der verschachtelten Karoform des „Pfau"-Motivs musste wiederholt werden. In den ersten 7 Runden des Diagramms für die „Abnahmen am Scheitel" werden daher gar keine Abnahmen gearbeitet. Wenn Sie mit anderen Motiven experimentieren, denken Sie immer daran, in welcher Höhe innerhalb Ihres All-over-Musters Sie sich gerade befinden. Wenn es notwendig ist, wiederholen Sie einen Teil Ihres Motivs, bevor Sie mit den Abnahmen am Scheitel beginnen.

Ich wollte die Spitze des auffallenden Karomotivs mittig in dem Keil platzieren. Dazu habe ich eine Abnahme gearbeitet, die nur einseitig, nicht beidseitig ist (siehe Diagramm, Runde 8). Dadurch wurde aus der geraden eine ungerade Maschenanzahl: Wenn alle Runden gearbeitet sind, bildet eine einzelne Masche an der Spitze den Abschluss.

Ihr eigener Entwurf

Dazu brauchen Sie das Blanko-Diagramm und ein 12-Maschen-Wiederholungsmuster. Übertragen Sie das Muster in das Blanko-Diagramm – wie in ein Malbuch. Wenn Ihr Motiv mehr oder weniger als 12 Maschen lang ist, können Sie auf kariertem Papier ein eigenes Diagramm zeichnen. Beginnen Sie mit der Maschenanzahl, die für Ihr Motiv passt, und folgen Sie ungefähr der Keilform meines Diagramms. Zeichnen Sie in jeder zweiten Runde Abnahmen ein.

TIPP: Farbe der Abnahme-Maschen
Damit die Übergänge in Ihrem Muster möglichst harmonisch ausfallen, empfehle ich, die Masche mit dem Abnahme-Symbol in derselben Farbe zu arbeiten wie die Masche direkt darunter.

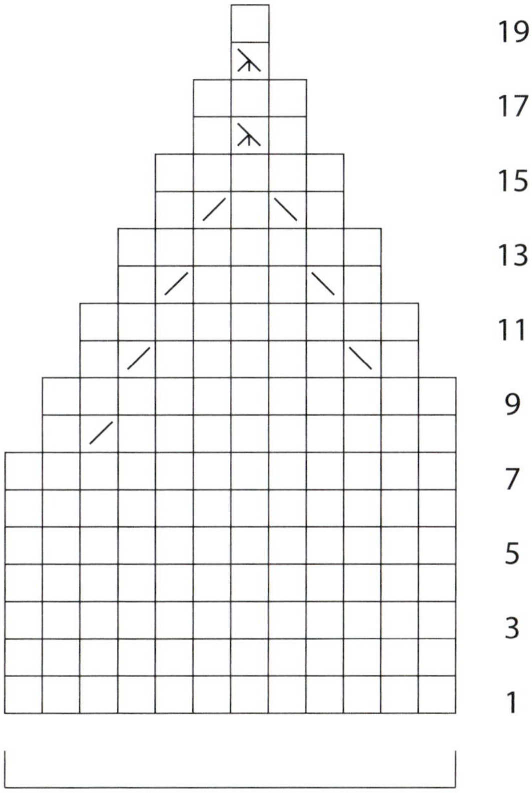

Wdh von 12 M

Abnahmen am Scheitel

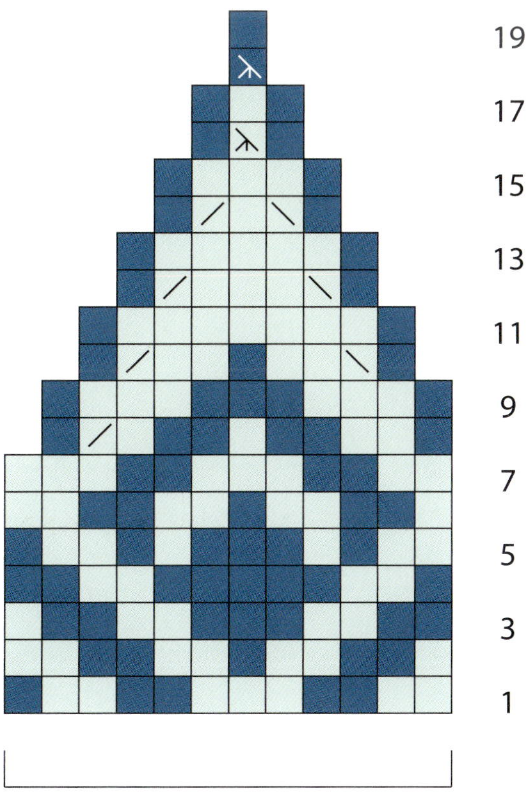

Wdh von 12 M

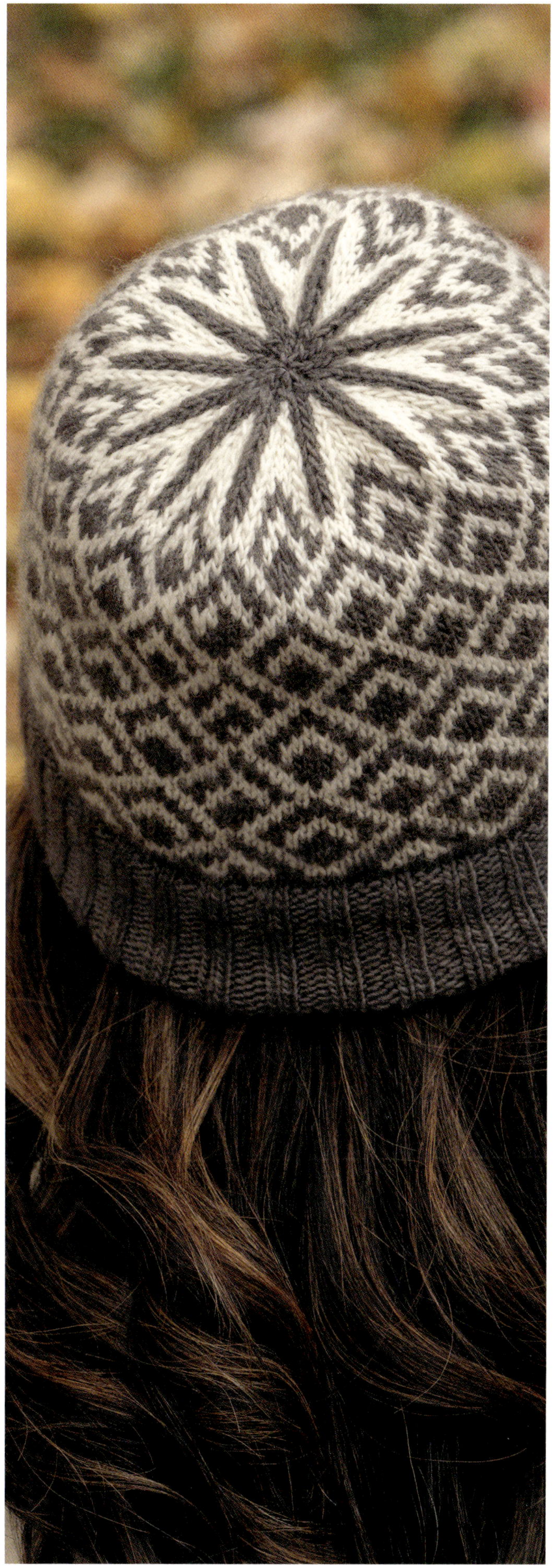

ARMSTULPEN „NAUTILUS": DER ENTWURF

Armstulpen eignen sich ausgezeichnet, um mittelgroße Farbmotive gebührend in Szene zu setzen. Ein Hauptmotiv („Nautilus", S. 96) habe ich für den Handrücken ausgewählt, ein kleineres Motiv („Rauchschwaden", S. 49) für die Handfläche. Um das Tiefsee-Feeling noch zu verstärken, habe ich das Wellenmotiv „Brandung" (S. 47) als Randverzierung gewählt; eine Abwandlung des „Wegweiser"-Motivs (S. 50) schmückt den Daumenzwickel mit einem peppigen Fischgrätmuster.

TIPP: Ombrierte Garne in Farbmotiven
Vorsicht: Wenn Sie in einem Farbmotiv ein ombriertes mit einem einfarbigen Garn kombinieren, müssen alle Farben, die in dem ombrierten Garn vorkommen, einen guten Kontrast zu dem einfarbigen Garn bilden. Ein ombriertes Garn mit sehr hellen und sehr dunklen Bereichen im selben Strang (Knäuel) ist für eine solche Kombination nicht zu empfehlen.

Motive kombinieren

Beim Kombinieren mehrerer Motive im selben Entwurf müssen Sie unbedingt auf die zu wiederholende Maschenanzahl der Motive achten, damit das fertige Projekt sauber und harmonisch aussieht. Bei den Nautilus-Armstulpen lag die Herausforderung darin, vier Maschenrapporte nahtlos zu kombinieren – ein Motiv besteht aus 10, eines aus 22 und eines aus 31 Maschen.

Das Motiv „Brandung" bildet eine Bordüre rund um das Handgelenk und rund um die Finger. Die zu wiederholende Maschenanzahl beträgt 10. Da eine Welle nahtlos in die andere übergeht, muss die Gesamtanzahl der Maschen durch 10 teilbar sein.

Auf dem Handrücken sieht man das Nautilus-Motiv, auf der Handfläche wiederholt sich eine Abwandlung des Rauchschwaden-Motivs und ein keilförmiges Wegweiser-Motiv bildet den Daumenzwickel. Wichtig: Vergewissern Sie sich, dass der Zwickel nicht direkt an das Motiv angrenzt, das Sie am Handrücken präsentieren wollen.

Ein Motiv, das direkt an den Daumenzwickel angrenzt, lässt sich nicht auf dem Handrücken zentrieren. Durch die Form der menschlichen Hand wird es optisch näher zum Daumen „gezogen".

Ein großes Hauptmotiv am Handrücken hat den Vorteil, dass sich das kleinere Motiv auf der Handfläche nicht zur Gänze wiederholen muss. Stellen Sie fest, wie viele Maschen Sie für den Handumfang brauchen, und ziehen Sie die Maschenanzahl des größeren Motives ab. Die restlichen Maschen verbleiben für das kleinere Motiv. Wenn die Wiederholung sich nicht genau ausgeht, fügen Sie vor und nach dem größeren Motiv dieselbe Anzahl von Maschen ein. Sie können auch Teile des Motivs verwenden, ich würde jedoch empfehlen, sie symmetrisch anzuordnen.

Noch ein Detail sollte bei der Auswahl der Motive für Handfläche und Zwickel bedacht werden: Sie müssen das Farbmuster in allen Runden arbeiten, es darf nicht durch einfarbige Runden unterbrochen werden, weil auch beim Nautilus-Motiv jede Runde eine Muster-Runde ist. Durch einfarbige Runden würden lange Spannfäden entstehen, die über mehr als die Hälfte der Stulpe führen – eine völlig unpraktikable Lösung.

Beim ursprünglichen Rauchschwaden-Motiv wird eine einfarbige Runde gearbeitet, dann folgen 8 Farbmusterrunden. Um das Motiv für die Armstulpen verwenden zu können, habe ich die einfarbige Runde weggelassen. Das Motiv sieht dadurch ein bisschen anders aus – das hatte ich erwartet und das Ergebnis gefällt mir recht gut.

Ihr eigener Entwurf

Für Ihren höchstpersönlichen Armstulpen-Entwurf suchen Sie sich am besten ein mittelgroßes Motiv für den Handrücken aus, zum Beispiel ein Tier- oder Blumenmotiv, und ein kleineres Motiv für die Handfläche. Verwenden Sie das Blanko-Diagramm, um den Daumenzwickel zu gestalten.

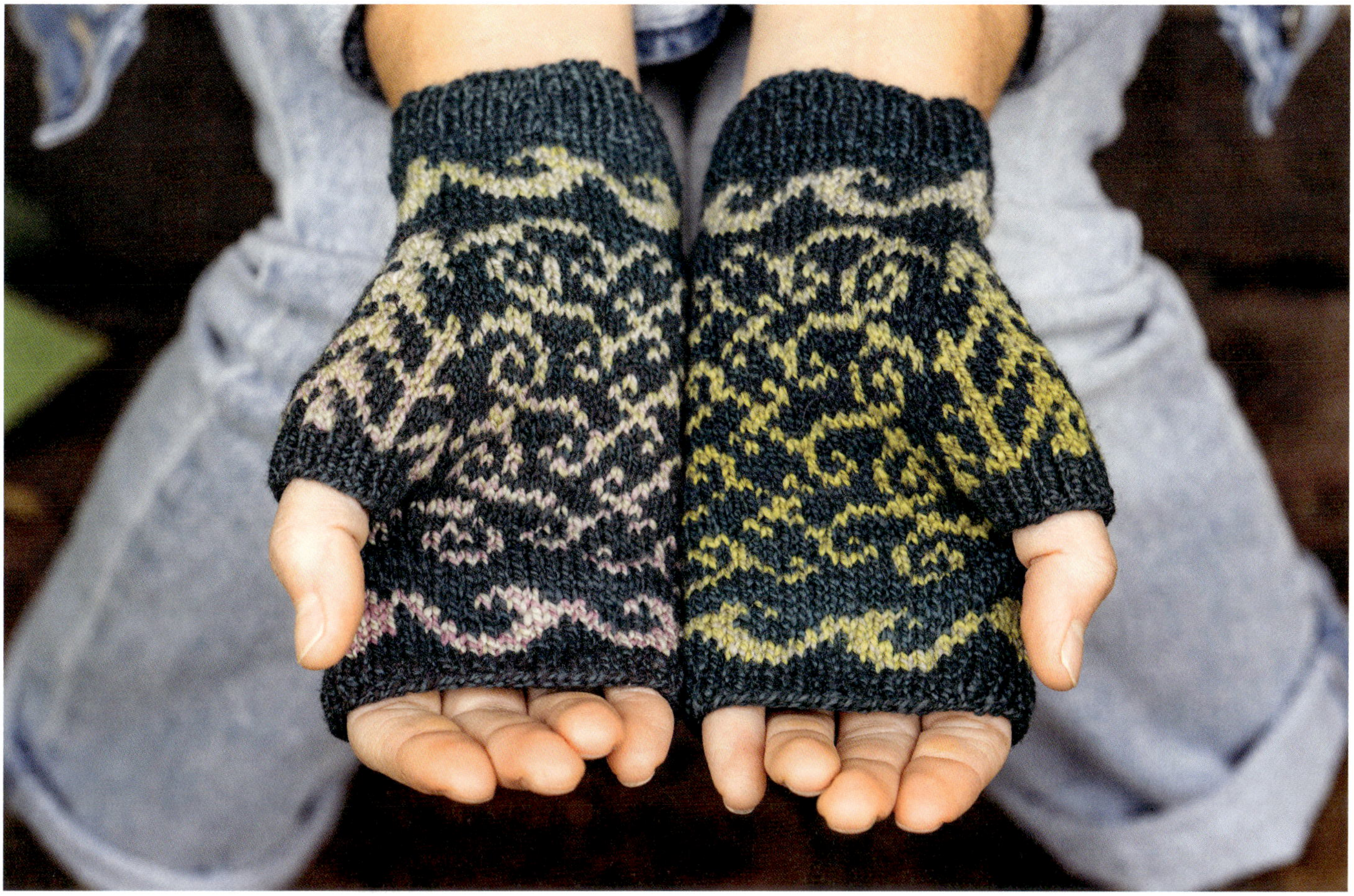

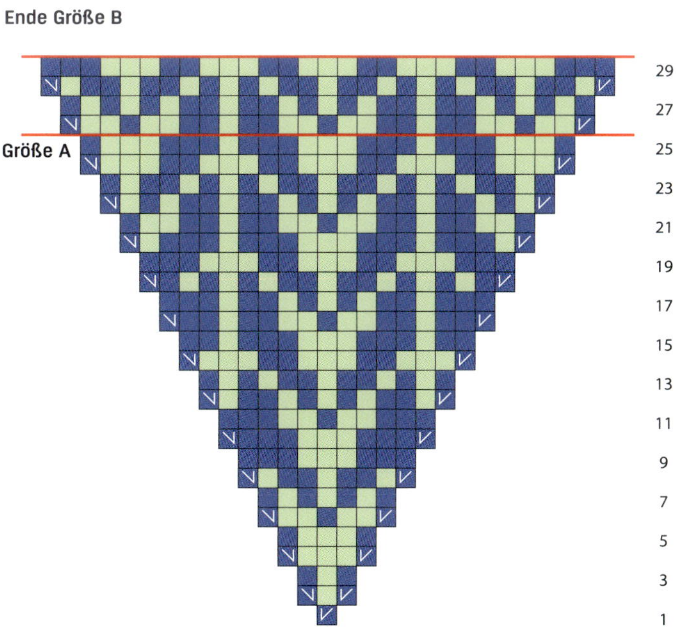

Ende Größe B
Größe A
29
27
25
23
21
19
17
15
13
11
9
7
5
3
1

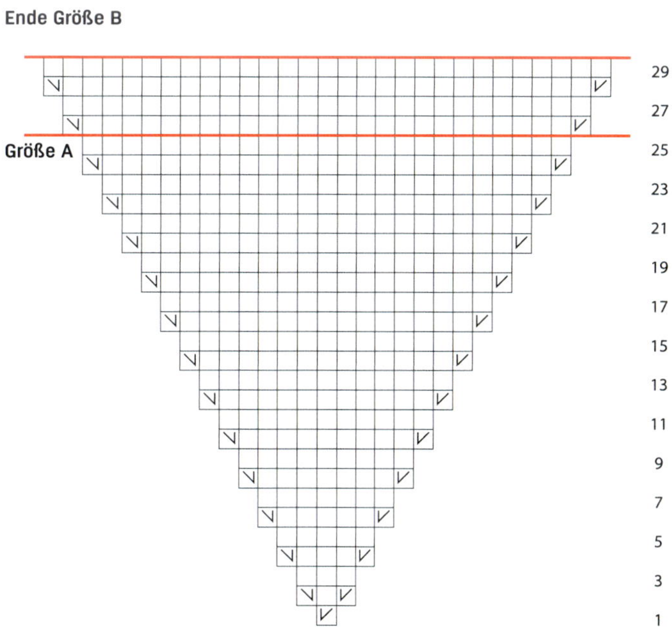

Ende Größe B
Größe A
29
27
25
23
21
19
17
15
13
11
9
7
5
3
1

PULLOVER „MITTERNACHTSGARTEN": DER ENTWURF

Die Passe eines Pullovers lässt sich mit farbigen Strickmotiven wunderbar gestalten. Je nachdem, ob es sich um einen Pullover mit Raglanschnitt, mit Rundpasse oder um eine andere Pullover-Variante handelt, ist die Herangehensweise unterschiedlich. Ein Pullover mit Rundpasse ist mir für Farbmotive am liebsten. Die Keile, die der Rundpasse ihre Form geben, eignen sich gut zum Kombinieren von Motiven.

Klassische Fair-Isle-Pullover haben meist eine Rundpasse (keinen Raglanschnitt) und kleine (keine großen) Farbmuster. Für diesen Pullover habe ich das Motiv „Laube" (S. 62) und das Motiv „Nachtkerze" (S. 41) abgewandelt und zu einem modern anmutenden Muster kombiniert, das niemand als Fair-Isle-Muster bezeichnen würde.

Die Keile für die Passe

Ob Sie von unten nach oben (mit Abnahmen) oder von oben nach unten (mit Zunahmen) stricken – exakte Planung ist notwendig, damit die Keile genau die richtige Form bekommen. Die Maschenprobe ist in beiden Fällen äußerst wichtig, da die Häufigkeit der Abnahmen oder Zunahmen davon abhängt. Das sollten Sie bedenken, wenn Sie das Blanko-Diagramm auf der nächsten Seite verwenden, um Ihren eigenen Pullover zu entwerfen. Wenn Ihre Maschenprobe anders ist, ist die Häufigkeit der Ab- bzw. Zunahmen vielleicht gar nicht die richtige für Sie.

Um die Keilform hinzubekommen, war ein langes Herumprobieren mit den Motiven notwendig. Ich begann mit der „Laube", und zwar mit einem einzelnen Blatt. Dann wiederholte ich das Motiv mit größeren Abständen zwischen den Wiederholungen. Das Blatt, das der Blüte am nächsten ist, machte ich ein bisschen kleiner, damit es besser in das Muster passte. Die Nachtkerzenblüten habe ich nicht abgewandelt, nur habe ich ganz am Anfang eine Zunahme hinzugefügt, um die richtige Maschenzahl zu erreichen.

Wenn Sie sich den Keil näher ansehen, wird Ihnen auffallen, dass er nicht ganz symmetrisch ist und die Zunahmen auch nicht völlig regelmäßig erfolgen. Bei einer Rundpasse haben Sie immer einen gewissen Spielraum und können mit der Maschenanzahl jonglieren, um das gewünschte Ergebnis zu erzielen. Wenn Sie den Pullover von oben nach unten (top-down) arbeiten und die nötige Maschenanzahl für den richtigen Hals-, Brust- und Ärmelumfang und die Tiefe der Passe haben und in regelmäßigen Abständen Zunahmen arbeiten, wird die Passe gut gelingen. Sie sollten es aber vermeiden, hintereinander mehrere Runden mit Zunahmen, gefolgt von mehreren „normalen" Runden, zu arbeiten. Der Pullover könnte dadurch aus der Form geraten.

Ihr eigener Entwurf

Mit dem Blanko-Diagramm können Sie nach Lust und Laune Ihren eigenen Top-down-Pullover mit Rundpasse entwerfen. Wenn Sie den Entwurf noch weiter abändern wollen, probieren Sie es mit Farbmustern an den Manschetten oder am Saum. Sie können auch den Hals anders gestalten, zum Beispiel als Crew-Neck mit einem 1 x 1-Rippenmuster.

TIPP: Für Maschenproben-Muffel

Um Motive zu finden und zu einem stimmigen Entwurf zusammenzustellen, sind Maschenproben zwar ein Muss. Wenn aber schon der Gedanke daran Ihnen die Motivation raubt und Ihre Kreativität lähmt, stricken Sie stattdessen eine Probe-Mütze oder Probe-Fäustlinge mit dem gewünschten Motiv. Das ist nicht so effizient, macht aber mehr Spaß und irgendjemandem wird das fertige Stück schon passen!

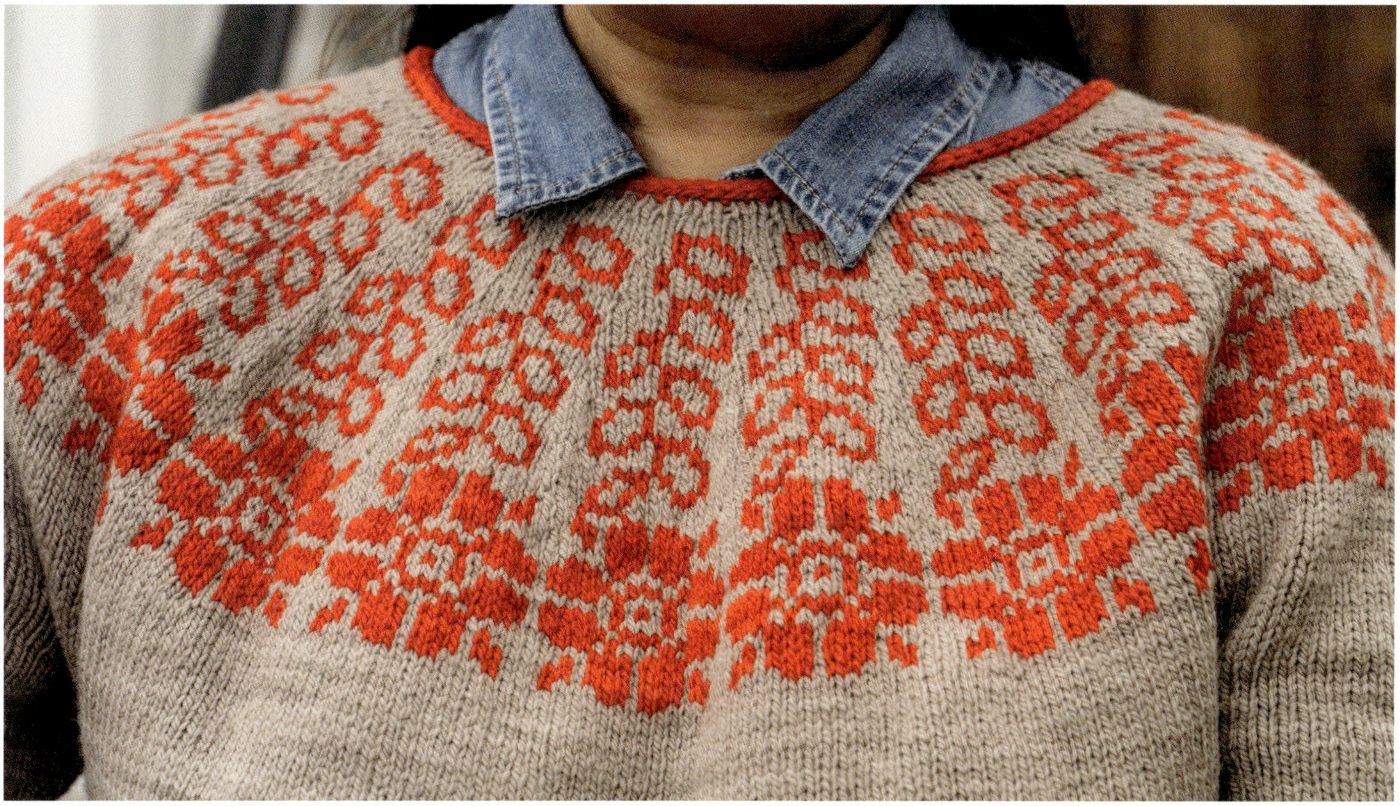

Rundpasse

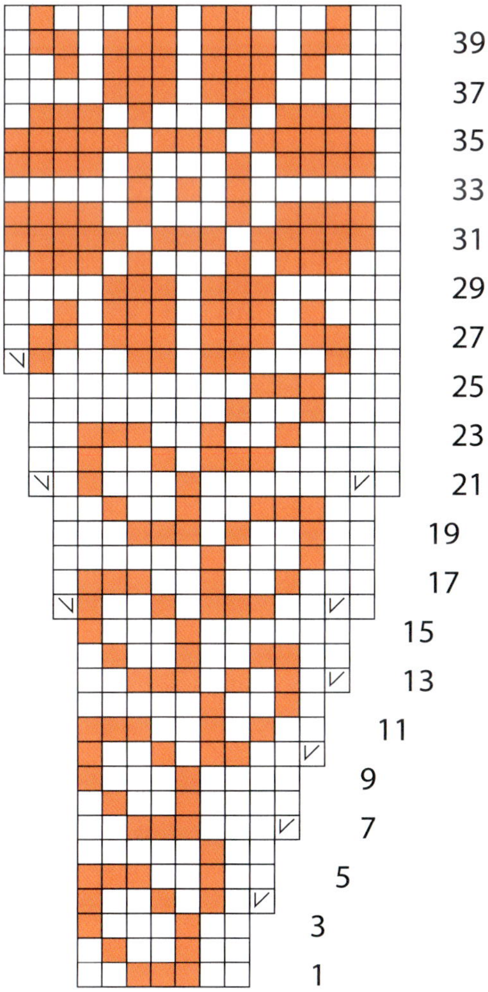
39
37
35
33
31
29
27
25
23
21
19
17
15
13
11
9
7
5
3
1

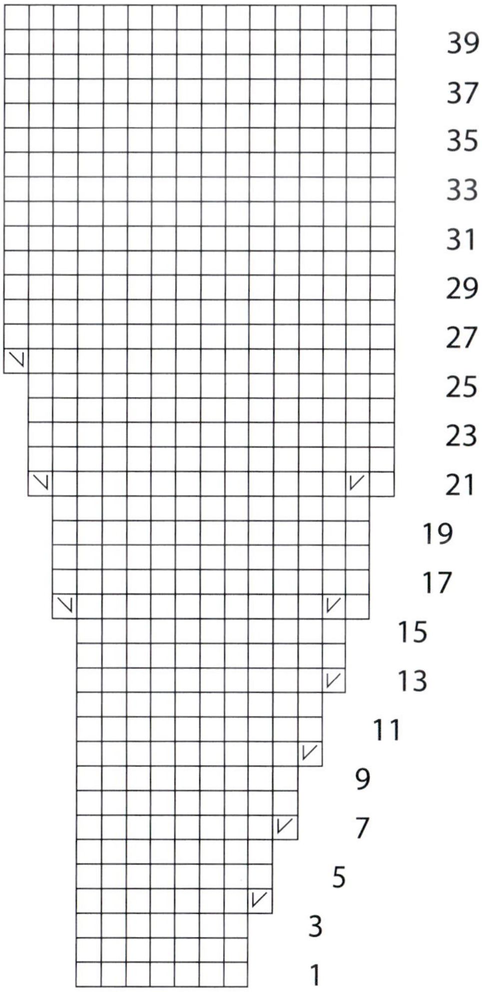
39
37
35
33
31
29
27
25
23
21
19
17
15
13
11
9
7
5
3
1

MÜTZE IM KLASSISCHEN STIL

Diese markante, aparte Mütze ist genau das Richtige, wenn Sie Ihre Fertigkeiten im Farbstricken verfeinern und das Arbeiten nach einer Anleitung mit Abnahmen üben wollen. Durch die Abnahmen am Scheitel entsteht eine regelmäßige, klassisch schöne Wölbung.

GRÖSSEN UND MASSE BEI FERTIGSTELLUNG

Größen

A (B, C, D, E)
Baby (Kind, kleine Erwachsenengröße, mittlere Erwachsenengröße, große Erwachsenengröße)

Maße

Mützenumfang:
39,5 (43, 47,5, 52, 56,5) cm
Länge der Mütze (vom Scheitel bis zur Unterkante der Krempe):
19 (19, 19,5, 21, 22) cm

Hier gezeigt mit 52 cm Umfang.

GARN

Fingering in 2 Farben.
Hauptfarbe (HF):
107 (118, 130, 142, 154) m
Kontrastfarbe (KF):
48 (53, 59, 64, 69) m

Hier gezeigt: Neighborhood Fiber Co. Organic Rustic Fingering (100 % organische Merinowolle); 434 m/114 g; Hauptfarbe: Lexington Market, 1 Strang; Kontrastfarbe: Roland Park, 1 Strang.

NADELN

40-cm-Rundstricknadel und Nadelspiel, 3,75 mm und 3,25 mm (oder Ihre bevorzugte dünne Nadel, z. B. lange Rundstricknadel für die Magic-Loop-Technik).

MASCHENPROBE

28 M und 32 Rd = 10 cm im Farbmuster mit der größeren Nadelstärke.
Nadelstärke anpassen, wenn dies notwendig ist, um die richtige Maschenprobe zu erhalten.

SONSTIGES ZUBEHÖR

Maschenmarkierer (MM); Wollnadel; Hilfsfaden; zusätzliche 40-cm-Rundstricknadel in derselben Stärke oder dünner als die dünnen Nadeln; Häkelnadel, 3,25 mm.

NOTES

- Die Mütze wird mit einem provisorischen Anschlag von der Krempe nach oben gearbeitet. Die Krempe wird doppelt so lang wie gewünscht gearbeitet, dann zur Hälfte gefaltet und die provisorischen Maschen mit den offenen Maschen zusammengestrickt, sodass eine doppelte Krempe entsteht.
- Die Mütze hat eine runde Beanie-Form. Wenn Sie eine so genannte „Slouchy Beanie-Form" lieber haben, arbeiten Sie eine zusätzliche Wiederholung der 10 Runden nach dem Hauptdiagramm, bevor Sie nach dem Diagramm für den Scheitel zu stricken beginnen.
- Die Anleitung enthält je ein Diagramm für 2 Varianten: helle HF mit dunkler KF und dunkle HF mit heller KF. Wählen Sie die Variante, die am besten zu den von Ihnen ausgesuchten Garnfarben passt.

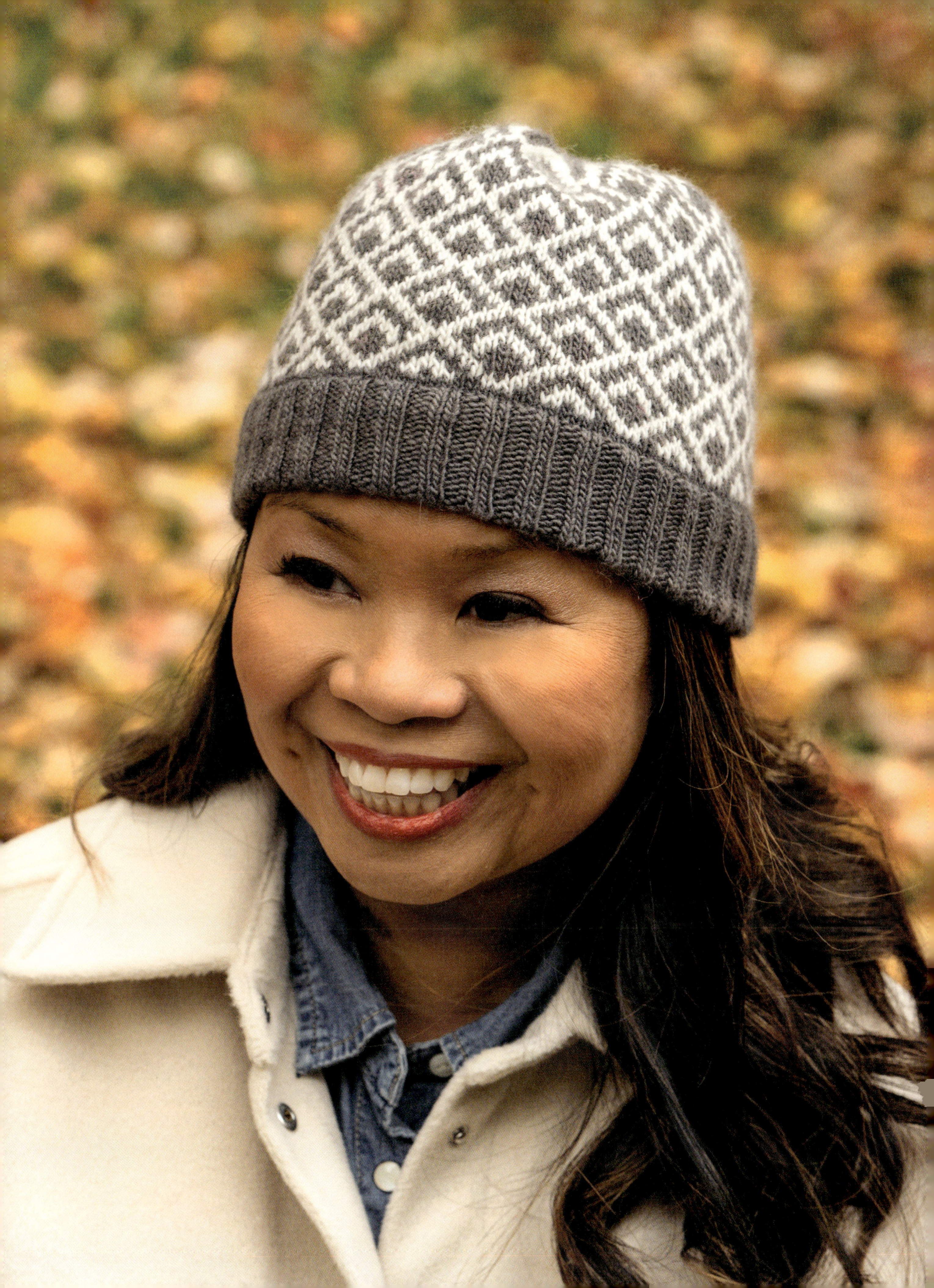

ARBEITSANLEITUNG: MÜTZE

KREMPE

Mit der dünneren 40-cm-Rundstricknadel, der Häkelnadel und dem Hilfsfaden 108 (120, 132, 144, 156) Maschen anschlagen (provisorischer Anschlag mit der Häkelnadel, siehe **Glossar: Stricktechniken**).

Hauptfarbe einstricken. 1 R re str.

MM setzen, zur Runde schließen.

Runde 1: * 2 M re, 2 M li; ab * bis zum Ende wdh.

Runde 1 wdh, bis die Krempe ab der Anschlagkante 5 (5, 6,5, 9, 11,5) cm misst.

Hilfsfaden vorsichtig von der Anschlagkante entfernen und die Maschen auf die zusätzliche 40-cm-Rundstricknadel legen. Krempe zur Hälfte falten, sodass die offenen Maschen vor den provisorischen Maschen liegen und die Krempe halb so lang ist wie die bisher gestrickte Arbeit.

Befestigungsrunde: * Eine offene Masche zusammen mit einer provisorischen Masche rechts abstricken; ab * bis zum Ende wdh.

Die Krempe ist nun gefaltet und befestigt.

1 Runde rechts stricken.

FARBMUSTER

Zur größeren Nadelstärke wechseln, wenn dies notwendig ist, damit die Maschenprobe während des Farbmusters gleich bleibt. Kontrastfarbe einstricken und Runde 1–10 nach dem Hauptdiagramm 3-mal arbeiten. Das 12-Maschen-Wiederholungsmuster wird insgesamt 9 (10, 11, 12, 13)-mal gearbeitet.

SCHEITEL

Runde 1–19 nach dem „Scheitel"-Diagramm arbeiten; dazu zu einem Nadelspiel, einer langen Rundstricknadel oder anderen Nadeln für kleine Umfänge wechseln, wenn der Umfang zu klein für die 40-cm-Rundstricknadel ist.

Maschenanzahl: wenn die Arbeit nach dem „Scheitel"-Diagramm abgeschlossen ist, verbleiben 9 (10, 11, 12, 13) Maschen.

Nur für Größe A (-, C, -, E):
Letzte Abnahme-Runde: 1 M re, * ssk; ab * bis zum Ende wdh.

Nur für Größe - (B, -, D, -):
Letzte Abnahme-Runde: * ssk; ab * bis zum Ende wdh.

Für alle Größen:
Maschenanzahl: Es verbleiben 5 (5, 6, 6, 7) Maschen.

Beide Fäden abschneiden, Fadenenden von jeweils 15 cm stehenlassen. Fadenende in der Hauptfarbe in eine Wollnadel fädeln und durch alle verbleibenden Maschen ziehen. Wie einen Tunnelzug festziehen. Zur Sicherheit den Faden nochmals durch die Maschen ziehen, dann durch den Mittelpunkt an der höchsten Stelle der Mütze nach innen ziehen. Fadenende in der Kontrastfarbe in eine Wollnadel einfädeln und ebenso nach innen ziehen.

LETZTE HANDGRIFFE

Die Fadenenden auf der linken Seite der Arbeit mit Maschenstich vernähen.

Spannen

Die Mütze in lauwarmem Wasser (= Zimmertemperatur) mit milder Seife oder Wollwaschmittel von Hand waschen. In sauberem Wasser vorsichtig ausspülen, überschüssige Feuchtigkeit mit einem Handtuch ausdrücken. Die Mütze flach zum Trocknen auflegen oder auf einem Hutständer trocknen lassen.

Hauptdiagramm, helle HF

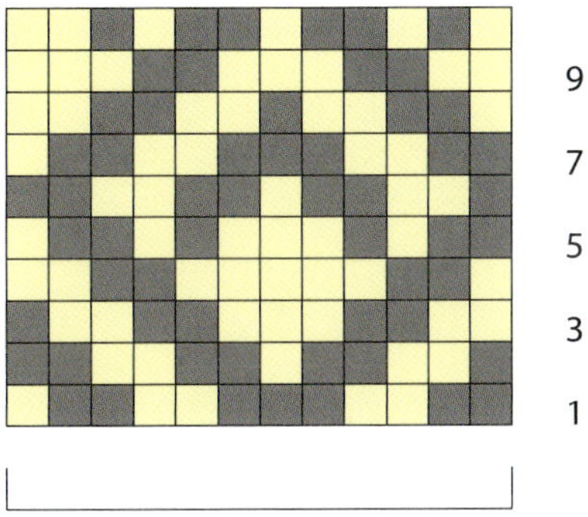

Wdh von 12 M

Hauptdiagramm, dunkle HF

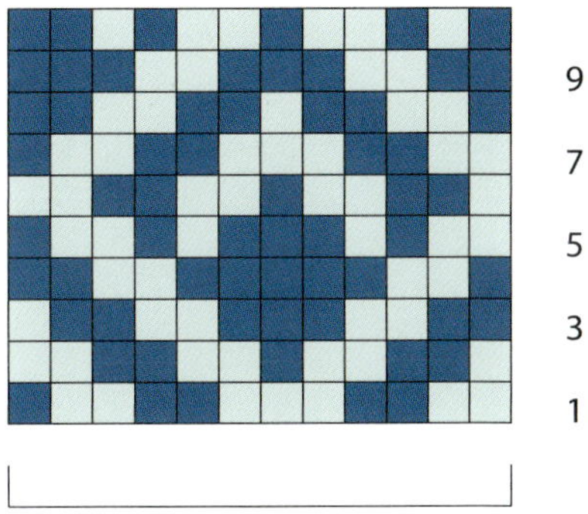

Wdh von 12 M

Scheitel, helle HF

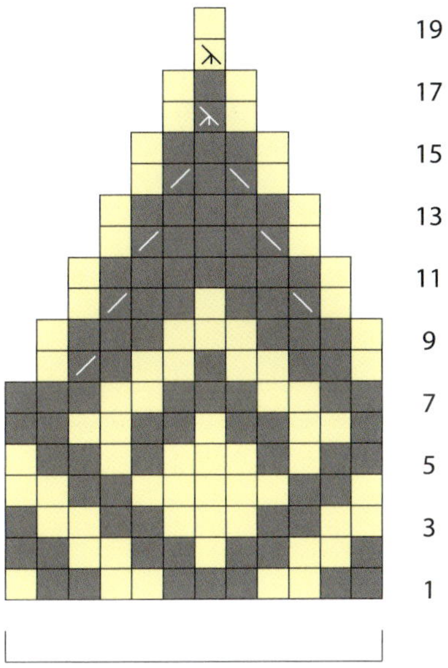

Wdh von 12 M bis 1 M

Scheitel, dunkle HF

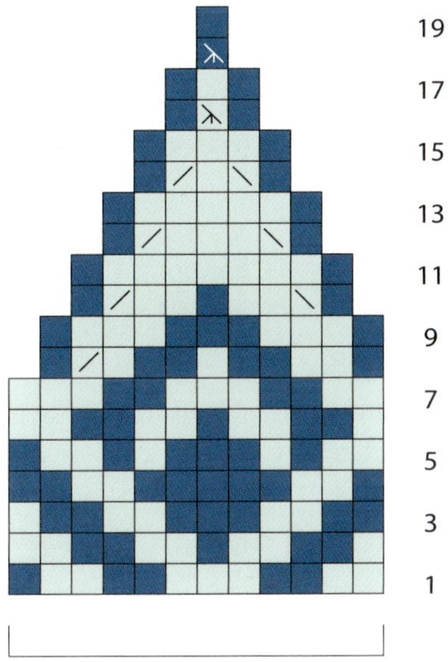

Wdh von 12 M bis 1 M

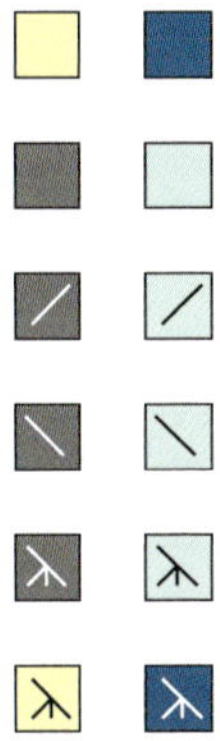

- re M in Hauptfarbe
- re M in Kontrastfarbe
- 2 M re zus-str in Kontrastfarbe
- ssk in Kontrastfarbe
- sk2p in Kontrastfarbe
- sk2p in Hauptfarbe

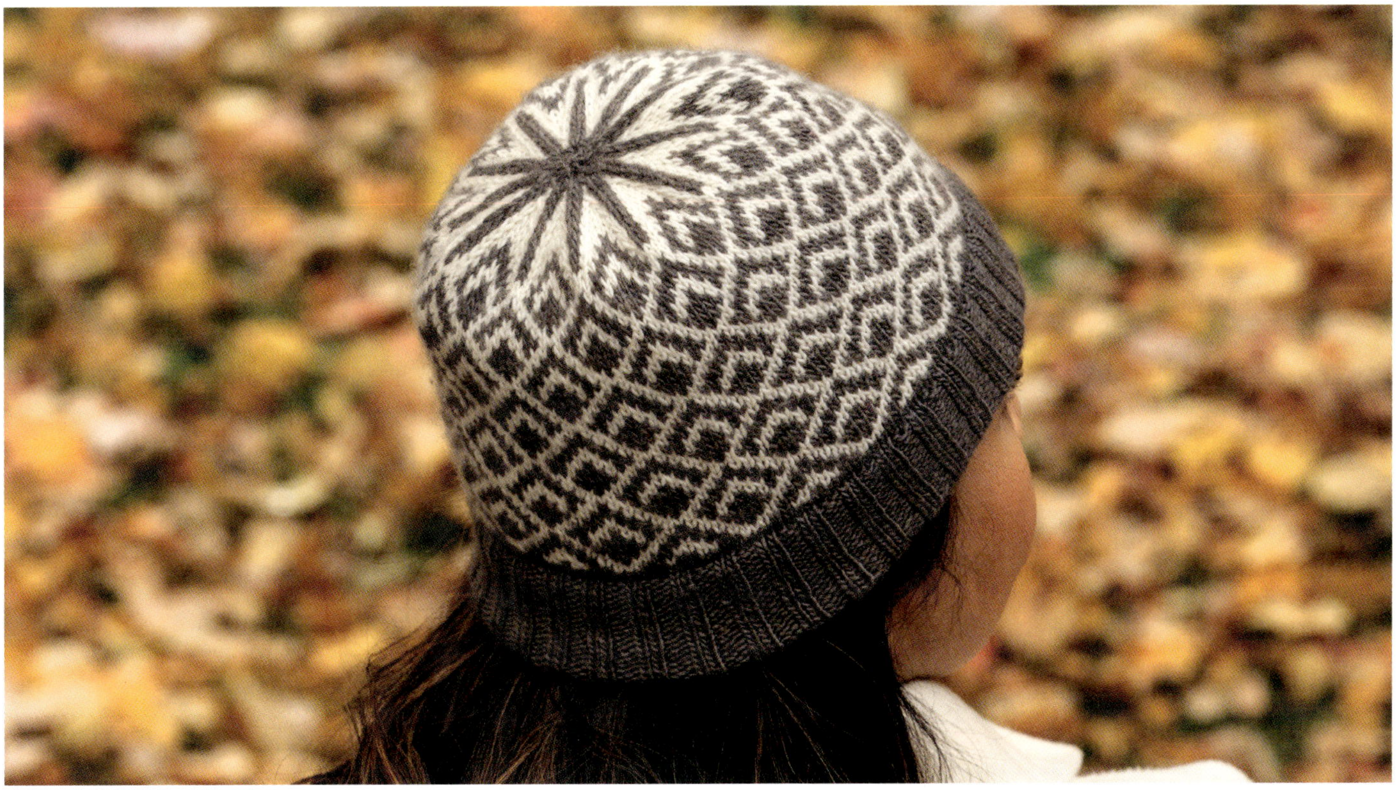

ARM-STULPEN „NAUTILUS"

Lassen Sie sich von der Vielfalt der Unterwassermotive auf diesen Armstulpen verzaubern! Gönnen Sie Ihrer Phantasie einen Ausflug in die geheimnisvolle Tiefsee, wo der Nautilus zu Hause ist.

GRÖSSEN UND MASSE BEI FERTIGSTELLUNG

Größen
A (B)
kleine Erwachsenengröße (große Erwachsenengröße)

Maße
Handumfang: 18 (21) cm

Hier gezeigt: Handumfang 18 cm.

GARN

Fingering oder Sport in 2 Farben.
Hauptfarbe (HF): 137 (161) m
Kontrastfarbe (KF): 62 (73) m

Hier gezeigt: Hauptfarbe: Spincycle Yarns Dyed in the Wool (100 % amerikanische Superwash-Wolle); 183 m Nightwatch, 1 Strang. Kontrastfarbe: Spincycle Yarns Nocturne (100 % Merinowolle); 183 m Pick Your Poison, 1 Strang.

NADELN

Bündchen und einfarbige, glatt rechts gestrickte Abschnitte: Nadelspiel, 2,75 mm, oder Ihre bevorzugten Nadeln für kleine Umfänge, z. B. lange Rundstricknadel für die Magic-Loop-Technik.

Farbmuster: Nadelspiel, 3,5 mm, oder Ihre bevorzugten Nadeln für kleine Umfänge.

MASCHENPROBE

34 M und 40 Rd = 10 cm im Farbmuster mit der größeren Nadelstärke.
Nadelstärke anpassen, wenn dies notwendig ist, um die richtige Maschenprobe zu erhalten.

SONSTIGES ZUBEHÖR

Maschenmarkierer (MM); Wollnadel; Hilfsfaden.

ANMERKUNG

- Die Stulpen werden vom Handgelenk bis zu den Fingern gearbeitet. Der Daumenzwickel wird gleichzeitig mit der Stulpe gearbeitet, dann werden die Daumen-Maschen auf einen Hilfsfaden gelegt, während die Stulpe fertig gearbeitet wird. Von den Maschen auf dem Hilfsfaden ausgehend wird dann der Daumen gestrickt.

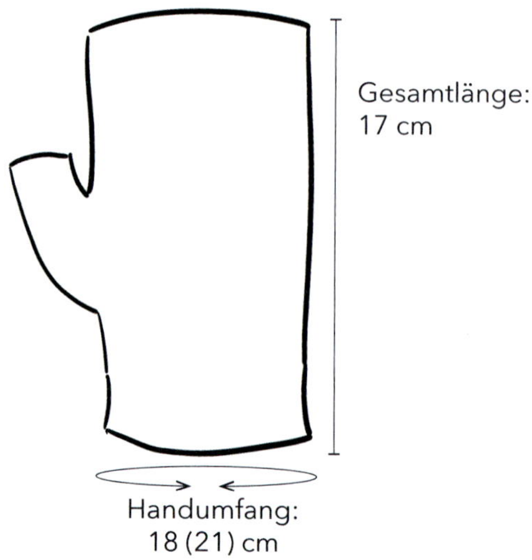

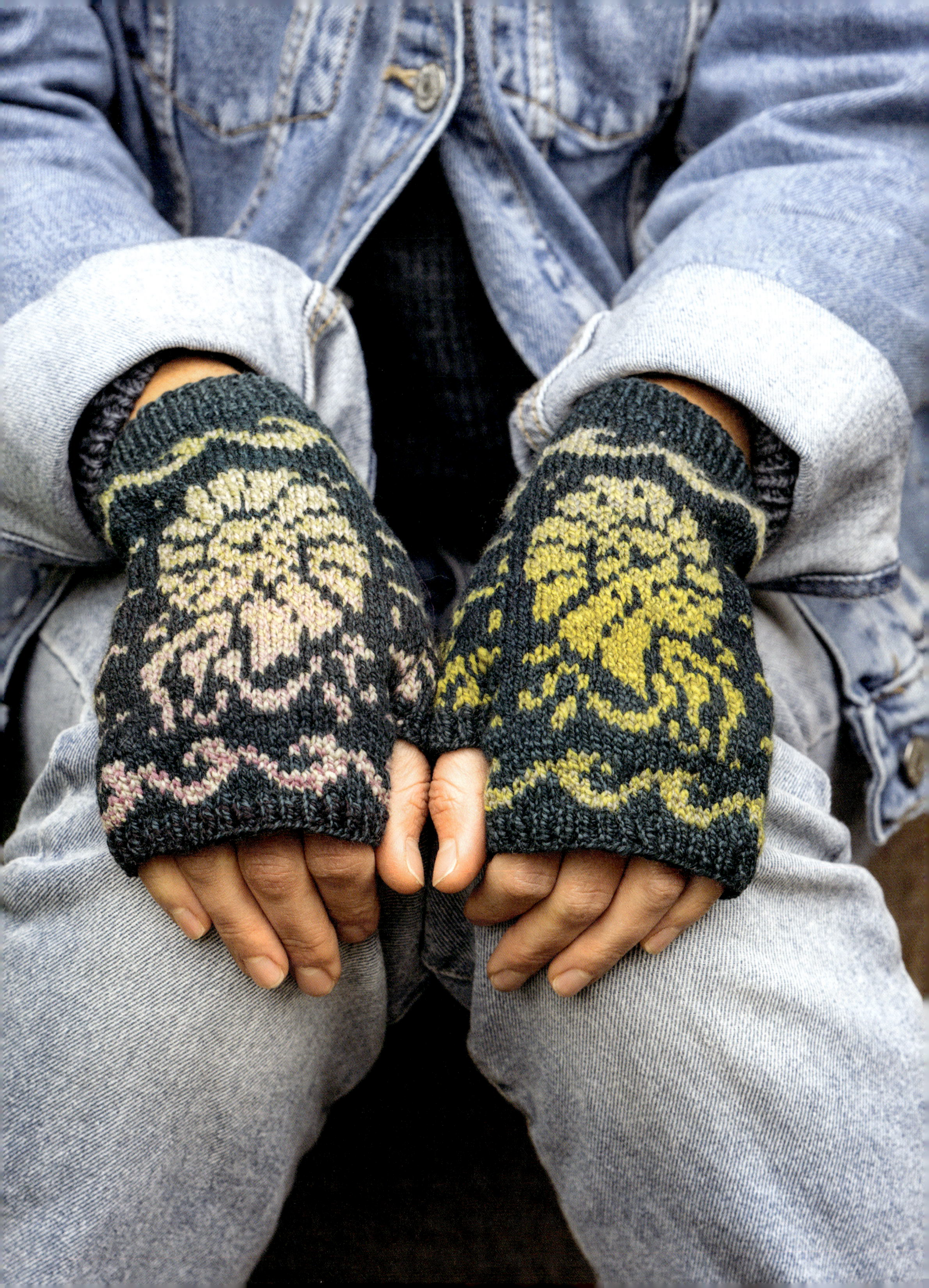

ARBEITSANLEITUNG: ARMSTULPEN

BÜNDCHEN

Mit der dünneren Nadel in der Hauptfarbe 56 (68) M anschlagen. MM setzen, zur Runde schließen.

Bündchenmuster

Runde 1: (1 M re, 1 M li) bis zum Ende der Runde wdh.

Runde 1 noch 9-mal oder so lange wdh, bis das Bündchen etwa 2,5 cm ab der Anschlagkante misst.

Zunahmerunde: * 14 (34) M re, M1; ab * bis zum Ende wdh = 4 (2) M zugenommen; insgesamt 60 (70) M.

1 Rd re stricken.

FARBMUSTER

Anmerkung: Zur größeren Nadelstärke wechseln, wenn dies notwendig ist, damit die Maschenprobe während des Farbmusters gleich bleibt.

Runde 1–6 nach dem Diagramm „Brandung: Rechte Hand" arbeiten. Das Motiv wird insgesamt 6 (7)-mal gearbeitet.

Anmerkung: Zur kleineren Nadelstärke wechseln, wenn dies notwendig ist, damit die Maschenprobe im glatt rechts gestrickten Abschnitt gleich bleibt.

In der Hauptfarbe 2 Runden re stricken.

ZWICKEL UND HAND

Anmerkung: Zur größeren Nadelstärke wechseln, wenn dies notwendig ist, damit die Maschenprobe während des Farbmusters gleich bleibt.

Runde 1 nach dem Zwickel-Diagramm arbeiten, MM setzen, Runde 1 nach dem Diagramm „Nautilus: Rechte Hand" in der gewünschten Größe arbeiten = insgesamt 61 (71) M.

Ebenso fortfahren, bis zu Runde 25 (29) der Diagramme arbeiten = insgesamt 85 (99) M: 25 (29) für den Zwickel und 60 (70) für die Hand.

Maschen für den Daumen

25 (29) Zwickel-Maschen auf Hilfsfaden legen. Einen MM entfernen, wieder zur Runde schließen und nach dem Diagramm „Nautilus: Rechte Hand" bis inkl. Runde 32 arbeiten.

Anmerkung: Zur kleineren Nadelstärke wechseln, wenn dies notwendig ist, damit die Maschenprobe im glatt rechts gestrickten Abschnitt gleich bleibt.

In der Hauptfarbe 2 Runden re stricken.

Anmerkung: Zur größeren Nadelstärke wechseln, wenn dies notwendig ist, damit die Maschenprobe während des Farbmusters gleich bleibt.

Runde 1–6 nach dem Diagramm „Brandung: Rechte Hand" arbeiten. Das Motiv wird insgesamt 6 (7)-mal gearbeitet.

Anmerkung: Zur kleineren Nadelstärke wechseln, wenn dies notwendig ist, damit die Maschenprobe im glatt rechts gestrickten Abschnitt gleich bleibt.

In der Hauptfarbe 2 Runden re stricken.

FINGERBÜNDCHEN

Runde 1: (1 M re, 1 M li) bis zum Ende.
Runde 1 noch 2-mal oder so lange wdh, bis das Fingerbündchen etwa 1 cm misst.

Alle Maschen im Muster abketten.

DAUMENBÜNDCHEN

Die 25 (29) stillgelegten Maschen auf die dünneren Nadeln nehmen. Das Daumenbündchen zur Gänze in der Hauptfarbe stricken.

Anfangsrunde: Re str bis zum Ende, in der Daumenbeuge 1 M aufnehmen und re abstricken.

Runde 1: (1 M re, 1 M li) bis zum Ende.
Runde 1 noch 3-mal oder so lange wdh, bis das Daumenbündchen etwa 1 cm misst.

Alle Maschen im Muster abketten.

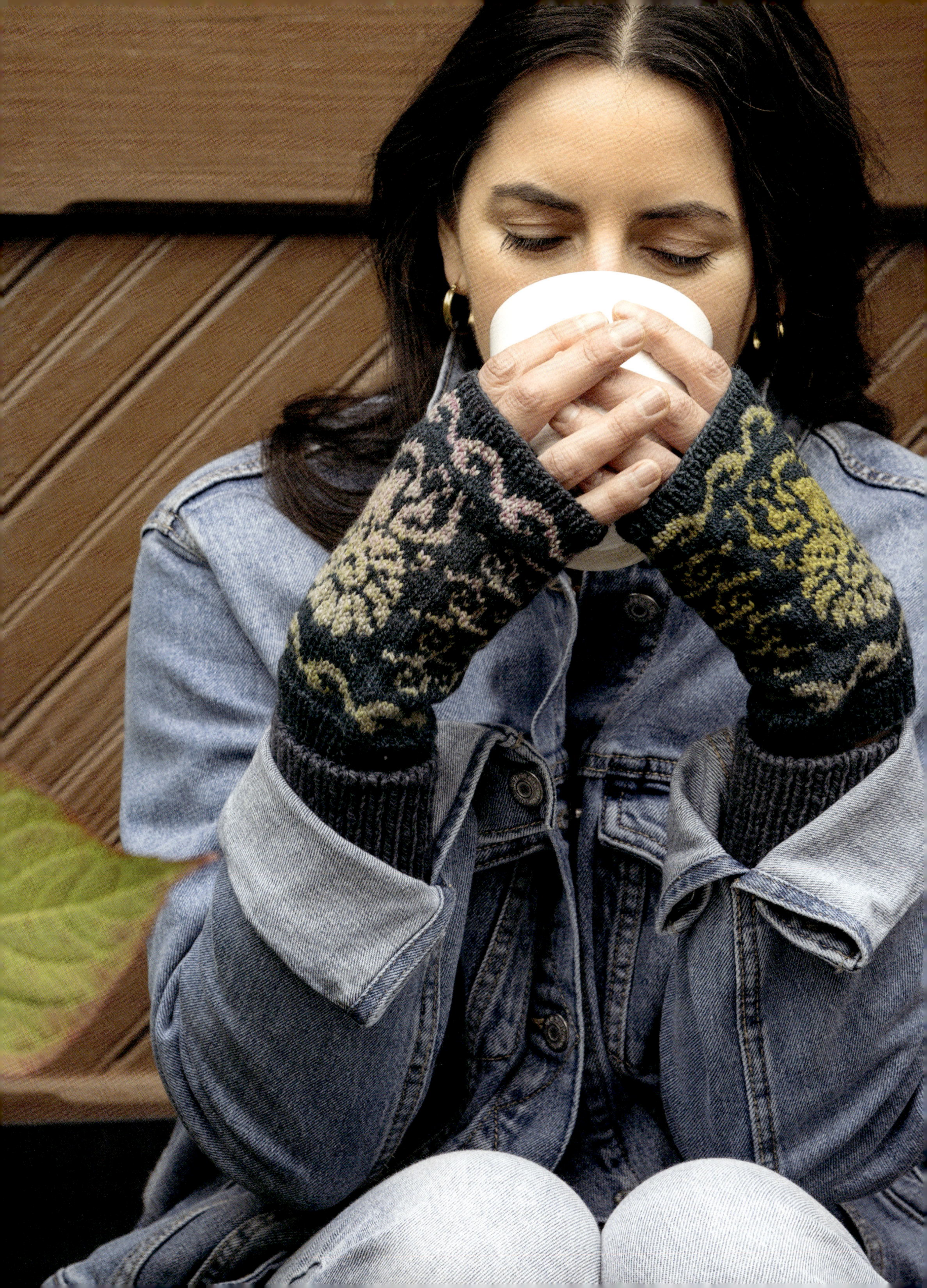

LINKE HAND

Ebenso arbeiten wie die rechte Hand. Dort, wo es notwendig ist, die Diagramme für die linke Hand verwenden.

FERTIGSTELLUNG

Fadenenden auf der linken Seite mit Maschenstich vernähen. Vorsicht: eine etwaige Lücke in der Daumenbeuge schließen.

Spannen

Die Stulpen in lauwarmem Wasser (= Zimmertemperatur) mit milder Seife oder Wollwaschmittel von Hand waschen. In sauberem Wasser vorsichtig ausspülen, überschüssige Feuchtigkeit mit einem Handtuch ausdrücken. Die Stulpen flach zum Trocknen auflegen. Wenn sie trocken sind, mit einem Dampfglätter Falten an den Seiten glätten.

Zwickel – beide Größen

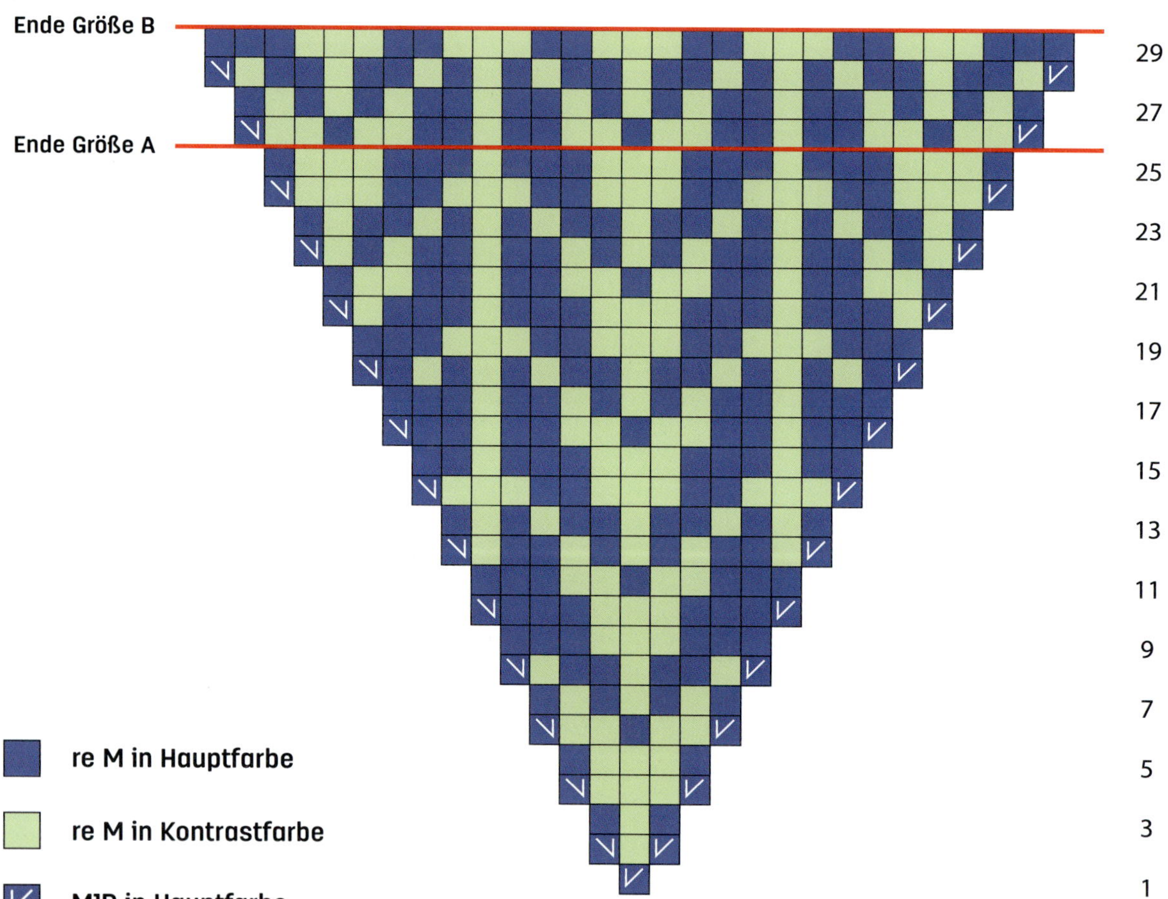

- re M in Hauptfarbe
- re M in Kontrastfarbe
- M1R in Hauptfarbe
- M1L in Hauptfarbe

Brandung: Rechte Hand

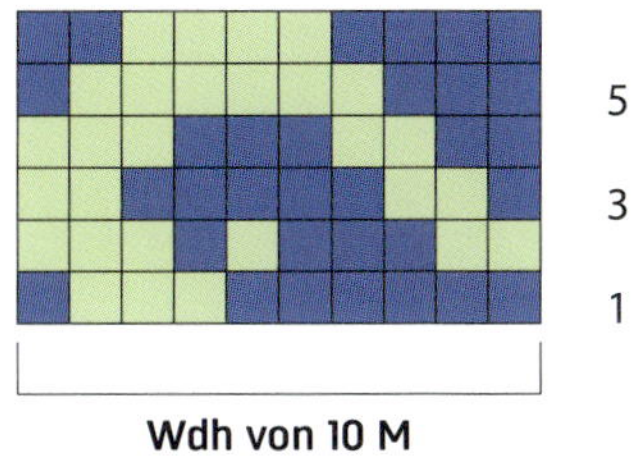

Nautilus: Rechte Hand, Größe A

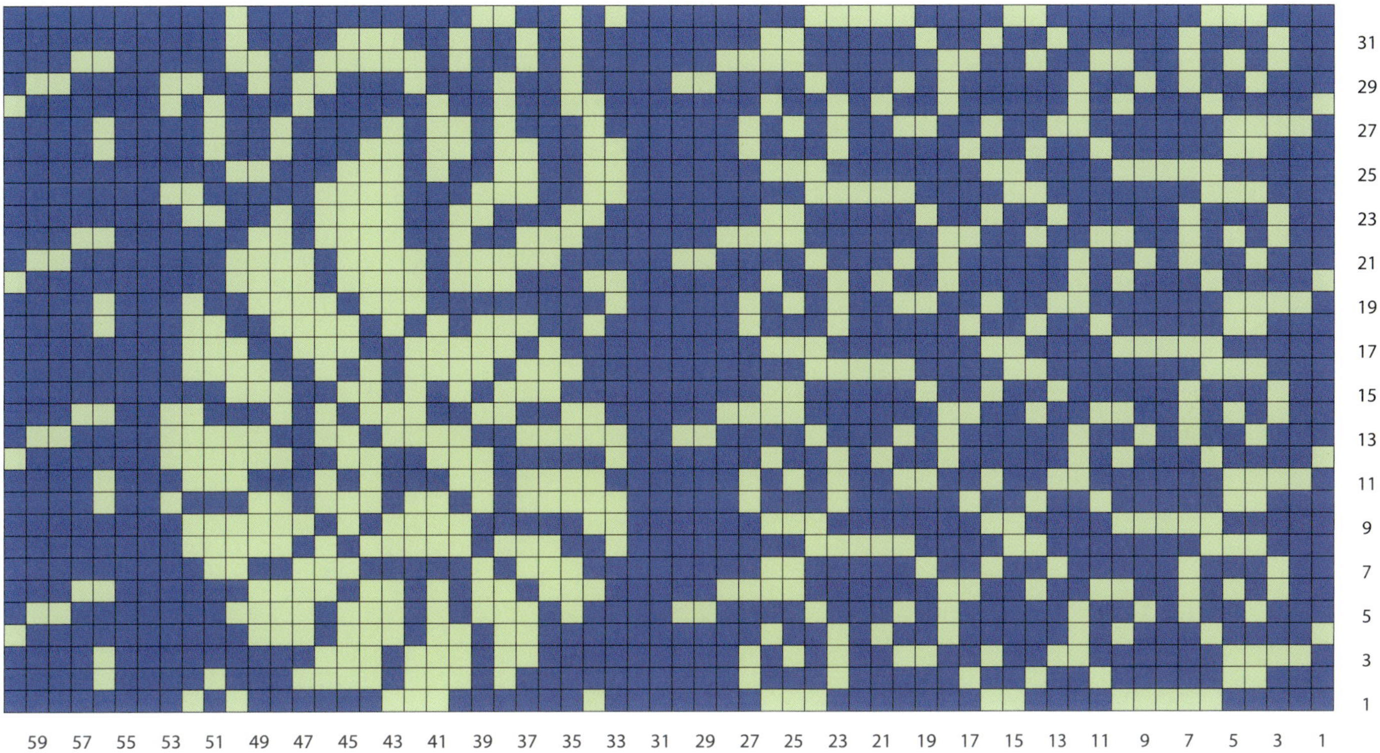

Nautilus: Rechte Hand, Größe B

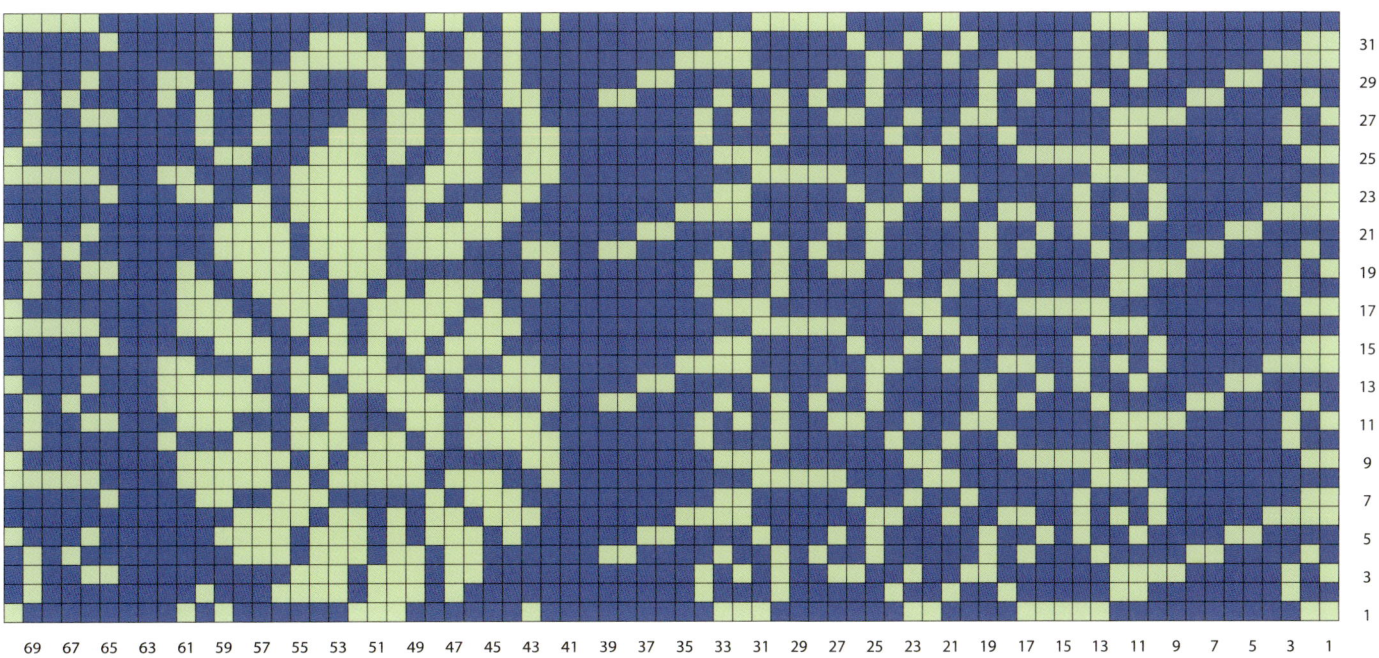

Brandung: Linke Hand

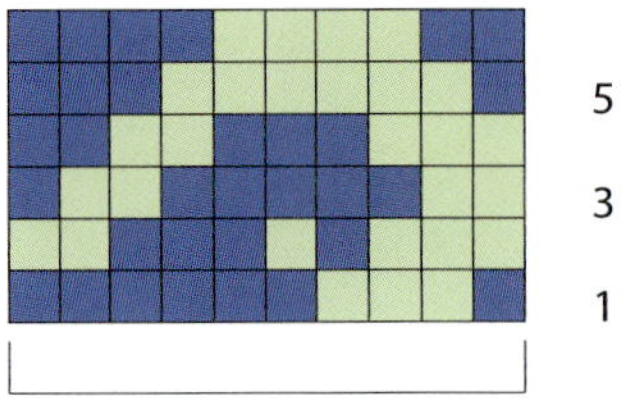

Wdh von 10 M

- re M in Hauptfarbe
- re M in Kontrastfarbe

Nautilus: Linke Hand, Größe A

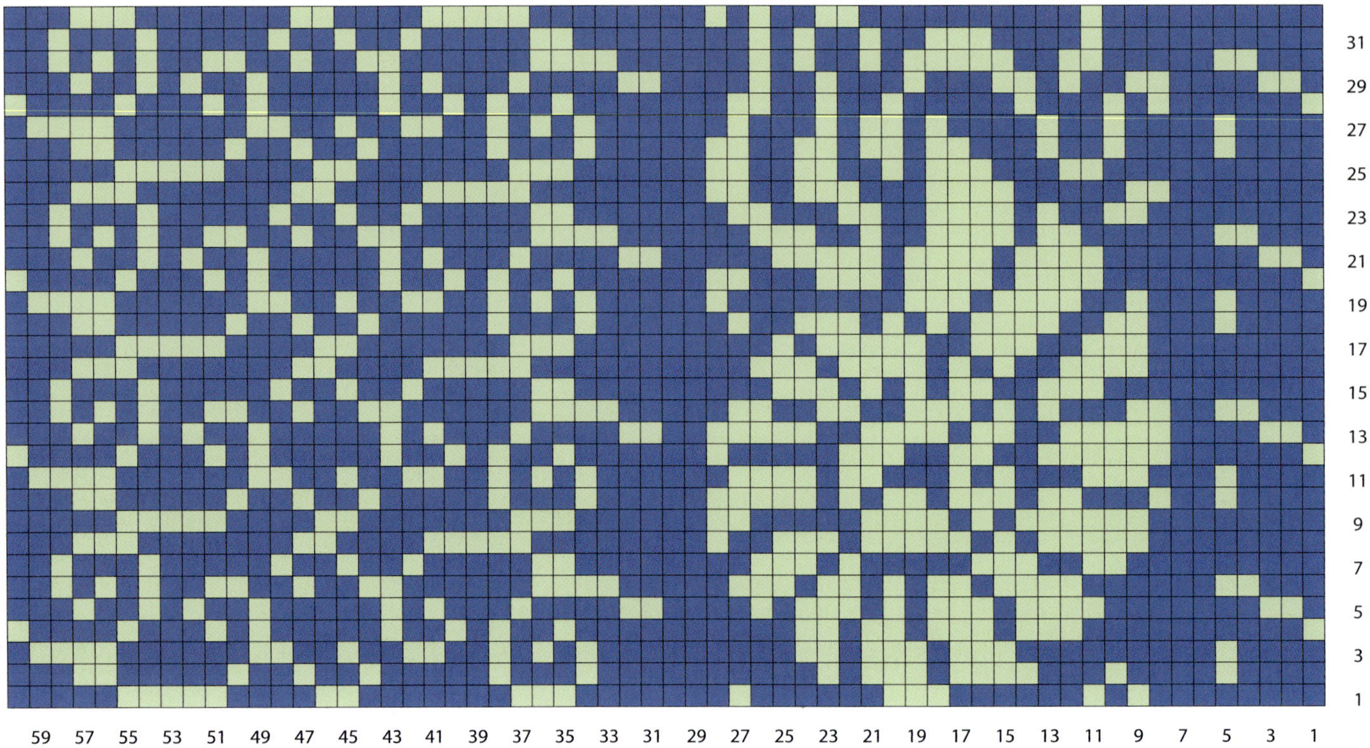

Nautilus: Linke Hand, Größe B

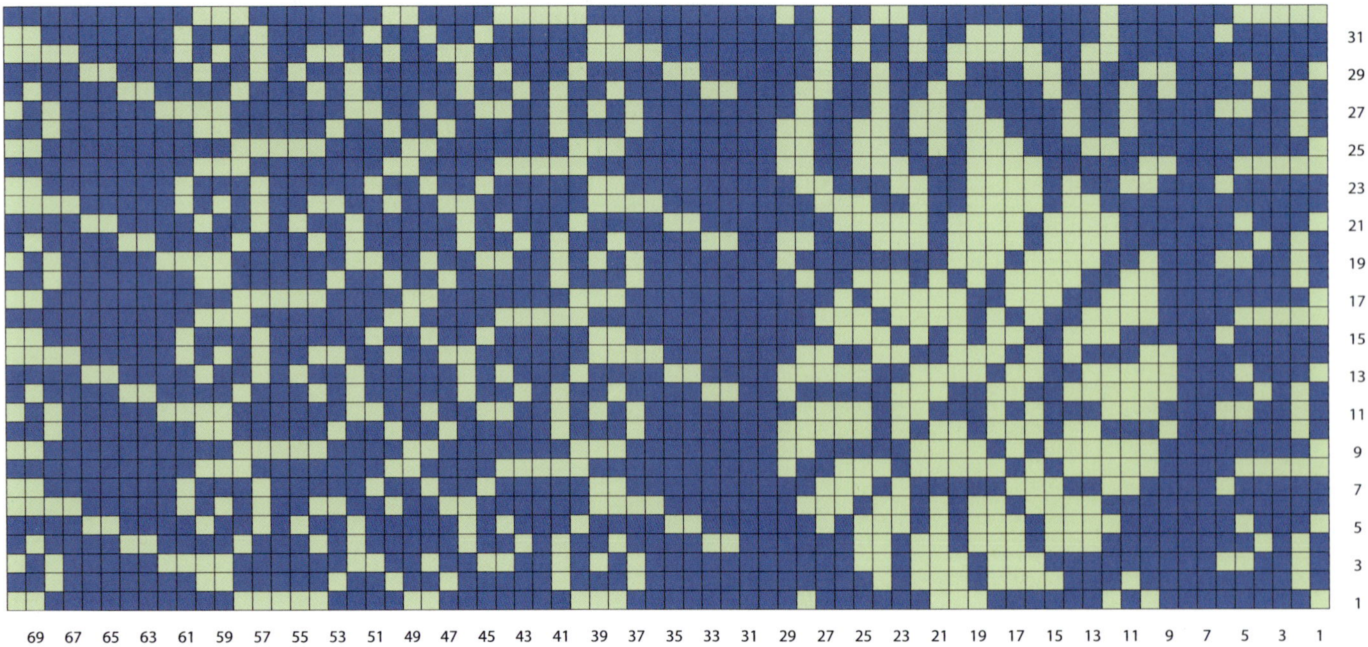

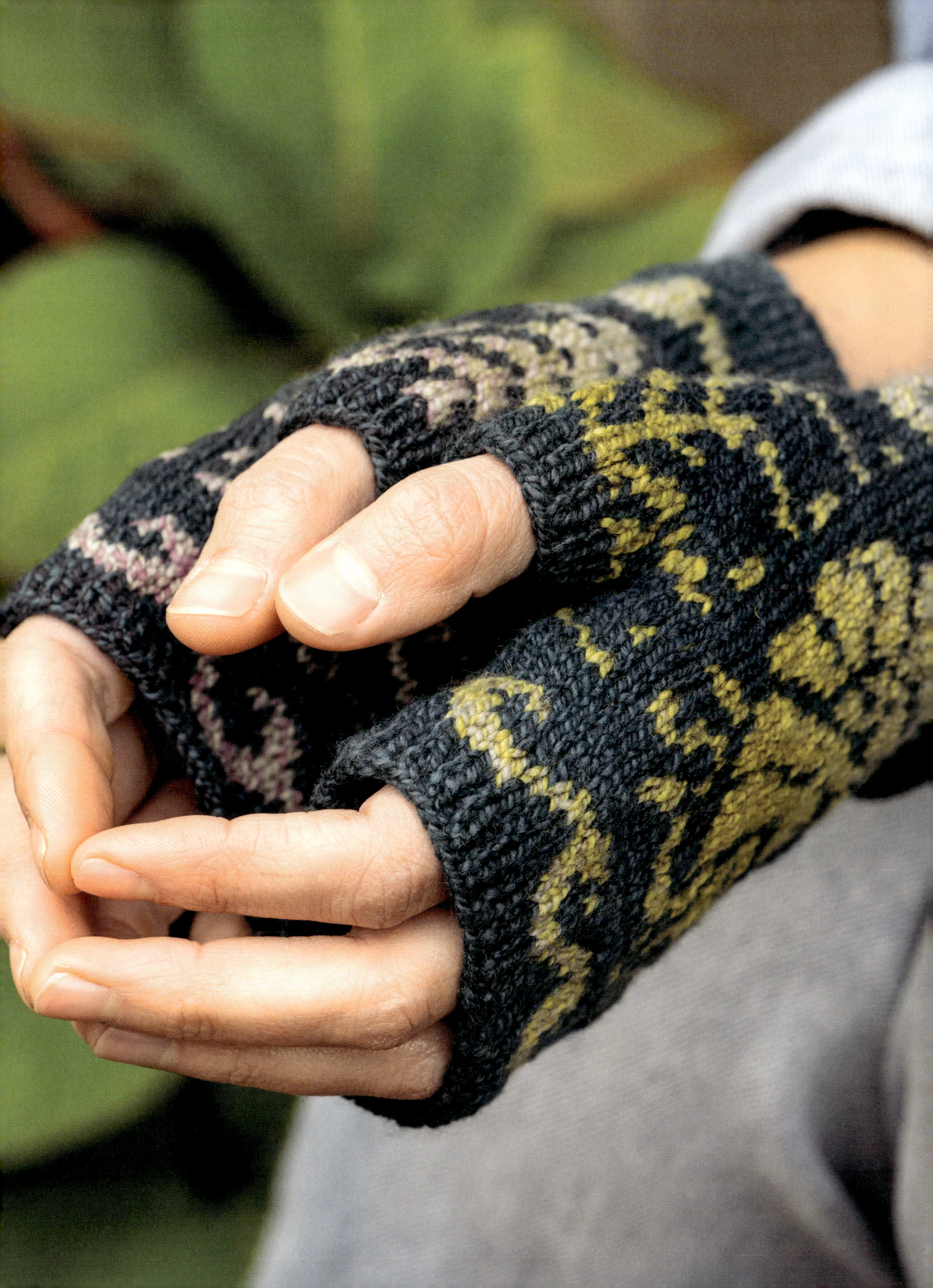

PULLOVER „MITTERNACHTS-GARTEN"

Dieser prachtvolle Pullover besticht durch die zierlichen Girlanden und Blumenmotive auf der Passe, durch seinen bequemen Sitz und das Material (DK). Er ist problemlos „top-down" zu arbeiten. Viel Freude beim Stricken und beim Tragen!

GRÖSSEN UND MASSE BEI FERTIGSTELLUNG

Größen

A (B, C, D, E) **[F, G, H, I]** (J, K, L, M)

Maße

Brustumfang:
84 (91,5, 99, 107,5, 114,5) **[122, 129,5, 138, 145]** (152,5, 160, 168,5, 175,5) cm
Weitere Maße siehe die schematische Darstellung (S. 129).

Hier gezeigt in Größe A (goldfarbene Motive) mit 2,5 cm negativer Zugabe und in Größe E (rote Motive) mit 9 cm Bequemlichkeitszugabe.

GARN

DK in 2 Farben.
Hauptfarbe (HF)
934 (1008, 1086, 1106, 1122) **[1190, 1233, 1329, 1438]** (1513, 1599, 1699, 1791) m
Kontrastfarbe (KF)
103 (109, 109, 120, 132) **[137, 146, 158, 171]** (178, 184, 197, 204) m

Hier gezeigt: The Farmer's Daughter Pishkun (100 % Montana & Wyoming Rambouillet; 233 m/100 g). Hauptfarbe: 5 (5, 5, 5, 5) **[6, 6, 6, 7]** (7, 7, 8, 8) Stränge; Kontrastfarbe: 1 Strang.

Pullover in Größe A: Hauptfarbe: Castle Rock; Kontrastfarbe: Werther's OG.
Pullover in Größe E: Hauptfarbe: Elk Antler; Kontrastfarbe: Boyland.

NADELN

Glatt rechts gestrickte Bereiche und Bündchen: 80-cm-Rundstricknadel, 40-cm-Rundstricknadel und Nadelspiel, 4 mm (oder Ihre bevorzugten Nadeln, z. B. lange Rundstricknadel für die Magic-Loop-Technik).
Farbmuster: 80-cm-Rundstricknadel, 5 mm.

MASCHENPROBE

22 Maschen und 28 Runden = 10 cm glatt rechts gestrickt mit der kleineren Nadelstärke.
22 Maschen und 26 Runden = 10 cm im Farbmuster mit der größeren Nadelstärke.
27 Maschen und 32 Runden = 10 cm im Bündchenmuster mit der kleineren Nadelstärke.
Nadelstärke anpassen, wenn dies notwendig ist, um die richtige Maschenprobe zu erhalten.

SONSTIGES ZUBEHÖR

Maschenmarkierer (MM); Wollnadel; Hilfsfaden; zusätzliche Rundstricknadel in derselben Stärke oder dünner als die Nadeln, mit denen Sie (mit der richtigen Maschenprobe) glatt rechts stricken.

ANMERKUNGEN

- Der Pullover wird nahtlos von oben nach unten rundgestrickt. Die Passe wird zuerst gearbeitet, wobei verkürzte Reihen zum Einsatz kommen, damit der Nackenbereich höher ausfällt. Körper und Ärmel werden dann separat gearbeitet. Eine Kordelkante (I-Cord) wird nach dem Abketten am Halsausschnitt angebracht.
- Achten Sie darauf, dass Sie immer der Anleitung für die gewählte Größe folgen. Der Übersichtlichkeit halber sind Größe A bis E auf Seite 130–135 und Größe F bis M auf Seite 136–141 zu finden.

Pullover „Mitternachtsgarten“: Schematische Darstellung

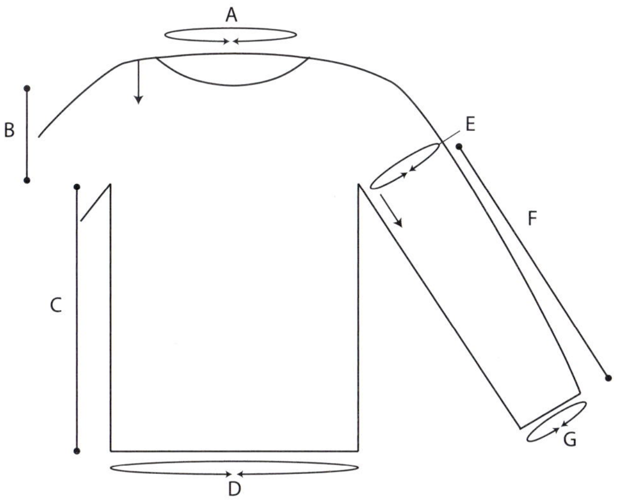

Maße:

A: 46,5 (46,5, 46,5, 46,5, 46,5) **[46,5, 48,5, 48,5, 48,5]** (48,5, 48,5, 51, 51) cm

B (Tiefe der Passe vorne): 19,5 (20,5, 21, 21,5, 22) **[23, 23,5, 24, 25]** (25,5, 26, 26,5, 27,5) cm

C: 35,5 cm

D: 84 (91,5, 99, 107,5, 114,5) **[122, 129,5, 138, 145]** (152,5, 160, 168,5, 175,5) cm

E: 30,5 (32, 34,5, 40, 43) **[45, 46,5, 48,5, 53,5]** (54,5, 56,5, 57, 58,5) cm

F: 45,5 cm

G: 20,5 (20,5, 20,5, 21, 21) **[22, 22, 23, 23]** (24, 25, 25, 26) cm

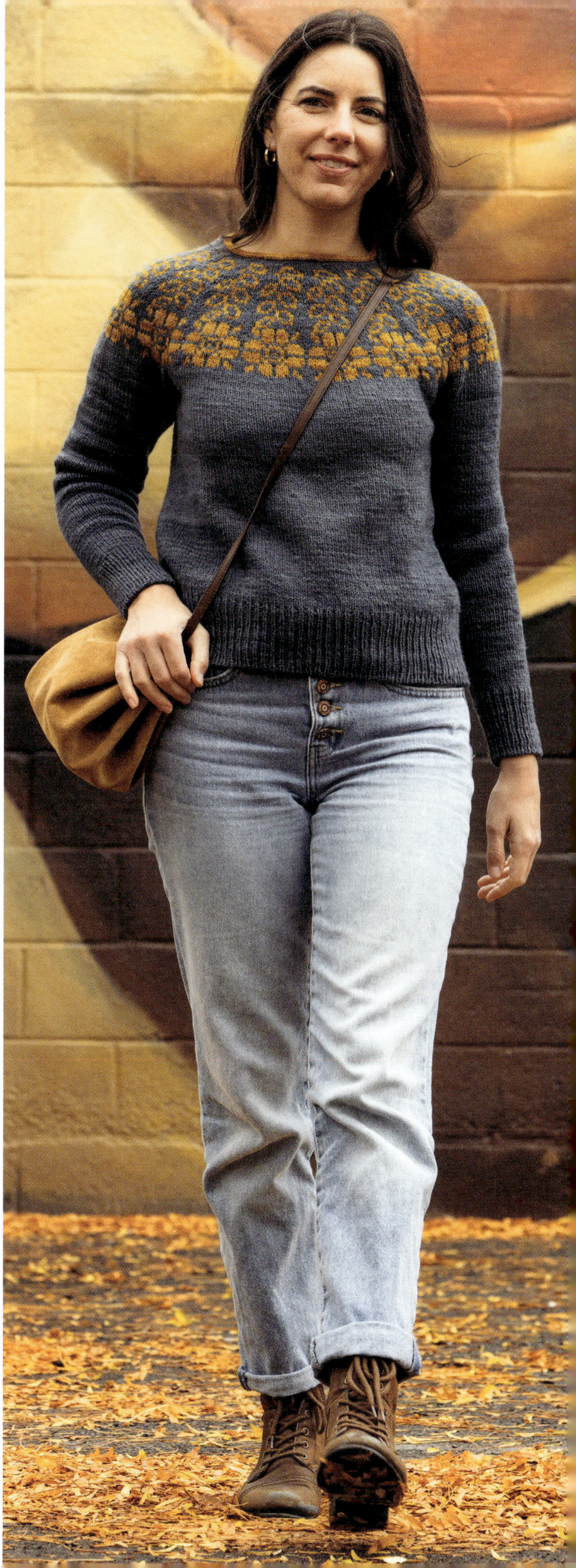

ARBEITSANLEITUNG FÜR GRÖSSE A (B, C, D, E)

PASSE

Mit der dünneren Nadel (40 cm) in der Hauptfarbe 100 M anschlagen. MM setzen, zur Runde schließen. Die Runde beginnt in der hinteren Mitte.

1 Runde re str.

Formgebung im Nackenbereich

Anmerkung: Mithilfe von verkürzten Reihen wird der Nackenbereich nach oben verlängert. Dadurch ist der Halsabschluss vorne tiefer als hinten und daher bequemer.
Verkürzte R 1: 33 M re, w&w.
Verkürzte R 2 (Rückreihe): Bis zum MM li str, MM abheben, 33 M li, w&w.
Verkürzte R 3: Bis zum MM re str, MM abheben, 29 M re, w&w.
Verkürzte R 4: Bis zum MM li str, MM abheben, 29 M li, w&w.
Verkürzte R 5: Bis zum MM re str, MM abheben, 25 M re, w&w.
Verkürzte R 6: Bis zum MM li str, MM abheben, 25 M li, w&w.
Verkürzte R 7: Bis zum MM re str, MM abheben, 21 M re, w&w.
Verkürzte R 8: Bis zum MM li str, MM abheben, 21 M li, w&w.
Verkürzte Reihen wie folgt abschließen:
Bis zum MM re str. MM abheben und bis zum Ende re str; wenn Sie zu einer Wickelmasche kommen, diese mit der Wicklung zusammenstricken.

Formgebung an der Passe

Anmerkung: Zu längerer, dünnerer Rundstricknadel wechseln, wenn Sie mit der 40-cm-Nadel nicht mehr bequem arbeiten können.

In der nächsten Runde 12 (19, 19, 33, 24) Maschen gleichmäßig zunehmen wie folgt:
Zunahmerunde: 4 (2, 2, 1, 2) M re, [M1, 9 (5, 5, 3, 5) M re] 2 (7, 7, 16, 2)-mal, [M1, 8 (6, 6, 4, 4) M re] 7 (5, 5, 1, 19)-mal, [M1, 9 (5, 5, 3, 5) M re] 2 (6, 6, 15, 2)-mal, M1, 4 (3, 3, 2, 2) M re.

Maschenanzahl: 112 (119, 119, 133, 124) Maschen.

Nur für Größe - (-, -, -, E):
In der nächsten Runde 23 Maschen gleichmäßig zunehmen wie folgt:
Zunahmerunde: 2 M re, [M1, 5 M re] 7-mal, [M1, 6 M re] 9-mal, [M1, 5 M re] 6-mal, M1, 3 M re.

Für alle Größen: Fortfahren.
Maschenanzahl: 112 (119, 119, 133, 147) Maschen.

FARBMUSTER AN DER PASSE

Anmerkung: Für die Farbmuster-Runden zur größeren Nadelstärke wechseln, wenn dies notwendig ist, damit die Maschenprobe gleich bleibt. Die Anleitung enthält je ein Diagramm für 2 Varianten: helle HF und dunkle HF. Wählen Sie die Variante, die am besten zu Ihrem Projekt passt.

In der Hauptfarbe und der Kontrastfarbe Runde 1–40 des Farbmuster-Diagramms A arbeiten. Das Muster wird nach dem Diagramm rund um die Passe 16 (17, 17, 19, 21)-mal gearbeitet.

Maschenanzahl: 256 (272, 272, 304, 336) Maschen.

Nachdem alle Runden des Diagramms fertig gearbeitet sind, Faden in Kontrastfarbe abschneiden, ein Fadenende von 15 cm stehen lassen. Wieder zu dünnerer, längerer Nadel wechseln, wenn dies nötig ist, damit die Maschenprobe gleich bleibt.

2 Rd in Hauptfarbe rechts stricken.

Nur für Größe A (B, -, D, E):
In der nächsten Runde 14 (20, -, 21, 19) Maschen gleichmäßig zunehmen wie folgt:
Zunahmerunde: 9 (6, -, 7, 8) M re, [M1, 19 (14, -, 15, 17) M re] 2 (6, -, 5, 3)-mal, [M1, 18 (13, -, 14, 18) M re] 9 (7, -, 10, 13)-mal, [M1, 19 (14, -, 15, 17) M re] 2 (6, -, 5, 2)-mal, M 1, 9 (7, -, 7, 9) M re.

Nur für Größe - (-, C, -, -):
Zunahmerunde 1: 6 M re, [M1, 13 M re] 20-mal, M1, 6 M re.
Zunahmerunde 2: 6 M re, [M1, 14 M re] 20-mal, M1, 7 M re.

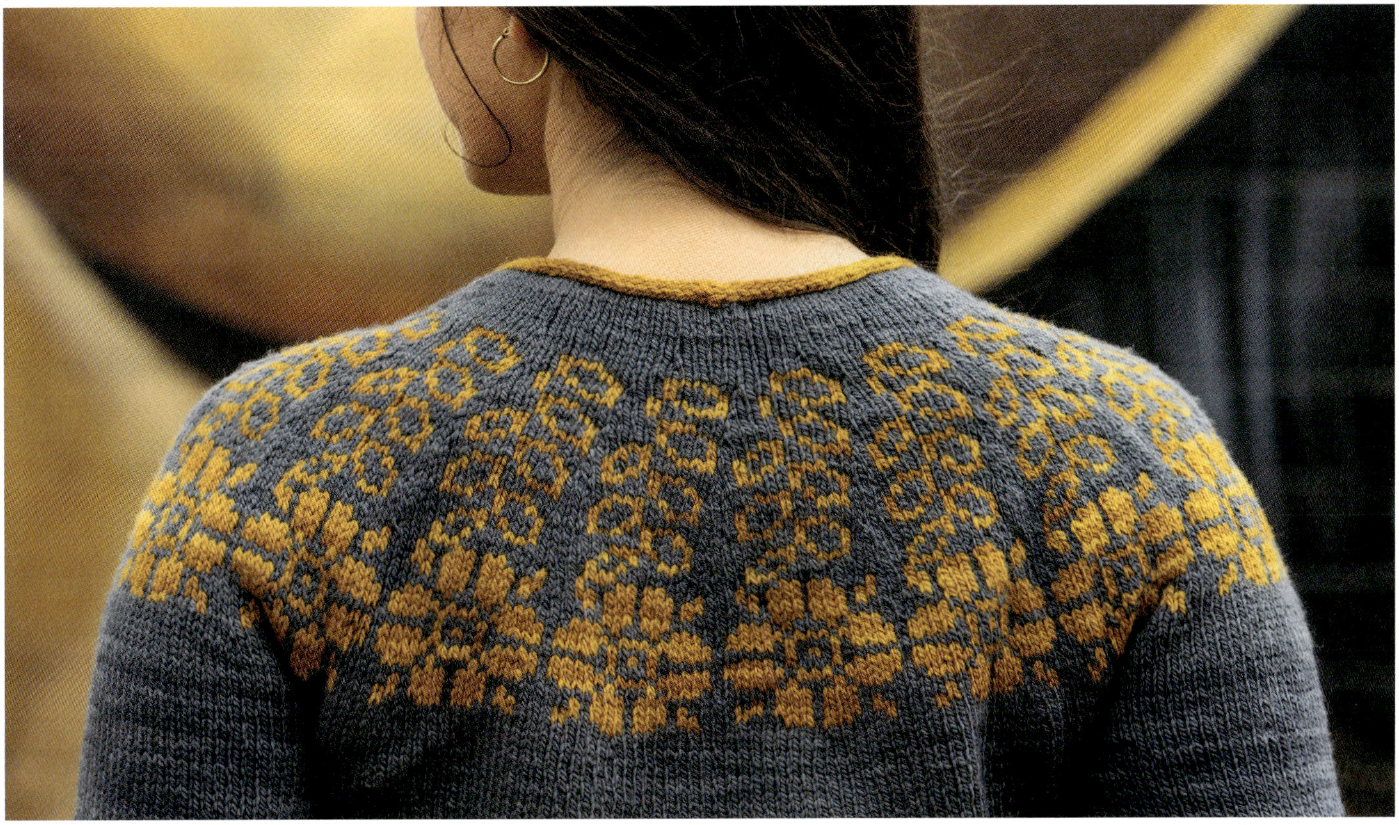

Diagramm A, dunkle Hauptfarbe

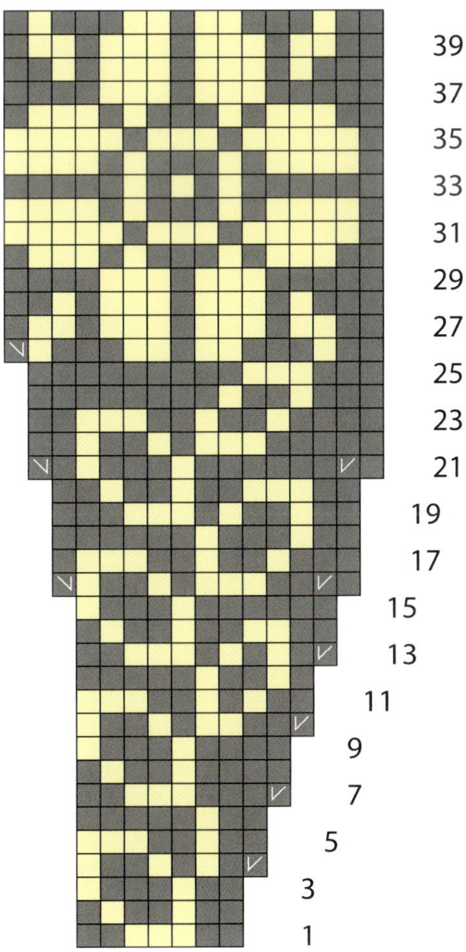

Diagramm A, helle Hauptfarbe

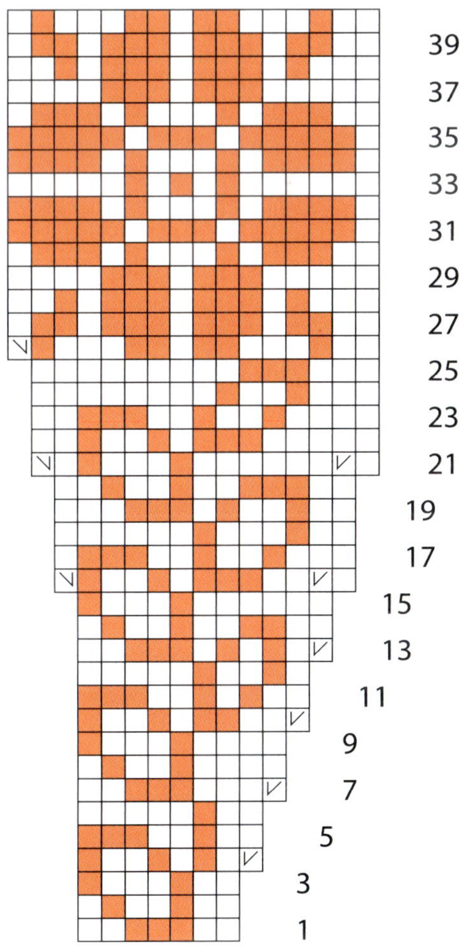

- re M in Hauptfarbe
- re M in Kontrastfarbe
- M1R in Hauptfarbe
- M1L in Hauptfarbe

Nur für Größe - (-, -, D, E):
In der nächsten Runde - (-, -, 21, 19) Maschen gleichmäßig zunehmen wie folgt:
Zunahmerunde: - (-, -, 7, 9) M re, [M1, - (-, -, 16, 18) M re] - (-, -, 5, 3)-mal, [M1, - (-, -, 15, 19) M re] - (-, -, 10, 13)-mal, [M1, - (-, -, 16, 18) M re] - (-, -, 5, 2)-mal, M1, - (-, -, 8, 9) M re.

Maschenanzahl: 270 (292, 314, 346, 374) M.

Für alle Größen: Fortfahren.
Noch 6 (7, 8, 10, 11) oder so viele Runden re stricken, dass die Tiefe der Passe in der vorderen Mitte ab der Anschlagkante etwa 19,5 (20,5, 21, 21,5, 22) cm beträgt oder die gewünschte Tiefe erreicht ist. Anmerkung: Die vordere Mitte ist genau gegenüber dem MM am Anfang der Runde, der die hintere Mitte markiert. Es ist wichtig, dass hier an der Vorderseite und nicht beim MM an der Rückseite gemessen wird, weil die verkürzten Reihen im Nackenbereich die Tiefe der Passe an der Rückseite vergrößern.

TIPP: Für eine optimale Passform
Machen Sie eine Anprobe, bevor Sie den glatt rechts gestrickten Bereich zu arbeiten beginnen, um festzustellen, wie viele Runden Sie noch an der Passe arbeiten müssen. Damit die Passe aussieht wie auf den Fotos, sollte sie bis knapp unterhalb der Achsel reichen. Wenn Sie ein paar Zentimeter am Körper gearbeitet haben, machen Sie noch eine Anprobe, um sicherzugehen, dass der Sitz unter der Achsel bequem ist und der Look Ihren Wünschen entspricht. Ein genaueres Ergebnis erhalten Sie, wenn Sie die unfertige Arbeit spannen und dämpfen, bevor Sie sie anprobieren oder die Maschenprobe überprüfen.

KÖRPER UND ÄRMEL: AUFTEILUNG

Aufteilungsrunde: 40 (44, 48, 51, 55) M für die rechte Hälfte des Rückens (laut Anprobe) re stricken.

Die nächsten 55 (58, 62, 72, 78) M für den rechten Ärmel auf Hilfsfaden legen.

11 (11, 12, 15, 15) M für Achsel anschlagen (Maschen aufschlingen, siehe **Glossar: Stricktechniken**).

80 (88, 95, 101, 109) M für die Vorderseite re stricken.

Die nächsten 55 (58, 62, 72, 78) M für den linken Ärmel auf Hilfsfaden legen.

11 (11, 12, 15, 15) M für Achsel anschlagen (Maschen aufschlingen).

40 (44, 47, 50, 54) M für die linke Hälfte des Rückens re stricken.

Maschenanzahl: 182 (198, 214, 232, 248) M für den Körper.

KÖRPER

Glatt rechts stricken (jede Runde re str), bis der Körper ab der Achsel 28 cm misst, oder 77 Runden nach der angegebenen Maschenprobe arbeiten.

Bündchen

Bündchenrunde: (1 M re, 1 M li) bis zum Ende.
Bündchenrunde wdh, bis das Bündchen 7,5 cm misst, oder 24 Runden nach der angegebenen Maschenprobe arbeiten.

Alle Maschen abketten (röhrenförmiges Abketten/ Tubular Bind-off – siehe **Glossar: Stricktechniken**).

ÄRMEL (2-MAL ARBEITEN)

Die stillgelegten Maschen für den Ärmel auf die dünnere Nadel für kleinere Umfänge legen. Faden in Hauptfarbe einstricken und bis zum Ende rechts stricken. 6 (6, 7, 8, 8) Achsel-Maschen aufnehmen und re abstricken (1 M zusätzlich zwischen den Ärmel-Maschen und den angeschlagenen Achsel-Maschen, damit sich kein Loch bildet, und 1 M in jede Anschlag-M), MM am Beginn der Runde setzen, 7 (7, 7, 9, 9) Achsel-Maschen aufnehmen und re abstricken (1 M in jede Anschlag-M und 1 M zusätzlich zwischen Ärmel-Maschen und angeschlagenen Achsel-Maschen), bis zum Ende der Runde re str.

Maschenanzahl: 68 (71, 76, 89, 95) M.

In der nächsten Runde werden die zusätzlichen Maschen, die zwischen Ärmel-Maschen und Achsel-Anschlag-Maschen aufgenommen wurden, wie folgt wieder abgenommen:
Nächste Rd (Abnahmerunde): 6 (6, 6, 8, 8) M re, 2 M re zus-str, bis 7 (7, 8, 9, 9) M vor dem MM re str, 2 M re zus-str, bis zum Ende re str.

Maschenanzahl: Es verbleiben 66 (69, 74, 87, 93) M.

20 (20, 18, 18, 16) Runden re str.

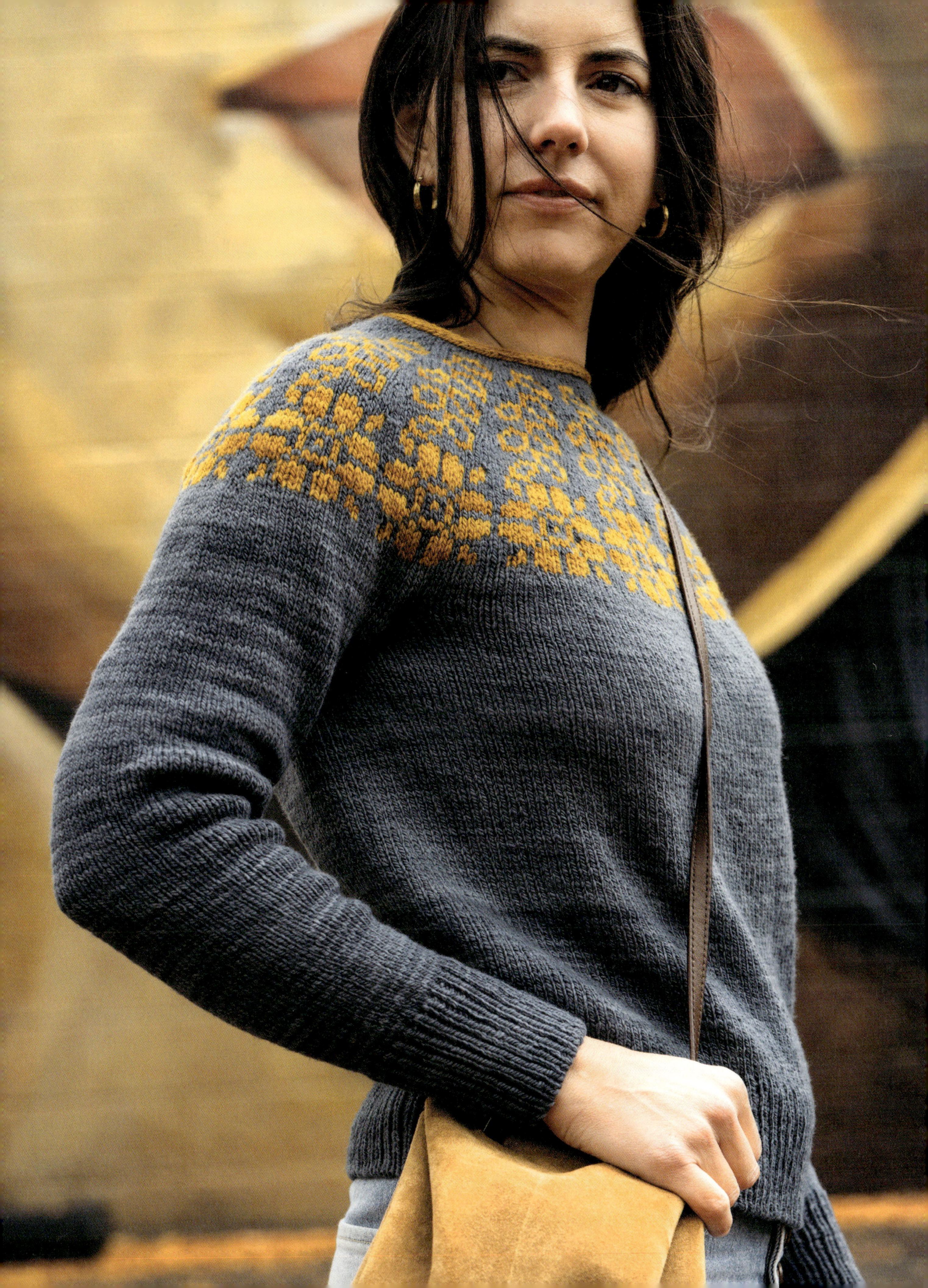

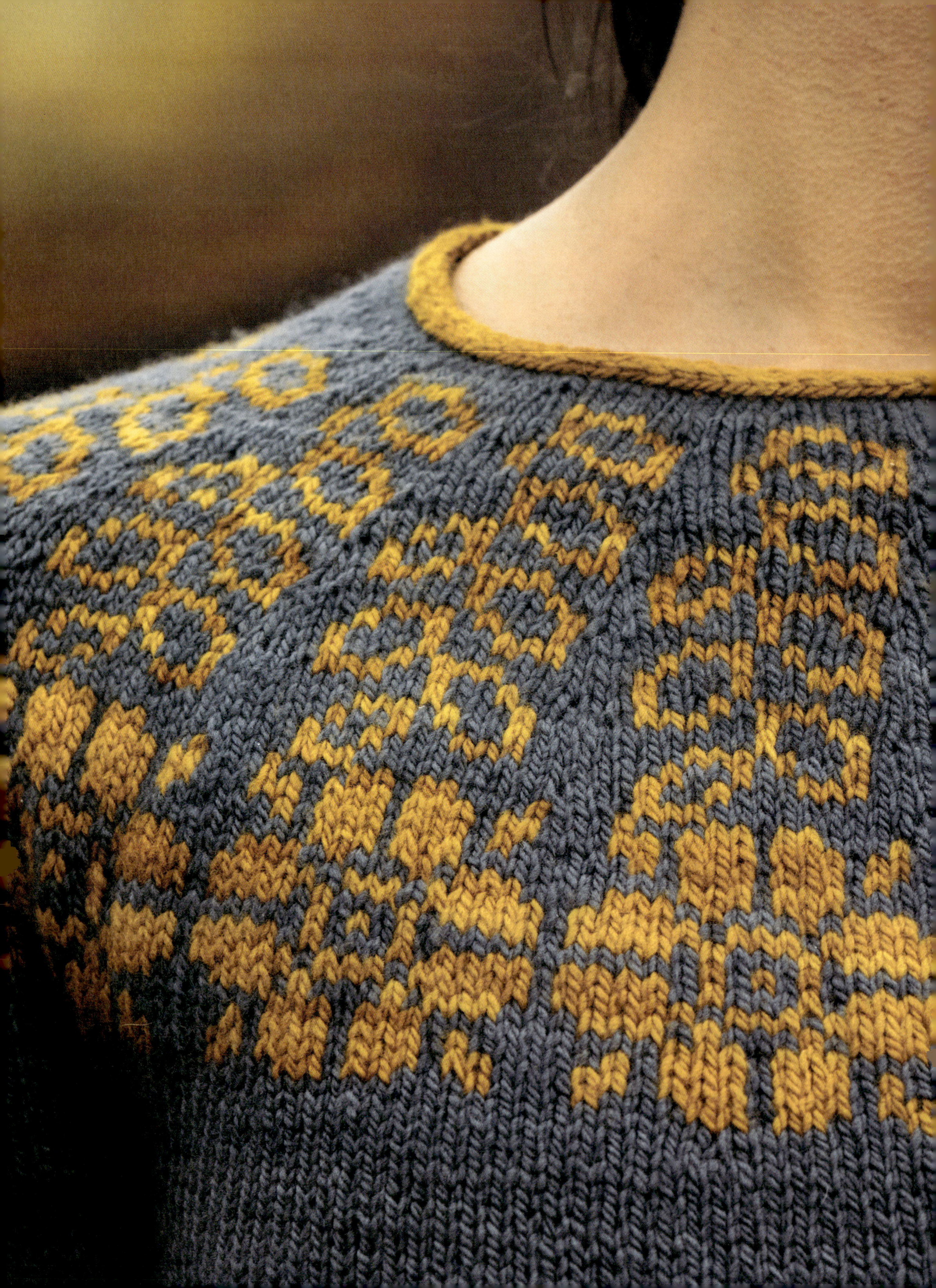

In der nächsten Runde und in jeder 8. (8., 6., 6., 4.) Runde 7 (4, 10, 0, 20)-mal, dann in jeder 6. (6., 4., 4., 2.) Runde 3 (7, 4, 19, 2)-mal abnehmen wie folgt:
Abnahmerunde: 1 M re, ssk, re str bis zu den letzten 2 M, 2 M re zus-str (2 M abgenommen).

Maschenanzahl: Es verbleiben 44 (45, 44, 47, 47) M.

Weitere 8 (8, 8, 8, 2) Runden oder so lange re str, bis der Ärmel ab der Achsel 38 cm misst.

In der nächsten Runde 0 (1, 0, 1, 1) M abnehmen wie folgt: Anmerkung: Wenn für Ihre Größe „0" angegeben ist, die Abnahmerunde weglassen.
Abnahmerunde: 1 M re, ssk, bis zum Ende re str.

Maschenanzahl: Es verbleiben 44 (44, 44, 46, 46) M.

ÄRMELBÜNDCHEN

1 x 1-Rippenmuster (Bündchenmuster) für das Ärmelbündchen wie folgt arbeiten:
Bündchenrunde: (1 M re, 1 M li) bis zum Ende. Bündchenrunde noch 23-mal oder so lange wdh, bis das Ärmelbündchen 7,5 cm misst.

Alle Maschen abketten (röhrenförmiges Abketten/Tubular Bind-off wie beim Körper).

HALSAUSSCHNITT: KORDELKANTE (I-CORD)

Mit der dünneren 40-cm-Nadel in der Kontrastfarbe rund um den Halsausschnitt 100 M aufnehmen und re abstricken, beginnend in der hinteren Mitte, wo das Fadenende vom Anschlag ist. Anmerkung: Aus jeder Anschlag-M wird 1 M aufgenommen.

Alle M abketten (Kordelkante/I-Cord, siehe **Glossar: Stricktechniken**).

FERTIGSTELLUNG

Fadenenden auf der linken Seite mit Maschenstich vernähen.

Spannen

Den Pullover in lauwarmem Wasser (= Zimmertemperatur) mit milder Seife oder Wollwaschmittel von Hand waschen. In sauberem Wasser vorsichtig ausspülen, überschüssige Feuchtigkeit mit einem Handtuch ausdrücken. Flach zum Trocknen auflegen. Wenn der Pullover trocken ist, mit einem Dampfglätter Falten an den Seiten der Ärmel und des Körpers glätten.

ARBEITSANLEITUNG FÜR GRÖSSE [F, G, H, I] (J, K, L, M)

PASSE

Mit der dünneren Nadel (40 cm) in der Hauptfarbe [100, 104, 104, 104] (104, 104, 110, 110) M anschlagen. MM setzen, zur Runde schließen. Die Runde beginnt in der hinteren Mitte.

1 Runde re str.

Formgebung im Nackenbereich

Anmerkung: Mithilfe von verkürzten Reihen wird der Nackenbereich nach oben verlängert. Dadurch ist der Halsabschluss vorne tiefer als hinten und daher bequemer.
Verkürzte R 1: [33, 35, 35, 35] (35, 35, 37, 37) M re, w&w.
Verkürzte R 2 (Rückreihe): Bis zum MM li str, MM abheben, [33, 35, 35, 35] (35, 35, 37, 37) M li, w&w.
Verkürzte R 3: Bis zum MM re str, MM abheben, [29, 31, 31, 31] (31, 31, 33, 33) M re, w&w.
Verkürzte R 4: Bis zum MM li str, MM abheben, [29, 31, 31, 31] (31, 31, 33, 33) M li, w&w.
Verkürzte R 5: Bis zum MM re str, MM abheben, [25, 27, 27, 27] (27, 27, 29, 29) M re, w&w.
Verkürzte R 6: Bis zum MM li str, MM abheben, [25, 27, 27, 27] (27, 27, 29, 29) M li, w&w.
Verkürzte R 7: Bis zum MM re str, MM abheben, [21, 23, 23, 23] (23, 23, 25, 25) M re, w&w.
Verkürzte R 8: Bis zum MM li str, MM abheben, [21, 23, 23, 23] (23, 23, 25, 25) M li, w&w.
Verkürzte Reihen wie folgt abschließen:
Bis zum MM re str. MM abheben und bis zum Ende re str; wenn Sie zu einer Wickelmasche kommen, diese mit der Wicklung zusammenstricken.

Formgebung an der Passe

Anmerkung: Zu längerer, dünnerer Rundstricknadel wechseln, wenn Sie mit der 40-cm-Nadel nicht mehr bequem arbeiten können.

In der nächsten Runde [28, 22, 28, 36) (40, 42, 46, 50) Maschen gleichmäßig zunehmen wie folgt:

Zunahmerunde: [1, 2, 1, 1] (1, 1, 1, 1) M re, [M1, [4, 5, 4, 3] (3, 3, 3, 3) M re] [8, 8, 10, 16] (12, 10, 9, 5)-mal, [M1, [3, 4, 3, 2] (2, 2, 2, 2) M re] [11, 5, 7, 3] (15, 21, 27, 39)-mal, [M1, [4, 5, 4, 3] (3, 3, 3, 3) M re] [8, 8, 10, 16] (12, 10, 9, 5)-mal, M1, [2, 2, 2, 1] (1, 1, 1, 1) M re.

Maschenanzahl: [128, 126, 132, 140] (144, 146, 156, 160) Maschen.

Nur für Größe [F, -, H, -] (J, K, L, M):
In der nächsten Runde [26, -, 29, -] (38, 43, 47, 50) Maschen gleichmäßig zunehmen wie folgt:
Zunahmerunde: [2, -, 2, -] (1, 1, 1, 1) M re, [M1, [5, -, 5, -] (4, 3, 3, 4) M re] [12, -, 8, -] (15, 13, 16, 5)-mal, [M1, [4, -, 4, -] (3, 4, 4, 3) M re] [1, -, 12, -] (7, 17, 15, 39)-mal, [M1, [5, -, 5, -] (4, 3, 3, 4) M re] [12, -, 8, -] (15, 12, 15, 5)-mal, M1, [2, -, 2, -] (2, 2, 2, 2) M re.

Nur für Größe [-, G, -, I] (-, -, -, -):
In der nächsten Runde [-, 21, -, 35] (-, -, -, -) Maschen gleichmäßig zunehmen wie folgt:
Zunahmerunde: [-, 3, -, 2] (-, -, -, -) M re, [M1, [-, 6, -, 4] (-, -, -, -) M re] [-, 20, -, 34] (-, -, -, -)-mal, M1, [-, 3, -, 2] (-, -, -, -) M re.

Für alle Größen: Fortfahren.
Maschenanzahl: [154, 147, 161, 175] (182, 189, 203, 210) Maschen.

FARBMUSTER AN DER PASSE

Anmerkung: Für die Farbmuster-Runden zur größeren Nadelstärke wechseln, wenn dies notwendig ist, damit die Maschenprobe gleich bleibt. Die Anleitung enthält je ein Diagramm für 2 Varianten: helle HF und dunkle HF. Wählen Sie die Variante, die am besten zu Ihrem Projekt passt.

In der Hauptfarbe und der Kontrastfarbe Runde 1 bis [40, 46, 46, 46] (46, 46, 46, 46) des Farbmuster-Diagramms [A, B, B, B] (B, B, B, B) arbeiten. Das Muster wird nach dem Diagramm rund um die Passe [22, 21, 23, 25] (26, 27, 29, 30)-mal gearbeitet.

Maschenanzahl: [352, 357, 391, 425] (442, 459, 493, 510) Maschen.

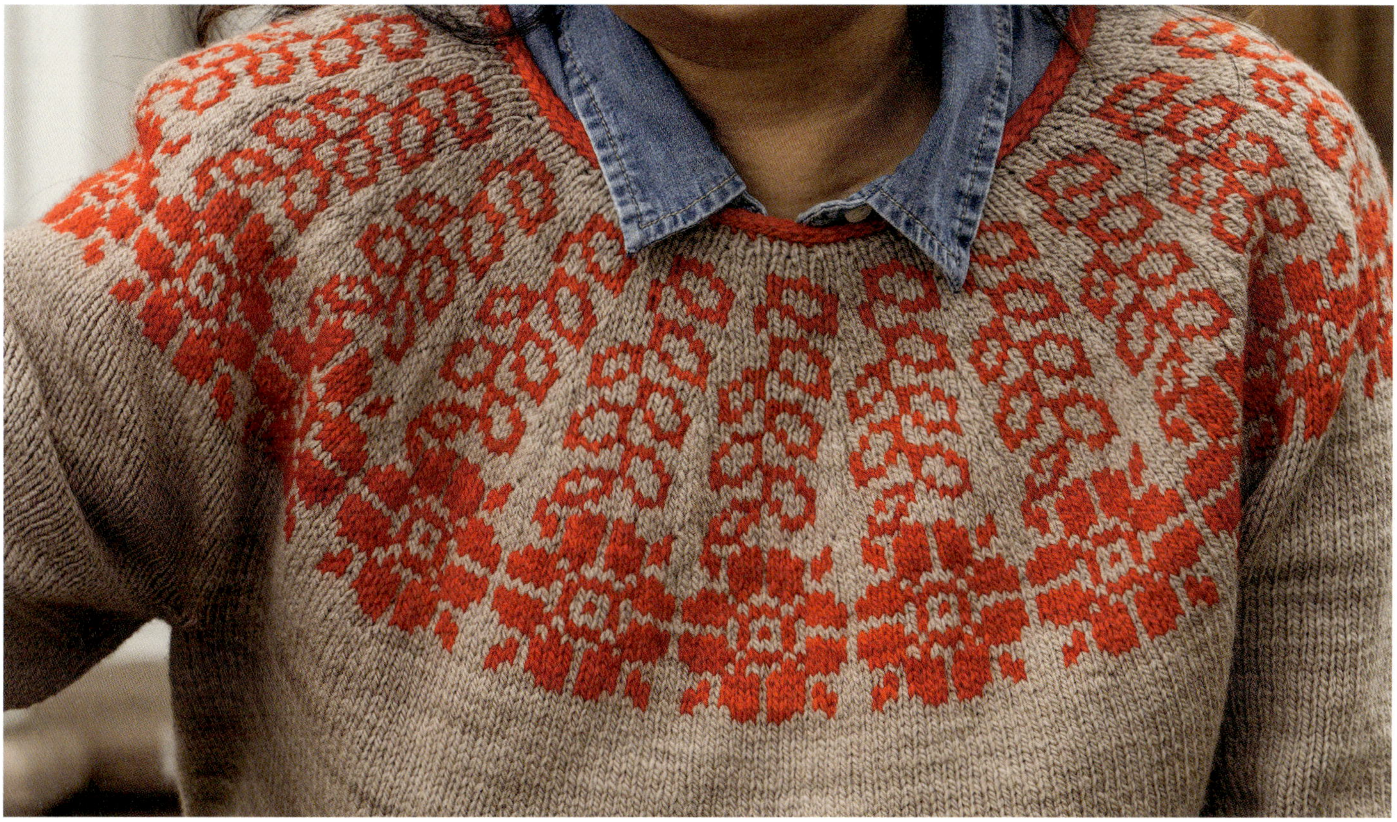

Diagramm B, dunkle HF

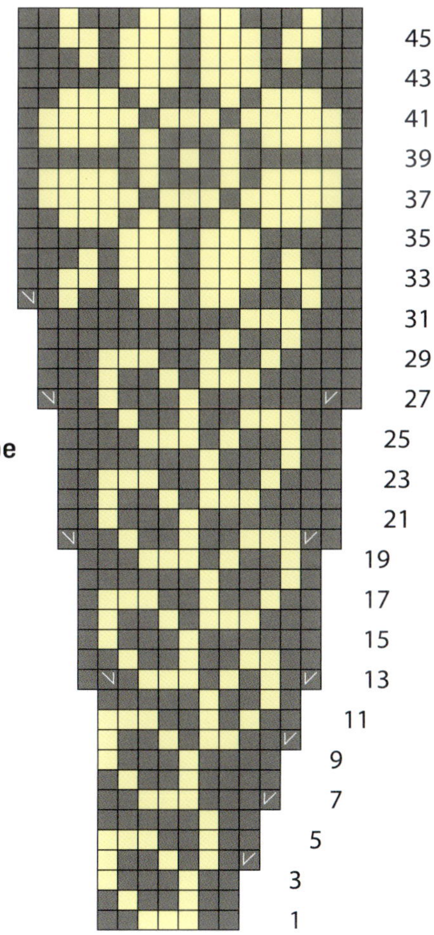

Diagramm B, helle HF

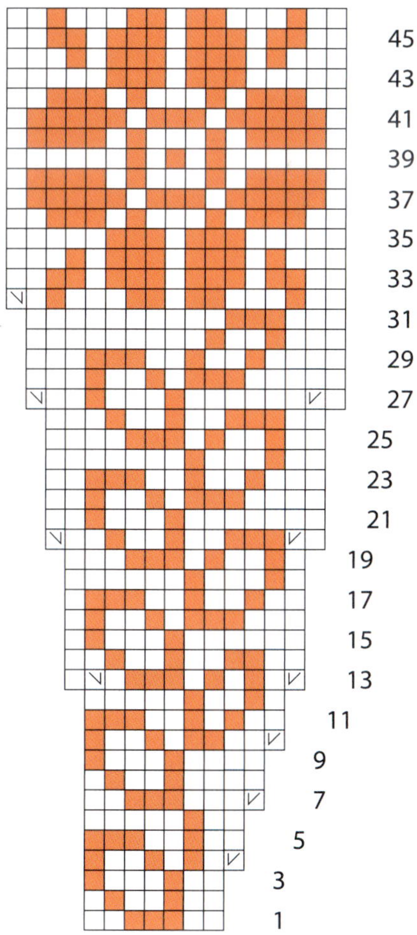

- re M in Hauptfarbe
- re M in Kontrastfarbe
- M1R in Hauptfarbe
- M1L in Hauptfarbe

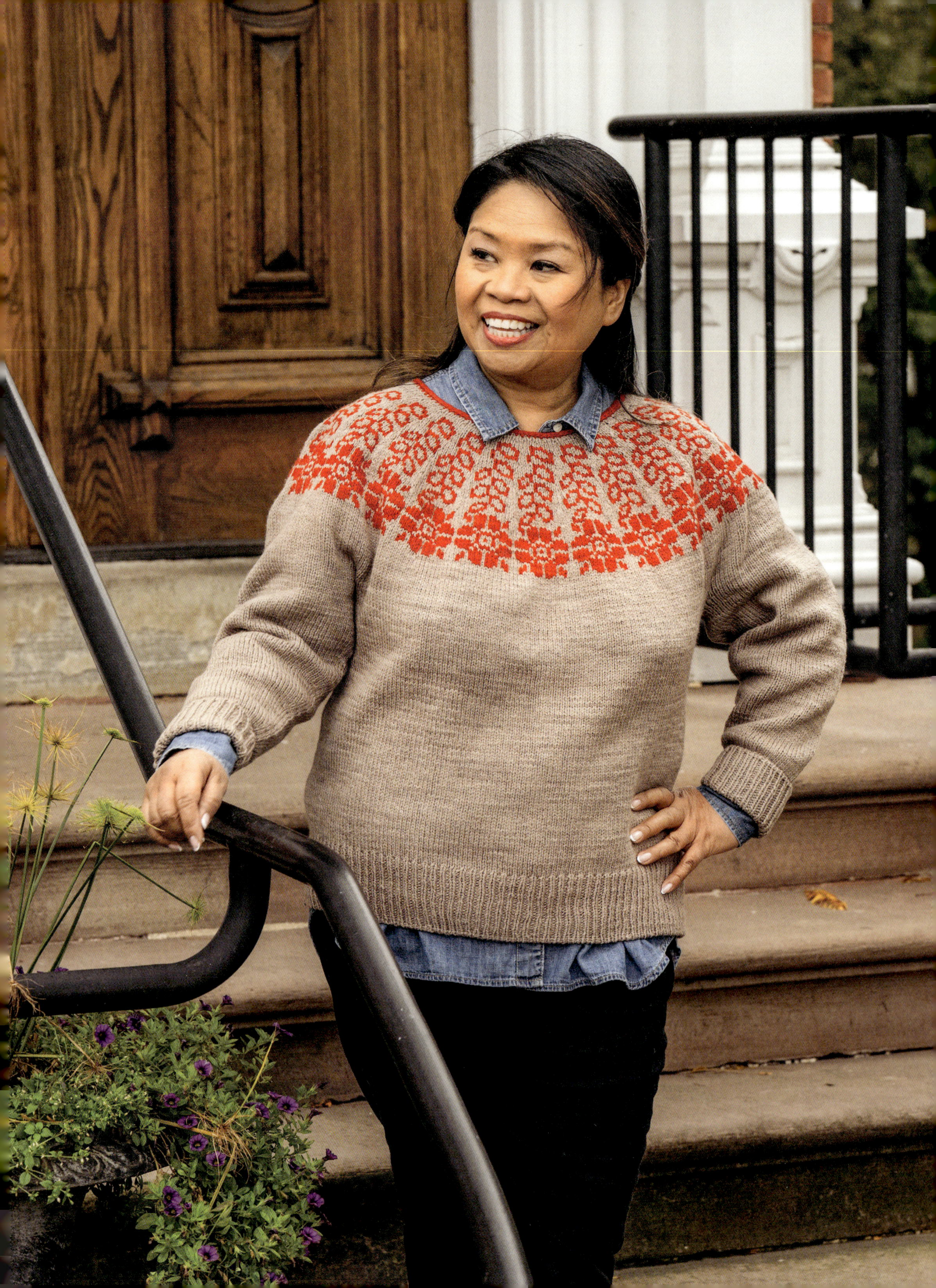

Nachdem alle Runden des Diagramms fertig gearbeitet sind, Faden in Kontrastfarbe abschneiden, ein Fadenende von 15 cm stehen lassen. Wieder zu dünnerer, längerer Nadel wechseln, wenn dies nötig ist, damit die Maschenprobe gleich bleibt.
2 Rd in Hauptfarbe rechts stricken.

In der nächsten Runde [19, 28, 22, 22] (24, 24, 18, 20) Maschen gleichmäßig zunehmen wie folgt:
Zunahmerunde: [9, 6, 8, 9] (9, 9, 13, 12) M re, [M1, [19, 12, 17, 19] (19, 19, 27, 26) M re] [5, 3, 2, 7] (5, 10, 5, 5)-mal, [M1, [18, 13, 18, 20] (18, 20, 28, 25) M re] [8, 21, 17, 7] (13, 3, 7, 9)-mal, [M1, [19, 12, 17, 19] (19, 19, 27, 26) M re] [5, 3, 2, 7] (5, 10, 5, 5)-mal, M 1, [9, 6, 9, 10] (9, 10, 14, 13) M re.

Nur für Größe [F, G, H, I] (J, -, L, M):
In der nächsten Runde [19, 27, 21, 21] (24, -, 17, 20) Maschen gleichmäßig zunehmen wie folgt:
Zunahmerunde: [9, 7, 9, 10] (9, -, 15, 13) M re, [M1, [20, 14, 20, 22] (20, -, 30, 27) M re] [5, 10, 7, 3] (5, -, 8, 5)-mal, [M1, [19, 15, 19, 21] (19, -, 31, 26) M re] [8, 7, 6, 14] (13, -, 1, 9)-mal, [M1, [20, 14, 20, 22] (20, -, 30, 27 M) re] [5, 9, 7, 3] (5, -, 7, 5)-mal, M1, [10, 7, 10, 11] (10, -, 15, 13) M re.

Nur für Größe [-, -, -, -] (-, K, -, -):
Zunahmerunde: 10 M re, [M1, 21 M re] 22-mal, M1, 11 M re.

Maschenanzahl: [390, 412, 434, 468] (490, 506, 528, 550) M.

Für alle Größen: Fortfahren.
Noch [12, 8, 9, 11] (13, 15, 16, 18) oder so viele Runden re stricken, dass die Tiefe der Passe in der vorderen Mitte ab der Anschlagkante etwa [23, 23,5, 24, 25] (25,5, 26, 26,5, 27,5) cm beträgt oder die gewünschte Tiefe erreicht ist. Anmerkung: Die vordere Mitte ist genau gegenüber dem MM am Anfang der Runde, der die hintere Mitte markiert. Es ist wichtig, dass hier an der Vorderseite und nicht beim MM an der Rückseite gemessen wird, weil die verkürzten Reihen im Nackenbereich die Tiefe der Passe an der Rückseite vergrößern.

TIPP: Für eine optimale Passform
Machen Sie eine Anprobe, bevor Sie den glatt rechts gestrickten Bereich zu arbeiten beginnen, um festzustellen, wie viele Runden Sie noch an der Passe arbeiten müssen. Damit die Passe aussieht wie auf den Fotos, sollte sie bis knapp unterhalb der Achsel reichen. Wenn Sie ein paar Zentimeter am Körper gearbeitet haben, machen Sie noch eine Anprobe, um sicherzugehen, dass der Sitz unter der Achsel bequem ist und der Look Ihren Wünschen entspricht. Ein genaueres Ergebnis bekommen Sie, wenn Sie die unfertige Arbeit spannen und dämpfen, bevor Sie sie anprobieren oder die Maschenprobe überprüfen.

KÖRPER UND ÄRMEL: AUFTEILUNG

Aufteilungsrunde: [58, 62, 66, 69] (73, 76, 81, 85) M für die rechte Hälfte des Rückens (laut Anprobe) re stricken.

Die nächsten [80, 83, 86, 96] (99, 101, 103, 106) M für den rechten Ärmel auf Hilfsfaden legen.

[17, 17, 18, 19] (19, 21, 21, 21) M für Achsel anschlagen (Maschen aufschlingen, siehe **Glossar: Stricktechniken**).

[115, 123, 131, 138] (146, 152, 161, 169) M für die Vorderseite re stricken.

Die nächsten [80, 83, 86, 96] (99, 101, 103, 106) M für den linken Ärmel auf Hilfsfaden legen.

[17, 17, 18, 19] (19, 21, 21, 21) M für Achsel anschlagen (Maschen aufschlingen).

[57, 61, 65, 69] (73, 76, 80, 84) M für die linke Hälfte des Rückens re stricken.

Maschenanzahl: [264, 280, 298, 314] (330, 346, 364, 380) M für den Körper.

KÖRPER

Glatt rechts stricken (jede Runde re str), bis der Körper ab der Achsel 28 cm misst, oder 77 Runden nach der angegebenen Maschenprobe arbeiten.

Bündchen

Bündchenrunde: (1 M re, 1 M li) bis zum Ende. Bündchenrunde wdh, bis das Bündchen 7,5 cm misst, oder 24 Runden nach der angegebenen Maschenprobe arbeiten.

Alle Maschen abketten (röhrenförmiges Abketten/ Tubular Bind-off – siehe **Glossar: Stricktechniken**).

ÄRMEL (2-MAL ARBEITEN)

Die stillgelegten Maschen für den Ärmel auf die dünnere Nadel für kleinere Umfänge legen. Faden in Hauptfarbe einstricken und bis zum Ende rechts stricken. [9, 9, 10, 10] (10, 11, 11, 11) Achsel-Maschen aufnehmen und re abstricken (1 M zusätzlich zwischen den Ärmel-Maschen und den angeschlagenen Achsel-Maschen, damit sich kein Loch bildet, und 1 M in jede Anschlag-M), MM am Beginn der Runde setzen, [10, 10, 10, 11] (11, 12, 12, 12) Achsel-Maschen aufnehmen und re abstricken (1 M in jede Anschlag-M und 1 M zusätzlich zwischen Ärmel-Maschen und angeschlagenen Achsel-Maschen), bis zum Ende der Runde re str.

Maschenanzahl: [99, 102, 106, 117] (120, 124, 126, 129) M.

In der nächsten Runde werden die zusätzlichen Maschen, die zwischen Ärmel-Maschen und Achsel-Anschlag-Maschen aufgenommen wurden, wie folgt wieder abgenommen:
Nächste Rd (Abnahmerunde): [9, 9, 9, 10] (10, 11, 11, 11) M re, 2 M re zus-str, bis [10, 10, 11, 11] (11, 12, 12, 12) M vor dem MM re str, 2 M re zus-str, bis zum Ende re str.

Maschenanzahl: Es verbleiben [97, 100, 104, 115] (118, 122, 124, 127) M.

16 Runden re str.

In der nächsten Runde und in jeder 4. Runde [19, 17, 16, 11] (10, 9, 8, 8)-mal, dann in jeder 2. Runde [4, 8, 10, 20] (22, 24, 26, 26)-mal abnehmen wie folgt:
Abnahmerunde: 1 M re, ssk, re str bis zu den letzten 2 M, 2 M re zus-str (2 M abgenommen).

Maschenanzahl: Es verbleiben [49, 48, 50, 51] (52, 54, 54, 57) M.

Weitere 2 Runden oder so lange re str, bis der Ärmel ab der Achsel 38 cm misst.

In der nächsten Runde [1, 0, 0, 1] (0, 0, 0, 1) M abnehmen wie folgt:
Anmerkung: Wenn für Ihre Größe „0" angegeben ist, die Abnahmerunde weglassen.
Abnahmerunde: 1 M re, ssk, bis zum Ende re str.

Maschenanzahl: Es verbleiben [48, 48, 50, 50] (52, 54, 54, 56) M.

ÄRMELBÜNDCHEN

1 x 1-Rippenmuster (Bündchenmuster) für das Ärmelbündchen wie folgt arbeiten:
Bündchenrunde: (1 M re, 1 M li) bis zum Ende. Bündchenrunde noch 23-mal oder so lange wdh, bis das Ärmelbündchen 7,5 cm misst.

Abketten (röhrenförmiges Abketten/Tubular Bind-off wie beim Körper).

HALSAUSSCHNITT: KORDELKANTE (I-CORD)

Mit der dünneren 40-cm-Nadel in der Kontrastfarbe rund um den Halsausschnitt [100, 104, 104, 104] (104, 104, 110, 110) M aufnehmen und re abstricken, beginnend in der hinteren Mitte, wo das Fadenende vom Anschlag ist. Anmerkung: Aus jeder Anschlag-M wird 1 M aufgenommen.

Alle M abketten (Kordelkante/I-Cord, siehe **Glossar: Stricktechniken**).

FERTIGSTELLUNG

Fadenenden auf der linken Seite mit Maschenstich vernähen.

Spannen

Den Pullover in lauwarmem Wasser (= Zimmertemperatur) mit milder Seife oder Wollwaschmittel von Hand waschen. In sauberem Wasser vorsichtig ausspülen, überschüssige Feuchtigkeit mit einem Handtuch ausdrücken. Flach zum Trocknen auflegen. Wenn der Pullover trocken ist, mit einem Dampfglätter Falten an den Seiten der Ärmel und des Körpers glätten.

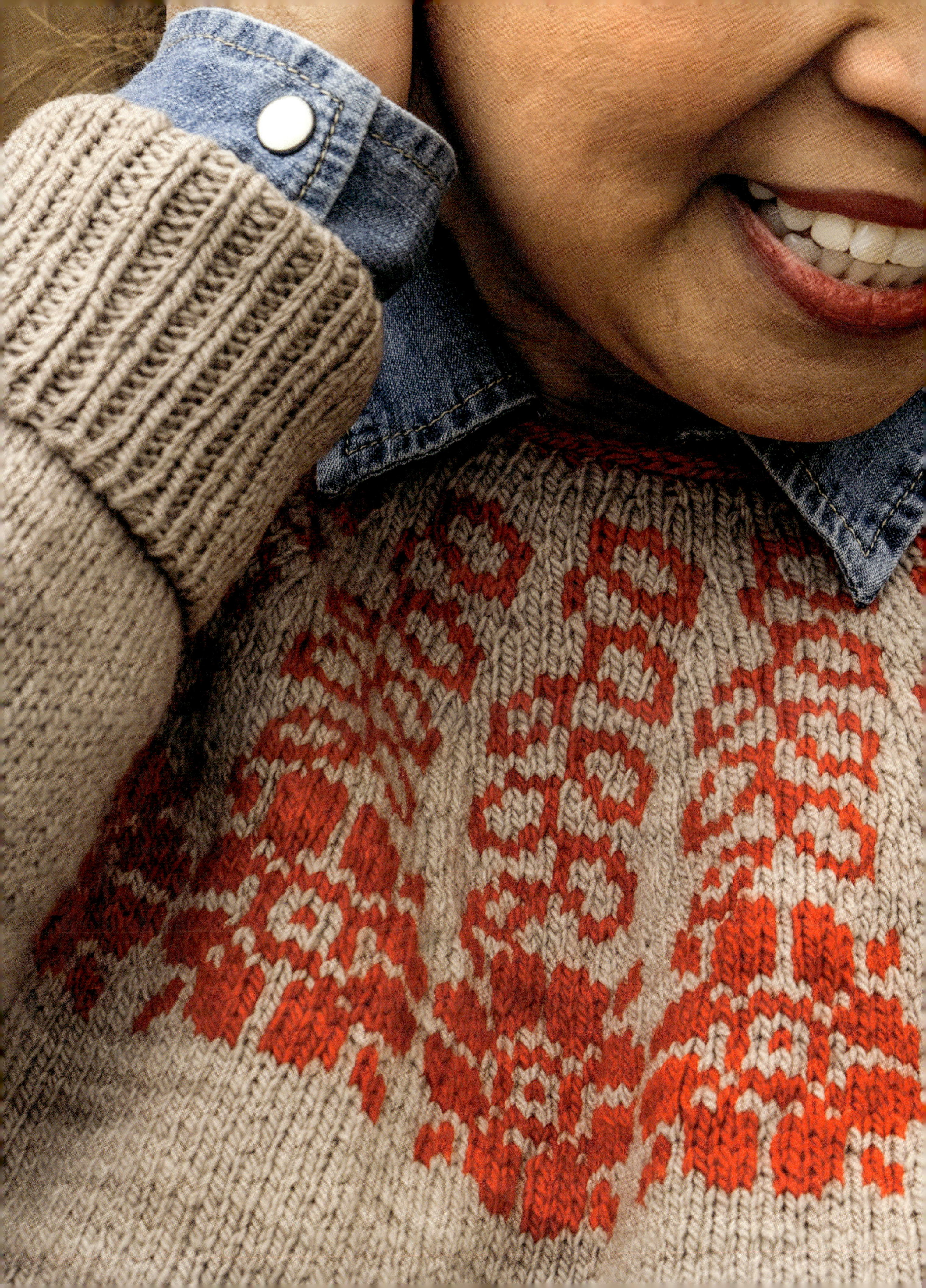

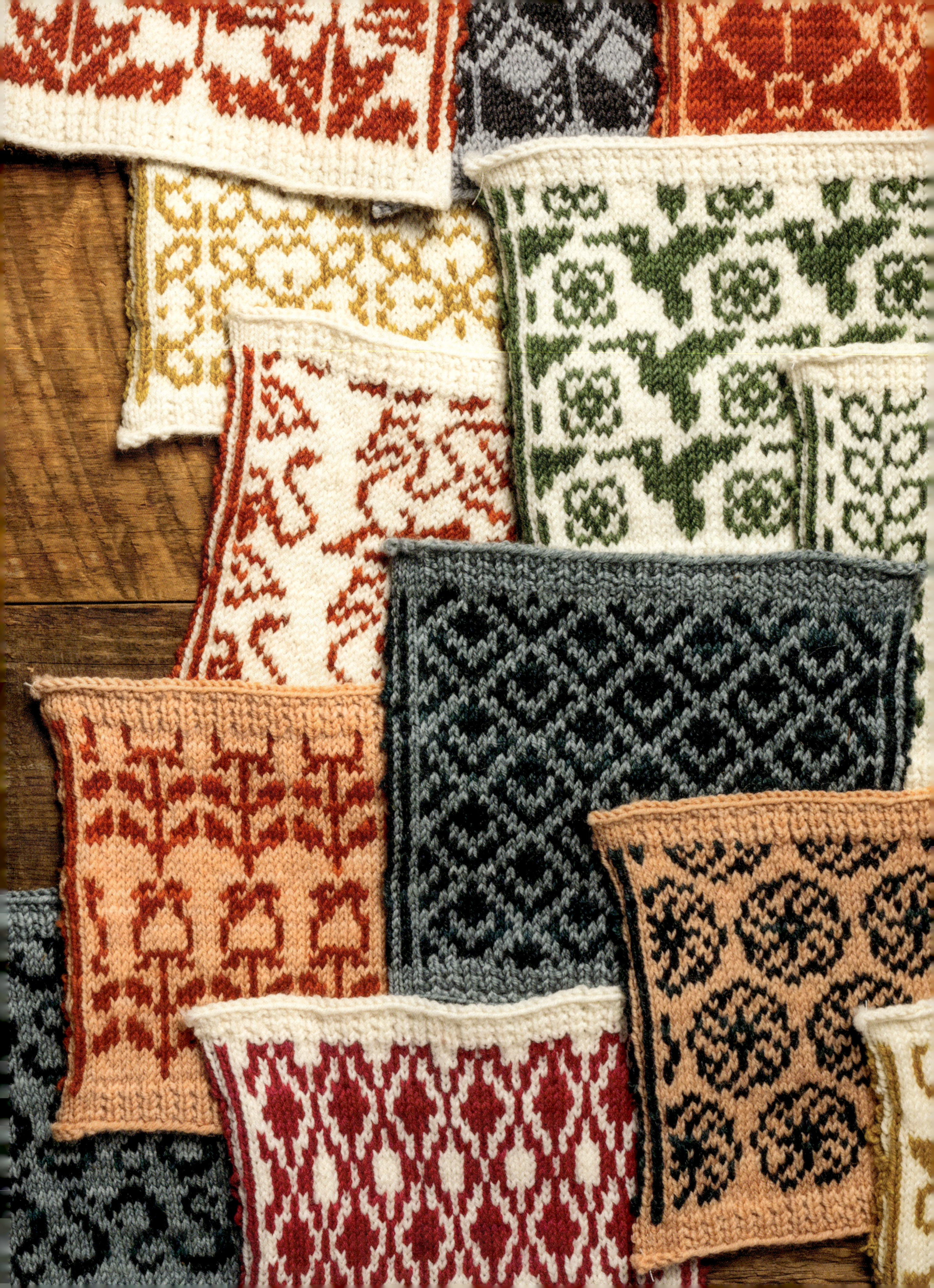

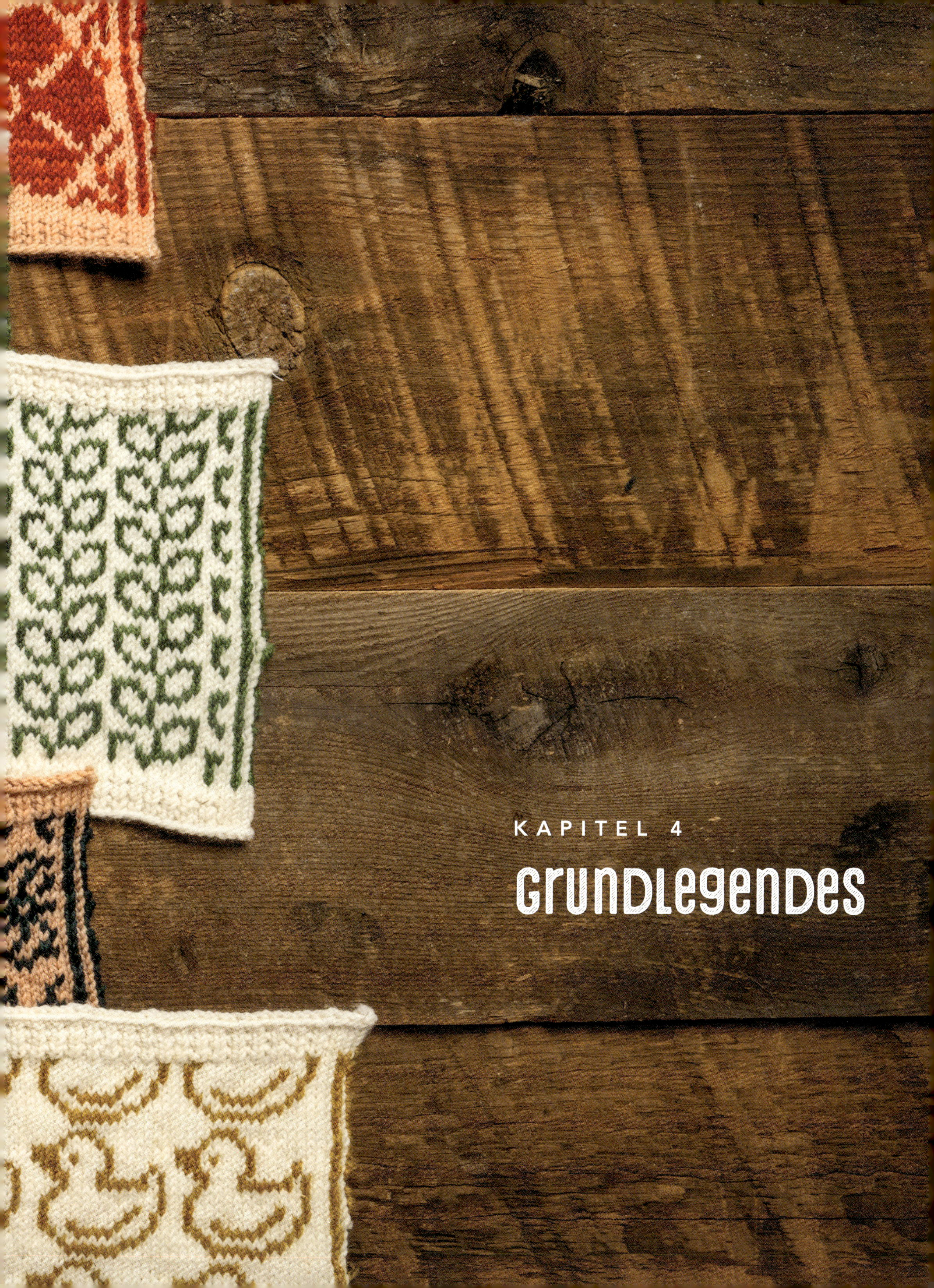

KAPITEL 4

GRUNDLEGENDES

ABKÜRZUNGEN

abh abheben

HF Hauptfarbe

li links, linke

Lm Luftmasche(n)

KF Kontrastfarbe

M Masche(n)

M1L (Make one left) linksgeneigte Zunahme aus dem Querfaden (siehe unten – **Glossar: Stricktechniken**)

M1R (Make one right) rechtsgeneigte Zunahme aus dem Querfaden (siehe unten – **Glossar: Stricktechniken**)

MM Maschenmarkierer

re rechts, rechte

R Reihe(n)

Rd Runde(n)

str stricken

sk2p 1 M wie zum Rechtsstricken abheben, 2 M zusammenstricken, abgehobene Masche überziehen (linksgeneigte doppelte Abnahme, siehe unten – **Glossar: Stricktechniken**)

ssk 2 M wie zum Rechtsstricken abheben und durch das hintere Maschenglied rechts abstricken (linksgeneigte Abnahme, siehe unten – **Glossar: Stricktechniken**)

w&w wickeln und wenden (siehe unten – **Glossar: Stricktechniken**)

wdh, Wdh wiederholen, Wiederholung

2 M re zus-str 2 M rechts zusammenstricken (Abnahme)

GLOSSAR: STRICKTECHNIKEN

STRICKEN MIT ZWEI FARBEN

Hauptfarbe

Wenn Sie mit zwei Farben stricken, wird eine Farbe notwendigerweise unter die andere fallen, während Sie arbeiten. Die untere Farbe braucht mehr Garn als die obere, wodurch die Maschen in dieser Farbe (= der unteren) größer ausfallen und sich optisch stärker abheben als die Maschen in der obenliegenden Garnfarbe. Die Farbe des untenliegenden Fadens wird Hauptfarbe genannt, weil sie in der fertigen Arbeit stärker hervorsticht. Um ein sauberes und klares mehrfarbiges Muster zu erhalten, müssen Sie konsequent bleiben und immer dieselbe Farbe als Hauptfarbe behandeln, ganz egal, wie Sie das Garn halten. Das macht einen kleinen, aber feinen und deutlichen Unterschied, was das Aussehen des fertigen Stücks betrifft.

Das Garn halten

Es gibt mehrere Arten, wie man das Garn beim Stricken mit zwei Farben halten kann. Ich möchte Sie dazu ermutigen, sie alle auszuprobieren, um herauszufinden, welche Ihnen am liebsten ist. Aber welche Sie auch wählen – es ist wichtig, dass Sie konsequent bleiben: Arbeiten Sie das ganze Projekt auf dieselbe Art (inklusive Ihrer Maschenprobe, die Sie ja sicher stricken, spannen und abmessen werden, wie Sie es immer tun, nicht wahr?) und achten Sie darauf, die Farben durchgehend in derselben Ausrichtung zu halten.

Eine Farbe in jeder Hand

Meine Lieblingsmethode für das Stricken in zwei Farben ist folgende: Ich halte einen Faden in jeder Hand und halte den Faden in meiner linken Hand fest, während ich die Maschen auf die rechte Nadel stricke (auch als kontinentales Stricken bekannt); den Faden in meiner rechten Hand lasse ich los, um ihn um die rechte Nadel zu legen und eine Masche zu stricken (englisches Stricken). Mit dieser Methode ist es leicht, einen Rhythmus zu finden, wenn man dem Diagramm folgt. Ich muss nicht auf meine Strickerei schauen, um zu wissen, welche Farbe ich verwende, und kann durchgehend ein Wollknäuel links und eines rechts liegen haben. So sieht das aus:

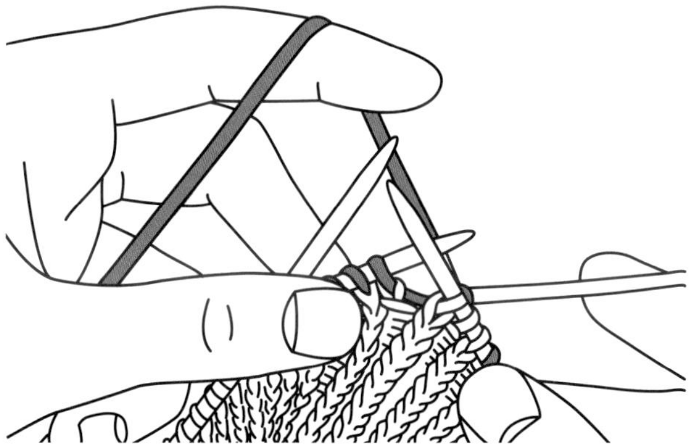

Die Hauptfarbe in der linken und die Hintergrundfarbe in der rechten Hand halten.

Beide Farben in derselben Hand

Die meisten Strickerinnen/Stricker stricken entweder hauptsächlich kontinental oder hauptsächlich englisch; das Stricken mit beiden Händen erfordert daher meist Übung. Wenn es Ihnen lieber ist, können Sie beide Farben in derselben Hand halten. Ein großer Nachteil dieser Methode ist, dass Sie öfter das Garn loslassen und neu in die Hand nehmen müssen, um die richtige Spannung aufrechtzuerhalten, wenn Ihr Muster nicht ungefähr dieselbe Maschenanzahl in jeder Farbe aufweist oder wenn Sie größere einfarbige Bereiche stricken müssen. Das Loslassen ist weniger oft nötig, wenn Sie die Farben unabhängig voneinander verstricken, also je eine Farbe in jeder Hand halten. Jetzt wissen Sie Bescheid – machen Sie's auf Ihre Art! Viele Strickerinnen/Stricker halten immer beide Fäden in einer Hand und sind damit zufrieden und erfolgreich – und das geht so:

Linke Hand (kontinentales Stricken)

Wenn Sie beide Fäden in der linken Hand halten, stricken Sie alle Maschen in beiden Farben nach der kontinentalen Methode. Achten Sie darauf, die Hauptfarbe links neben der Hintergrundfarbe zu halten, während Sie arbeiten. In dieser Ausrichtung ist die Hintergrundfarbe diejenige, die näher an Ihrer Zeigefingerspitze ist:

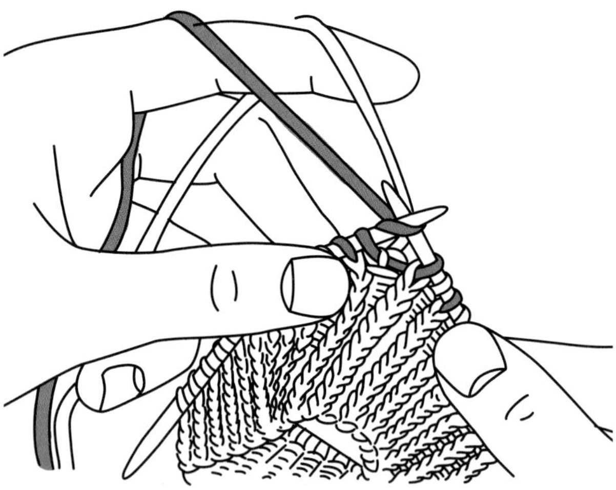

Beide Fäden in der linken Hand halten; darauf achten, dass die Hauptfarbe links von der Hintergrundfarbe liegt.

Rechte Hand (englisches Stricken)

Sie können auch beide Fäden in der rechten Hand halten und alle Maschen in beiden Farben so stricken. Achten Sie darauf, dass die Hauptfarbe links neben der Hintergrundfarbe zu liegen kommt.

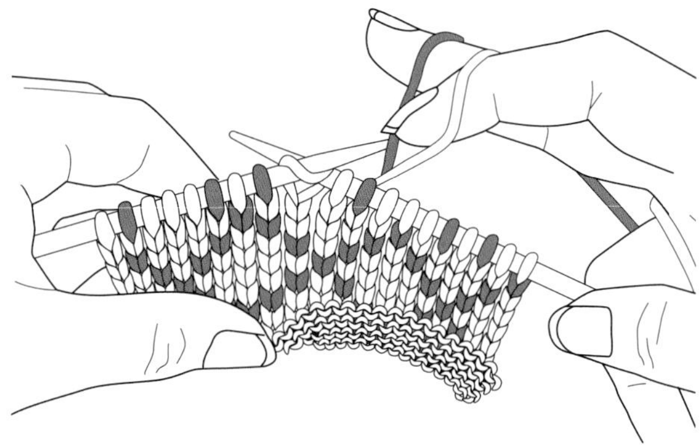

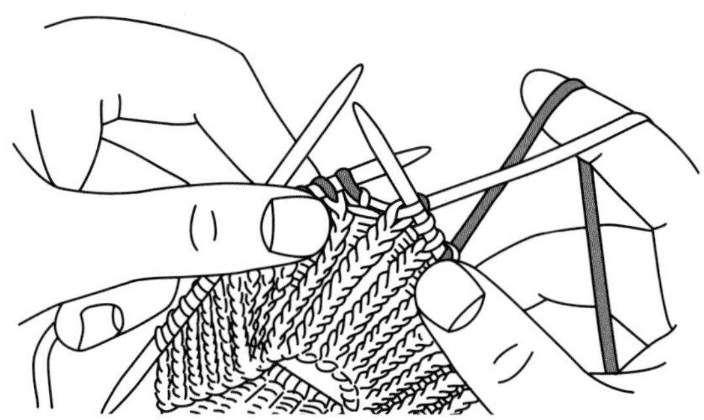

Beide Fäden in der rechten Hand halten; darauf achten, dass die Hauptfarbe links von der Hintergrundfarbe liegt. Das Hauptgarn kann über den Mittelfinger und das zweite Garn über den Zeigefinger gespannt werden; es können auch beide Fäden über den Zeigefinger gespannt werden, wobei das Hauptgarn näher an der Fingerspitze liegt.

SPANNFÄDEN

Der Spannfaden ist jener Faden, der gerade nicht zu Maschen verstrickt, sondern lose hinter der Arbeit mitgeführt wird. Spannfäden, die länger als 5 Maschen sind, sollten „eingewoben“ werden, damit sich die Arbeit nicht verzieht und Sie nicht an den langen Spannfäden hängen bleiben. Beim Einweben kommt es auch darauf an, wie Sie das Garn halten:

Spannfäden einweben, wenn Sie eine Farbe in jeder Hand halten

Hauptfarbe einweben (helles Garn ist Hauptfarbe)

1

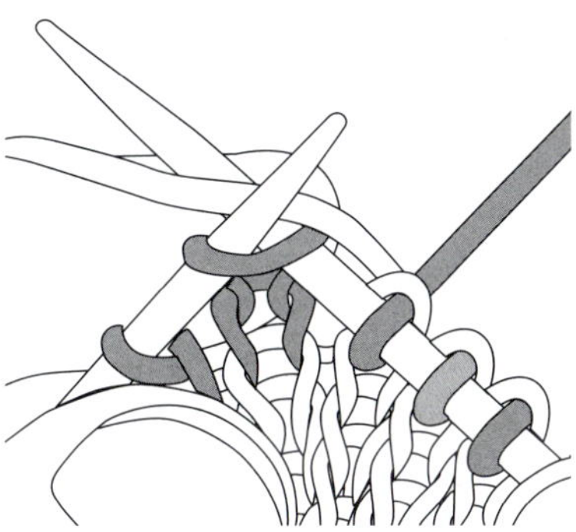

Die rechte Nadel in die nächste Masche einstechen und die Hauptfarbe von rechts nach links um die rechte Nadel schlagen (Abb. 1).

2

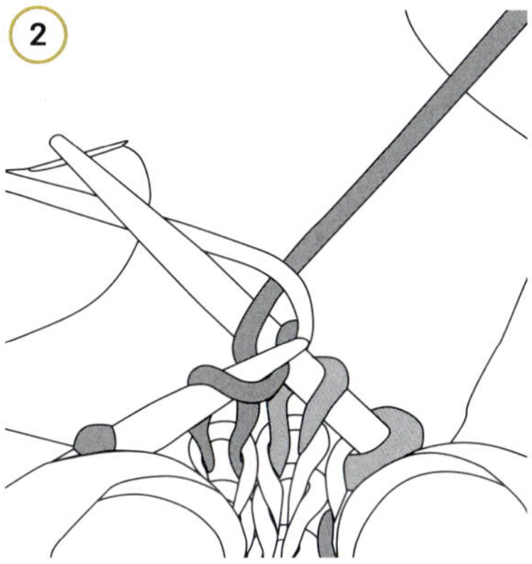

Dann die Hintergrundfarbe wie zum Rechtsstricken umschlagen und den Umschlag in der Hauptfarbe lösen (Abb. 2).

3

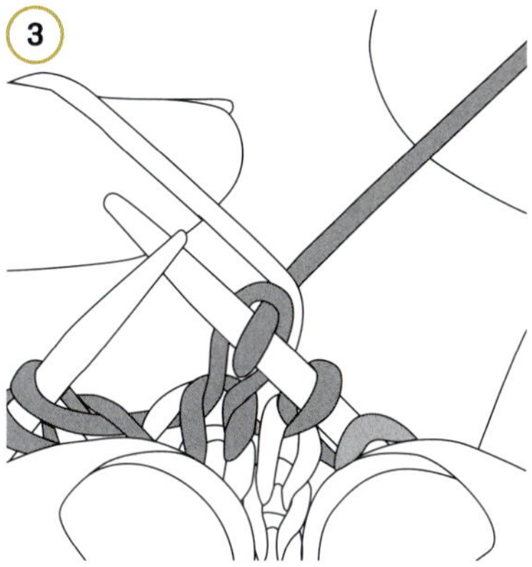

Die Masche in der Hintergrundfarbe fertigstellen (Abb. 3). Dann die nächste Masche wie gewohnt in der Hintergrundfarbe rechts abstricken. So wird die Hauptfarbe hinter der Hintergrundfarbe eingewoben.

Hintergrundfarbe einweben (helles Garn ist Hauptfarbe)

4

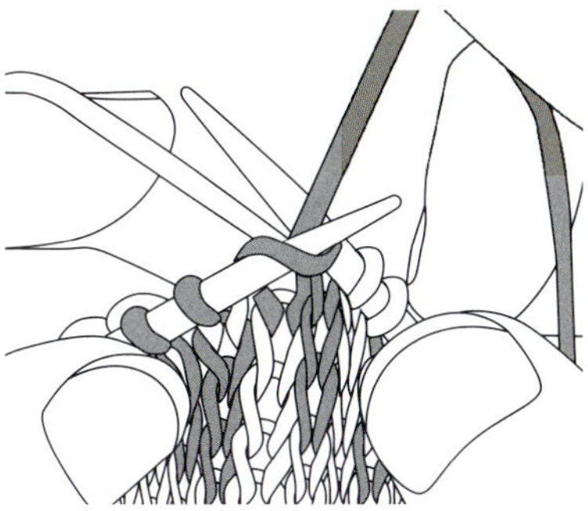

Die rechte Nadel in die Masche einstechen und die Hintergrundfarbe wie zum Rechtsstricken umschlagen, aber die Masche nicht fertigstellen (Abb. 4).

5

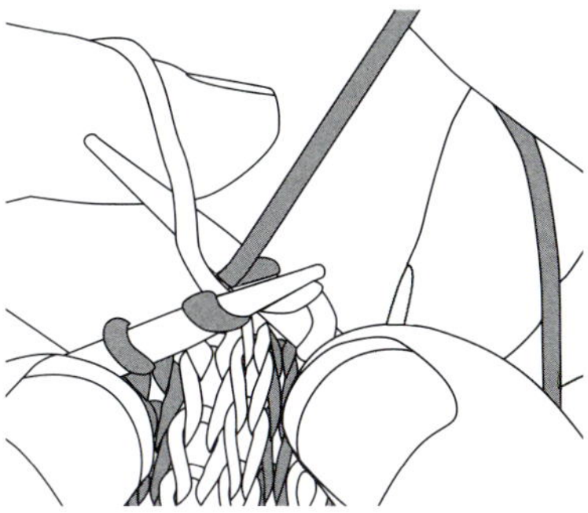

Die Hauptfarbe wie zum Rechtsstricken umschlagen (Abb. 5).

6

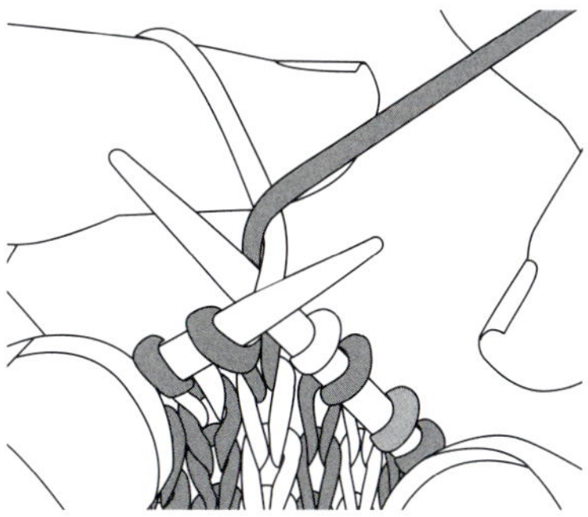

Den Umschlag in der Hintergrundfarbe lösen und die Masche in der Hauptfarbe fertigstellen (Abb. 6). Dann die nächste Masche wie gewohnt in der Hauptfarbe rechts abstricken. So wird die Hintergrundfarbe hinter der Hauptfarbe eingewoben.

Spannfäden einweben, wenn Sie das Garn links halten

Hauptfarbe einweben (helles Garn ist Hauptfarbe)

1

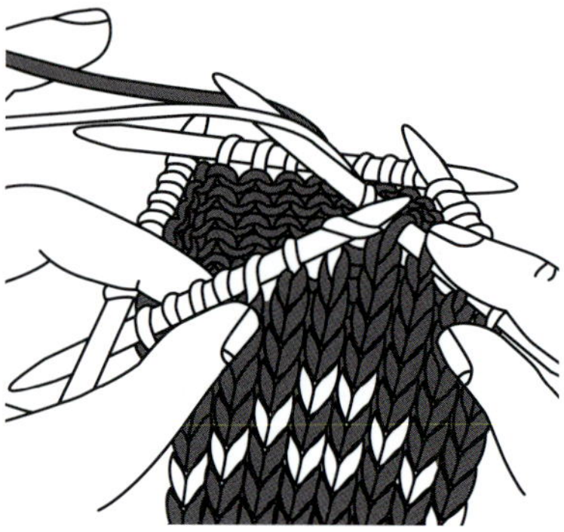

Die rechte Nadel in die nächste Masche einstechen und die Nadel unter die Hauptfarbe schieben (Abb. 1).

2

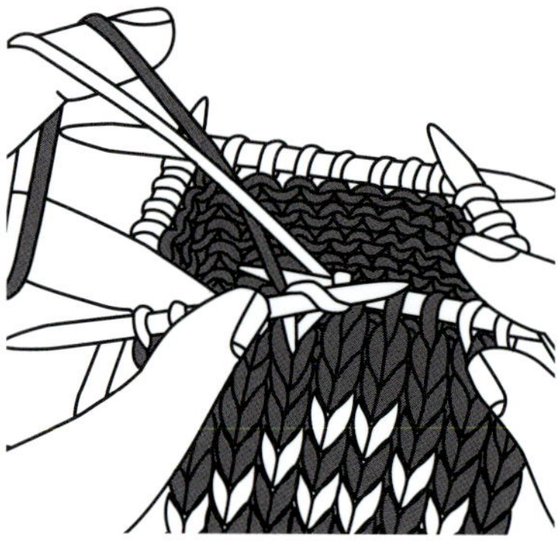

Die Masche in der Hintergrundfarbe rechts abstricken (Abb. 2). Dann die nächste Masche wie gewohnt in der Hintergrundfarbe rechts abstricken. So wird die Hauptfarbe hinter der Hintergrundfarbe eingewoben.

Hintergrundfarbe einweben (helles Garn ist Hauptfarbe)

3

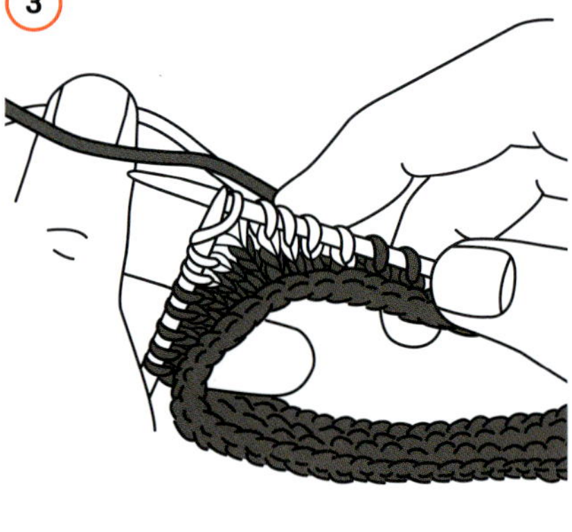

Die rechte Nadel in die Masche einstechen und die Hauptfarbe mit dem linken Daumen von unten hinter die Hintergrundfarbe schieben (Abb. 3).

4

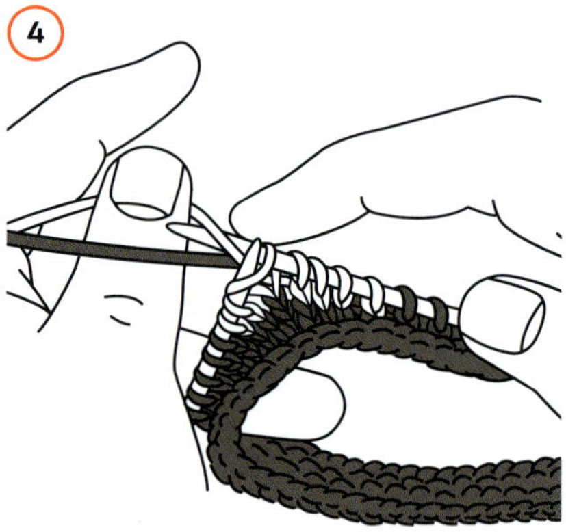

Über beide Fäden hinweg die Hauptfarbe an Ihrem Daumen erfassen und rechts abstricken, dabei mit dem Daumen die Hintergrundfarbe so halten, dass sie nicht im Weg ist (Abb. 4).

5

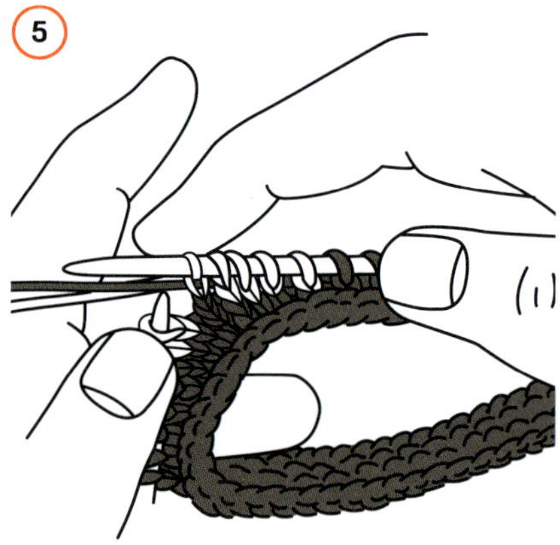

Wenn die Masche fertig gestrickt ist, den Daumen aus dem Weg nehmen und die nächste Masche in der Hauptfarbe wie gewohnt rechts abstricken (Abb. 5).

Spannfäden einweben, wenn Sie das Garn rechts halten

Hauptfarbe einweben (dunkles Garn ist Hauptfarbe)

6

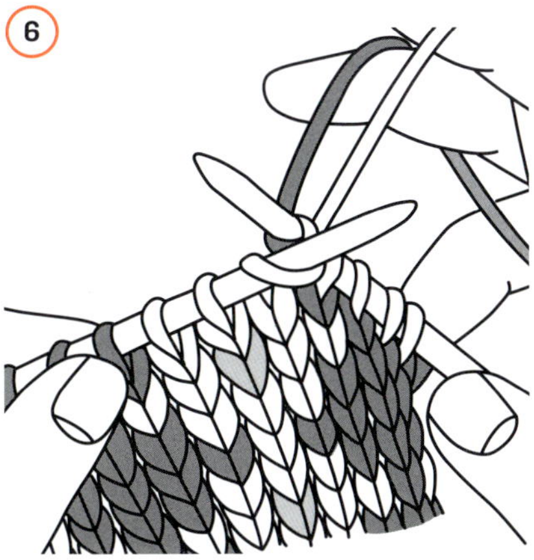

Die rechte Nadel in die nächste Masche einstechen und in der Hauptfarbe einen Umschlag machen, der entgegengesetzt zu dem für eine rechte Masche ist (Abb. 6).

7

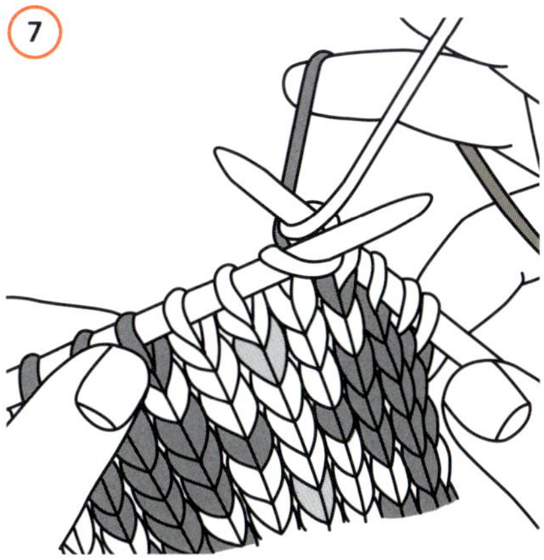

Die Hintergrundfarbe wie für eine normale rechte Masche umschlagen (Abb. 7).

8

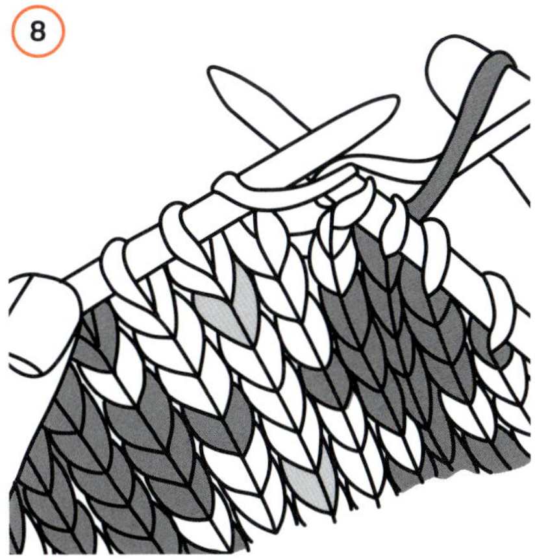

Den Umschlag in der Hauptfarbe lösen und die Masche in der Hintergrundfarbe fertigstellen (Abb. 8).

Dann die nächste Masche wie gewohnt in der Hintergrundfarbe rechts abstricken. So wird die Hauptfarbe hinter der Hintergrundfarbe eingewoben.

Hintergrundfarbe einweben (dunkles Garn ist Hauptfarbe)

9

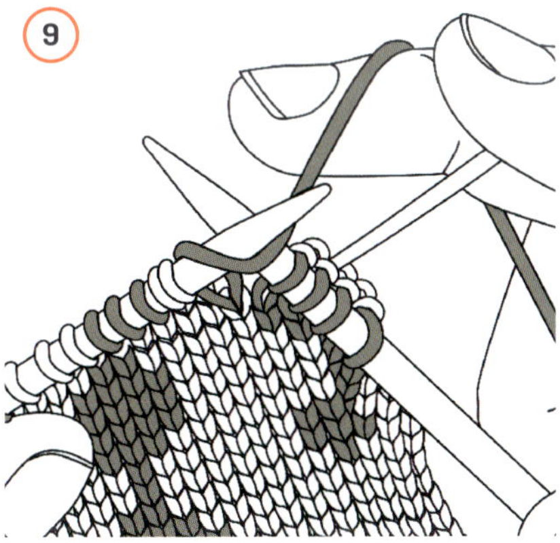

Die rechte Nadel in die nächste Masche einstechen (Abb. 9).

10

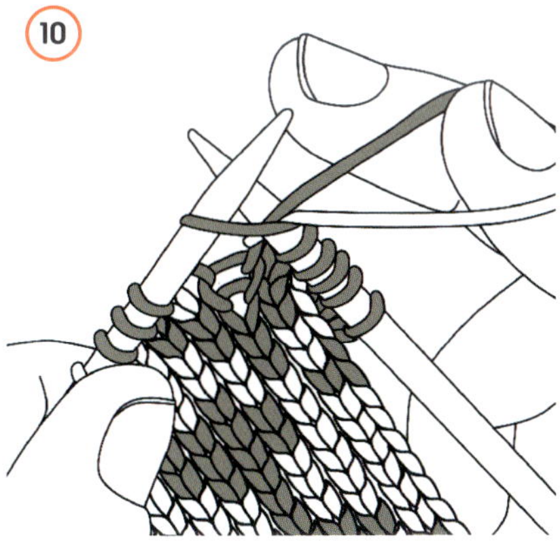

Beide Fäden wie zum Rechtsstricken umschlagen (Abb. 10).

11

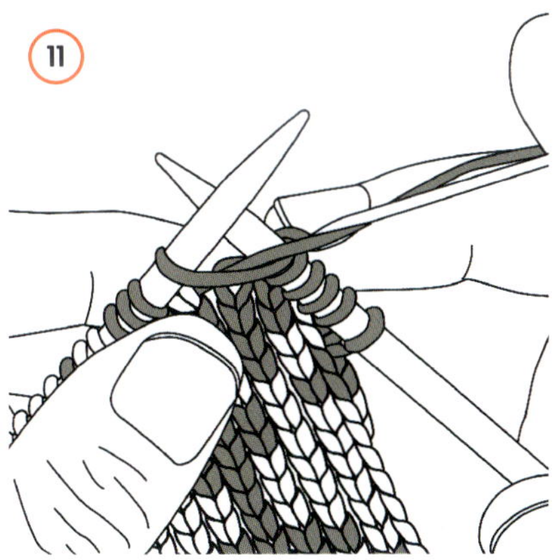

Den Umschlag in der Hintergrundfarbe lösen und die Masche in der Hauptfarbe fertigstellen.

Dann die nächste Masche wie gewohnt in der Hauptfarbe rechts abstricken. So wird die Hintergrundfarbe hinter der Hauptfarbe eingewoben (Abb. 11).

METHODEN ZUM ABKETTEN

Kordelkante (I-Cord)

Mit dem aufgestrickten Maschenanschlag 3 Maschen anschlagen (Abb. 1).

Schritt 1: 2 M re.

Schritt 2: Die rechte Nadel jeweils durch das hintere Maschenglied in die nächsten 2 M einstechen, Faden durchziehen, die beiden M rechts zusammenstricken (Abb. 2). Damit sind 3 M auf der rechten Nadel.

Schritt 3: Die 3 M von der rechten zurück auf die linke Nadel heben (Abb. 3).

Schritt 1–3 wdh, bis alle M abgekettet sind.

Nach dem Abketten der letzten 3 M den Faden abschneiden, das Fadenende durch die letzte Masche ziehen. Die abgekettete Kordelkante an der Anschlagkante annähen.

1

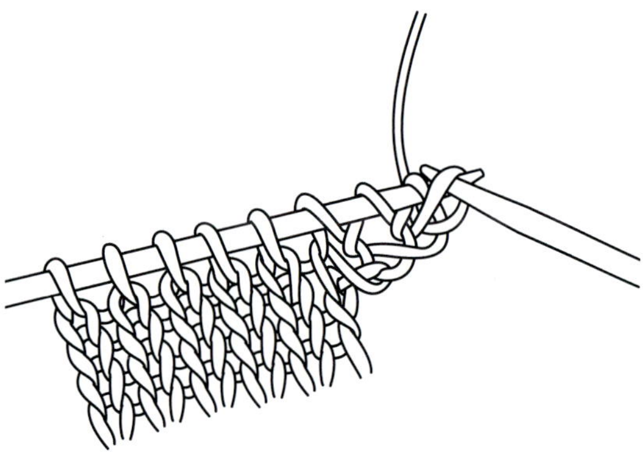

2

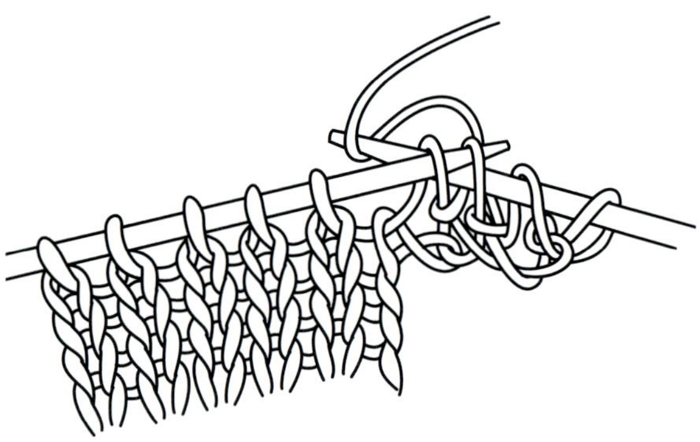

3

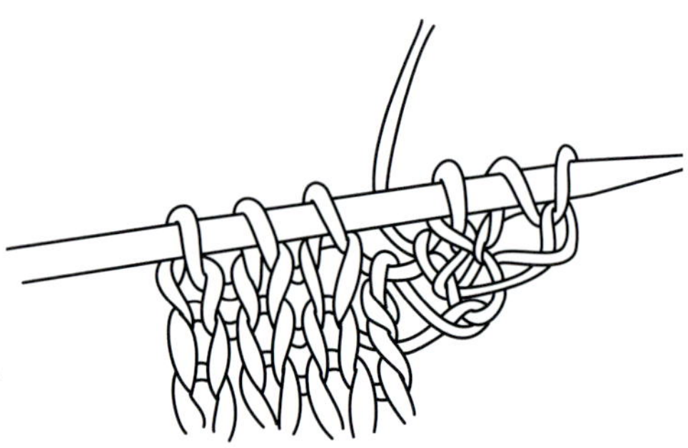

Röhrenförmiges Abketten (Tubular bind-off)

Runde 1: * 1 M re, 1 M li abh (Faden liegt vor der Arbeit), von * bis zum Ende wdh.

Runde 2: * 1 M li abh (Faden liegt hinter der Arbeit), 1 M li, von * bis zum Ende wdh.

Alle re M werden jetzt auf eine Nadel geschoben, alle li M werden auf eine zweite Nadel geschoben. Die rechten und die linken M werden mit dem Maschenstich verbunden; dadurch entsteht die röhrenförmige Abkettkante. Da während dieses Abschnitts die Maschen abgehoben und nicht gestrickt werden, Arbeitsgarn beiseitelegen.

Schritt 1: Nächste M (eine rechte M) wie zum Linksstricken auf eine zusätzliche Rundstricknadel (gleich stark oder dünner als die Arbeitsnadel) heben und vor die Arbeit legen.

Schritt 2: Nächste M (eine linke Masche) wie zum Linksstricken auf die Nadel heben, die Sie zum Stricken des Bündchens verwendet haben, und hinter die Arbeit legen.

Schritt 1–2 wdh, bis alle rechten Maschen auf der vorderen Nadel und alle linken Maschen auf der hinteren Nadel liegen. Faden abschneiden, dabei ein Fadenende stehenlassen, das mindestens doppelt so lang wie die Kante ist, die Sie abketten wollen. Die Maschen auf der vorderen Nadel mit den Maschen auf der hinteren Nadel mit Maschenstich verbinden, bis 1 Masche auf der vorderen und 1 Masche auf der hinteren Nadel verbleibt. Die Nadeln aus diesen Maschen ziehen, um fertig abzuketten. Eine Wollnadel in die erste Masche der Runde einstechen und durchziehen, um die Runde zu schließen.

ANSCHLAG-METHODEN

Maschen aufschlingen

* Mit dem Arbeitsfaden eine Schlinge bilden, diese rückwärts auf die Nadel setzen (rechtes Maschenglied auf der Rückseite der Nadel). Ab * wdh (Abb. 4).

4

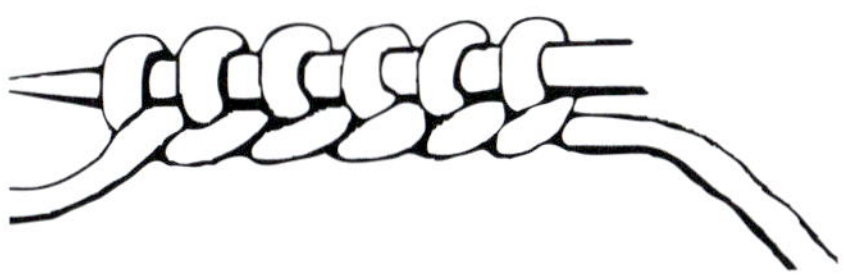

Provisorischer Anschlag mit der Häkelnadel

Mit glattem Garn in einer Kontrastfarbe (Hilfsfaden) und einer Häkelnadel eine lockere Luftmaschenkette häkeln (etwa um 4 Lm länger, als Sie für den Anschlag brauchen). Faden abschneiden, Fadenende durch die letzte Lm ziehen. Mit der Stricknadel und dem Arbeitsfaden, zwei M von der zuletzt gearbeiteten Lm beginnend, durch das hintere Maschenglied jeder Lm eine M aufnehmen und rechts abstricken (Abb. 5), bis die gewünschte Maschenanzahl erreicht ist. Nach Wunsch weiterarbeiten. Wenn Sie mit den Anschlagmaschen weiterarbeiten wollen, die Luftmaschenkette heraustrennen, sodass die gestrickten Maschen freiliegen (Abb. 6). Ein Video-Tutorial für den provisorischen Anschlag mit der Häkelnadel finden Sie unter www.andrearangel.com/tutorial-blog/crochet-provisional-cast-on.

5

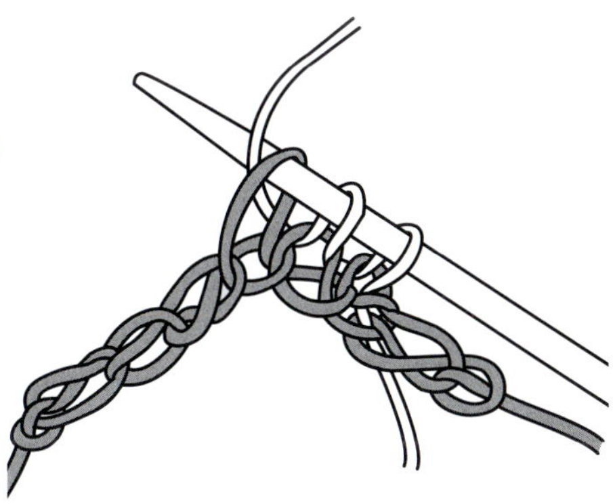

6

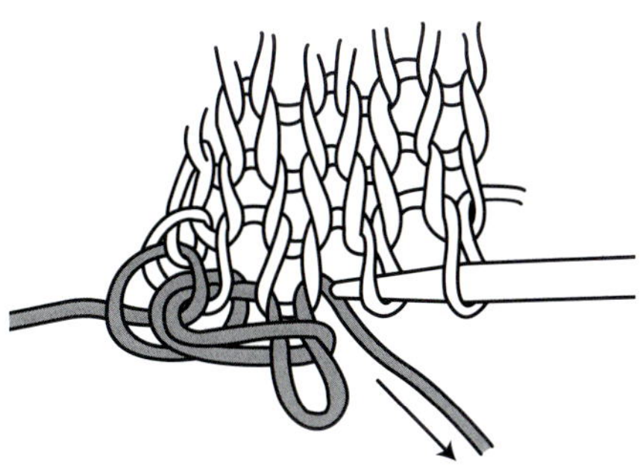

Kreuzanschlag

Ein langes Fadenende stehen lassen (ca. 2,5–5 cm für jede M, die Sie anschlagen wollen). Eine Anfangsschlinge bilden und auf die rechte Nadel setzen. Daumen und Zeigefinger der linken Hand zwischen die Garnenden schieben, dabei den Arbeitsfaden um den Zeigefinger und das Fadenende um den Daumen legen. Die Fadenenden mit den anderen Fingern festhalten (die Handfläche zeigt nach oben), sodass der Faden ein V bildet (Abb. 7). Die Nadel von unten nach oben durch die Schlinge am Daumen führen (Abb. 8), den ersten Faden, der um den Zeigefinger liegt, mit der Nadel erfassen und nach unten durch die Daumenschlinge ziehen (Abb. 9). Schlinge vom Daumen gleiten lassen, den Daumen wieder so platzieren, dass der Faden ein V bildet, und die eben gearbeitete M auf der Nadel festziehen (Abb. 10).

7

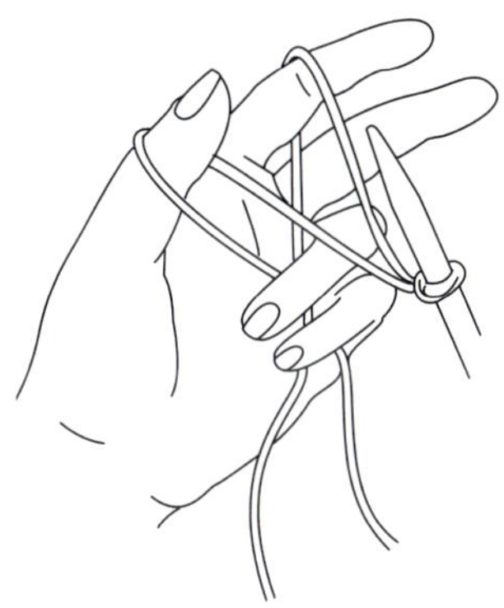

8

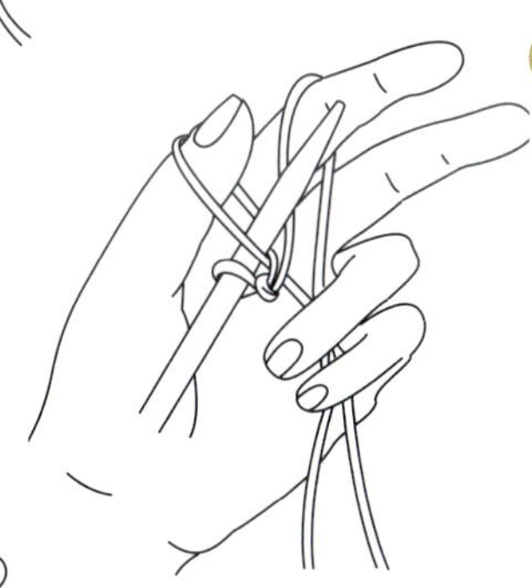

9

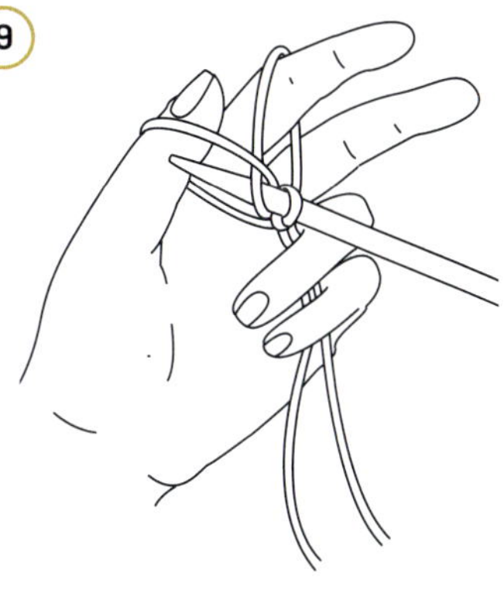

10

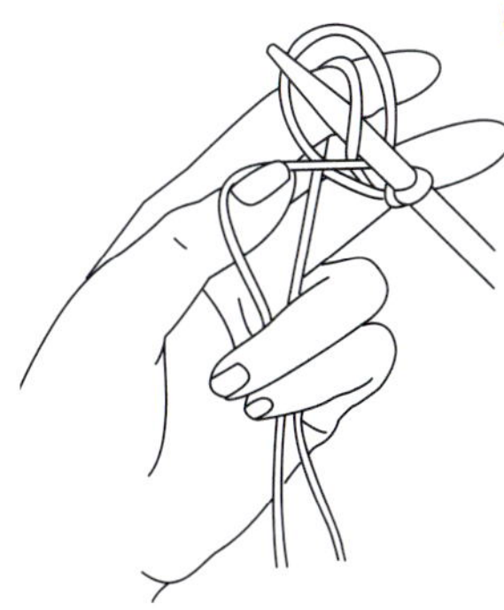

ABNAHMEN

2 Maschen rechts zusammenstricken (2 M re zus-str)

Die rechte Nadel von vorn nach hinten in die nächsten 2 M auf der linken Nadel einstechen (Abb. 1) und rechts zusammenstricken.

1

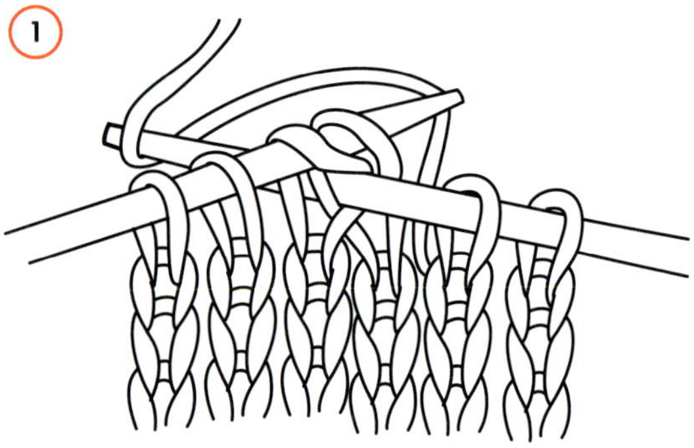

Linksgeneigte doppelte Abnahme (sk2p)

Eine M wie zum Rechtsstricken abheben, die nächsten 2 M re zus-str, mit der Spitze der linken Nadel die abgehobene M über die rechte M ziehen, dann von der rechten Nadel herunterziehen.

Linksgeneigte Abnahme (ssk)

2 M nacheinander wie zum Rechtsstricken abheben (Abb. 2), mit der Spitze der linken Nadel vorne in diese abgehobenen M einstechen, mit der rechten Nadel in das hintere Glied dieser beiden M einstechen und sie rechts abstricken (Abb. 3).

2

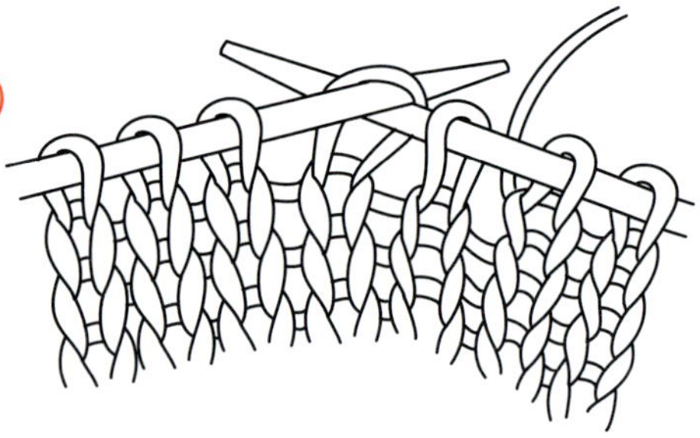

3

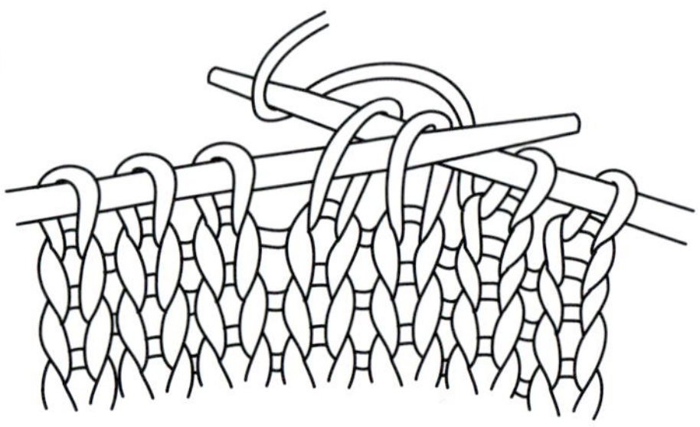

ZUNAHMEN

Linksgeneigte Zunahme aus dem Querfaden (M1L)

Mit der Spitze der linken Nadel den Querfaden zwischen der letzten rechts abgestrickten Masche und der ersten M auf der linken Nadel von vorne nach hinten anheben (Abb. 4), dann die angehobene Schlinge durch das hintere Maschenglied rechts abstricken (Abb. 5).

4

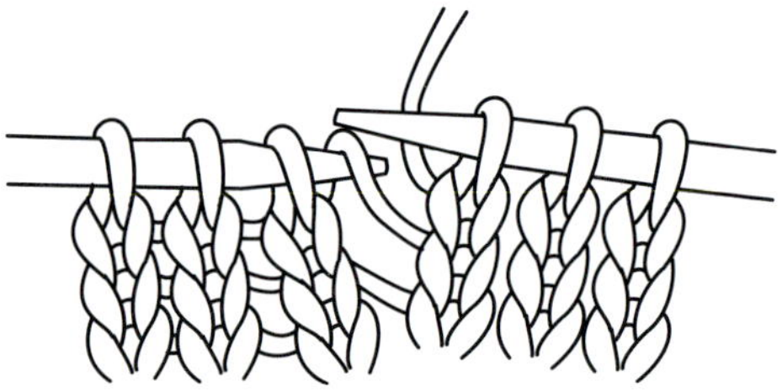

5

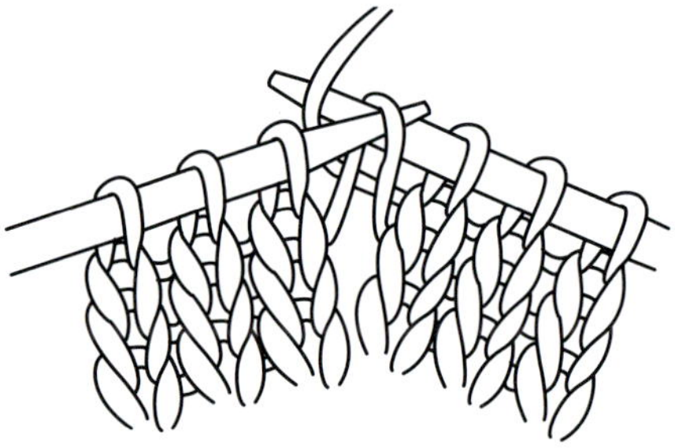

Rechtsgeneigte Zunahme aus dem Querfaden (M1R)

Mit der Spitze der linken Nadel den Querfaden zwischen den Nadeln von hinten nach vorne anheben (Abb. 6). Die angehobene Schlinge durch das vordere Maschenglied rechts abstricken (Abb. 7).

6

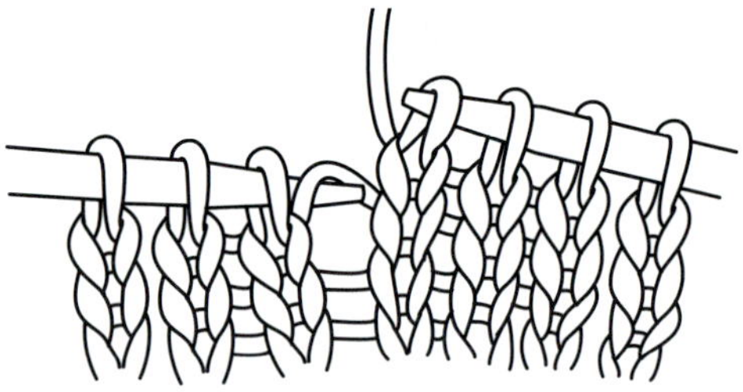

7

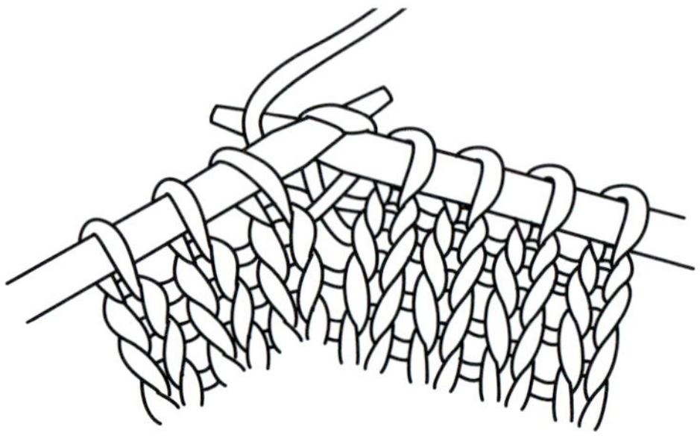

VERKÜRZTE REIHEN

Wickelmaschen-Methode: wickeln und wenden (w&w)

In Rechtsreihen

Bis an die Stelle arbeiten, wo Sie wenden müssen, nächste M wie zum Linksstricken abheben (Abb. 8), Faden vor die Arbeit legen, dieselbe M wieder auf die linke Nadel heben (Abb. 9), die Arbeit wenden und den Faden für die nächste M in Position bringen – Sie haben nun eine Masche gewickelt, und der Faden ist in Position für die nächste Masche. Wenn Sie in einer Folgereihe zu einer Wickelmasche kommen, kaschieren Sie die Wicklung, indem Sie sie mit der Wickelmasche zusammenstricken: Dazu die Spitze der rechten Nadel unter der Wicklung einstechen (bei einer rechten M von vorne, bei einer linken M von hinten – Abb. 10), dann in die Masche auf der Nadel einstechen, die Masche und die Wicklung zusammen (als eine einzige M) abstricken.

In Linksreihen

Bis an die Stelle arbeiten, wo Sie wenden müssen, nächste M wie zum Linksstricken auf die rechte Nadel heben, Faden hinter die Arbeit legen (Abb. 11), die abgehobene M wieder auf die linke Nadel heben, den Faden zwischen den Nadeln vor die Arbeit legen (Abb. 12), die Arbeit wenden (rechte Seite nach vorne) – Sie haben nun eine Masche gewickelt, und der Faden ist in Position für die nächste M. Um die Wicklung in einer linken Folgereihe zu kaschieren, bis zu der Wickelmasche arbeiten, mit der Spitze der rechten Nadel die Wicklung von hinten erfassen und auf die linke Nadel heben (Abb. 13), dann die M zusammen mit der Wicklung links abstricken.

8

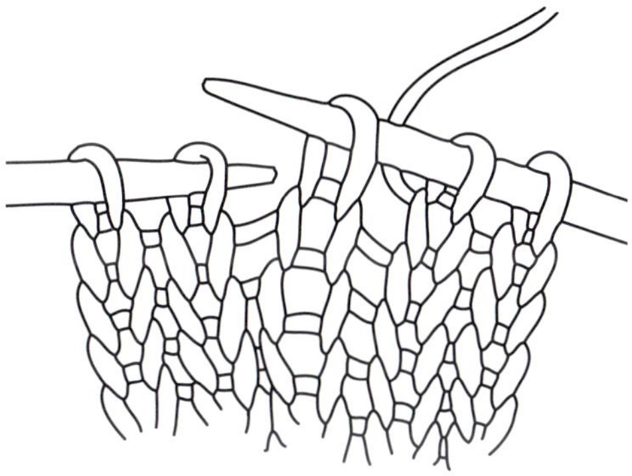

9

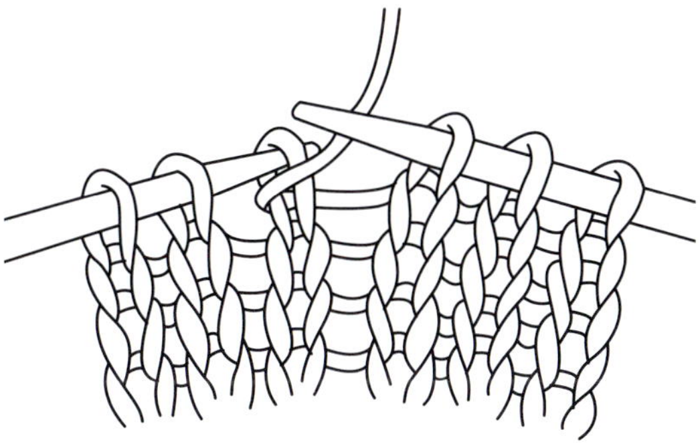

10

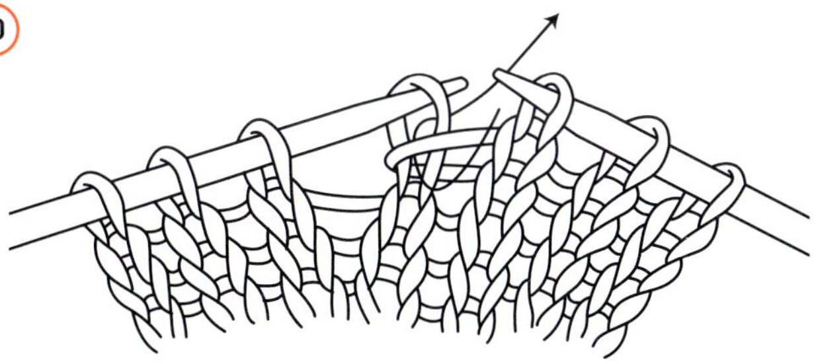

11

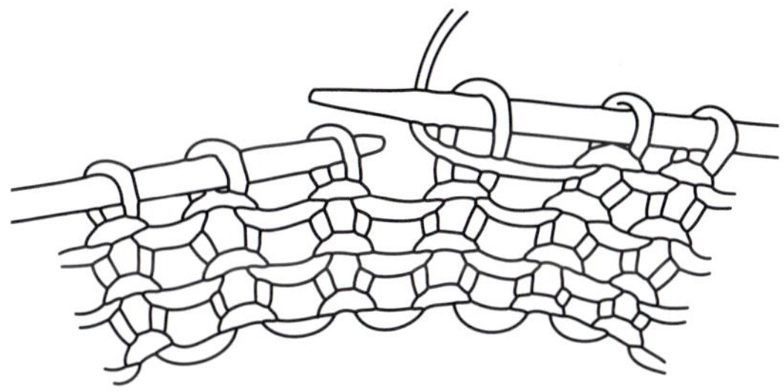

12

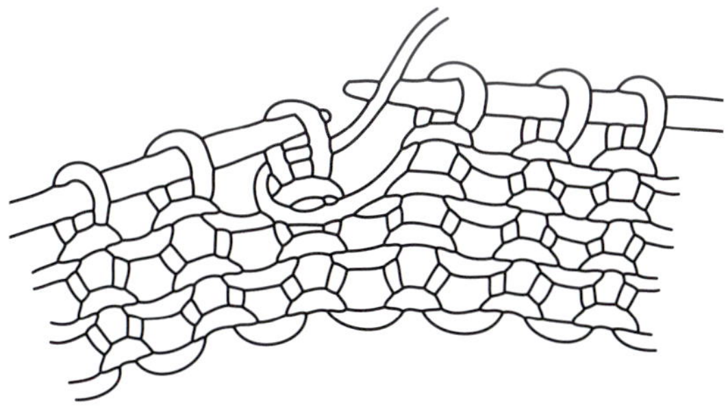

13

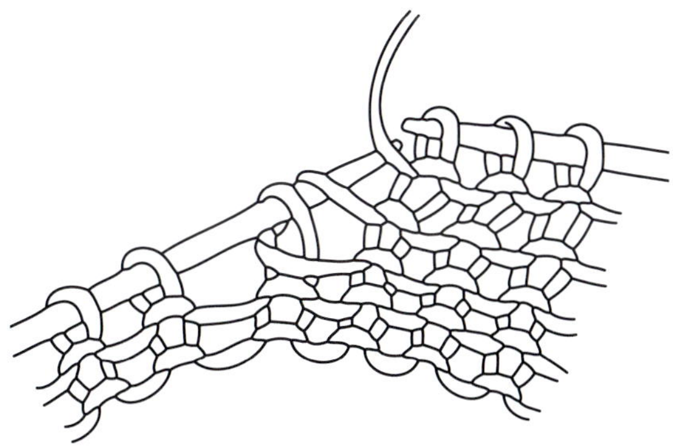

NOCH EINE LETZTE TECHNIK

Maschenstich

Mit dem Maschenstich können Sie eine Strickarbeit mit Stickerei verzieren oder auch die Garnenden auf der linken Seite des fertigen Strickprojekts vernähen. Ich verwende ihn zum Vernähen der Garnenden und liebe es, meiner Arbeit ein paar gestickte Farbtupfen aufzusetzen.

Waagrecht: Faden einfädeln und mit der Nadel von hinten nach vorne an der Basis der V-förmigen Masche einstechen, die Sie übersticken wollen. * Von rechts nach links arbeiten. In der Reihe oberhalb der zu überstickenden Masche (unter dieser M) ein- und wieder ausstechen. Dann wieder an der Basis derselben M einstechen. An der Basis der nächsten V-förmigen M links wieder ausstechen. Ab * wiederholen.

Senkrecht: Von unten nach oben ebenso arbeiten wie beim waagrechten Maschenstich, aber jeweils an der Basis der M direkt oberhalb der soeben überstickten M ausstechen.

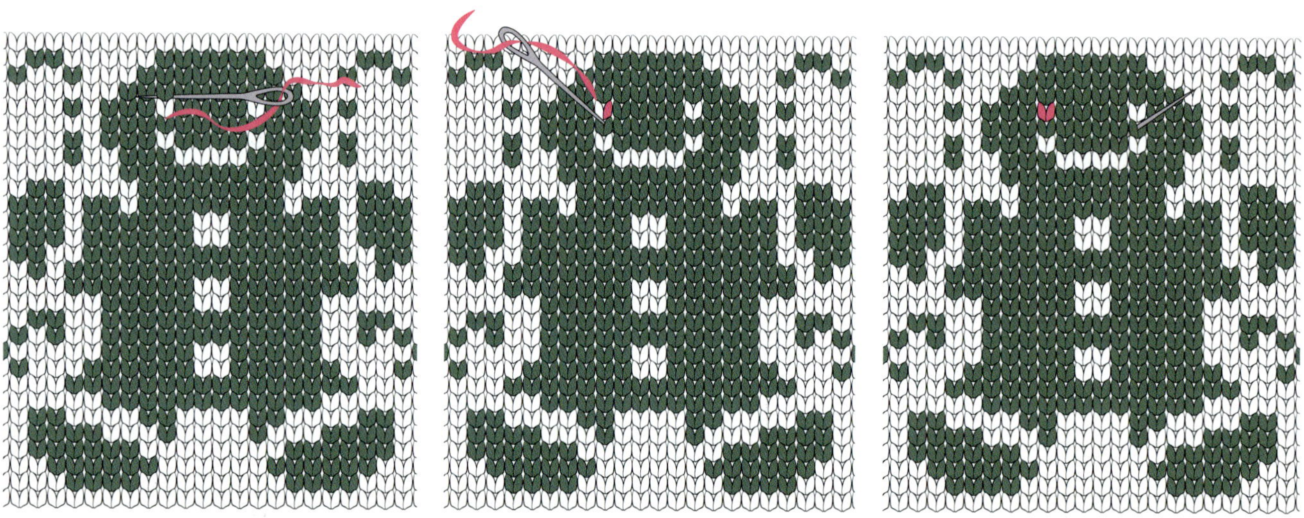

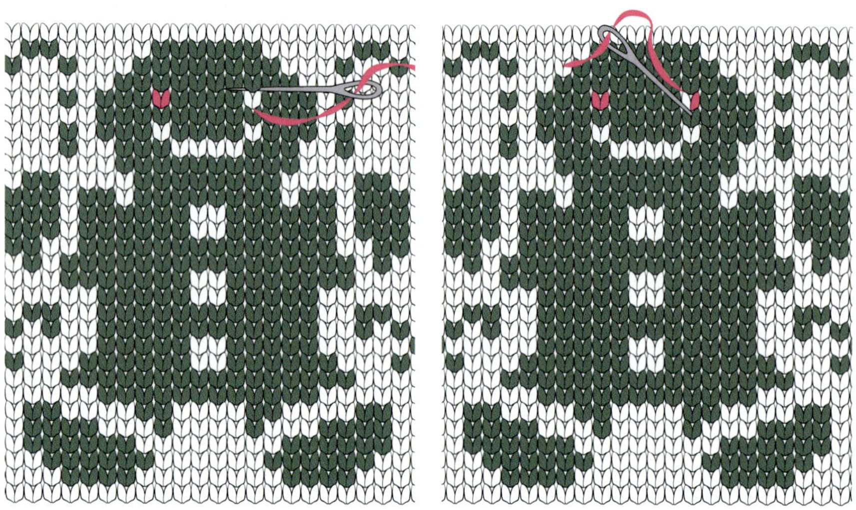

Mit dem Maschenstich können Sie die Farbe einzelner Maschen ändern oder Fehler mühelos ausbessern.

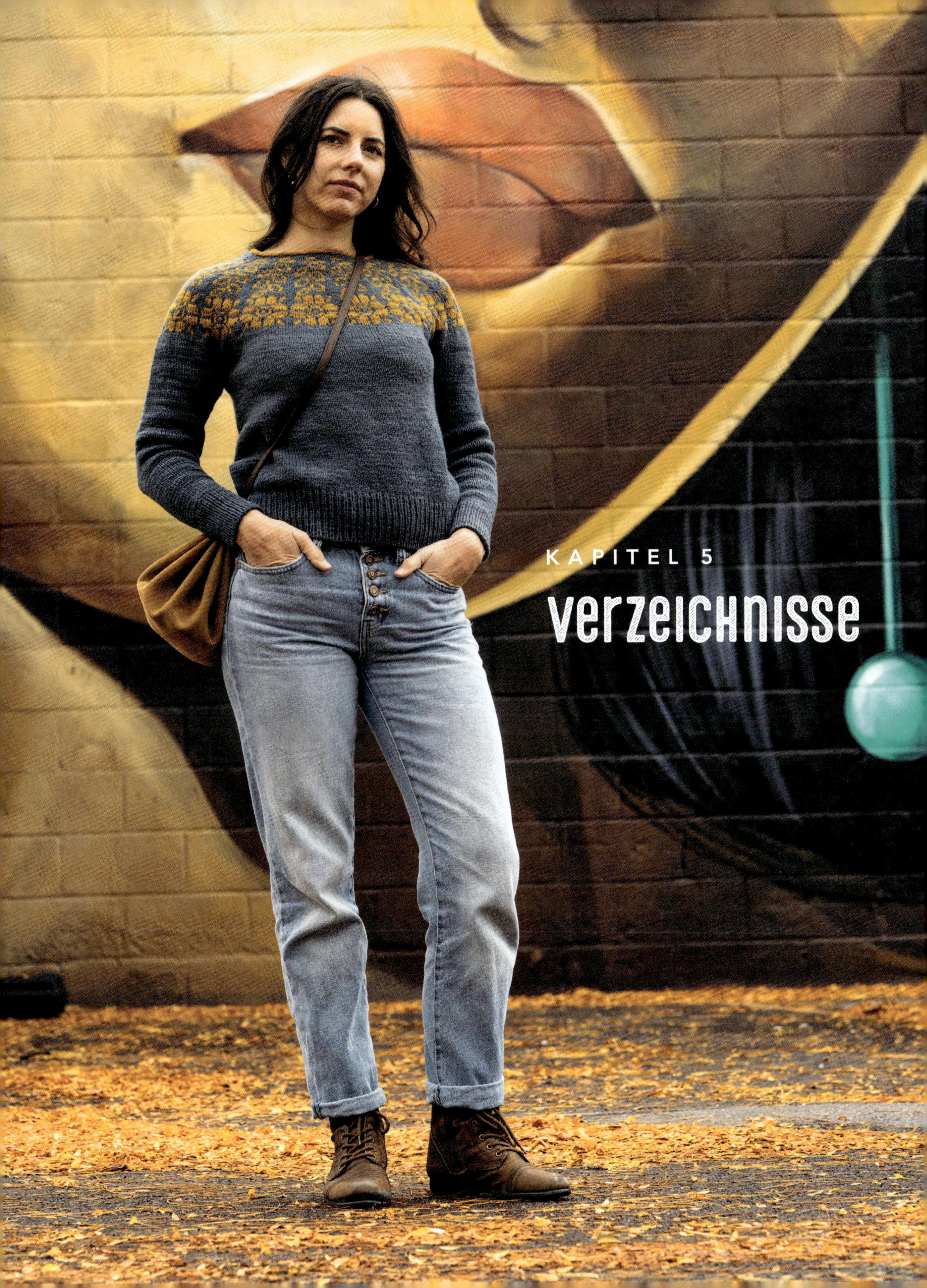

KAPITEL 5

Verzeichnisse

MOTIVE NACH MASCHENRAPPORT

MOTIVE NACH REIHENANZAHL

MOTIVE VON A BIS Z

(Anmerkung: In der Klammer steht zuerst der Maschenrapport, dann die Reihenanzahl. Nach der Klammer folgt die Seitenzahl.)

SACHREGISTER

Danksagung

Ein herzliches Dankeschön allen, die mir bei der Entstehung dieses Buches eine unentbehrliche Hilfe waren:

Meiner Mutter, die mich immer wieder gefragt hat, wie ich denn mit dem Buch vorankomme, und mich bei meiner Arbeit und allem, was ich in Angriff nehme, immer unterstützt.

Kerry Bogert, der Redakteurin, die mit ihrer Expertise und ihrer Einfühlsamkeit auch bei diesem Buch das Unmögliche möglich gemacht hat.

Der technischen Redakteurin Susan Moskwa, deren Sachverstand meine Entwürfe und Arbeitsanleitungen den letzten Schliff verdanken.

Dem Buchgestalter Ashlee Wadeson: Er hat Ideen, Bilder und Worte zu einem wunderschönen Ganzen zusammengeführt.

Dem Fotografen Walter Colley: Das, was ich zeigen wollte, hat er in meisterlichen Bildern eingefangen.

Und nicht zuletzt danke ich den Herstellerfirmen, von denen unser wunderbares Arbeitsmaterial stammt. Ihre Produkte sind es, die meiner Phantasie Flügel verleihen!

Die Garne für dieses Buch wurden von folgenden Firmen großzügigerweise zur Verfügung gestellt:

Neighborhood Fiber Co.
neighborhoodfiberco.com
Baltimore, Maryland, USA

The Farmer's Daughter Fibers
thefarmersdaughterfibers.com
Great Falls, Montana, USA

Spincycle Yarns
spincycleyarns.com
Bellingham, Washington, USA

ÜBER DIE AUTORIN

Andrea Rangel lebt in Victoria in der kanadischen Provinz British Columbia und arbeitet als selbständige Strickmuster-Designerin. Sie hat schon unzählige Strickanleitungen entworfen und zwei Bücher veröffentlicht: AlterKnit Stitch Dictionary (auf Deutsch erschienen unter dem Titel „200 bunte Strickmotive") und Rugged Knits. Wenn sie gerade nicht strickt, sitzt sie höchstwahrscheinlich an der Nähmaschine oder ist mit ihrer Kamera in der Natur unterwegs. Online finden Sie sie unter AndreaRangel.com und auf Instagram unter @AndreaRangelKnits.